Homer's Odyssey 9-12

Greek Text with Facing Vocabulary and Commentary

Geoffrey Steadman

Homer's Odyssey 9-12
Greek Text with Facing Vocabulary and Commentary

First Edition

© 2010 by Geoffrey D. Steadman

Revised August 2011, December 2012

The Greek text is the edition by T. W. Allen, first published by Oxford University Press in 1908.

ISBN-13: 978-0-9843065-3-4
ISBN-10: 0-9843065-3-6

Published by Geoffrey Steadman
Cover Design: David Steadman

Fonts: Times New Roman, SPIonic, GFS Porson

geoffreysteadman@gmail.com

Table of Contents

Text and Commentary

Glossary

Preface to the Series

The aim of this commentary is to make Homer's *Odyssey* Books 9-12 as accessible as possible to intermediate and advanced Greek readers so that they may experience the joy, insight, and lasting influence that comes from reading one of the greatest works in classical antiquity in the original Greek.

Each page of Greek text includes 20 lines of hexameter (Allen's 1908 Oxford Classical Text) with all correspondiing vocabulary and grammar notes on the facing page. The top half of each commentary page includes all of the corresponding vocabulary words that occur 14 or fewer times, arranged alphabetically in two columns. The grammatical notes in the bottom half are organized according to line numbers and likewise arranged in two columns. The advantage of this format is that it allows me to include as much information as possible and at the same time insure that the numerous commentary entries are distinct and immediately accessible to readers.

To complement the vocabulary within the commentary, I have added a core vocabulary at the end of the book that includes all words occurring 15 or more times and urge that readers memorize this list as soon as possible. For those who begin in Book 9, I recommend that readers memorize the running list of core words found immediately below the Greek text so that they may learn the most relevant core words as they first encounter them. Together, this book has been designed in such a way that, once readers have mastered the Core List, they will be able to rely solely on the facing pages and not need to turn a page or consult outside dictionaries as they read.

The grammatical notes are designed to help beginning readers read the text, and so I have passed over detailed literary explanations in favor of short, concise, and frequent entries that focus exclusively on grammar and morphology. The notes are intended to complement, not replace, an advanced level commentary. Assuming that readers finish elementary Greek with varying levels of ability, I draw attention to subjunctive and optative constructions, identify unusual aorist and perfect forms, and in general explain aspects of the Greek that they should have encountered in first year study but perhaps forgotten. As a rule, I prefer to offer too much assistance rather than too little.

Better Vocabulary-Building Strategies

One of the virtues of this commentary is that it eliminates time-consuming dictionary work. While there are many occasions where a dictionary is absolutely necessary for developing a nuanced reading of the Greek, in most instances any advantage that may come from looking up a word and exploring alternative meanings is outweighed by the time and effort spent in the process. Many continue to defend this practice, but I am convinced that such work has little pedagogical value for intermediate and advanced students and that the time saved by avoiding such drudgery can be better spent reading more Greek, reviewing morphology, memorizing vocabulary, mastering verb stems, and reading secondary literature.

As an alternative to dictionary work, this commentary offers a two-step approach to building knowledge of vocabulary. First, I isolate the most common core words (15 or more times) for immediate drilling and memorization. These words are included not only in a glossary but also in a running list on the very page where they first occur in the Greek. Second, I have included the number of occurrences of each Greek word at the end of each definition entry. I encourage readers who have mastered the core list to memorize moderately common words (e.g. 14-8 times) as they encounter them in the reading and devote comparatively little attention to words occurring once or twice. Altogether, I am confident that readers who follow this regimen will learn Homer's vocabulary more efficiently and develop fluency more quickly than with traditional methods.

Print on Demand Books

This volume is a self-published, print-on-demand (POD) book, and as such it gives its author distinct freedoms and limitations that are not found in traditional publications. After writing this commentary, I simply purchased an ISBN number (the owner is *de facto* the publisher) and submitted a .pdf for printing. The most significant limitation of a POD book is that it has not undergone extensive peer-review or general editing. This is a serious shortcoming that should make readers wary. Because there are so many vocabulary and commentary entries, there are sure to be typographical and factual errors that an extra pair of eyes would have spotted immediately. Until all of the mistakes have been identified and corrected, I hope the reader will excuse the occasional error.

The benefits of POD, however, outweigh the costs. This commentary and others in the series simply would not exist without POD. Since there is no traditional publisher acting as a middle man, there is no one to deny publication of this work because it may not be profitable *for the publisher*. In addition, since the production costs are so low and there is no standing inventory of unsold books, I am able to offer this book at a comparatively low price. Finally, since this book is no more than a .pdf file waiting to be printed, I am able to make corrections and place a revised edition of a POD book for sale as often as I want. In this regard, we should liken PODs to software instead of traditional typeset books. Although the first edition of a POD may not be as polished as a traditional book, I am able to respond very quickly to readers' recommendations and criticisms and easily create an emended and augmented POD that is far superior to previous editions. Consider, therefore, what you hold in your hand as an inexpensive beta version of the commentary. If you would like to recommend changes to this volume or download a free .pdf copy of these or other books in the series, please visit the addresses below. All criticisms are welcome, and I would be very grateful for your help.

Lastly, I would like to thank Dr. Wilfred Majors, Johanna Collier, Taylor Doiron, Kathyrn Gutentag, and Alexander James Hamilton for recommending numerous changes throughout Book 9. I am also grateful to Anthony Whalen for saving readers from not a few errors throughout all four books in this volume. The commentary is greatly improved as a result of their generous insights.

Geoffrey Steadman Ph.D.
geoffreysteadman@gmail.com
www.geoffreysteadman.com

Outline of Books 9-12

Book 9

1-38 Odysseus reveals his identity to Alcinous and begins his tale.
39-61 Leaving Troy with 20 ships, O. attacks and is routed by the **Cicones**.
62-81 A storm arises.
82-104 O. sends envoys to the **Lotus-eaters** and soonafter escapes.
105-169 He beaches his 20 ships on the island of the goats.
170-215 O. takes one ship to the nearby island of the Cyclopes.
216-230 The men visit the **Cyclops'** cave.
231-306 The Cyclops shows cruelty toward his guests.
307-374 O. devises a plan to get the Cyclops drunk.
375-414 O. and his men blind the Cyclops.
415-460 O. ties his men beneath the sheep and escapes beneath a ram.
461-542 O. reveals his name to the Cyclops, who then invokes Poseidon.
543-566 O. and his ship rejoin the rest of the men on the island of the goats.

Book 10

1-79 **Aeolus** gives Odysseus a bag of winds, which his men unfortunately open.
80-132 The **Laestrygonians** slaughter the Greeks, only Odysseus' ship survives.
133-243 Odysseus' envoys visit **Circe** and are turned to animals.
244-273 Eurylochus escapes and reveals all that happened to Odysseus.
274-306 Hermes advises Odysseus to eat *moly* before he drinks with Circe.
307-374 O. visits Circe's palace.
375-405 Circe forces Circe to reverse her spell on Odysseus' men.
406-468 O. and his men spend one year in Circe's palace.
469-540 Circe bids O. to visit Tiresias in the Underworld.
541-74 Unbeknowst to O., **Elpenor** falls off Circe's roof and dies.

Book 11

1-50 Odysseus arrives on a beachhead in the west and performs a sacrifice.
51-83 **Elpenor** tells of his death and asks Odysseus to bury him.
84-89 O. turns away the ghost of his mother, Antecleia, from the sacrifice.
90-151 Tiresias steps forward and delivers his prophecy to O.
152-223 O. speaks to his mother.
224-332 O. recalls the famous women whom he saw in the underworld.
333-384 Phaeacians Alcinous and Arete offer new gifts. O. continues his tale.
385-464 O. encounters Agamemnon, who warns him about unfaithful wives.
465-540: Achilles laments the plight of spirits in the underworld.
541-567: Ajax, who had once lost a contest to O., remains silent out of anger.
568-629: O. tells of other spirits that he saw including Tantalus and Sisyphus.
630-640: O. and his men return by ship from the Underworld.

Book 12

1-30 Odysseus returns to Circe's island and buries **Elpenor**.
31-164 **Circe** instructs O. at length about the dangers that lie ahead.
165-200 Tied to a mast, O. hears the song of the **Sirens** and escapes.
201-259 **Scylla** seizes six men as Odysseus' ship passes.
260-311 O. visits **Thrinacia**, the island of the Helius, the Sun god.
312-338 The south wind traps O. and his men on the island.
339-373 As O. sleeps, Eurylochus advises his companions to eat the cattle.
374-396 For Helius Zeus agrees to strike Odysseus' ship with a thunderbolt.
397-419 O. alone survives as the disabled ship is swallowed by **Charybdis**.
420-453 O. drifts on his mast to the island of **Calypso**. Thus he ends his tale.

Ring Composition in Books 9-12

In *Homer and the Heroic Tradition* (1958) Cedric Whitman argues that consistent with the geometric art of the times, in this case concentric circles, Homer arranged Odysseus' travels in Books 9-12 in an elaborate ring composition. At the center is Odysseus' voyage to the underworld (Nekuia), which is ringed by two encounters with Elpenor and likewise by two longer encounters with the sorceress Circe. Beyond this central ring, the episodes of the Cyclops and Thrinacia (Cattle of the Sun) are long episodes which are each ringed by two comparatively shorter episodes.

{ Cicones (9.39-61)
{ Lotuseaters (9.82-104)
  CYCLOPS (9.216-542)
{ Aeolus (10.1-79)
{ Laestrygonians (10.80-132)

CIRCE (10.133-574)
  Elpenor (11.51-83)
    NEKUIA (Underworld) (11.1-640)
  Elpenor (12.1-30)
CIRCE (12.31-142)

{ Sirens (12.165-200)
{ Scylla (and Charybdis) (12.201-59)
  THRINACIA (Cattle of the Sun) (12.260-419)
{ Charybdis (and Scylla) (12.397-419)
{ Calypso (12.420-453)

Outline of the *Odyssey* Books 1-24

1   Athena reminds Zeus that Odysseus is still on the island of Calypso. Disguised as Mentes, she visits Odysseus' palace, overrun with suitors, and advises Telemachus to go abroad and seek news about Odysseus.

2   Telemachus denounces the suitors and proposes a trip to learn about Odysseus.

3   Telemachus visits King Nestor of Pylos and then travels to Sparta.

4   Menelaus, king of Sparta, and Helen tell Telemachus about Odysseus' deeds.

5   Hermes, sent by Zeus, bids Calypso to set Odysseus free. Odysseus builds a raft, which is destroyed at sea by a storm sent by Poseidon.

6   Shipwrecked, Odysseus is befriended by Nausicaa, princess of the Phaeacians.

7   Odysseus beseeches Alcinous and Arete, king and queen of the Phaeacians.

8   The Phaeacians honor Odysseus with athletic games and a banquet. At the feast, the bard Demodocus sings songs, the last of which brings Odysseus to tears.

9   Odysseus sings the tales of the Ciconians, Lotus-Eaters, and Cyclops.

10 Odysseus sings the tales of Aeolus, Laestygonians, and Circe.

11 Odysseus sings the tale of his visit to the underworld to visit the seer Tiresias.

12 Odysseus sings the tales of Circe, Scylla, Charybdis, and the Cattle of the Sun.

13 The Phaeacians transport a sleeping Odysseus to Ithaca. Athena befriends him.

14 Disguised by Athena, Odysseus visits the hut of his loyal swineherd Eumaeus.

15 As Odysseus and Eumaeus talk, Athene instructs Telemachus to return home.

16 Telemachus visits Eumaeus and is reunited with his father.

17 Disguised as a beggar, Odysseus enters his palace and is abused by the suitors.

18 Odysseus defeats a beggar Irus in boxing. Penelope speaks to Odysseus.

19 Penelope and the disguised Odysseus talk at length. At Penelope's behest, Eurycleia, Odysseus' nurse, washes Odysseus' feet and soonafter recognizes him by a scar. Penelope announces a contest to win her hand in marriage.

20 As Odysseus prepares his revenge, a series of ill omens come to the suitors.

21 The suitors fail in their attempts to string the bow. Odysseus strings the bow and successfully shoots the arrow through the axe-heads.

22 Odysseus slaughters the suitors with the help of Telemachus and Eumaeus.

23 Penelope awakes after the slaughter and is reunited with Odysseus.

24 Odysseus reunites with his father Laertes. The families of the suitors seek vengeance, but Athena intervenes and prevents any more bloodshed.

Outline of the *Odyssey* in 40 Days

Days	Lines	Passage	Content
1	444	1.1-444	Athena reminds Zeus of Odysseus and in disguise advises Telemachus in Ithaca.
2	434	2.1-434	Telemachus denounces the suitors and proposes a trip to find word of Odysseus.
3	403	3.1-403	Telemachus visits Nestor in Pylos.
4	87	3.404-490	Telemachus awakes in Pylos and travels.
5	312	3.491-4.305	Telemachus arrives and is greeted in Sparta by Menelaus and Helen.
6	542	4.306-847	Both speak about Odysseus' deeds.
7	227	5.1-227	Zeus sends Hermes to command Calypso to release Odysseus.
8-11	35	5.228-262	Odysseus builds a raft.
12-28	16	5.263-278	Odysseus sails on the sea.
29-30	111	5.279-389	Odysseus is shipwrecked by a storm sent by Poseidon
31	141	5.390-6.47	Odysseus arrives on the island of Scheria, the land of the Phaeacians. In a dream Athena urges Nausicaa to go to the shore.
32	630	6.48-7.347	Nausicaa befriends Odysseus and sends him to the palace, where Alcinous and Arete greet and question the guest.
33	2836	8.1-13.17	The Phaeacians celebrate a banquet and athletic games. After Demodocus sings three songs, Odysseus sings a song of his own travels.
34	75	13.18-92	Odysseus departs with gifts during the night and, while asleep, arrives at Ithaca.
35	1086	13.93-15.188	Odysseus, disguised by Athena, stays and talks with the loyal swineherd Eumaeus.
36	306	15.189-494	Telemachus returns.
37	63	15.495-16.481	Odysseus reunites with Telemachus.
38	1728	17.1-20.90	Odysseus, disguised as a beggar, arrives at the palace, defeats a fellow beggar Irus in a fist fight and speaks with Penelope.
39	1585	20.91-23.346	After the suitors fail to string the bow. Odysseus succeeds, kills all of the suitors, and is reunited with his wife Penelope.
40	574	23.347-24.548	As Odysseus visits his father Laertes, Athena intervenes and forbids the families of the suitors from seeking vengeance against Odysseus.

Scansion

τὸν δ' ἀ-πα-μει-βό-με-νος προ-σέ-φη πο-λύ-μη-τις Ὀ-δυσ-σεύς·   d-d-d-d-d-s
line 9.1

ʼΑλ-κί-νο-ε κρεῖ-ον, πάν-των ἀ-ρι-δεί-κε-τε λα-ῶν,   d-s-s-d-d-s
line 9.2

While the rhythms of English poetry are based on word-stress (stressed and unstressed syllables within a word), Greek poetry relies on the length of syllables (long and short syllables). Long syllables are pronounced twice as long as short syllables, as demonstrated in the musical notation above. To mark the length of a syllable, we place the notation ¯ (equivalent to ♩) above a long syllable and the notation ˘˘ (equivalent to ♫) above each of two short syllables.

I. Epic meter: Dactylic Hexameter

A. Dactyl = "finger"   B. Spondee = " (solemn) libation"

Every line of the *Odyssey* includes six (*hex*) feet (*metra*) of **dactyls** and **spondees**. A **dactylic** ("fingerlike") foot is a combination of 3 syllables, long-short-short (¯ ˘ ˘), just like the long and short segments of a finger. A **spondaic** foot is a combination of 2 syllables, long-long (¯ ¯), which takes just as long to pronounce as a dactylic foot. Slight metrical stress (**ictus**) is placed on the first syllable of each dactyl or spondee.

An epic poet uses a combination of six dactyls and spondees in every line of verse. The combination can vary from line to line depending on the poet's needs. Note in line 9.1 above (book 9, line 1), the line has 5 dactyls and 1 spondee (d-d-d-d-d-s). In line 9.2, the poet uses 3 dactyls and 3 spondees (d-s-s-d-d-s). Although line 9.2 contains more short syllables and appears visibly longer than 9.2, line 9.1 takes just as long to pronounce as line 9.2. Every line takes an equal amount of time to pronounce.

While the first four feet vary between dactyls and spondees, the last two feet are dactyl-spondee in over 95% of the verses. The final syllable, called the **anceps**, "two-headed," may be short or long but is usually considered as long for metrical purposes. You may mark a short syllable anceps with the letter "x" or with a long mark.

$$- \; \smile \; \smile \; / \; ^- \; X$$ or $$- \; \smile \; \smile \; / \; ^- \; ^-$$

...πίονα οἶκον (end of 9.35)   ...πίονα οἶκον (end of 9.35)

II. Dividing up Syllables in a Greek Word

A Greek word has as many syllables as it does vowels. Diphthongs count as 1 vowel.

τὸν δ᾽ ἀ-πα-μει-βό-με-νος προ-σέ-φη πο-λύ-μη-τις ᾽Ο-δυσ-σεύς·   (9.1)

When there are two or more consonants between vowels, the first is pronounced with the preceding syllable and the rest are pronounced with the following syllable:

τὸν δ᾽ ἀ-πα-μει-βό-με-νος προ-σέ-φη πο-λύ-μη-τις ᾽Ο-δυσ-σεύς·   (9.1)

When there is one consonant between vowels, that consonant is pronounced with the second syllable. ζ (σδ), ξ (κσ), ψ (πσ) count as 2 consonants in different syllables.

τὸν δ᾽ ἀ-πα-μει-βό-με-νος προ-σέ-φη πο-λύ-μη-τις ᾽Ο-δυσ-σεύς·   (9.1)

A consonant followed by a liquid λ, ρ is considered a single consonant unit in the second syllable and may count as one or two consonants in the rules below.

ὣς ὁ μὲν ἔν-θα κα-θεῦ-δε πο-λύ-τλας δῖ-ος ᾽Ο-δυσ-σευς   (6.1)

III. Determining the Length of a Syllable

A. A syllable is long ($^-$) by nature if it contains

    1. a long vowel (η, ω, ᾱ, ῑ, ῡ), which often is unmarked in the Greek text

    2. a diphthong (αι, ει, οι, αυ, ευ, ου)

B. A syllable is long ($^-$) by position if

    3. a vowel is followed by two consonants (not necessarily in the same word).

    4. the vowel is followed by double consonants ζ (σδ), ξ (κσ), ψ (πσ) or ῥ.

C. Any syllable that does not follow these rules is by default a short syllable ($\smile$).

    For convenience, I have put the number of the rule above the long syllables.

ὣς ὁ μὲν ἔν-θα κα-θεῦ-δε πο-λύ-τλας δῖ-ος ᾽Ο-δυσ-σευς

Scansion Practice (Set 1)

For many, it is easier to recite hexameter aloud than to write out the long and shorts correctly. There are variations to the rules, but before you learn them, use the rules on the facing page and write out the long and short syllable notations above the lines below. Before you check the answer key on page xvi, perform the following check: (1) Are there six dactyls and spondees? (2) Are the final two a dactyl and a spondee?

1. Ἀλ-κί-νο-ε κρεῖ-ον, πάν-των ἀ-ρι-δεί-κε-τε λᾱ-ων   (9.2)

2. ἦ τοι μὲν τό-δε κα-λὸν ἀ-κου-έ-μεν ἐσ-τὶν ἀ-οι-δοῦ   (9.3)

3. τοι-οῦδ᾽ οἷ-ος ὅδ᾽ ἐσ-τί, θε-οῖς ἐν-α-λίγ-κι-ος αὐ-δήν.   (9.4)

4. σί-του καὶ κρει-ῶν, μέ-θυ δ᾽ ἐκ κρη-τῆ-ρος ἀ-φύσ-σων   (9.9)

Scansion Practice with Variations (Set 2)

Diaeresis ("Division"):

A vowel with a double dot over it indicates that it is pronounced separately from the vowel preceding it and is therefore not part of a diphthong. (e.g. ἐ-ΰ not εὐ)

5. ἦ ὅτ᾽ ἐϋφροσύνη μὲν ἔχῃ κάτα δῆμον ἅπαντα,   (9.6)

Elision ("cutting out"):

When a short vowel (and at times final -αι) is followed with a word beginning with a vowel, the short vowel is elided, "cut out," from pronunciation. In our text the editor leaves out the vowel and includes an apostrophe: εἴρεσθαι → εἴρεσθ᾽ ὄφρα → ὄφρ᾽

6. εἴρεσθ᾽, ὄφρ᾽ ἔτι μᾶλλον ὀδυρόμενος στεναχίζω·   (9.13)

Correption ("taking away"):

Although diphthongs are considered long by nature, -οι and -αι (and sometimes long vowels) at the end of a word are often considered short when followed by a word that begins with a vowel. Scan the underlined diphthongs as short syllables.

7. κήδε᾽ ἐπεί μοι πολλὰ δόσαν θε<u>οὶ</u> Οὐρανίωνες.   (9.15)

8. νῦν δ᾽ ὄνομα πρῶτον μυθήσομ<u>αι</u>, ὄφρα καὶ ὑμεῖς   (9.16)

										Answer Key

3 ‾ ⌣ ⌣ / 3 ‾ 2 ‾ / 3 ‾ ⌣ ⌣ 3 ‾ / 1 ‾ ⌣ ⌣ 2 ‾ / ⌣ ⌣ 1 ‾ 1 ‾

’Αλ-κί-νο-ε κρεῖ-ον, πάν-των ἀ-ρι-δεί-κε-τε λα-ων   (9.2)

1 ‾ 2 ‾ 3 ‾ / ⌣ ⌣ 1 ‾ ⌣ ⌣ / 2 ‾ ⌣ ⌣ / 3 ‾ ⌣ ⌣ / 2 ‾ 2 ‾

ἦ τοι μὲν τό-δε κα-λὸν ἀ-κου-έ-μεν ἐσ-τὶν ἀ-οι-δοῦ   (9.3)

2 ‾ 2 ‾ 2 ‾ / ⌣ ⌣ 3 ‾ / ⌣ ⌣ 2 ‾ ⌣ ⌣ / 3 ‾ ⌣ ⌣ / 2 ‾ 1 ‾

τοι-οῦδ’ οἷ-ος ὅδ’ ἐσ-τί, θε-οῖς ἐν-α-λίγ-κι-ος αὐ-δήν.   (9.4)

1 ‾ 2 ‾ 2 ‾ / 2 ‾ 1 ‾ / ⌣ ⌣ 3 ‾ / 1 ‾ 1 ‾ / ⌣ ⌣ 3 ‾ / 1 ‾

σί-του καὶ κρει-ῶν, μέ-θυ δ’ ἐκ κρη-τῆ-ρος ἀ-φύσ-σων   (9.9)

1 ‾ ⌣ ⌣ / 3 ‾ 1 ‾ / ⌣ ⌣ 1 ‾ / ⌣ ⌣ 1 ‾ / ⌣ ⌣ 3 ‾ X

ἢ ὅτ’ ἐ-ϋ-φρο-σύ-νη μὲν ἔ-χῃ κά-τα δῆ-μον ἅ-παν-τα,   (9.6)

2 ‾ 3 ‾ 3 ‾ / ⌣ ⌣ 3 ‾ / ⌣ ⌣ 1 ‾ / ⌣ ⌣ 3 ‾ / ⌣ ⌣ 4 ‾ 1 ‾

εἴ-ρεσ-θ’, ὄ-φρ’ ἔ-τι μᾶλ-λον ὀ-δυ-ρό-με-νος στε-να-χί-ζω·   (9.13)

1 ‾ ⌣ ⌣ / 2 ‾ ⌣ ⌣ 3 ‾ / 3 ‾ ⌣ ⌣ / 2 ‾ ⌣ ⌣ / 1 ‾ 1 ‾

κή-δε’ ἐ-πεί μοι πολ-λὰ δό-σαν θε-οὶ Οὐ-ρα-νί-ω-νες.   (9.15)

1 ‾ ⌣ ⌣ / 3 ‾ 1 ‾ 3 ‾ / 1 ‾ 1 ‾ / ⌣ ⌣ 3 ‾ / ⌣ ⌣ 1 ‾ 2 ‾

νῦν δ’ ὄ-νο-μα πρῶ-τον μυ-θή-σο-μαι, ὄ-φρα καὶ ὑ-μεῖς   (9.16)

Other Variations Worthy of Note

Digamma (F):

The consonant digamma (pronounced "w") dropped out of Greek, but it still affects the pronunciation and scansion of many words in hexameter. As an extra consonant, a missing digamma can change the length of preceding syllables from short to long.

(F)οῖκος	(F)οῖνος	(F)ἔργον	(F)ἰδεῖν	(F)οἱ
house	*wine*	*deed*	*to see*	*to her*

Synizesis ("setting together"):

Sometimes a group of vowels (not a diphthong) at the end of a word are run together and pronounced as a long vowel. This is common in combinations such as εο, εω, and εα in words like θεοί, gen. sg. ’Ατρείδεω and the pronouns ἡμέας and σφέας.

θεοί (perhaps 9.15)   ’Ατρείδεω (9.265)   ἡμέας (9.43)

V. Pauses: Caesura and Diaeresis

In addition to the pause at the end of each line, there are natural pauses between words within the verse which effect the rhythm of the hexameter, and it is worthwhile for you to recognize the conventions that Homer employed regarding these pauses.

A **caesura** (Lat. "cut") is the audible pause that occurs when a word ends *within* a dactylic or spondaic foot.

A **diaeresis** (Grk. "division") is the audible pause that occurs when a word ends at the end of a foot.

In general, the pause after each word in a verse is either a caesura or a diaeresis, and each hexameter line contains multiple examples of caesura and diaeresis. But, when you are asked in a classroom setting to identify the caesurae in a line, you are *actually* being asked to identify the principal or main caesurae in a line.

The **principal (or main) caesura** is a caesura that coincides with a major pause in the sense or thought within the line (often the equivalent of a comma or period in prose). Every line contains at least one principal caesura, and Homer frequently places main caesurae in one of four places:

(A) *penthemimeres* (5th half-foot): in 3rd foot after the first long   ‾ ‖ ˘ ˘
(B) in the 3rd foot after the first short syllable   ‾ ˘ ‖ ˘
(C) *hepthemimeres* (7th half-foot): in 4th foot after the first long   ‾ ‖ ˘ ˘
(D) *trihemimeres* (3rd half-foot): in the 2nd foot (less frequent)   ‾ ‖ ˘ ˘

Scansion Practice (Set 3)

Scan the following lines and identify the caesurae ‖ below with A, B, C or D above.

ὦ ξεῖνοι, τίνες ἐστέ; πόθεν πλεῖθ᾽ ὑγρὰ κέλευθα;	252
ἦ τι κατὰ πρῆξιν ἦ μαψιδίως ἀλάλησθε,	253
οἶά τε ληϊστῆρες, ὑπεὶρ ἅλα, τοί τ᾽ ἀλόωνται	254
ψυχὰς παρθέμενοι κακὸν ἀλλοδαποῖσι φέροντες;"	255
ὣς ἔφαθ᾽, ἡμῖν δ᾽ αὖτε κατεκλάσθη φίλον ἦτορ,	256
δεισάντων φθόγγον τε βαρὺν αὐτόν τε πέλωρον.	257
ἀλλὰ καὶ ὣς μιν ἔπεσσιν ἀμειβόμενος προσέειπον·	258

Answer Key Set 3

ὦ ξεῖνοι, τίνες ἐστέ; πόθεν πλεῖθ' ὑγρὰ κέλευθα;　　　252

ἦ τι κατὰ πρῆξιν ἦ μαψιδίως ἀλάλησθε,　　　253

οἷά τε ληϊστῆρες, ὑπεὶρ ἅλα, τοί τ' ἀλόωνται　　　254

ψυχὰς παρθέμενοι κακὸν ἀλλοδαποῖσι φέροντες;"　　　255

ὣς ἔφαθ', ἡμῖν δ' αὖτε κατεκλάσθη φίλον ἦτορ,　　　256

δεισάντων φθόγγον τε βαρὺν αὐτόν τε πέλωρον.　　　257

ἀλλὰ καὶ ὣς μιν ἔπεσσιν ἀμειβόμενος προσέειπον·　　　258

VI. Oral Recitation

Finally, it is common when first reading hexameter to give stilted, mechanical recitations that place excessive word stress (**ictus**) on the first long syllable of each of the six feet in each verse at the expense of the natural accentuation of a Greek word. This tendency is both useful and perhaps necessary when you first learn to recite in meter. Both online and in classroom settings, teachers sometimes encourage this habit because they recognize that new readers are accustomed to hearing word stress and that stilted recitations will help students recognize the individual feet within the verse.

Over time, however, you should focus on natural accentuation and try to develop an ear for the rhythmic long and short syllables of each line. Do not be intimidated by the rules or the terminology. Remember, epic poetry has survived through the ages because it is so enjoyable both to hear and to recite.

Summary of Major Differences
between Homeric and Attic Greek

1. Verb Augments: The past augment ἐ- is very often missing from verbs.

ἐκάθευδε → καθεῦδε (*was sleeping*)   ἔβη → βῆ (*set out*)   ἦγε → ἄγε (*led*)

2. Infinitives: Infinitives may end not only with -ειν but also with -έμεν or -έμεναι

ἰέναι (*to go*) → ἰέναι, ἴμεν or ἴμεναι   εἶναι (*to be*) → εἶναι, ἔμεν or ἔμμεναι

3. There are three different meanings for the pronoun ὁ, ἡ, τό:

    A. Personal/Demonstrative: *he, she, it, that* frequently before μέν and δέ
    B. Relative: *who, which, that* accented and often following commas
    C. definite: *the*, weak *that* often preceding and modifying a noun

	m. sg.	f. sg.	n. sg.	m. pl	f. pl.	n. pl.
Nom.	ὁ	ἡ	τό	οἱ, τοί	αἱ, ταί	τά
Gen.	τοῦ, τοῖο	τῆς	τοῦ, τοῖο	τῶν	τάων	τῶν
Dat.	τῷ	τῇ	τῷ	τοῖσι, τοῖς	τῇσι, τῆς	τοῖσι, τοῖς
Acc.	τόν	τήν	τόν	τούς	τάς	τά

N.B. The variations of the genitive sg. and dative pl. are common in the declensions.
    οἱ is also a 3rd person dat. sg. pronoun: "to him," "to her," or "to it" (see below)

4. Personal pronouns

    Homer often uses ἕο (οὗ), οἱ, ἕ (μιν) below in place of αὐτοῦ, αὐτῷ, αὐτόν.

	1st person singular		2nd person singular		3rd person singular	
Nom.	ἐγώ	*I*	συ	*you*	— —	
Gen.	ἐμέο, ἐμεῖο	*my*	σέο, σεῖο	*your*	εἷο, ἕο	*his, her, its*
	ἐμεῦ, μευ, ἐμέθεν		σεῦ, σευ, σέθεν		εὗ, ἕθεν	
Dat.	μοι	*to me*	σοί, τοι	*to you*	οἱ, ἑοῖ	*to him, her, it*
Acc.	μέ	*me*	σέ, σε	*you*	ἕ, μιν	*him, her, it*

	1st person plural		2nd person plural		3rd person plural	
Nom.	ἡμεῖς, ἄμμες	*we*	ὑμεῖς, ὕμμες	*you*	— —	*they*
Gen.	ἡμέων, ἡμείων	*our*	ὑμέων, ὑμείων	*your*	σφέων, σφείων	*their*
Dat.	ἡμῖν	*to us*	ὑμῖν	*to you*	σφίσι(ν), σφι(ν)	*to them*
Acc.	ἡμέας, ἄμμε	*us*	ὑμέας, ὕμμε	*you*	σφέας, σφας, σφε	*them*

Possessive Adjectives

1st ἐμός, ή, όν   *my, mine*   ἡμέτερος, η, ον (ἁμός, ή, όν) *our(s)*
2nd σός, σή, σόν (τεός, τεή, τεόν) *your(s)*   ὑμέτερος, η, ον (ὑμός, ή, όν) *your(s)*
3rd ἑός, ἑή, ἑόν (ὅς, ἥ, ὅν) *his, her(s), its (own)* σφέτερος, η, ον (σφός, ή, όν) *their(s)*

5. Prepositions

A. Some prepositions are adverbial in force, particularly at the beginning of clauses.

ἐν δέ   *and therein, and in (it)*   παρὰ δέ   *and beside (them)*

B. Tmesis ("Cutting"): The separation of a prefix from the verb by one or more words is very common in Homer. The dative case is frequently the object of these compound verbs.

ἐκ δὲ καὶ αὐτοὶ **βῆμεν** ἐπὶ ῥηγμῖνι θαλάσσης   = ἐξέβημεν (9.150)

6. Declension Endings

	1ˢᵗ declension feminine		**1ˢᵗ declension masculine**	
Nom.	-η, -α, -ᾱ	-αι	-ης, -α, -ᾱς	-αι
Gen.	-ης, -ᾱς	-ῶν, -άων, -έων	-ᾱο, -εω, -ω	-ῶν, -άων, -έων
Dat.	-ῃ, -ᾳ	-αις, -ῃσι, -ῃς	-ῃ, -ᾳ	-ῃσι, -ῃς
Acc.	-ην, -αν, -ᾶν	-ᾱς	-ην, -ᾱν	-ᾱς

	2ⁿᵈ declension masculine		**2ⁿᵈ declension neuter**	
Nom.	-ος, -ως, -ους	-οι	-ον	-α
Gen.	-οιο, -ου, -ω, -οο	-ων	-οιο, -ου, -ω, -οο	-ων
Dat.	-ῳ	-οισι(ν), -οις	-ῳ	-οισι(ν), -οις
Acc.	-ον, -ων	-ους, -ως	-ον	-α

	3ʳᵈ declension masc. and fem.		**3ʳᵈ declension neuter**	
Nom.	-ς	-ες, -εις, -ους	--	-α, -η, -ω
Gen.	-ος, -ους, -ως	-ων	-ος, -ους, -ως	-ων
Dat.	-ι, -ῑ	-εσσι(ν), -σι(ν)	-ι, -ῑ	-εσσι(ν), -σι(ν)
Acc.	-α, -ν, -η, -ω	-ᾱς, -εις, -ς	--	-α, -η

7. Common Irregular Verbs

εἰμί (to be)

	present		imperfect		participle
1ˢᵗ	εἰμί	εἰμέν	ἦα (ἔα, ἔον)	ἦμεν	ἐών, ἐοῦσα, ἐόν
2ⁿᵈ	ἐσσί (εἶς)	ἐστέ	ἦσθα (ἔησθα)	ἦτε	
3ʳᵈ	ἐστί	εἰσί (ἔασι)	ἦεν (ἤην, ἔην, ἦν)	ἦσαν (ἔσαν)	

	subjunctive		optative	
1ˢᵗ	ἔω	ἔωμεν	εἴην	εἶμεν
2ⁿᵈ	ἔῃς	ἔητε	εἴης (ἔοις)	εἶτε
3ʳᵈ	ἔῃ (ἔῃσι, ᾖσι)	ἔωσι (ὦσι)	εἴη (ἔοι)	εἶεν

εἶμι (to go)

	present (fut. of ἔρχομαι)		imperfect		participle
1ˢᵗ	εἶμι	ἴμεν	ἤια (ἤιον)	ἤομεν	ἰών, ἰοῦσα, ἰόν
2ⁿᵈ	εἶς (εἶσθα)	ἴτε	ἤεις (ἤεισθα)	ἤτε	
3ʳᵈ	εἶσι	ἴᾱσι	ἤει (ἤιε, ἦε, ἴε)	ἤισαν (ἦσαν, ἤιον, ἴσαν)	

	subjunctive		optative	
1ˢᵗ	ἴω	ἴωμεν	ἴοιμι	ἴοιμεν
2ⁿᵈ	ἴῃς (ἴῃσθα)	ἴητε	ἴοις	ἴοιτε
3ʳᵈ	ἴῃ (ἴῃσι)	ἴωσι	ἴοι (ἰείη)	ἴοιεν

How to Use this Commentary

Research shows that, as we learn how to read in a second language, a combination of reading and direct vocabulary instruction is statistically superior to reading alone. One of the purposes of this book is to encourage active acquisition of vocabulary.

1. Master the core vocabulary list as soon as possible.

A. Develop a daily regimen for reviewing vocabulary lists and forms. If you begin in Book 9, review the running core vocabulary list below the Greek text. Longer definition entries are available in the glossary. If you begin in Books 10-12, memorize the alphabetized core vocabulary list in the glossary. Afterwards, review and learn less frequent words (e.g. 14-7 times) as you encounter them.

B. If you must consult the core list as you read the poem, either photocopy the list or print it from online and keep it by your book to avoid page-flipping. More importantly, place a dot or similar mark by all core words that you consult. As your review progresses, devote your attention to words that accumulate marks.

C. Download and use the core list flashcards (alphabetized or running vocab) available online in .ppt or .jpg formats. Research shows that you must review words at least seven to nine times before you are able to commit them to long term memory, and flashcards are particularly effective in promoting repetition. Delete words that you know and focus your efforts on the remaining flashcards.

2. Read actively and make many educated guesses

One of the benefits of traditional dictionary work is that it gives readers a brief pause between the time they encounter a questionable word or form and the time they find the dictionary entry. This interval offers readers an opportunity to make educated guesses and actively seek out understanding of the Greek.

Despite the benefits of facing vocabulary lists (see the preface), there is a risk that without this period of time you will become complacent in your reading habits and treat the Greek as a puzzle to be decoded rather than a language to be learned. *Your challenge, therefore, is to develop the habit of making an educated guess under your breath each time before you consult the facing vocabulary and grammar.* If you guess correctly, the commentary will reaffirm your understanding of the Greek. If you answer incorrectly, you will become more aware of your weaknesses and therefore more capable of correcting them.

3. Reread a passage immediately after you have completed it.

Repetition not only helps you commit Greek to memory but also increases your ability to read the Greek as Greek. Always read out loud or whisper the words to yourself. While you may be inclined to translate into English as you reread, try to read the Greek and acquire meaning without turning the text into English.

4. Reread the most recent passage immediately before you begin a new one.

Additional repetition will help you recall aspects of the passage reviewed in a classroom or group study and provide you with the context for the new reading.

Abbreviations

abs.	absolute	imp.	imperative	pf.	perfect
acc.	accusative	impf.	imperfect	pl.	plural
act.	active	imper.	impersonal	plpf.	pluperfect
adj.	adjective	indic.	indicative	pred.	predicate
adv.	adverb	i.o.	indirect object	prep.	preposition
aor.	aorist	inf.	infinitive	pres.	present
app.	appositive	inter.	interrogative	pron.	pronoun
comp.	comparative	m.	masculine	reflex.	reflexive
dat.	dative	n.	neuter	rel.	relative
dep.	deponent	nom.	nominative	seq.	sequence
d.o.	direct object	obj.	object	sg.	singular
f.	feminine	opt.	optative	subj.	subject
fut.	future	pple.	participle	superl.	superlative
gen.	genitive	pass	passive	voc.	vocative

Additional Resources: Lexica and Commentaries

Homeric Dictionary for Schools and Colleges (1904) by Georg Autenrieth is an excellent lexicon devoted to Homer. Translated from the original German, this work is available in paperback, PDF (Google Books), and html formats (perseus.tufts.edu).

Lexicon of the Homeric Dialect (1924) by Richard J. Cunliffe is an well-crafted dictionary devoted to the vocabulary in the *Odyssey*, *Iliad*, and Homeric Hymns. Each dictionary entry displays the book and line references to other occurrences of that word in the Homeric corpus.

Homer: Odyssey I-XII (1947) by W. B. Stanford has long been the standard text and basic commentary for the *Odyssey*. This single volume (432 pp.) includes a lengthy introduction to the *Odyssey*, the Greek text for Books 1-12, a complete review of Homeric Greek, and notes.

Homer Odyssey I, VI, IX (1990) by Beth Severy is part of the Bryn Mawr Greek Commentary Series. This very inexpensive volume includes the Greek Oxford Classical Text for Books 1, 6, and 9 and a grammar commentary intended for intermediate level Greek readers.

Homer: Odyssey IX (1980) by John Muir is a slim volume (80 pp.) in the Bristol Classical Press series. It includes an introduction, bibliography, Greek text, and running vocabulary.

A Narratological Commentary on the Odyssey (2001) by Irene De Jong is a line-by-line commentary that focuses on character, plot-development and narrative instead of vocabulary, morphology, and syntax. The book is very accessible to intermediate level Greek students.

Homer's Odyssey (1886) by W. Walter Merry and James Riddell includes the Greek text and commentary on the same page. Volume I contains an insightful and useful appendix on the nomenclature of ships. This book is conveniently available in PDF format (Google Books).

The medium is the message.

- Marshall McLuhan

To make the ancients speak, we must feed them with our own blood.

- von Wilamowitz-Moellendorff

τὸν δ' ἀπαμειβόμενος προσέφη πολύμητις Ὀδυσσεύς·   1

"Ἀλκίνοε κρεῖον, πάντων ἀριδείκετε λαῶν,   2

ἦ τοι μὲν τόδε καλὸν ἀκουέμεν ἐστὶν ἀοιδοῦ   3

τοιοῦδ' οἷος ὅδ' ἐστί, θεοῖς ἐναλίγκιος αὐδήν.   4

οὐ γὰρ ἐγώ γέ τί φημι τέλος χαριέστερον εἶναι   5

ἢ ὅτ' ἐϋφροσύνη μὲν ἔχῃ κάτα δῆμον ἅπαντα,   6

δαιτυμόνες δ' ἀνὰ δώματ' ἀκουάζωνται ἀοιδοῦ   7

ἥμενοι ἑξείης, παρὰ δὲ πλήθωσι τράπεζαι   8

σίτου καὶ κρειῶν, μέθυ δ' ἐκ κρητῆρος ἀφύσσων   9

οἰνοχόος φορέῃσι καὶ ἐγχείῃ δεπάεσσι·   10

τοῦτό τί μοι κάλλιστον ἐνὶ φρεσὶν εἴδεται εἶναι.   11

σοὶ δ' ἐμὰ κήδεα θυμὸς ἐπετράπετο στονόεντα   12

εἴρεσθ', ὄφρ' ἔτι μᾶλλον ὀδυρόμενος στεναχίζω·   13

τί πρῶτόν τοι ἔπειτα, τί δ' ὑστάτιον καταλέξω;   14

κήδε' ἐπεί μοι πολλὰ δόσαν θεοὶ Οὐρανίωνες.   15

νῦν δ' ὄνομα πρῶτον μυθήσομαι, ὄφρα καὶ ὑμεῖς   16

εἴδετ', ἐγὼ δ' ἂν ἔπειτα φυγὼν ὕπο νηλεὲς ἦμαρ   17

ὑμῖν ξεῖνος ἔω καὶ ἀπόπροθι δώματα ναίων.   18

εἴμ' Ὀδυσεὺς Λαερτιάδης, ὃς πᾶσι δόλοισιν   19

ἀνθρώποισι μέλω, καί μευ κλέος οὐρανὸν ἵκει.   20

Core Vocabulary

ἀκούω: to hear	ἐπεί: when	κατά: down from	ὅτε: when
ἀμφί: on both sides	ἔπειτα: then, next	κεῖμαι: to lie down	οὗτος: this, these
ἄν: *modal adv.*	ἔτι: still, besides	κῆδος, τό: trouble	ὄφρα: until; so that
ἀνά: up, upon	ἔχω: to have, hold	μάλα: very much	παρά: beside
δέ: but, and	γάρ: for, since	μέν: on the one hand	πᾶς: every, all
δίδωμι: to give	γε: at least, at any rate	ναίω: to live, dwell	πολύς, -ά, -ύ: many
δῶμα, τό: house	ἤ: or (either...or); than	νῆσος, ἡ: an island	πρῶτος, -η, -ον: first
ἐγώ: I	ἦ: in truth, truly	νῦν: now	σύ: you,
εἴδομαι: seem	ἧμαι: to sit, sit down	ξεῖνος, ὁ: guest	τε: both, and
εἰμί: to be	ἦμαρ, τό: day	ὁ, ἡ, τό: that; he, she	τίς, τί: who? what?
εἴρομαι : to ask	θεός, ὁ, ἡ: god(dess)	ὅδε, ἥδε, τόδε: this	τοι: you know
ἐκ: out of	θυμός, ὁ: heart, spirit	Ὀδυσσεύς, ὁ:	ὑπό: under
ἐμός, -ή, -όν: my	καί: and, also	οἶδα: to know	φημί: to say, claim
ἐν: in, on	καλός: beautiful	ὅς, ἥ, ὅ: who, which	φρήν, ἡ: mind, wits

ἀκουάζομαι: to hear, listen to (+ gen.) 1
Ἀλκίνοος, ὁ: Alcinous, King of Phaeacians, 6
ἄνθρωπος, ὁ: human being, 11
ἀοιδός, ὁ: bard, singer, 3
ἀπ-αμείβομαι: to reply, answer, 7
ἅπας, ἅπασα, ἅπαν: every, quite all, 7
ἀπό-προθι: far away, from afar, 2
ἀρι-δείκετος, -ον: renowned, much shown, 4
αὐδή, ἡ: voice, 7
ἀφύσσω: to draw, draw off, 2
δαιτυμών, -ονος, ὁ: guest, 1
δέπας, τό: drinking cup, cup, goblet, 3
δῆμος, ὁ: district, country, land; people, 3
δόλος, ὁ: trap, trick, bait; cunning, 11
ἐγ-χέω: to pour in, drop in, 2
ἐν-αλίγκιος, -ον: like, resembling (+ dat.) 1
ἐξ-είης: in a row, in order, in sequence, 6
ἐπι-τρέπω: to turn to, entrust, incline to, 1
εὐ-φροσύνη, ἡ: gladness, happiness, joy, 3
ἵκω: to come, arrive, reach, 1
κατα-λέγω: to tell in order, recount, relate 12
κλέος, τό: glory, fame, rumor, report, 2
κρέας, τό: flesh, meat, piece of meat, 11
κρείων, ὁ: ruler, lord, master, 8
κρητήρ, ὁ: mixing vessel, krater, 5
Λαέρτιάδης, ὁ: son of Laertes, 10

λαός, ὁ: the people, 9
μᾶλλον: more, rather, much, 5
μέθυ, τό: wine, 9
μέλω: to be a care for (dat, gen), 8
μυθέομαι: to say, speak of, mention, declare 9
νηλής, -ές: pitiless, ruthless, 10
ὀδύρομαι: to grieve, lament, 5
οἰνοχόος, ὁ: wine-pourer, cup-bearer, 1
οἷος, -α, -ον: of what sort, such, as, 13
ὄνομα, -ατος, τό: name, 6
Οὐρανίωνες, οἱ, ὁ: heavenly ones, gods, 1
οὐρανός, ὁ: sky, heavens, 9
πλήθω: to be filled + gen., 2
πολύ-μητις: of much cunning, many device 3
πρόσ-φημι: to speak to, address, 10
σῖτος, ὁ: grain, food, 11
στεναχίζω: to groan, moan, wail, mourn, 3
στονόεις, -εσσα, -εν: mournful, grievous 2
τέλος, -εος, τό: end, result, fulfillment, 7
τοιόσδε, -άδε, -όνδε: such, 3
τράπεζα, ἡ: table, 3
ὑστάτιος, -η, -όν: last, 1
φεύγω: to flee, escape; defend in court, 13
φορέω: to carry, wear, 5
χαρίεις, -εντος: graceful, beautiful, lovely, 4

---

1 τὸν δ᾽: him; i.e. Alcinous, Odysseus
  responds to Alcinous' question from 8.577
  προσέφη: addressed; 3rd sg. impf.
2 Ἀλκίνοε κρεῖον...ἀριδείκετε: vocative case
3 ἦ τοι: truly indeed; τοι used as a particle
  τόδε καλὸν ἀκουέμεν: this (is) beautiful,
  (namely) to hear...; supply ἐστί, ἀκουέμεν
  is an infinitive that governs gen. ἀοιδοῦ
4 τοιοῦδ᾽ οἷος: such...as; correlatives
  αὐδήν: in voice; accusative of respect
5 οὐ...φημι: I say that...not
  τι...τέλος χαριέστερον εἶναι: that there is
  (no) more pleasing fulfillment...; acc.
  subj. of the infinitive of εἰμί
6 ἤ: than...; with comparative χαρέστερον
  ὅτ᾽: when..; ὅτε
  ἔχῃ κατα: takes hold over..; 3rd sg. pres.
  subj. ἔχω in a general temporal clause;
  this may also be tmesis for κατέχω
7 ἄνα: through + neuter acc. pl. δώματα
  ἀκουάζωται...πλήθωσι: pres. subjunctive
  in same general temporal clause as ἔχῃ
8 ἥμενοι: sitting; common participle, ἧμαι
  παρὰ δὲ: and beside (them)

9 κρείων: gen. pl. κρέας, "meat;" note the
  accent differs from nom. κρείων, "lord"
10 φορέῃσι καὶ ἐγχείῃ: carries and pours in;
  3rd sg. subjunctive in same temporal clause
  δεπάεσσι: in cups; dative plural with
  compound verb ἐγ-χέω, "pour in"
11 κάλλιστον: most beautiful; superlative
  ἐνὶ: in...; ἐν
  φρεσὶν: dat. pl., φρήν
  εἴδεται: seem; "are seen," pres. passive
12 σοὶ...θυμὸς: your heart; dat. possession
  ἐπετράπετο: was inclined to; "was turned
  to," 3rd sg. aor. middle ἐπιτρέπω
13 εἴρεσθ᾽: to ask about; εἴρεσθαι, inf ἔρομαι
  ὄφρα: so that...may; introducing purpose
  clause with pres. subjunctive στεναχίζω
14 τί..καταλέξω: What then shall I tell to you
  first, what last; πρῶτον is adverbial acc.
15 δόσαν: gave; 3rd pl. aor. δίδωμι
16 ὄφρα...εἴδετε...ἔω: so that...may know...I
  may be...; purpose, subjunctive εἶδον, εἰμί
19 ὅς...μέλω: who am known to all people
  because of my cunning; dative of cause
20 μευ: my; gen. sg.

ναιετάω δ' Ἰθάκην εὐδείελον· ἐν δ' ὄρος αὐτῇ   21

Νήριτον εἰνοσίφυλλον, ἀριπρεπές· ἀμφὶ δὲ νῆσοι   22

πολλαὶ ναιετάουσι μάλα σχεδὸν ἀλλήλῃσι,   23

Δουλίχιόν τε Σάμη τε καὶ ὑλήεσσα Ζάκυνθος.   24

αὐτὴ δὲ χθαμαλὴ πανυπερτάτη εἰν ἁλὶ κεῖται   25

πρὸς ζόφον, αἱ δέ τ' ἄνευθε πρὸς ἠῶ τ' ἠέλιόν τε,   26

τρηχεῖ', ἀλλ' ἀγαθὴ κουροτρόφος· οὔ τοι ἐγώ γε   27

ἧς γαίης δύναμαι γλυκερώτερον ἄλλο ἰδέσθαι.   28

ἦ μέν μ' αὐτόθ' ἔρυκε Καλυψώ, δῖα θεάων,   29

ἐν σπέσσι γλαφυροῖσι, λιλαιομένη πόσιν εἶναι·   30

ὣς δ' αὔτως Κίρκη κατερήτυεν ἐν μεγάροισιν   31

Αἰαίη δολόεσσα, λιλαιομένη πόσιν εἶναι·   32

ἀλλ' ἐμὸν οὔ ποτε θυμὸν ἐνὶ στήθεσσιν ἔπειθον.   33

ὡς οὐδὲν γλύκιον ἧς πατρίδος οὐδὲ τοκήων   34

γίγνεται, εἴ περ καί τις ἀπόπροθι πίονα οἶκον   35

γαίῃ ἐν ἀλλοδαπῇ ναίει ἀπάνευθε τοκήων.   36

εἰ δ' ἄγε τοι καὶ νόστον ἐμὸν πολυκηδέ' ἐνίσπω,   37

ὅν μοι Ζεὺς ἐφέηκεν ἀπὸ Τροίηθεν ἰόντι.   38

Ἰλιόθεν με φέρων ἄνεμος Κικόνεσσι πέλασσεν,   39

Ἰσμάρῳ. ἔνθα δ' ἐγὼ πόλιν ἔπραθον, ὤλεσα δ' αὐτούς·   40

ἄγε, ἄγετε: come on!
ἀλλά: but
ἄλλος, -η, -ο: other
ἅλς, ἅλος, ὁ: (salt) sea
ἄνεμος, ου, ὁ: wind
ἀπό: from, away from
αὐτός, -ή, -ό: himself, her-
γαῖα, ἡ: earth, land
γίγνομαι: to become
γλαφυρός, -ή, -όν: hollow
δῖος, -α, -ον: brilliant

εἰ: if, whether
εἶδον: to see (aorist)
ἔνθα: there, then
ἔρχομαι: to come, go
Ζεύς, ὁ: Zeus
ἥλιος, ὁ: sun
ἠώς, ἡ: dawn
Κίρκη, ἡ: Circe
μέγαρον, τό: hall
ὄλλυμι: to kill; lose
ὄρος, -εος, τό: a mountain

οὐδέ: and not, not even
πατρίς, -ιδος: fatherland
πείθω: to persuade; obey
πέρ: very, even, just
ποτέ: ever, at some time
πούς, ποδός, ὁ: a foot
πρός: to, towards; near
σπέος, ὁ: cave, cavern
φέρω: to bring, carry
ὡς: as, when; thus

ἀγαθός, -ή, -όν: good, brave, noble, 2
Αἰαίη, ἡ: Aeaea, 6
ἀλλήλων, -λοις, -λους: one another, 9
ἀλλοδαπός, -ή, -όν: foreign, alien, 2
ἄνευ-θε: without, free from; far from, 3
ἀπ-άνευθε: far away, far off, at a distance, 4
ἀπό-προθι: far away, from afar, 2
ἀρι-πρεπής, -ές: very distinguished, stately 1
αὐτό-θι: on the very spot, here, there, 9
αὔτως: in the same manner, just, as it is, 2
γλυκερός, -ή, -όν: sweet, pleasant, 6
γλυκύς, ύ: sweet, pleasant, 12
δολόεις, -εσσα: cunningly made, 1
Δουλίχιον, τό: Doulichion, 1
δύναμαι: to be able, can, be capable, 10
εἰνοσί-φυλλος, -ον: with shaking leaves, 1
ἐν-έπω: to relate, 5
ἑός, -ή, -όν: his own, her own, its own, 5
ἐρύκω: to keep in, check, curb, restrain, 5
εὐ-δείελος, -ον: bright, shining, sunny, 1
ἐφ-ίημι: to send to, launch, let go at, 12
Ζάκυνθος, ὁ: Zacynthus, 1
ζόφος, ὁ: darkness, gloom, 5
Ἰθάκη, ἡ: Ithaka, 13
Ἰλιό-θεν: from Ilium, from Troy, 1
Ἴσμαρος, ὁ, τό: Ismarus, 2

Καλυψώ, -οος, ἡ: Calypso, 3
κατ-ερητύω: to hold back, restrain, 1
Κίκονες, οἱ: Ciconians, 6
κουρο-τρόφος, -ον: nourisher of youths, 1
λιλαίομαι: to desire, 6
ναιετάω: to dwell, inhabit; lie, be situated, 2
Νήριτος, ὁ: Neritus, 2
νόστος, ὁ: return home, return homeward, 12
οἶκος, ὁ: a house, abode, dwelling, 11
οὐδ-είς, οὐδε-μία, οὐδ-έν: no one, nothing, 4
παν-υπέρτατος, -η, -ον: furthest out at sea, 1
πελάζω: bring, carry, conduct, (+ dat), 11
πέρθω: to sack, lay waste, destroy, 1
πίων, -ον: rich, fertile, plentiful, 8
πόλις, ἡ: a city, 11
πολυ-κηδής, -ές: full of sorrows or worries, 1
πόσις, -εως, ὁ: husband, 2
Σάμη, ἡ: Same (island), 1
στῆθος, τό: chest, breast, 6
σχεδόν: near, nearly, almost, just about, 9
τοκεύς, ὁ, ἡ: parent, 3
τρηχύς, -εῖα, -ύ: rough, jagged, uneven 3
Τροίη-θεν: from Troy, 3
ὑλήεις, -εσσα, -εν: wooded, 5
χθαμαλός, -ή, -όν: low-lying, low, 4

21 ἐν δ᾽ ὄρος αὐτῇ: and on it (is) a mountain
   Νήριτον...: in apposition to ὄρος
22 ἀμφὶ δὲ: and around (Ithaca)
23 ἀλλήλῃσι: to one another; dat with σχεδόν
25 αὐτὴ δὲ...αἱ δὲ: it...they; contrast between
   Ithaca and the other islands
   εἰν: ἐν
   ἁλὶ: dat. sg. ἅλς
26 πρὸς ζόφον: i.e. toward the west
   πρὸς ἠῶ: toward dawn; ἠώς, i.e. the east
28 ἧς γαίης: than one's one land; gen. of
   comparison, ἑός
   κλυκερώτερον: sweeter; comparative adj.
   ἰδέσθαι: to see; inf. εἶδον
29 αὐτόθ᾽: there; i.e. on Calypso's island
   ἔρυκε: tried to keep (me); conative impf.
   θεάων: of goddesses; gen. pl.
30 πόσιν εἶναι: (me) to be her husband;
   πόσιν is acc. predicate; inf. εἰμί
31 ὡς...αὔτως: so in the same way; adverbs
   κατερήτυεν: tried to hold me back;
   conative impf.

32 πόσιν εἶναι: (me) to be her husband;
33 ἐνὶ στήθεσσιν: in my chest; dat. pl.
   ἔπειθον: subject is Circe, impf. πείθω
34 ὡς: so
   γλύκιον: sweeter; neuter comparative
   ἧς...τοκήων: than one's own...; genitive
   of comparison, ἑός
35 γίγνεται: is
36 ἀπάνευθε τοκήων: far from parents; gen.
   of separation
37 εἰ δ᾽ ἄγε: but if (you wish), come and...;
   perhaps ellipsis for 2ⁿᵈ sg. βούλει; ἄγε
   often precedes a command, here ἐνίσπω
   ἐνίσπω: let me tell; 1ˢᵗ sg. aorist jussive
   subjunctive, ἐνέπω
38 ἐφέηκεν: 3ʳᵈ sg. aorist ἐφ-ίημι
   ἰόντι: going; dat. sg. pple. ἔρχομαι
39 φέρων: nom. sg. present pple φέρω
   πέλασσεν: carried + dat.; aor. πελάζω
40 Ἰσμάρῳ: Ismarus; apposition to Κικόνεσσι
   ἔπραθον: 1ˢᵗ sg. aorist πέρθω
   ὤλεσα: I killed; 1ˢᵗ sg. aorist ὄλλυμι

ἐκ πόλιος δ' ἀλόχους καὶ κτήματα πολλὰ λαβόντες   41

δασσάμεθ', ὡς μή τίς μοι ἀτεμβόμενος κίοι ἴσης.   42

ἔνθ' ἦ τοι μὲν ἐγὼ διερῷ ποδὶ φευγέμεν ἡμέας   43

ἠνώγεα, τοὶ δὲ μέγα νήπιοι οὐκ ἐπίθοντο.   44

ἔνθα δὲ πολλὸν μὲν μέθυ πίνετο, πολλὰ δὲ μῆλα   45

ἔσφαζον παρὰ θῖνα καὶ εἰλίποδας ἕλικας βοῦς.   46

τόφρα δ' ἄρ' οἰχόμενοι Κίκονες Κικόνεσσι γεγώνευν,   47

οἵ σφιν γείτονες ἦσαν ἅμα πλέονες καὶ ἀρείους,   48

ἤπειρον ναίοντες, ἐπιστάμενοι μὲν ἀφ' ἵππων   49

ἀνδράσι μάρνασθαι καὶ ὅθι χρὴ πεζὸν ἐόντα.   50

ἦλθον ἔπειθ' ὅσα φύλλα καὶ ἄνθεα γίγνεται ὥρῃ,   51

ἠέριοι· τότε δή ῥα κακὴ Διὸς αἶσα παρέστη   52

ἡμῖν αἰνομόροισιν, ἵν' ἄλγεα πολλὰ πάθοιμεν.   53

στησάμενοι δ' ἐμάχοντο μάχην παρὰ νηυσὶ θοῇσι,   54

βάλλον δ' ἀλλήλους χαλκήρεσιν ἐγχείῃσιν.   55

ὄφρα μὲν ἠὼς ἦν καὶ ἀέξετο ἱερὸν ἦμαρ,   56

τόφρα δ' ἀλεξόμενοι μένομεν πλέονάς περ ἐόντας.   57

ἦμος δ' ἠέλιος μετενίσσετο βουλυτόνδε,   58

καὶ τότε δὴ Κίκονες κλῖναν δαμάσαντες Ἀχαιούς.   59

ἐξ δ' ἀφ' ἑκάστης νηὸς ἐϋκνήμιδες ἑταῖροι   60

ἀνήρ, ἀνδρός, ὁ: a man
ἅμα: along with, together
ἄρα: then, therefore, it seems
βάλλω: to throw, strike
βοῦς, ὁ, ἡ: cow, ox, bull
δή: just, indeed, really
ἕκαστος, -η, -ον: each
ἑταῖρος, ὁ: comrade

ἦμος: when, at a time when
θοός, -ή, -όν: swift, nimble
ἱερός, -ή, -όν: holy; temple
ἵνα: so that, where
ἵστημι: to stand, set up, stop
ἴσος, -η, -ον: equal, balanced
κακός, -ή, -όν: bad, cowardly
μέγας: big, great

μένω: to stay, remain
μή: not, lest
νηῦς, νηός, ἡ: a ship
ὅ-θι: where
ὅσος, -η, -ον: as much as
πίνω: to drink
σφεῖς: they
τότε: at that time, then

ἀέξω: to make grow, increase; *mid.* grow, 5
αἰνό-μορος, -ον: dire-fated, doom-fated, 1
αἶσα, ἡ: fate, lot, portion, destiny, 2
ἄλγος, τό: pain, distress, grief, 12
ἀλέξομαι: to ward or keep off, resist, 1
ἀλλήλων, -λοις, -λους: one another, 9
ἄλοχος, ἡ: wife, spouse, 12
ἄνθος, -εως, τό: a blossom, flower, bloom, 3
ἄνωγα: to command, order, bid, 10
ἀρείων, -ον: better, stronger, more warlike, 2
ἀ-τέμβω: to deprive of, rob of (+ gen.), 2
Ἀχαιός, -α, -ον: Achaian, (Greek), 12
βουλυνόν-δε: toward evening, til ox-time, 1
γείτων, -ονος, ὁ: γίγνομαι, neighbor, 1
γέγωνα: to call, make one's voice heard, 2
δαμάζω: to subdue, tame, overpower, 12
δατέομαι: to divide, distribute, 2
διερός, -ά, -όν: nimble, lively, active, 1
ἐγ-χείη, ἡ: spear, lance, 2
εἰλί-πους, -ποδος: with rolling walk, 1
ἕλιξ, ἕλικος: of twisted or spiraling horn, 8
ἕξ: six, 6
ἐπίσταμαι: to know, know how, understand 8
ἐυ-κνήμις, -ῖδος: well-greaved, 4
ἠέριος, -η, -ον: at early morn, early, 1
ἤπειρος, ἡ: mainland, 6
θίς, θινός, ὁ: shore, beach, 10

ἵππος, ὁ: horse, 2
Κίκονες, οἱ: Ciconians, 6
κίω: to go, 10
κλίνω: to recline, lie down; lay low, 2
κτῆμα, -ατος, τό: possessions, land, goods, 4
λαμβάνω: to take, receive, catch, grasp, 13
μάρναμαι: to fight, contend (+ dat.) 2
μάχη, ἡ: battle, fight, combat, 2
μάχομαι: to fight, contend, 4
μέθυ, τό: wine, 9
μετ-έπειτα: thereafter, 3
μετ-νίσσομαι: to pass, go pass or over, 1
μῆλον, τό: flock, herd; apple, 7
νήπιος, -α, ον: young; childish, foolish, 6
οἴχομαι: to go; depart, 3
πάσχω: to suffer, experience, 14
παρ-ίστημι: to stand beside, approach (dat) 10
πεζός, ή, όν: on foot, 3
πλείων, πλεῖον (-οντος): more, greater, 6
πόλις, ἡ: a city, 11
σφάζω: to slay, slaughter, kill, 4
τόφρα: during that time, meanwhile, 8
φεύγω: to flee, escape; defend in court, 13
φύλλον, τό: leaf, 4
χαλκήρης, -ες: fitted with bronze, 3
χρή: it is necessary, it is fitting; must, ought 4
ὥρη, ἡ: season, period of a year, 13

41 πόλιος: *city; gen. sg.; Attic.* πόλεως
λαβόντες: nom. pl. aor. pple λαμβάνω
42 δασσάμεθα: *distributed*; aor. δατέομαι
ὡς μή...κίοι: *so that..might go*; negative purpose clause governs optative when main verb is in secondary sequence (past)
τίς: *someone*; τις, accent from μοι
μοι: *for my part*; ethical dative
ἴσης: *from a fair (share)*; gen. separation with passive pple ἀτεμβόμενος
43 ἦ τοι: *truly indeed*; τοι used as a particle
διερῷ ποδί: *with nimble foot*; dat. manner
φευγέμεν: present infinitive φεύγω
44 ἠνώγεα: plpf. with aorist sense, ἄνωγα
τοὶ δὲ: *but they*; i.e. Odysseus' men
ἐπίθοντο: *did obey*; aor. mid. πείθω
45 πίνετο: *was drunk*; 3rd sg. impf. passive
48 οἱ: relative pronoun
σφιν: *to them*; dat. pl. σφεῖς
ἦσαν: *were*; 3rd pl. impf. εἰμί
πλέονες καὶ ἀρείους: *more numerous and more warlike* (than the other Ciconians)

49 ναίοντες: nom. pl. pres. pple ναίω
ἀφ' ἵππων: in contrast with πεζὸν ἐόντα
50 ὅθι: *where*; core vocabulary with χρή
ἐόντα: *being*; readers expect nom. pl. but this pres. pple εἰμί in acc. sg. is attracted into the acc. commonly used with χρή
51 ἦλθον: 3rd pl. aor. ἔρχομαι
ὅσα φύλλα: *as many as leaves...*; neuter plural subject of 3rd sg. verb
ὥρῃ: *in season*
52 ῥα: ἄρα
Διός: *of Zeus*; gen. sg. of Ζεύς
παρέστη: 3rd sg. aor. παρίστημι
53 ἵνα...πάθοιμεν: *so that...might...*; purpose aor. opt. πάσχω in secondary sequence
54 στησάμενοι...μάχην: *having set up the battle in array*; aor. mid. ἵστημι
55 χαλκήρεσιν ἐγχείῃσιν: *with bronze lances*
56 ὄφρα...τόφρα: *until...so long*; correlatives
57 περ ἐόντας: *though (the Ciconians) being*

ὤλονθ᾽· οἱ δ᾽ ἄλλοι φύγομεν θάνατόν τε μόρον τε.   61

  ἔνθεν δὲ προτέρω πλέομεν ἀκαχήμενοι ἦτορ,   62

ἄσμενοι ἐκ θανάτοιο, φίλους ὀλέσαντες ἑταίρους.   63

οὐδ᾽ ἄρα μοι προτέρω νῆες κίον ἀμφιέλισσαι,   64

πρίν τινα τῶν δειλῶν ἑτάρων τρὶς ἕκαστον ἀῦσαι,   65

οἳ θάνον ἐν πεδίῳ Κικόνων ὕπο δῃωθέντες.   66

νηυσὶ δ᾽ ἐπῶρσ᾽ ἄνεμον Βορέην νεφεληγερέτα Ζεὺς   67

λαίλαπι θεσπεσίῃ, σὺν δὲ νεφέεσσι κάλυψε   68

γαῖαν ὁμοῦ καὶ πόντον· ὀρώρει δ᾽ οὐρανόθεν νύξ.   69

αἱ μὲν ἔπειτ᾽ ἐφέροντ᾽ ἐπικάρσιαι, ἱστία δέ σφιν   70

τριχθά τε καὶ τετραχθὰ διέσχισεν ἲς ἀνέμοιο.   71

καὶ τὰ μὲν ἐς νῆας κάθεμεν, δείσαντες ὄλεθρον,   72

αὐτὰς δ᾽ ἐσσυμένως προερέσσαμεν ἤπειρόνδε.   73

ἔνθα δύω νύκτας δύο τ᾽ ἤματα συνεχὲς αἰεὶ   74

κείμεθ᾽, ὁμοῦ καμάτῳ τε καὶ ἄλγεσι θυμὸν ἔδοντες.   75

ἀλλ᾽ ὅτε δὴ τρίτον ἦμαρ ἐϋπλόκαμος τέλεσ᾽ ἠώς,   76

ἱστοὺς στησάμενοι ἀνά θ᾽ ἱστία λεύκ᾽ ἐρύσαντες   77

ἥμεθα, τὰς δ᾽ ἄνεμός τε κυβερνῆταί τ᾽ ἴθυνον.   78

καί νύ κεν ἀσκηθὴς ἱκόμην ἐς πατρίδα γαῖαν·   79

ἀλλά με κῦμα ῥόος τε περιγνάμπτοντα Μάλειαν   80

αἰεί: always, forever
ἀχεύω: to grieve, vex
δύο: two
ἔδω: to eat
εἰς: into, to
ἔνθεν: from there, then
ἐρύω: to drag, pull, draw

θάνατος, ὁ: death
ἱκνέομαι: to come to, reach
ἱστίον, τό: sail, web
κῦμα, -ατος, τό: wave, swell
λευκός, -ή, -όν: white, bright
νύξ, -κτος, ἡ: night
ὄλεθρος, ὁ: ruin, destruction

πόντος, ὁ: sea
πρότερος: sooner, earlier
σύν: with, together
τελέω: to complete, fulfill
φίλος, -α, -ον: dear, friendly

ἀ-σκηθής, -ές: unscathed, 2
ἀμφι-έλισσα: curved at both ends, curving, 5
ἄλγος, τό: pain, distress, grief, 12
ἄσμενος, -η, -ον: well-pleased, glad, 3
αὔω: to call aloud, shout, 1
βορέης ὁ: North wind, north, 3
δείδω: fear, dread, shrink from, feel awe, 13
δειλός, -η, -ον: cowardly, miserable, 5
δηιόω: to cut down, slay, 1
δια-σχίζω: to split, cleave asunder, 1
ἐπ-όρνυμι: stir up against, set in motion (dat) 1
ἐπι-κάρσιος, -η, -ον: headlong, plunging, 1
ἐσσυμένως: eagerly, impetuously, 2
ἐϋ-πλόκαμος, -ον: fair-tressed, 7
ἦτορ, τό: heart, soul, mind, spirit, 11
ἤπειρόν-δε: to the mainland, 4
θεσπέσιος, -η, -ον: divinely sweet, profuse, 7
θνήσκω: to die, be dying, perish, 14
ἰθύνω: to make straight, steer, 4
ἴς, ἰνος, ἡ: force, strength; tendon, 5
ἱστός, ὁ: ship's mast, loom for weaving, 13
κάματος, ὁ: weariness, fatigue, toil, labor 4
καλύπτω: to conceal, cover, 6
καθ-ίημι: to let go down, let down, 1

Κίκονες, οἱ: Ciconians, 6
κίω: to go, 10
κυβερνάω: to steer, drive a ship, 5
λαῖλαψ, λαίλαπος ἡ: tempest, storm, 5
Μάλεια, ἡ: Malea, the promontory Malea, 1
μοῖρα, ἡ: due measure, portion, one's lot, 10
νέφος, -εος, τό: a cloud, mass of clouds, 2
νεφεληγερέτα: cloud-gatherer, -gathering, 3
ὁμοῦ: at the same place, together, 8
ὄρνυμι: to stir, set in motion, rouse, 11
οὐρανό-θεν: from the sky, heavens, 5
πεδίον, τό: a plain, 4
περι-γνάμπτω: to double around, 2
πλέω: to sail, go by sea, 8
πρίν: until, before, 14
προ-ερέσσω: to row forward, 1
ρόος, ὁ: stream, current, flow, 9
σφεῖς: they, 18
συνεχής, -ές: continuous; adv. continuously, 1
τετραχθά: in four parts, 1
τρίς: thrice, three times, 7
τρίτος, -α, -ον: the third, 5
τρίχθα: in three parts, 1
φεύγω: to flee, escape; defend in court, 13

61 ὤλονθ: *perished*; ὤλοντο, aor. mid.
    ὄλλυμι
    οἱ δ᾽ ἄλλοι φύγομεν: *(As for) the rest we fled*; 1st pl. aor. φεύγω
62 ἀκαχήμενοι: *being grieved*; pf. mid. pple
    ἀχεύω
    ἦτορ: *in heart*; acc. respect
63 ὀλέσαντες: *losing*; aor. pple ὄλλυμι
64 μοι: *my*; dat. possession
    προτέρω...πρίν: *previously...before*
    κίον: *proceeded*; 3rd pl. impf. κίω
65 δειλῶν: *wretched*; usually "cowardly"
    τινα...αὖσαι: *someone called out*; aor. inf.
    αὔω, τινα is accusative subject
66 οἱ: *who*
    θάνον: 3rd pl. aor. θνήσκω
    δηωθέντες: nom. pl. aor. pass. pple δηιόω
67 νηυσὶ: *against the ships*; dat. pl. governed by compound verb
    ἐπῶρσ᾽: 3rd sg. aor. ἐπ-όρνυμι
68 λαίλαπι θεσπεσίῃ: *with a...*; dat. of means
69 ὀρώρει: *had arisen*; plpf. ὄρνυμι
70 αἱ μὲν: *some (ships)*

ἐφέροντ᾽: *were carried*; impf. pass. φέρω
σφιν: *their*; dat. pl. possession σφεῖς
70 ~~φευγέμεν: present infinitive φεύγω~~
72 τὰ μὲν: *these (sails)*; acc. pl.; add ἱστία
    κάθεμεν: *sent down*; 1st pl. aor. καθίημι
    δείσαντες: nom. pl. aor. pple δείδω
73 αὐτὰς: *them*; i.e. the ships
74 δύω...ἤματα: *for...*; duration of times
75 κείμεθ᾽: *we lie*; κείμεθα 1st pl. pres. mid.
    καμάτῳ, ἄλγεσι: *with...*; dat. means
    θυμὸν ἔδοντες: *eating (away) our hearts*
76 τέλεσ᾽: *brought to end*; 3rd sg. aor. τελέω
77 στησάμενοι: *setting up*; aor. mid. ἵστημι
    ἀνά...ἐρύσαντες: *drawing up*; aor. pple
78 ἥμεθα: 1st pl. ἧμαι; i.e. at the rowlocks
    τὰς δ᾽: *and these (ships)*
    ἴθυνον: 3rd pl. impf.
79 νύ: νῦν
    κεν...ἱκόμην: *I would have arrived*; κε +
    aor. indicative suggests a past potential
    that is unrealized (contrary-to-fact
    construction)

καὶ Βορέης ἀπέωσε, παρέπλαγξεν δὲ Κυθήρων.   81

  ἔνθεν δ᾽ ἐννῆμαρ φερόμην ὀλοοῖς ἀνέμοισι   82

πόντον ἐπ᾽ ἰχθυόεντα· ἀτὰρ δεκάτῃ ἐπέβημεν   83

γαίης Λωτοφάγων, οἵ τ᾽ ἄνθινον εἶδαρ ἔδουσιν.   84

ἔνθα δ᾽ ἐπ᾽ ἠπείρου βῆμεν καὶ ἀφυσσάμεθ᾽ ὕδωρ,   85

αἶψα δὲ δεῖπνον ἕλοντο θοῇς παρὰ νηυσὶν ἑταῖροι.   86

αὐτὰρ ἐπεὶ σίτοιό τ᾽ ἐπασσάμεθ᾽ ἠδὲ ποτῆτος,   87

δὴ τοτ᾽ ἐγὼν ἑτάρους προΐειν πεύθεσθαι ἰόντας,   88

οἵ τινες ἀνέρες εἶεν ἐπὶ χθονὶ σῖτον ἔδοντες,   89

ἄνδρε δύω κρίνας, τρίτατον κήρυχ᾽ ἅμ᾽ ὀπάσσας.   90

οἱ δ᾽ αἶψ᾽ οἰχόμενοι μίγεν ἀνδράσι Λωτοφάγοισιν·   91

οὐδ᾽ ἄρα Λωτοφάγοι μήδονθ᾽ ἑτάροισιν ὄλεθρον   92

ἡμετέροις, ἀλλά σφι δόσαν λωτοῖο πάσασθαι.   93

τῶν δ᾽ ὅς τις λωτοῖο φάγοι μελιηδέα καρπόν,   94

οὐκέτ᾽ ἀπαγγεῖλαι πάλιν ἤθελεν οὐδὲ νέεσθαι,   95

ἀλλ᾽ αὐτοῦ βούλοντο μετ᾽ ἀνδράσι Λωτοφάγοισι   96

λωτὸν ἐρεπτόμενοι μενέμεν νόστου τε λαθέσθαι.   97

τοὺς μὲν ἐγὼν ἐπὶ νῆας ἄγον κλαίοντας ἀνάγκῃ,   98

νηυσὶ δ᾽ ἐνὶ γλαφυρῇσιν ὑπὸ ζυγὰ δῆσα ἐρύσσας.   99

αὐτὰρ τοὺς ἄλλους κελόμην ἐρίηρας ἑταίρους   100

ἄγω: to lead, bring, convey
αἱρέω: to take; *mid.* choose
αἶψα: straightaway, at once
αὐτάρ, ἀτάρ: but, yet
αὐτοῦ: there

βαίνω: to walk, step, go
δέω: to tie, bind, secure
ἐπί: to, toward; near, at
ἐπι-βαίνω: to embark
ἐθέλω: to be willing, wish

ἠ-δέ: and
μετά: with; after
νέομαι: to return
ποτής, -ῆτος, ἡ: drink
ὕδωρ, ὕδατος, τό: water

ἀνάγκη, ἡ: necessity, force, constraint, 4
ἄνθινος, -ον: of flowers, from flowers, 2
ἀπ-αγγέλλω : to report (from), announce, 1
ἀπ-ωθέω: to push away, repel, reject, 2
ἀφύσσω: to draw, draw off, 2
βορέης ὁ: North wind, north, 3
βούλομαι: to wish, want, prefer, 4
δέκατος, -η, -ον: tenth, 6
δεῖπνον, τό: the principal meal, dinner, 10
εἶδαρ, -ατος, τό: food, meat, 4
ἐννῆμαρ: for nine days, 3
ἐρέπτομαι: to bite off, feed on, crop, 1
ἐρίηρος, -όν: faithful; fitting exactly 10
ἔφαγον: ate, eat; (aorist ἔδω), 7
ζυγόν, τό: yoke, 2
ἤπειρος, ἡ: mainland, 6
ἡμέτερος, -α, -ον: our, 7
ἰχθυόεις, -εσσα, -εν, τό: full of fish, 3
καρπός, ὁ: crop, fruit, benefit, 6
κέλομαι: to command, bid, exhort, 10
κῆρυξ, -υκος, ὁ: herald, envoy, messenge, 3
κλαίω: to weep, lament, wail, 13

κρίνω: to pick out, choose, select, 5
Κύθηρα, τά: Cythera, an island south of Gre 1
λανθάνω: to escape notice, be unnoticed, 13
Λωτός, ὁ: lotus, lotus flower, 4
Λωτο-φάγοι, οἱ: lotus-eater, 8
μελι-ηδής, -ές: honey-sweet, 5
μήδομαι: to devise, plan, contrive, 5
μίγνυμι: to mix with, mingle with (dat.) 5
νόστος, ὁ: return home, return homeward, 12
οἴχομαι: to go; depart, 3
ὀλοός, -ή, -όν: destructive, deadly, 7
ὀπάζω: to give, grant, 4
οὐκ-έτι: no more, no longer, no further, 9
πάλιν: again, once more; back, backwards, 3
παρα-πλάζω: drive off course from (gen.) 1
πατέομαι: to eat, partake of, taste (+ gen.) 8
πεύθομαι: to learn by inquiry, 2
προ-ίημι: to send forth, throw, launch, 8
σῖτος, ὁ: grain, food, 11
τοτέ: at times, now and them, 1
τρίτατος, -η, -ον: third, 2
χθών, -ονός, ἡ: the earth, ground, 7

---

81 ἀπέωσε: 3rd sg. aor. ἀπ-ωθέω
Κυθήρων: from Cythera; gen. separation, the verb suggests that Odyssey drifts off course from his desired path along Cythera

83 δεκάτῃ: on the tenth (day); dat. time when
ἐπεβημεν: 1ˢᵗ pl. aor. ἐπιβαίνω + gen.

84 ἐπ᾽..βημεν: set foot on mainland; tmesis

86 δεῖπνον ἕλοντο: took dinner; aor. αἱρέω
σίτοιό, ποτῆτος: partitive gen. governed by aor. πατέεομαι

88 ἐγών: ἐγώ
προίειν: sent forth; 1ˢᵗ sg. impf. προ-ίημι with a final -ν; governs ἑτάρους
πεύθεσθαι: to learn; inf. of purpose
ἰόντες: going; acc. pl. pple ἔρχομαι

89 οἵ τινες...εἶεν: what sort...were; "who... were," 3ʳᵈ pl. pres. optative εἰμί

90 ἄνδρε δύω: dual accusative
κρίνας: nom. sg. aor. pple κρίνω
ὀμάσσας: nom. sg. aor. pple ὀπάζω

91 μίγεν: 3ʳᵈ sg. aor. μίγνυμι

92 ἑτάροισιν: for my comrades; dat. interest

93 σφι: to them; dat. pl. indirect obj. σφεῖς
δόσαν: 3ʳᵈ pl. aor. δίδωμι
πάσασθαι: aor. inf. πατέομαι + gen.

94 τῶν δ᾽ ὅς τις: anyone of those who...; i.e. whosoever, partitive gen.
φάγοι: has eaten; opt. ἔφαγον in a relative clause of characteristic, secondary sequence

95 ἀπαγγεῖλαι: aor. inf.
ἤθελεν 3ʳᵈ sg. impf. ἐθέλω
αὐτοῦ: there; "in that very place"

97 μενέμεν: to remain; inf. with βούλοντο
λαθέσθαι: aor. inf. λανθάνω + gen.

98 τοὺς μὲν: them;
ἄγον: brought, lead; impf. ἄγω
ἀναγκῃ: by force, by compulsion

99 δῆσα: I bound (them); 1ˢᵗ sg. aor. δέω
ἐρύσσας: nom. sg. aor. pple ἐρύω

σπερχομένους νηῶν ἐπιβαινέμεν ὠκειάων,   101

μή πώς τις λωτοῖο φαγὼν νόστοιο λάθηται.   102

οἱ δ᾽ αἶψ᾽ εἴσβαινον καὶ ἐπὶ κληῖσι καθῖζον,   103

ἑξῆς δ᾽ ἑζόμενοι πολιὴν ἅλα τύπτον ἐρετμοῖς.   104

  ἔνθεν δὲ προτέρω πλέομεν ἀκαχήμενοι ἦτορ.   105

Κυκλώπων δ᾽ ἐς γαῖαν ὑπερφιάλων ἀθεμίστων   106

ἱκόμεθ᾽, οἵ ῥα θεοῖσι πεποιθότες ἀθανάτοισιν   107

οὔτε φυτεύουσιν χερσὶν φυτὸν οὔτ᾽ ἀρόωσιν,   108

ἀλλὰ τά γ᾽ ἄσπαρτα καὶ ἀνήροτα πάντα φύονται,   109

πυροὶ καὶ κριθαὶ ἠδ᾽ ἄμπελοι, αἵ τε φέρουσιν   110

οἶνον ἐριστάφυλον, καί σφιν Διὸς ὄμβρος ἀέξει.   111

τοῖσιν δ᾽ οὔτ᾽ ἀγοραὶ βουληφόροι οὔτε θέμιστες,   112

ἀλλ᾽ οἵ γ᾽ ὑψηλῶν ὀρέων ναίουσι κάρηνα   113

ἐν σπέσσι γλαφυροῖσι, θεμιστεύει δὲ ἕκαστος   114

παίδων ἠδ᾽ ἀλόχων, οὐδ᾽ ἀλλήλων ἀλέγουσιν.   115

  νῆσος ἔπειτα λάχεια παρὲκ λιμένος τετάνυσται,   116

γαίης Κυκλώπων οὔτε σχεδὸν οὔτ᾽ ἀποτηλοῦ,   117

ὑλήεσσ᾽· ἐν δ᾽ αἶγες ἀπειρέσιαι γεγάασιν   118

ἄγριαι· οὐ μὲν γὰρ πάτος ἀνθρώπων ἀπερύκει,   119

οὐδέ μιν εἰσοιχνεῦσι κυνηγέται, οἵ τε καθ᾽ ὕλην   120

ἑξῆς: in a row, in order   οἶνος, ὁ: wine   πως: somehow, in any way

ἐρετμόν, τό: an oar   οὔ-τε: and not, neither...nor   χείρ, χειρός, ἡ: hand

ἕζομαι: to sit; set   παῖς, παιδός, ὁ, ἡ: a child

Κύκλωψ, -οπος, ὁ: Cyclops   πολιός, -ή, -όν: gray

ἀγορή, ἡ: an assembly; marketplace, 6
ἄγριος, -α, -ον: wild, fierce, 11
ἀέξω: to make grow, increase; mid. grow, 5
ἀ-θάνατος, -ον: undying, immortal, 13
ἀ-θέμιστος, -ον: lawless, without law, 1
αἴξ, αἰγός, ὁ, ἡ: goat, 8
ἀλέγω: to attend, care, be concerned (+gen) 2
ἀλλήλων, -λοις, -λους: one another, 9
ἄλοχος, ἡ: wife, spouse, 12
ἄμπελος, ὁ: vine, 2
ἀν-ήροτος, -ον: unplowed, 2
ἄνθρωπος, ὁ: human being, 11
ἀ-πειρέσιος, -η, -ον: boundless, endless, 2
ἀπ-ερύκω: to hold off, keep away, 1
ἀπο-τηλοῦ: far away, 1
ἀρόω: to plow, 1
ἄ-σπαρτος, -ον: unsown, 2
βουλη-φόρος, -ον: council-bearing, 1
εἰσ-βαίνω: to go into, walk to, enter, 6
εἰσ-οιχνέω: to go to, land upon, enter, 1
ἑξῆς: in a row, in order, in sequence, 16
ἐρι-στάφυλος, -ον: of rich-clustered grapes, 2
ἔφαγον: ate, eat; (aorist ἔδω), 7
ἦτορ, τό: heart, soul, mind, spirit, 11
θέμις, θέμιστος, ἡ: right, custom, law, 5
θεμιστεύω: to be judge over, rule over (gen), 2
καθ-ίζω: to sit down, make sit down, station, 6

κάρηνον, τό: peak, top, head, 5
κληΐς, -ῖδος, ἡ: bolt; rowlocks, thole-pins, 7
κριθή, ἡ: barley, 1
κυνηγέτης, ὁ: hunter, dog-leader, 1
λανθάνω: to escape notice, forget (+ gen.) 13
λάχεια: with good soil, fertile, 2
λιμήν, -ένος, ὁ: harbor, haven, 8
λωτός, ὁ: lotus, lotus flower, 4
νόστος, ὁ: return home, return homeward, 12
ὄμβρος, ὁ: rain, rainstorm, thunderstorm, 4
παρ-έκ: out along or beside, outside, before 6
πάτος, ὁ: trodden path, 1
πλέω: to sail, go by sea, 8
προ-τέρω: forward, further, farther, 12
πυρός, ὁ: wheat, 1
σπέρχομαι: to speed, act quickly, 1
σχεδόν: near, nearly, almost, just about, 9
τανύω: to stretch; mid. run at full stride, 3
τύπτω: to beat, strike, smite, 7
ὕλη, ἡ: wood, forest, 14
ὑλήεις, -εσσα, -εν: wooded, 5
ὑπερ-φίαλος, -ον: overbearing, reckless, 2
ὑψ-ηλός, -ή, -όν: high, lofty, tall, 7
φυτεύω: to plant, 1
φυτόν, τό: plant, tree, 1
φύω: to bring forth, produce, put forth, 12
ὠκύς, -εῖα, -ύ: quick, swift, fleet, 2

---

101 ἐπιβαινέμεν: pres. inf. (+ gen.) governed by κελόμην above
102 μή...λάθηται: *lest someone.. forget;* clause of fearing , aor. subj. λανθάνω
   φαγών: nom. sg. aor. pple ἔφαγον
   οἱ δ : *and they;* i.e. Odysseus' men
103 εἴσβαινον: *boarded (the ship);* impf.
104 πολιήν: *grey;* modifies acc. sg. ἅλα
   τύπτον: 3ʳᵈ pl. impf. τύπτω
   ἐρετμοῖς: *with oars;* dat. of means
105 πλέομεν: impf. πλέω
   ἀκαχήμενοι: *being grieved;* pf. mid. pple ἀχεύω
   ἦτορ: *in heart;* acc. respect
107 ἱκόμεθ : *we came, arrived;* aor. ἱκνέομαι
   πεποιθότες: *being confident in;* + dat., pf. act. pple πείθω

108 χερσίν: *with their hands;* dat. means χείρ
   ἀρόωσιν: ἀράουσιν, 3ʳᵈ sg. pres. ἀράω
111 σφιν: *for them;* dat. of interest, σφεῖς
   Διός: *of Zeus;* gen. sg. Ζεύς
112 τοῖσιν: *To them (there are);* dat. of possession, supply εἰσί
113 ἀλλ᾽ οἱ γ : *but they..*
116 τετάνυσται: *stretches;* pf. mid. τανύω
   Διός: *of Zeus;* regular gen. of Zeus
117 γαίης: *from the land..;* gen. of separation with the adverbs: "...near nor far from"
118 ἐν δ : *and on (it);* supply the object
   γεγάασιν: *have been born;* pf. γίγνομαι
119 ἀπερύκει: *keep (the goats) away;* i.e. the goats are not scared off
120 καθ᾽ ὕλην: *in the woods*

ἄλγεα πάσχουσιν κορυφὰς ὀρέων ἐφέποντες.   121

οὔτ᾽ ἄρα ποίμνῃσιν καταΐσχεται οὔτ᾽ ἀρότοισιν,   122

ἀλλ᾽ ἥ γ᾽ ἄσπαρτος καὶ ἀνήροτος ἤματα πάντα   123

ἀνδρῶν χηρεύει, βόσκει δέ τε μηκάδας αἶγας.   124

οὐ γὰρ Κυκλώπεσσι νέες πάρα μιλτοπάρῃοι,   125

οὐδ᾽ ἄνδρες νηῶν ἔνι τέκτονες, οἵ κε κάμοιεν   126

νῆας ἐϋσσέλμους, αἵ κεν τελέοιεν ἕκαστα   127

ἄστε᾽ ἐπ᾽ ἀνθρώπων ἱκνεύμεναι, οἷά τε πολλὰ   128

ἄνδρες ἐπ᾽ ἀλλήλους νηυσὶν περόωσι θάλασσαν·   129

οἵ κέ σφιν καὶ νῆσον ἐϋκτιμένην ἐκάμοντο.   130

οὐ μὲν γάρ τι κακή γε, φέροι δέ κεν ὥρια πάντα·   131

ἐν μὲν γὰρ λειμῶνες ἁλὸς πολιοῖο παρ᾽ ὄχθας   132

ὑδρηλοὶ μαλακοί· μάλα κ᾽ ἄφθιτοι ἄμπελοι εἶεν.   133

ἐν δ᾽ ἄροσις λείη· μάλα κεν βαθὺ λήιον αἰεὶ   134

εἰς ὥρας ἀμῷεν, ἐπεὶ μάλα πῖαρ ὑπ᾽ οὖδας.   135

ἐν δὲ λιμὴν εὔορμος, ἵν᾽ οὐ χρεὼ πείσματός ἐστιν,   136

οὔτ᾽ εὐνὰς βαλέειν οὔτε πρυμνήσι᾽ ἀνάψαι,   137

ἀλλ᾽ ἐπικέλσαντας μεῖναι χρόνον εἰς ὅ κε ναυτέων   138

θυμὸς ἐποτρύνῃ καὶ ἐπιπνεύσωσιν ἀῆται.   139

αὐτὰρ ἐπὶ κρατὸς λιμένος ῥέει ἀγλαὸν ὕδωρ,   140

εὐνή, ἡ: bed; anchor-stone   θάλασσα, ἡ: the sea   πεῖσμα, τό: a ship's cable

ἀγλαός, -ή, -όν: splendid, shining, bright, 7
ἀήτης, -ου ὁ: blast, gust of wind, 1
αἴξ, αἰγός, ὁ, ἡ: goat, 8
ἄλγος, -εος, τό: pain, distress, grief, 12
ἀλλήλων, -λοις, -λους: one another, 9
ἀμάω to reap, 1
ἄμπελος, ὁ: vine, 2
ἀν-άπτω: to fasten, tie, attach, 4
ἀν-ήροτος, -ον: unplowed, 2
ἄνθρωπος, ὁ: human being, 11
ἄ-σπαρτος, -ον: unsown, 2
ἄφθιτος, -ον: imperishable, unfailing, 1
ἄροσις, ἡ: tillable land, arable land, 1
ἄροτος, ὁ: plowed field, 1
ἄστυ, τό: a city, town, 4
βαθύς, -εῖα, -ύ: deep, thick, 5
βόσκω: to feed, pasture, 6
ἐπι-κέλλω: to put to shore, come to shore, 2
ἐπι-πνέω: to blow upon or to, 1
ἐπ-οτρύνω: to rouse, stir up, excite, incite, 6
ἐυ-κτίμενος, -η, -ον: well-built, -constructed 2
εὔ-ορμος, -ον: with good moorings, 1
ἐύ-σσελμος, -ον: with good rowing benches 5
ἐφ-έπω: to drive, direct; pursue, 6
κάμνω: to be tired, be ill, be grieved, 7
κατα-ίσχω: to occupy, keep, retain, 2

κορυφή, ἡ: summit, crest, 7
κράς, κρατός, ἡ: the head, 8
λειμών, -ῶνος, ὁ: meadow, lowland, 5
λεῖος, -η, -ον: smooth, not obstructed from, 4
λήιον, τό: crop, 1
λιμήν, -ένος, ὁ: harbor, haven, 8
μαλακός, ή, όν: soft, 3
μηκάς, -άδος: bleating, 3
μιλτο-πάρηος –ος: red-prowed, 1
ναύτης, ὁ: sailor, seaman, 2
οἷος, -α, -ον: of what sort, such, as, 13
οὖδας, τό: ground, earth, 4
ὄχθη, ἡ,: shore, river bank, 1
πάσχω: to suffer, experience, 14
περάω: to cross, traverse, make one's way, 4
πῖαρ, τό: rich, fertile; fat, 1
ποίμνη, ἡ: a flock, 1
πρυμνή, ἡ: prow, 1
ῥέω: to flow, run, stream, 12
τέκτων, ονος, ὁ: craftsman, carpenter, 1
ὑδρ-ηλός, -ή, -όν: well-watered, watery, 1
χηρεύω: to lack, be without (+ gen) 1
χρέω, -οῦς, ἡ: want, need, 2
χρόνος, ὁ: time, 3
ὥρη, ἡ: season, period of a year, 13
ὥριος, -α, -ον: in their season, 1

121 ἄλγεα: neuter pl. acc. direct object
ὀρέων: of mountains; gen. pl. ὄρος
ἐφέποντες: pursuing (prey); nom. pl. pres. pple ἐφ-έπω
122 ποίμνῃσιν: by flocks; dat. of means
κατάϊσχεται: (the land) is occupied
ἀρότοισιν: dat. of means
123 ἀλλ᾽ ἥ γ᾽: but it…; i.e. the land
ἄσπαρτος καὶ ἀνήροτος: although appearing masculine, these 2-ending adjectives are fem. singular modifying ἥ (the land)
ἤματα πάντα: for…; duration of time
125 Κυκλώπεσσι….πάρα: (there are) at hand to the Cyclopes; dat. of possession
νέες: ships; nom. pl.
126 ἄνδρες νηῶν…τέκτονες: shipwrights; nom. pl. "craftsmen of ships"
ἔνι: are in the (land); ἔνεστι
οἵ κε κάμοιεν: who would toil over…; "who would tire over…" κε + aor. opt. of κάμνω expresses potential
127 αἵ κεν τελέοιεν: which would perform;

the antecedent is fem. pl. νηῶν
128 ἐπ᾽: to…; object is acc. ἄστεα "cities"
ἱκνεύμεναι: by coming; nom. pl. fem. pres. pple ἱκνέομαι
οἷα τε πολλὰ: as many (cities); ἄστεα
129 ἐπ᾽ ἀνθρώπων: to one another
νηυσὶν: by ships; dat. of means
περόωσι: traverse; περάουσι; 3rd pl.
130 οἵ κε…ἐκάμοντο: who would have fashioned; κε + aor. in a contrafactual
σφιν: for them; i.e. for the Cyclopes
131 κακή γε: (is the land) poor
φέροι κεν: it would bear; potential opt
132 ἐν μὲν…ἐν δὲ….ἐν δὲ: in (it there are)
133 κε…εἶεν: would be; potential opt. εἰμί
135 κεν ἀμῷεν: would reap; pres. opt. ἀμάω
136 ἵν᾽: where; ἵνα
137 εὐνὰς βαλέειν: to throw anchor-stones
μεῖναι χρόνον: stay for a time; aor. inf.
138 εἰς ὅ: up to which (time); κε + subj. in a general temporal clause

κρήνη ὑπὸ σπείους· περὶ δ' αἴγειροι πεφύασιν.   141

ἔνθα κατεπλέομεν, καί τις θεὸς ἡγεμόνευε   142

νύκτα δι' ὀρφναίην, οὐδὲ προύφαίνετ' ἰδέσθαι·   143

ἀὴρ γὰρ περὶ νηυσὶ βαθεῖ' ἦν, οὐδὲ σελήνη   144

οὐρανόθεν προύφαινε, κατείχετο δὲ νεφέεσσιν.   145

ἔνθ' οὔ τις τὴν νῆσον ἐσέδρακεν ὀφθαλμοῖσιν,   146

οὔτ' οὖν κύματα μακρὰ κυλινδόμενα προτὶ χέρσον   147

εἰσίδομεν, πρὶν νῆας ἐϋσσέλμους ἐπικέλσαι.   148

κελσάσῃσι δὲ νηυσὶ καθείλομεν ἱστία πάντα,   149

ἐκ δὲ καὶ αὐτοὶ βῆμεν ἐπὶ ῥηγμῖνι θαλάσσης·   150

ἔνθα δ' ἀποβρίξαντες ἐμείναμεν Ἠῶ δῖαν.   151

ἦμος δ' ἠριγένεια φάνη ῥοδοδάκτυλος Ἠώς,   152

νῆσον θαυμάζοντες ἐδινεόμεσθα κατ' αὐτήν.   153

ὦρσαν δὲ νύμφαι, κοῦραι Διὸς αἰγιόχοιο,   154

αἶγας ὀρεσκῴους, ἵνα δειπνήσειαν ἑταῖροι.   155

αὐτίκα καμπύλα τόξα καὶ αἰγανέας δολιχαύλους   156

εἱλόμεθ' ἐκ νηῶν, διὰ δὲ τρίχα κοσμηθέντες   157

βάλλομεν· αἶψα δ' ἔδωκε θεὸς μενοεικέα θήρην.   158

νῆες μέν μοι ἕποντο δυώδεκα, ἐς δὲ ἑκάστην   159

ἐννέα λάγχανον αἶγες· ἐμοὶ δὲ δέκ' ἔξελον οἴῳ.   160

αὐτίκα: straightway, at once   ἠρι-γένεια, -ης: early-born   ὀφθαλμός, ὁ: the eye
διά: through, on account of   μακρός, ά, όν: long, far, large   περί: around, about
ἕπομαι: to follow   οὐ, οὐκ, οὐχ: not   φαίνω: to show; *mid.* appear

ἀήρ, ἠέρος, ἡ: mist, cloud, air, 2
αἰγ-ανέη, ἡ: goat-spear, hunting spear, 1
αἴγειρος, -ου, ἡ: the poplar, 2
αἰγί-οχος, -ον: Aegis-bearing, 2
αἴξ, αἰγός, ὁ, ἡ: goat, 8
ἀπο-βρίζω: to fall asleep, 2
βαθύς, -εῖα, -ύ: deep, thick, 5
δειπνέω: to dine, take a meal, 2
δέκα: ten, 1
δινεύω: turn, whirl, roam, 3
δολίχ-αυλος, ον: long, with long socket, 1
δυώδεκα: twelve, 4
εἰσ-δέρκομαι: to look at, discern, 1
εἰσ-οράω: to look upon, view, behold, 4
ἐννέα: nine, 2
ἐξ-αιρέω: to take out, pick out, 3
ἐπι-κέλλω: to put to shore, come to shore, 2
ἐύ-σσελμος, -ον: with good rowing benches 5
ἡγεμονεύω: to lead, rule, command, 4
θαυμάζω: to wonder, marvel, be astonished, 1
θήρα, ἡ: the chase, 2
θρίξ, τριχός, ἡ: hair, hairs, 6
καθ-αιρέω: to take down, reduce, destroy, 1
καμπύλος, -η, -ον: bent, curved, 2
κατα-πλέω: to sail down, sail to shore, 1

κατ-έχω: to hold down; cover, shroud, 4
κέλλω: to put to shore, come to shore, 9
κοσμέω: to prepare, set in order, arrange, 1
κούρη, ἡ: girl, maiden, 6
κρήνη, ἡ: spring, fountain, 5
κυλίνδω: to roll, roll along, 3
λαγχάνω: to obtain by lot, 4
μενο-εικής, -ές: satisfying, fitting to the spirit 1
νέφος, -εος, τό: a cloud, mass of clouds, 2
νύμφη, ἡ: young wife, bride, married woman 6
οἷος, -α, -ον: of what sort, such, as, 13
ὀρεσι-κῷος, -ον: having mountain lairs, 1
ὄρνυμι: to stir, set in motion, rouse, 11
ὀρφναῖος, -η, -ον: dark, gloomy, murky, 1
οὖν: and so, then; at all events, 3
οὐρανό-θεν: from the sky, heavens, 5
πρίν: until, before, 14
προ-φαίνω: to show forth, give forth light, 2
ῥηγμίς, -ῖνος, ἡ: surf, breakers, 7
ῥοδο-δάκτυλος, -ον: rosy-fingered, 8
σελήνη, ἡ: the moon, 1
τόξον, τό: bow, 4
φύω: to bring forth, produce, grow, 12
χέρσος, ἡ: dry land, land, 6

141 ὑπὸ σπείους: from beneath the cave; gen.
περὶ δ᾽: and around (it)
πεφύασιν: have grown; 3rd pl. pf. φύω
143 δι᾽: through; διά + acc.
pres. pple ἐφ-έπω
προύφαίνετο: and it did not shine; impf.
προ-φαίνω
ἰδέσθαι: (enough) to see; infinitive of
result, εἶδον
144 ἦν: was; 3rd sg. impf. εἰμί
145 προύφαινε: shine; προέφαινε "give
light," impf. act.
νεφέεσσιν: by the clouds; dat. means
146 ἐσέδρακεν: 3rd sg. aor., εἰσ-δέρκομαι
ὀφθαλμοῖσιν: dat. of means
προτὶ: πρός
148 ἐσ-ίδομεν: 1st pl. aor., εἰσ-οράω (εἶδον)
ἐπικέλσαι: (we) beached; supply acc.
subject for the aor. inf. ἐπι-κέλλω, πρίν
governs an acc.+ infinitive construction
149 κελσάσῃσι νηυσὶ: for the ships beaching;
dat. interest; intransitive aor. pple κέλλω
καθείλομεν: 1st pl. aor. καθ-αιρέω
150 ἐκ...βῆμεν: we disembarked; tmesis for

aor. ἐκβαίνω
151 ἐμείναμεν: awaited; aor. μένω
ἀποβρίξαντες: having fallen asleep;
inceptive aorist, nom. pl. pple
152 ἦμος: when
φάνη: appeared; 3rd sg. aor. pass. φαίνω
153 ἐδινεόμεσθα: we roamed; impf. mid.
"whirled ourselves"
κατ᾽ αὐτὴν: down along it; island's shore
154 ὦρσαν: roused...; 3rd pl. aor. ὄρνυμι
Διὸς: of Zeus; gen. sg. Ζεύς
155 ἵνα...δειπνήσειαν: so that...might...;
purpose clause with aor. opt. δειπνέω in
secondary sequence
157 εἱλόμεθα: we took; aor. mid. αἱρέω
διὰ...κοσμηθέντες: being arranged; aor.
pass. pple with possible tmesis
τρίχα: on three (ranks); "three times"
158 βάλλομεν: we began to shoot; impf.
ἔδωκε: aor. δίδωμι
159 ἕποντο: were following me; impf. ἕπομαι
ἐς ἑκάστην: to each ship, for each ship
160 ἐμοὶ οἴῳ: for me alone; dat. interest
ἐξέλον: 3rd pl. aor. mid. ἐξ-αιρέω

ὣς τότε μὲν πρόπαν ἦμαρ ἐς ἠέλιον καταδύντα   161

ἥμεθα δαινύμενοι κρέα τ᾽ ἄσπετα καὶ μέθυ ἡδύ·   162

οὐ γάρ πω νηῶν ἐξέφθιτο οἶνος ἐρυθρός,   163

ἀλλ᾽ ἐνέην· πολλὸν γὰρ ἐν ἀμφιφορεῦσιν ἕκαστοι   164

ἠφύσαμεν Κικόνων. ἱερὸν πτολίεθρον ἑλόντες.   165

Κυκλώπων δ᾽ ἐς γαῖαν ἐλεύσσομεν ἐγγὺς ἐόντων,   166

καπνόν τ᾽ αὐτῶν τε φθογγὴν ὄιων τε καὶ αἰγῶν.   167

ἦμος δ᾽ ἠέλιος κατέδυ καὶ ἐπὶ κνέφας ἦλθε,   168

δὴ τότε κοιμήθημεν ἐπὶ ῥηγμῖνι θαλάσσης.   169

ἦμος δ᾽ ἠριγένεια φάνη ῥοδοδάκτυλος Ἠώς,   170

καὶ τότ᾽ ἐγὼν ἀγορὴν θέμενος μετὰ πᾶσιν ἔειπον·   171

  "ἄλλοι μὲν νῦν μίμνετ᾽, ἐμοὶ ἐρίηρες ἑταῖροι·   172

αὐτὰρ ἐγὼ σὺν νηί τ᾽ ἐμῇ καὶ ἐμοῖς ἑτάροισιν   173

ἐλθὼν τῶνδ᾽ ἀνδρῶν πειρήσομαι, οἵ τινές εἰσιν,   174

ἤ ῥ᾽ οἵ γ᾽ ὑβρισταί τε καὶ ἄγριοι οὐδὲ δίκαιοι,   175

ἦε φιλόξεινοι, καί σφιν νόος ἐστὶ θεουδής."   176

  ὣς εἰπὼν ἀνὰ νηὸς ἔβην, ἐκέλευσα δ᾽ ἑταίρους   177

αὐτούς τ᾽ ἀμβαίνειν ἀνά τε πρυμνήσια λῦσαι.   178

οἱ δ᾽ αἶψ᾽ εἴσβαινον καὶ ἐπὶ κληῖσι καθῖζον,   179

ἑξῆς δ᾽ ἑζόμενοι πολιὴν ἅλα τύπτον ἐρετμοῖς.   180

εἶπον: *aor.*, said, spoke   λύω: to loosen, undo   πειράω: to try, make trial of
ἠέ: or, either…or   νοῦς, ὁ: mind, thought   πω: yet
κελεύω: to bid, order   ὄις, ὄιος, ὁ, ἡ: sheep   τίθημι: to set, put, place

ἀγορή, ἡ: an assembly; marketplace, 6
ἄγριος, -α, -ον: wild, fierce, 11
αἴξ, αἰγός, ὁ, ἡ: goat, 8
ἀμφι-φορεύς, -ῆος, ὁ: amphora, vase, 2
ἀνα-βαίνω: to go up, climb, mount, (+ gen), 7
ἄ-σπετος, -ον: unspeakable, boundless, 6
ἀφύσσω: to draw, draw off, 2
δαίνυμι: to give a meal; take a meal, 11
δίκαιος, -α, -ον: well-ordered, civilized, 1
ἐγγύς: near (+ gen.); adv. nearby, 4
εἰσ-βαίνω: to go into, walk to, enter, 6
ἐκ-φθίνω: be consumed from, perish from, 2
ἐν-ίημι: to send in, put in, implant, inspire, 6
ἐρίηρος, -όν: faithful, trusty; fitting exactly 10
ἐρυθρός, -ή, -όν: red, 4
ἡδύς, -υῖα, ύ: sweet, pleasant, agreeable, 14
θεου-δής, -ές: god-fearing, 1
καθ-ίζω: to make sit down, station, 6
καπνός, ὁ: smoke, 8

κατα-δύω: to go down, enter, 12
Κίκονες, οἱ: Ciconians, 6
κληΐς, -ῖδος, ἡ: bolt; rowlocks, thole-pins, 7
κνέφας, -αος, τό: dusk, darkness, 5
κοιμάω: to put to sleep; mid. to fall asleep, 7
κρέας, τό: flesh, meat, piece of meat, 11
λεύσσω: to see, behold, 2
μέθυ, τό: wine, 9
μίμνω: to stay, remain, abide; await, 6
πειράω: to try, attempt, test, make trial of, 2
πρόπας, -πασα, -παν: all the, the whole, 5
πρυμνήσια, τά: cables for mooring a ship, 6
πτολίεθρον, τό: city, 2
ῥηγμίς, -ῖνος, ἡ: surf, breakers, 7
ῥοδο-δάκτυλος, -ον: rosy-fingered, 8
τύπτω: to beat, strike, smite, 7
ὑβριστής, ὁ: overbearing, insolent, 1
φιλό-ξεινος, -ον: hospitable, 1
φθόγγη, ἡ: voice, cry, 1

161 ὡς τότε: so then
προπαν ἦμαρ: for…; duration of time
ἐς: up to, until
162 ἥμεθα: we sat; impf. ἧμαι
163 ἐξέφθιτο: had been consumed from; plpf.
164 ἐνέην: it was (still) within (the ships);
impf. ἐν-ειμι
πολλὸν: much (wine); acc. direct object
165 ἠφύσαμεν: we drew off; aor. ἀφύσσω
ἑλόντος: after having sacked; aor. αἱρέω
166 ἐλεύσσομεν…καπνόν…φθογγὴν: we
observed smoke…and the sound; verb
concerning vision used to perceive sound
167 οἴων: of sheep; gen. pl. ὅις
168 ἦμος: when…; core vocabulary
κατέδυ: aor. καταδύω
ἦλθε: 3rd sg. aor. ἔρχομαι
169 κοιμήθημεν: we fell to sleep aor. pass. dep
170 φάνη: appeared; 3rd sg. aor. pass. φαίνω
171 θέμενος: setting up; aor. mid. τίθημι
172 μίμνετ᾽: μίμνετε plural imperative

173 νηΐ: ship; dat. sg.
174 ἐλθὼν: nom. sg. aor. pple ἔρχομαι
πειρήσομαι: I will make trial of (+ gen.)
174 οἵ..εἰσιν: who they are; 3rd sg. εἰμί
175 ἤ…ῇε: whether…or
οἱ γ᾽: they (are); supply εἰσι
176 σφιν ἐστὶ: they have; "there is to them"
dat. of possession σφεῖς
177 ὡς εἰπὼν: speaking thus; aor. pple
ἀνα…ἔβην: I boarded; 1st sg. aor. βαίνω,
likely a tmesis with ἀνα
178 ἀμβαίνειν: ἀναβαίνειν
ἀνά…λῦσαι: loosened up; aor. inf. λύω
likely formulaic: the boat was beached so
loosening cables would not help set sail
179 εἴσβαινον: boarded (the ship); impf.
180 πολιὴν: grey; modifies acc. sg. ἅλα
τύπτον: 3rd pl. impf. τύπτω
ἐρετμοῖς: with oars; dat. of means

ἀλλ' ὅτε δὴ τὸν χῶρον ἀφικόμεθ' ἐγγὺς ἐόντα,   181

ἔνθα δ' ἐπ' ἐσχατιῇ σπέος εἴδομεν ἄγχι θαλάσσης,   182

ὑψηλόν, δάφνῃσι κατηρεφές· ἔνθα δὲ πολλὰ   183

μῆλ', ὄϊές τε καὶ αἶγες, ἰαύεσκον· περὶ δ' αὐλὴ   184

ὑψηλὴ δέδμητο κατωρυχέεσσι λίθοισι   185

μακρῇσίν τε πίτυσσιν ἰδὲ δρυσὶν ὑψικόμοισιν.   186

ἔνθα δ' ἀνὴρ ἐνίαυε πελώριος, ὅς ῥα τὰ μῆλα   187

οἶος ποιμαίνεσκεν ἀπόπροθεν· οὐδὲ μετ' ἄλλους   188

πωλεῖτ', ἀλλ' ἀπάνευθεν ἐὼν ἀθεμίστια ᾔδη.   189

καὶ γὰρ θαῦμ' ἐτέτυκτο πελώριον, οὐδὲ ἐῴκει   190

ἀνδρί γε σιτοφάγῳ, ἀλλὰ ῥίῳ ὑλήεντι   191

ὑψηλῶν ὀρέων, ὅ τε φαίνεται οἶον ἀπ' ἄλλων.   192

δὴ τότε τοὺς ἄλλους κελόμην ἐρίηρας ἑταίρους   193

αὐτοῦ πὰρ νηΐ τε μένειν καὶ νῆα ἔρυσθαι,   194

αὐτὰρ ἐγὼ κρίνας ἑτάρων δυοκαίδεκ' ἀρίστους   195

βῆν· ἀτὰρ αἴγεον ἀσκὸν ἔχον μέλανος οἴνοιο   196

ἡδέος, ὅν μοι δῶκε Μάρων, Εὐάνθεος υἱός,   197

ἱρεὺς Ἀπόλλωνος, ὃς Ἴσμαρον ἀμφιβεβήκει,   198

οὕνεκά μιν σὺν παιδὶ περισχόμεθ' ἠδὲ γυναικὶ   199

ἁζόμενοι· ᾤκει γὰρ ἐν ἄλσεϊ δενδρήεντι   200

ἄριστος, -η, -ον: best, noblest   μέλας: black, dark   υἱός, -οῦ, ὁ: a son
γυνή, γυναικός, ἡ: a wife   τεύχω: to make, build

ἄγχι: near, nigh, close by, 9
ἅζομαι: to respect, stand in awe of, 2
ἀ-θεμίστιος -ον: lawless, unrighteous, 2
αἴγεος, -η, -ον: of a goat, 1
αἴξ, αἰγός, ὁ, ἡ: goat, 8
ἄλσος, τό: grove, sacred grove, 5
ἀμφι-βαίνω: to go about or around, 2
ἀπ-άνευθε: far away, far off, at a distance, 4
Ἀπόλλων, ὁ: Apollo, 2
ἀπό-προθεν: far away, from afar, 2
ἀσκός, ὁ: a leathern-bag, a wine-skin, 5
αὐλή, ἡ: pen, enclosure, the court-yard, 9
δάφνη, ἡ: laurel tree, bay tree, 1
δέμω: to build, construct, form, 4
δενδρήεις, -εσσα, -εν: full of trees, woody, 1
δρῦς, δρυός, ἡ: oak tree, 2
δυοκαίδεκα: twelve, 1
ἐγγύς: near (+ gen.); adv. nearby, 4
ἔοικα: to be like, seem likely + dat. 7
ἐν-ιαύω, ὁ: to sleep in, pass the night in, 2
ἐρίηρος, -όν: faithful, trusty; fitting exactly 10
ἐσχατιή, ἡ: edge, border, shore, extremity, 3
Εὐάνθης, ὁ: Euanthes, 1
ἡδύς, -ῦια, ύ: sweet, pleasant, agreeable, 14
θαῦμα, -ατος, τό: wonder, amazement, 3

ἰαύω: to sleep, lie, pass the night, 2
ἰ-δέ: and, 4
ἱερεύς, -έως, ὁ: a priest, sacrificer, 5
Ἴσμαρος, ὁ, τό: Ismarus, 2
κατ-ηρεφής, -ές: covered over, roofed over, 1
κατ-ῶρυξ, -υχος: dug out, quarried, buried, 1
κέλομαι: to command, bid, exhort, 10
κρίνω: to pick out, choose, select, 5
λίθος, ὁ: a stone, 3
Μάρων, ὁ: Maron, 2
μῆλον, τό: flock, herd; apple, 7
οἰκέω: to inhabit, dwell, live, 2
οἷος, -α, -ον: of what sort, such, as, 13
οὕνεκα: since, because, seeing that, in that, 2
πελώριος, -ον: monstrous, huge, 4
περι-έχω: to put around, surround, 1
πίτυς, πίτυος, ἡ: pine tree, stone pine, 1
ποιμαίνω: to tend, tend sheep, 1
πωλέω: to sell, exchange, 4
ῥίον, τό: peak, crag, headland, 1
σιτό-φαγος, -ον: grain- or bread-eating, 2
ὑλήεις, -εσσα, -εν: wooded, 5
ὑψ-ηλός, -ή, -όν: high, lofty, tall, 7
ὑψι-κομος, -η, -ον: with lofty foliage, 2
χῶρος, ὁ: place, spot, piece of ground, 7

181 ἀφικόμεθ᾽: we reached; aor. ἱκνέομαι
ἐόντα: acc. sg. pres. pple. εἰμί
182 ἐπ᾽ ἐσχατιῆ: on the edge (of the land)
εἴδομεν: we saw; 1ˢᵗ pl. aor. ὁράω
183 δάφνῃσι: with laurel trees; abl. means
184 ὄιες: sheep; nom. pl. ὄις
ἰαύεσκον: were accustomed to sleep; impf
περὶ δ᾽: around (it)
185 δέδμητο: had been built; plpf. δέμω
λίθοισι: dat. of means
186 πίτυσσιν: dat. pl. of means
187 ἐνίαυε: was accustomed to sleep; impf.
οἷος: alone
188 ποιμαίνεσκεν: was accustomed tend
sheep; impf.
189 πωλεῖται: 3rd sg. pres. middle
ἐὼν: being; nom. sg. pres. pple εἰμί
ᾔδη: knew; i.e. "practiced," 3ʳᵈ sg. plpf.
οἶδα
190 ἐτέτυκτο: had been fashioned; 3ʳᵈ sg.
plpf. τεύχω, the verb behaves as a
linking verb with a nom. predicate

ἐῴκει: was like; plpf. ἔοικα with past
sense + dative
192 ὀρέων: of mountains; gen. pl. ὄρος
οἷον: alone; predicate nominative
ἀπ᾽ ἄλλων: apart from the other (peaks)
194 αὐτοῦ πὰρ νηί: there beside the ship
ἔρυσθαι: to drag up (on shore)
κρινάς: nom. sg. aor. pple κρίνω
196 βῆν: I walked, went; 1ˢᵗ sg. aor. βαίνω
ἔχον: 1ˢᵗ sg. aor. ἔχω
197 ἡδέος: sweet; gen. sg. modifies οἴνοιο
δῶκε: 3rd sg. aor. δίδωμι
Εὐάνθεος υἱός: son of Euanthes
198 ἀμφιβεβήκει: had brooded over; i.e.
protected, "had walked around," 3rd sg.
plpf. βαίνω
199 οὕνεκα: because
μιν...περισχόμεθα: we protected him; i.e.
Maron, 1ˢᵗ pl. aor. περιέχω
200 ἁζόμενοι: being in awe; "out of respect"
ᾤκει: 3ʳᵈ sg. impf. οἰκέω

Φοίβου Ἀπόλλωνος. ὁ δέ μοι πόρεν ἀγλαὰ δῶρα·   201

χρυσοῦ μέν μοι δῶκ' εὐεργέος ἑπτὰ τάλαντα,   202

δῶκε δέ μοι κρητῆρα πανάργυρον, αὐτὰρ ἔπειτα   203

οἶνον ἐν ἀμφιφορεῦσι δυώδεκα πᾶσιν ἀφύσσας   204

ἡδὺν ἀκηράσιον, θεῖον ποτόν· οὐδέ τις αὐτὸν   205

ἠείδη δμώων οὐδ' ἀμφιπόλων ἐνὶ οἴκῳ,   206

ἀλλ' αὐτὸς ἄλοχός τε φίλη ταμίη τε μῖ οἴη.   207

τὸν δ' ὅτε πίνοιεν μελιηδέα οἶνον ἐρυθρόν,   208

ἓν δέπας ἐμπλήσας ὕδατος ἀνὰ εἴκοσι μέτρα   209

χεῦ', ὀδμὴ δ' ἡδεῖα ἀπὸ κρητῆρος ὀδώδει   210

θεσπεσίη· τότ' ἂν οὔ τοι ἀποσχέσθαι φίλον ἦεν.   211

τοῦ φέρον ἐμπλήσας ἀσκὸν μέγαν, ἐν δὲ καὶ ἦα   212

κωρύκῳ· αὐτίκα γάρ μοι ὀΐσατο θυμὸς ἀγήνωρ   213

ἄνδρ' ἐπελεύσεσθαι μεγάλην ἐπιειμένον ἀλκήν,   214

ἄγριον, οὔτε δίκας εὖ εἰδότα οὔτε θέμιστας.   215

    καρπαλίμως δ' εἰς ἄντρον ἀφικόμεθ', οὐδέ μιν ἔνδον   216

εὕρομεν, ἀλλ' ἐνόμευε νομὸν κάτα πίονα μῆλα.   217

ἐλθόντες δ' εἰς ἄντρον ἐθηεύμεσθα ἕκαστα·   218

ταρσοὶ μὲν τυρῶν βρῖθον, στείνοντο δὲ σηκοὶ   219

ἀρνῶν ἠδ' ἐρίφων· διακεκριμέναι δὲ ἕκασται   220

θεῖος, -η, -ον: divine, immortal   πόρω: to give, furnish, offer, supply
οἷος, -η, -ον: alone, lone, lonely   χέω: to pour, drop, shed

ἀγ-ήνωρ, -ορος: very manly, valorous, 9
ἀγλαός, -ή, -όν: splendid, shining, bright, 7
ἄγριος, -α, -ον: wild, fierce, 11
ἀ-κηράσιος, -η, -ον: unmixed, 1
ἀλκή, ἡ: might, strength (ἀλκί – dat.), 3
ἄλοχος, ἡ: wife, spouse, 12
ἀμφί-πολος, ἡ: handmaid, attendant, 4
ἀμφι-φορεύς, -ῆος, ὁ: an amphora, 2
ἄντρον, τό: cave, cavern, grotto, 7
ἀπ-έχω: to hold from, keep away, 4
Ἀπόλλων, ὁ: Apollo, 2
ἀρνός, τοῦ, τῆς: lamb, sheep, (no nom.), 2
ἀσκός, ὁ: a leathern-bag, a wine-skin, 5
ἀφ-ικνέομαι: to come, arrive, 13
ἀφύσσω: to draw, draw off, 2
βρίθω: to be heavy with, full of (gen) 1
δέπας, τό: drinking cup, cup, goblet, 3
δια-κρίνω: to distinguish, separate, 1
δίκη, ἡ: justice, right, law, custom, 3
δμῶς, -ωός, ὁ: a male servant, 4
δυώδεκα: twelve, 4
δῶρον, τό: gift, present; reward, 5
εἴκοσι: twenty, 4
εἷς, μία, ἕν: one, single, alone, 11
ἐμ-πίπλημι: to fill, fill quite full of (gen) 6
ἔνδον: within, at home, 10
ἐπ-έρχομαι: to come to, arrive at, reach, 7
ἐπι-έννυμι, -η, -ον: to put on over, 3
ἑπτά: seven, 4
ἔριφος, ὁ: kid goat, kid, 2
ἐρυθρός, -ή, -όν: red, 4
εὐ: well, 5

εὐ-εργής, -ές: well-wrought, well-made, 7
εὑρίσκω: to find, discover, devise, invent, 10
ἦα: provisions, food, 1
ἡδύς, -υῖα, ύ: sweet, pleasant, agreeable, 14
θεάομαι: to see, watch, look at; consider, 13
θέμις, θέμιστος, ἡ: right, custom, law, 5
θεσπέσιος, -η, -ον: divinely sweet, profuse, 7
καρπαλίμως: swiftly, quickly, 5
κρητήρ, ὁ: mixing vessel, krater, 5
κώρυκος, ὁ: knapsack, 2
μελι-ηδής, -ές: honey-sweet, 5
μέτρον, τό: measure, length, size, 3
μῆλον, τό: flock, herd; apple, 7
νομεύω: to pasture, put to pasture, 3
νομός, ὁ: pasture, 2
ὀδμή, ἡ: smell, scent, odor, 1
ὄζω: be fragrant, have a scent, 3
οἶκος, ὁ: a house, abode, dwelling, 11
οἴομαι: to suppose, think, imagine, 9
παν-άργυρος, -η, -ον: of solid silver, 1
πίνω: to drink, 41
πίων, -ον: rich, fertile, plentiful, 8
ποτός, ὁ: drink, 3
σηκός, ὁ: pen, fold, 10
στείνω: to overcrowd, coop up, 2
τάλαντον, τό: talent (weight of 57.75 lbs.), 1
ταμίη, ἡ: housekeeper, 9
ταρσός, ὁ: basket, wickerwork, crate, 1
τυρός, ὁ: cheese, 6
Φοῖβος, ὁ: Phoebus (Apollo), 2
χρυσός, ὁ: gold, 6

201 ὁ δέ: and he; i.e. Maro
     πόρεν: provided; 3rd sg. aor πόρω
202 δῶκε: 3rd sg. aor. δίδωμι
204 πᾶσιν: for all; dat. of interest
     ἀφύσσας: drawing off; aor. pple ἀφύσσω
206 ἡείδη: knew; plpf. οἶδα
     δμώων, ἀμφιπόλων: partitive gen. that
     follow τις
     μῖ᾽: one housekeeper alone; μία
208 ὅτε πίνοιεν: whenever they drank...; 3rd
     pl. pres. opt. in a general temporal clause
     in secondary sequence
209 ἕν δέπας: one cup (of wine)
     ἐμπλήσας: nom. aor. pple ἐμπίμπλημι
     ὕδατος: partitive gen. with μέτρα
210 χεῦ᾽: poured; 3rd sg. aor. χέω
     ὀδώδει: 3rd sg. plpf. ὄζω
211 ἄν οὔ τοι...φίλον ἦεν: it would not be

     pleasant for you ; ἄν + impf. indicative
     suggests past potential, εἰμί
     ἀποσχέσθαι: aor. inf. ἀπέχω
212 τοῦ: with this (wine); with ἐμπλήσας
     φέρον: I carried; impf. φέρω
     ἐμπλήσας: nom. aor. pple ἐμπίμπλημι
     ἐν δὲ καὶ ἦα κωρύκῳ: and food also in a
     knapsack; ἦα is a noun
213 οἴσατο: 3rd sg. aor. οἴομαι
214 ἐπελεύσεσθαι: fut. inf. ἐπ-έρχομαι
     ἐπιειμένον: clothed; pf. pple ἐπι-έννυμι
215 εἰδότα: knowing; acc. sg. pf. pple οἶδα
216 εὕρομεν: 1st pl. aor. εὑρίσκω
218 ἐλθόντες: nom. pl. aor. pple ἔρχομαι
     ἐθηεύμεσθα: 1st pl. impf. θεάομαι
220 διακεκριμέναι: pf. pple διακρίνω

ἔρχατο, χωρὶς μὲν πρόγονοι, χωρὶς δὲ μέτασσαι, 221

χωρὶς δ' αὖθ' ἔρσαι. ναῖον δ' ὁρῶ ἄγγεα πάντα, 222

γαυλοί τε σκαφίδες τε, τετυγμένα, τοῖς ἐνάμελγεν. 223

ἔνθ' ἐμὲ μὲν πρώτισθ' ἕταροι λίσσοντ' ἐπέεσσι 224

τυρῶν αἰνυμένους ἰέναι πάλιν, αὐτὰρ ἔπειτα 225

καρπαλίμως ἐπὶ νῆα θοὴν ἐρίφους τε καὶ ἄρνας 226

σηκῶν ἐξελάσαντας ἐπιπλεῖν ἁλμυρὸν ὕδωρ· 227

ἀλλ' ἐγὼ οὐ πιθόμην, ἦ τ' ἂν πολὺ κέρδιον ἦεν, 228

ὄφρ' αὐτόν τε ἴδοιμι, καὶ εἴ μοι ξείνια δοίη. 229

οὐδ' ἄρ' ἔμελλ' ἑτάροισι φανεὶς ἐρατεινὸς ἔσεσθαι. 230

ἔνθα δὲ πῦρ κήαντες ἐθύσαμεν ἠδὲ καὶ αὐτοὶ 231

τυρῶν αἰνύμενοι φάγομεν, μένομέν τέ μιν ἔνδον 232

ἥμενοι, ἧος ἐπῆλθε νέμων. φέρε δ' ὄβριμον ἄχθος 233

ὕλης ἀζαλέης, ἵνα οἱ ποτιδόρπιον εἴη, 234

ἔντοσθεν δ' ἄντροιο βαλὼν ὀρυμαγδὸν ἔθηκεν· 235

ἡμεῖς δὲ δείσαντες ἀπεσσύμεθ' ἐς μυχὸν ἄντρου. 236

αὐτὰρ ὅ γ' εἰς εὐρὺ σπέος ἤλασε πίονα μῆλα 237

πάντα μάλ' ὅσσ' ἤμελγε, τὰ δ' ἄρσενα λεῖπε θύρηφιν, 238

ἀρνειούς τε τράγους τε, βαθείης ἔκτοθεν αὐλῆς. 239

αὐτὰρ ἔπειτ' ἐπέθηκε θυρεὸν μέγαν ὑψόσ' ἀείρας, 240

ἐλαύνω: to drive (off)　　ἔργνυμι: to confine　　λείπω: to leave, abandon
ἔπος, -εος, τό: word　　θύω: to sacrifice　　·　　πῦρ, -ρος, τό: fire

ἄγγος, τό: pail, vessel, receptacle, 2
ἀείρω: to lift, raise up, 8
ἀζαλέος, -η, -ον: dry, parched, 1
αἴνυμι: to take hold of (+ gen.) 4
ἁλμυρός, -ά, -όν: salt, briny, 5
ἀμέλγω: to milk, 4
ἄντρον, τό: cave, cavern, grotto, 7
ἀπο-σεύομαι: to rush away, start back, 2
ἀρνειός, -οῦ, ὁ: ram, 8
ἀρνός, τοῦ, τῆς: lamb, sheep, (no nom.), 2
ἄρσην, ἄρσενος ὁ: male, 3
αὖ-θι: on the spot, here, here, there, 9
αὐλή, ἡ: pen, enclosure, the court-yard, 9
ἄχθος, -εος, τό: load, weight, burden, 1
βαθύς, -εῖα, -ύ: deep, thick, 5
γαυλός, ὁ: milk-pail, 1
δείδω: fear, dread, shrink from, feel awe, 13
ἔκτο-θεν: outside, 4
ἐν-αμέλγω: to milk into, 1
ἐξ-ελαύνω: drive out, 4
ἐπ-έρχομαι: to come to, arrive at, reach, 7
ἐπι-πλέω: to sail against, 2
ἐπι-τίθημι: to put on, place upon, lay, 8
ἔνδον: within, at home, 10
ἔντοσ-θεν: within, inside, 4
ἐρατεινός, -ή, -όν: fair, pleasant, lovely, 1
ἔριφος, ὁ: kid goat, kid, 2
ἔρση, ἡ: youngling (lamb); dew, dewdrops, 2
εὐρύς, -εῖα, -ύ: wide, broad, spacious, 11

ἔφαγον: ate, eat; (aorist ἔδω), 7
ἕως (ἧος): until, as long as, 3
θύρη, ἡ: door, 11
θυρεός, -οῦ ὁ: door-stone, door-block, 3
καίω: to burn, kindle, 5
καρπαλίμως: swiftly, quickly, 5
κερδίων, -ιον: more profitable, better, best, 6
λίσσομαι: to beg, pray, entreat, supplicate, 5
μέλλω: to be about to, to intend to, 8
μέτασσαι, αἱ: later (lambs), 1
μῆλον, τό: flock, herd; apple, 7
μυχός, ὁ: inmost part or room, recess, 1
νέμω: to distribute; pasture, graze, 4
ξείνιος, -η, -ον: of a guest; guest-host gift, 5
ὄβριμος, -ον: heavy, ponderous; mighty, 3
ὀρός, ὁ: whey, watery part of milk, 1
ὀρυμαγδός, ὁ: noise, din, crash, 1
πάλιν: again, once more; back, backwards, 3
πίων, -ον: rich, fertile, plentiful, 8
ποτιδόρπιος, -ον: for or related to dinner, 2
πρό-γονος, ὁ: firstling (lamb), 1
πρώτιστος, -η, -ον: first of all, chiefmost, 3
σηκός, ὁ: pen, fold, 10
σκαφίς, ίδος, ἡ: bowl, 1
τράγος, ὁ: he-goat, 1
τυρός, ὁ: to cheese, 6
ὕλη, ἡ: wood, forest, 14
ὑψόσε: upward, aloft, on high, 5
χωρίς: separately, apart, 3

---

221 ἔρχατο: *had been confined*; 3rd pl. plpf.
    ἔργνυμι
222 ναῖον: *run over*; elsewhere "dwell," 3rd
    pl. impf. ναίω
    ὀρῷ: *with whey*; dat. of means
223 τετυγμένα: *(well)-made*; pf. pple τεύχω
    modifying ἄγγεα
    τοῖς: *into these*; dat. with compound verb
224 ἔπεσσι: *with words*; dat. of means ἔπος
    ἰέναι: inf. ἔρχομαι
227 σηκῶν: *from the pens*; gen. of separation
    ἐξελάσαντας: *(that we) having driven
    out…*; acc. pple. aor. pple ἐξελαύνω
    ἐπιπλεῖν: *sail*; governed by λίσσοντο
228 πιθόμην: *was not persuaded*; impf πείθω
    ἦ: *truthly or indeed*
    ἄν…ἦεν: *it would have been*; ἄν + impf.
    indicative of εἰμί suggests past potential
229 ὄφρ'…ἴδοιμι: *so that I might see*; aor. opt.
    ὁράω purpose, secondary sequence
    καὶ εἴ: *and whether he might give*; 3rd sg.
    aor. opt. δίδωμι

    ξείνια: *gifts (bestowed on guests)*
230 ἄρα: *it turns out*
    ἔμελλ'…ἔσεσθαι: *was he going to be*;
    impf. μέλλω governs a fut. inf. εἰμί
    ἑτάροισι: *to my comrades*; dat. reference
    φανείς: *having appeared*; nom. sg. aor.
    pass. pple φαίνω
231 κήαντες: nom. pl. aor. pple καίω
232 φάγομεν: 1st pl. aor. ἔφαγον
233 ἧος: *until*; ἕως
    ἐπῆλθε: *arrived*; aor. ἐπ-έρχομαι
234 ἵνα οἱ…εἴη: *so that he might have*; "to
    him there might be," opt. εἰμί, purpose
235 βαλὼν: *throwing (it down)*; aor pple
    ἔθηκε: *made*; 3rd sg. aor. τίθημι
237 ἤλασε: 3rd sg. aor. ἐλαύνω
238 θύρη-φιν: *at the door*; -φι(ν) ending can
    be intrumental or locative; here it is
    added to θύρη to express the locative,
    equivalent to dat. place where
240 ἐπέθηκε: *set*; 3rd sg. aor. ἐπιτίθημι
    ἀείρας: nom. sg. aor. pple ἀείρω

ὄβριμον· οὐκ ἂν τόν γε δύω καὶ εἴκοσ' ἄμαξαι　　241
ἐσθλαὶ τετράκυκλοι ἀπ' οὔδεος ὀχλίσσειαν·　　242
τόσσην ἠλίβατον πέτρην ἐπέθηκε θύρῃσιν.　　243
ἑζόμενος δ' ἤμελγεν ὄις καὶ μηκάδας αἶγας,　　244
πάντα κατὰ μοῖραν, καὶ ὑπ' ἔμβρυον ἧκεν ἑκάστῃ.　　245
αὐτίκα δ' ἥμισυ μὲν θρέψας λευκοῖο γάλακτος　　246
πλεκτοῖς ἐν ταλάροισιν ἀμησάμενος κατέθηκεν,　　247
ἥμισυ δ' αὖτ' ἔστησεν ἐν ἄγγεσιν, ὄφρα οἱ εἴη　　248
πίνειν αἰνυμένῳ καί οἱ ποτιδόρπιον εἴη.　　249
αὐτὰρ ἐπεὶ δὴ σπεῦσε πονησάμενος τὰ ἃ ἔργα,　　250
καὶ τότε πῦρ ἀνέκαιε καὶ ἔσιδεν, εἴρετο δ' ἡμέας·　　251
"ὦ ξεῖνοι, τίνες ἐστέ; πόθεν πλεῖθ' ὑγρὰ κέλευθα;　　252
ἦ τι κατὰ πρῆξιν ἦ μαψιδίως ἀλάλησθε,　　253
οἷά τε ληιστῆρες, ὑπεὶρ ἅλα, τοί τ' ἀλόωνται　　254
ψυχὰς παρθέμενοι κακὸν ἀλλοδαποῖσι φέροντες;"　　255
ὣς ἔφαθ', ἡμῖν δ' αὖτε κατεκλάσθη φίλον ἦτορ,　　256
δεισάντων φθόγγον τε βαρὺν αὐτόν τε πέλωρον.　　257
ἀλλὰ καὶ ὣς μιν ἔπεσσιν ἀμειβόμενος προσέειπον·　　258
"ἡμεῖς τοι Τροίηθεν ἀποπλαγχθέντες Ἀχαιοὶ　　259
παντοίοις ἀνέμοισιν ὑπὲρ μέγα λαῖτμα θαλάσσης,　　260

ἀμείβομαι: to reply, answer　ἵημι: to send forth; let go　ψυχή, ἡ: soul, life
αὖτε: again, this time, in turn　πέτρη, ἡ: rock, ledge, cliff　ὦ: O! oh!
ἔργον, τό: work, labor, deed　προσ-εῖπον: spoke to, address

ἄγγος, τό: pail, vessel, receptacle, 2
αἴνυμι: to take hold of, 4
αἴξ, αἰγός, ὁ, ἡ: goat, 8
ἀλάλημαι: to wander, stray, roam, 3
ἀλάομαι: to wander, stray, roam, 4
ἀλλοδαπός, -ή, -όν: foreign, alien, 2
ἄμαξα, ἡ: wagon, 2
ἀμάω to collect, bring together, 1
ἀμέλγω: to milk, 4
ἀνα-καίω: to light up, kindle, 3
ἀπο-πλάζομαι: to wander off, 1
Ἀχαιός, -α, -ον: Achaian, (Greek), 12
βαρύς, -εῖα, -ύ: heavy; grievous, grim, dire, 2
γάλα, γάλακτος, τό: milk, 3
δείδω: fear, dread, shrink from, feel awe, 13
εἴκοσι: twenty, 4
εἰσ-οράω: to look upon, view, behold, 4
ἔμ-βρυον, τό: new-born lamb, 6
ἐπι-τίθημι: to put on, place upon, lay, 8
ἐσθλός, -ή, -όν: good, well-born, noble, 10
ἠλί-βατος, -ον: lofty, towering, 2
ἥμισυς, -υ: half, 2
ἦτορ, τό: heart, soul, mind, spirit, 11
θυρεός, -οῦ ὁ: door-stone, door-block, 3
θύρη, ἡ: door, 11
κατα-κλάω: to shatter, break off, snap off, 5
κατα-τίθημι: to set down, lay, put, place, 2
κέλευθος, ἡ: road, way, path, (pl. is neut.) 5

λαῖτμα, τό: gulf of the sea, depth of the sea 2
λῃστήρ, ὁ: rover, pirate, 2
μαψιδίως: in vain, for no good reason, 1
μηκάς, -άδος: bleating, 3
μοῖρα, ἡ: due measure, portion, one's lot, 10
ὄβριμος, -ον: heavy, ponderous; mighty, 3
οἷος, -α, -ον: of what sort, such, as, 13
οὖδας, -εος, τό: ground, earth, 4
ὀχλίζω: to raise, lift, 1
παντοῖος, -α, -ον: of every sort or kind, 1
παρα-τίθημι: to place beside, set beside, 3
πέλωρον, τό: monster, prodigy, 4
πλεκτός, -ή, -όν: braided, twisted, 1
πλέω: to sail, go by sea, 8
πό-θεν: from where? ποθεν from somewhere,2
πονέω: to work, 5
ποτιδόρπιος, -ον: for dinner, 2
πρῆξις, ἡ: business; result, issue, 3
σπεύδω: to hasten, be eager, be urgent, 3
τάλαρος, ὁ: basket, 1
τετράκυκλος, -ον: four-wheeled, 1
τόσος, -η, -ον: so much, so many, so great 12
τρέφω: to raise (a child), rear, 5
Τροίη-θεν: from Troy, 3
ὑγρός, -ά, -όν: liquid, moist, wet, watery, 1
ὑπέρ: above (+ gen.); beyond (+ acc.), 5
φθόγγος, ὁ: voice, 3

241 ἄν...ὀχλίσσειαν: could lift; 3ʳᵈ pl. aor.
    potential opt. ὀχλίζω
    τόν: it; i.e. the door-stone
    δύω καὶ εἴκοσ᾽: 22; "two and twenty"
242 τόσσην...πέτραν: so large a rock...
    ἐπέθηκε: set; 3ʳᵈ sg. aor. ἐπιτίθημι
243 θύρῃσιν: at the doors; compound verbs
    commonly govern a dat. object
244 ὄϊς: sheep; acc. pl. ὄϊς
245 κατὰ μοῖραν: in due measure
    ὑπ᾽...ἧκε: put (acc.) underneath (dat);
    sail; tmesis for 3ʳᵈ sg. aor. ὑφ-ιημι; dat.
    with compound verb
246 θρέψας: having raised; i.e. "having
    thickened" into curds; aor. pple. τρέφω
247 κατέθηκε: 3ʳᵈ sg. aor. κατατίθημι
248 ἔστησεν: set; 3ʳᵈ sg. aor. ἵστημι
    ὄφρα οἱ εἴη: so that he might have it;
    "there might be to him"; 3rd sg. pres.
    subjunctive εἰμί in a purpose clause; οἱ
    is dat. sg. pronoun, dat. of possession
250 τὰ ἃ ἔργα: his tasks; τὰ ἑὰ ἔργα, ἃ is

    neuter pl. 3rd person possessive ἑός
251 ἔσιδεν: looked at (us); aor. εἰσ-εῖδεν
    εἴρετο: asked; 3ʳᵈ sg. impf. ἔρομαι
252 ἐστέ: are you; 2ⁿᵈ pl. pres. εἰμί
    πλεῖθ᾽: do you sail; 2ⁿᵈ pl. pres. πλεῖτε
    ὑγρὰ κέλευθα: along the watery paths
253 ἦ...ἦ: (either)....or
    κατὰ πρῆξιν: on business
254 οἷά τε: just as; "in respect to which sort"
    ὑπείρ: ὑπέρ; an alternative, used when a
    long vowel is desired in the hexameter
    τοί: who; here as a nom. pl. relative
    ἀλόωνται: ἀλάονται, 3ʳᵈ pl. pres.
255 ψυχὰς: their lives; "souls"
    παρεθέμενοι risking; "putting ðut" as in
    a wager; aor. pple παρατίθημι
    ἀλλοδαποῖσι: to...; dat. ind. object
256 ἔφαθ᾽: he spoke; ἔφατο; impf. φημί
    κατεκλάσθη: was shattered; aor. pass.
    ἡμῖν: our; dat. possess. with δεισάντων
258 καὶ ὧς: even so; καὶ is adverbial
    ἀποπλαγχθέντες made to wander; pple

οἴκαδε ἱέμενοι, ἄλλην ὁδὸν ἄλλα κέλευθα   261

ἤλθομεν· οὕτω που Ζεὺς ἤθελε μητίσασθαι.   262

λαοὶ δ' Ἀτρεΐδεω Ἀγαμέμνονος εὐχόμεθ' εἶναι,   263

τοῦ δὴ νῦν γε μέγιστον ὑπουράνιον κλέος ἐστί·   264

τόσσην γὰρ διέπερσε πόλιν καὶ ἀπώλεσε λαοὺς   265

πολλούς. ἡμεῖς δ' αὖτε κιχανόμενοι τὰ σὰ γοῦνα   266

ἱκόμεθ', εἴ τι πόροις ξεινήϊον ἠὲ καὶ ἄλλως   267

δοίης δωτίνην, ἥ τε ξείνων θέμις ἐστίν.   268

ἀλλ' αἰδεῖο, φέριστε, θεούς· ἱκέται δέ τοί εἰμεν,   269

Ζεὺς δ' ἐπιτιμήτωρ ἱκετάων τε ξείνων τε,   270

ξείνιος, ὃς ξείνοισιν ἅμ' αἰδοίοισιν ὀπηδεῖ."   271

   ὣς ἐφάμην, ὁ δέ μ' αὐτίκ' ἀμείβετο νηλέϊ θυμῷ·   272

"νήπιός εἰς, ὦ ξεῖν', ἢ τηλόθεν εἰλήλουθας,   273

ὅς με θεοὺς κέλεαι ἢ δειδίμεν ἢ ἀλέασθαι·   274

οὐ γὰρ Κύκλωπες Διὸς αἰγιόχου ἀλέγουσιν   275

οὐδὲ θεῶν μακάρων, ἐπεὶ ἦ πολὺ φέρτεροί εἰμεν·   276

οὐδ' ἂν ἐγὼ Διὸς ἔχθος ἀλευάμενος πεφιδοίμην   277

οὔτε σεῦ οὔθ' ἑτάρων, εἰ μή θυμός με κελεύοι.   278

ἀλλά μοι εἴφ' ὅπη ἔσχες ἰὼν εὐεργέα νῆα,   279

ἤ που ἐπ' ἐσχατιῆς, ἦ καὶ σχεδόν, ὄφρα δαείω."   280

ὁδός, ἡ: road, way, path, journey   που: anywhere, somewhere; I suppose
πόρω: to give, furnish, offer, supply   σός, -ή, -όν: your, yours

Ἀγαμέμνον, ὁ: Agamemnon, 4
αἰγί-οχος, -ον: Aegis-bearing, 2
αἰδέομαι: be or feel ashamed of; respect, 1
αἰδοῖος, -α, -ον: revered, august, venerable 5
ἀλέγω: to care for, be concerned for (gen), 2
ἀλέομαι: to escape, avoid, flee from, 5
ἄλλως: otherwise, in another way, 2
ἀπ-όλλυμι: to destroy, kill, slay, 8
Ἀτρείδης, ὁ: son of Atreus, Atrides, 4
γόνυ, γουνός, τό: the knee, 4
δάω: to learn, get to know; teach, 1
δείδω: fear, dread, shrink from, feel awe, 13
δια-πέρθω: to sack, lay waste, destroy, 2
δωτίνη, ἡ: a gift, present, offering, 2
ἐθέλω: to be willing, wish, desire, 16
ἐπι-τιμήτωρ, ὁ: protector, avenger, 1
ἐσχατιή, ἡ: edge, border, shore, extremity, 3
εὐ-εργής, -ές: well-wrought, well-made, 7
εὔχομαι: boast, vaunt, exult; pray, 9
ἔχθος, τό: hate, enmity, wrath, 1
θέμις, θέμιστος, ἡ: right, custom, law, 5
ἱκέτης, ὁ:, suppliant, one seeking protection 2
κέλευθος, ἡ: road, way, path; (pl. neuter), 5

κέλομαι: to command, bid, exhort, 10
κιχάνω: to reach, come upon, find, 4
κλέος, τό: glory, fame, rumor, report, 2
λαός, ὁ: the people, 9
μάκαρ, -αρος: blessed, happy, 11
μητίομαι: to devise, plan, contrive, 2
νηλής, -ές: pitiless, ruthless, 10
νήπιος, -α, -ον: young; childish, foolish, 6
ξεινήιον, τό: gift for a guest, a host's gift, 2
ξείνιος, -η, -ον: of a guest; of a guest-host, 5
οἴκα-δε: to home, homeward, 2
ὀπηδέω: to attend to, be attendant to (dat), 1
ὅπη: by which way, in what direction, 6
οὕτως: in this way, thus, so, 7
πόλις, ἡ: a city, 11
σχεδόν: near, nearly, almost, just about, 9
τηλό-θεν: from afar, 3
τόσος, -η, -ον: so much, so many, so great 12
ὑπ-ουράνιος, -η, -ον: under the heaven, 1
φέριστος, -η, -ον: best, most powerful, 1
φέρτερος, -η, -ον: stronger, more powerful, 4
φείδομαι: to spare (+ gen.) 1

261 ἱέμενοι: *being sent;* pres. mid. pple ἵημι
ἄλλην ὁδόν, ἄλλα κέλευθα: *along a different route, a different way;* i.e. than the home route; acc. of extent
262 ἤλθομεν: 1st pl. aor. ἔρχομαι
ἤθελε: 3rd sg. impf. ἐθέλω
263 λαοὶ: predicate nom. pl. with εἶναι
εὐχόμεθ᾽ εἶναι: *we boast to be;* inf. εἰμί
264 τοῦ...κλέος: *whose glory;* rel. pronoun
μέγιστον: *greatest;* neut. pred. nom. sg.
265 τόσσην...πόλιν: *so large a city...*
διέπερσε: 3rd sg. aor. διαπέρθω
ἀπώλεσε: 3rd sg. aor. ἀπόλλυμι
266 σά: *your;* possessive adj. σός
267 ἱκόμεθ᾽: *come to;* i.e. beseech you; 1st pl. aor. ἱκνέομαι
πόροις: 2nd sg. pres. opt. of wish, πόρω
ἠέ: *or;* core vocabulary word
268 δοίης: *might give;* 2nd sg. aor. optative of wish, δίδωμι
ἥ: *which;* relative pronoun
269 αἰδεῖο: *continue to show respect for;* αἰδέε(σ)ο, pres. mid. imperative

φέριστε: vocative, direct address
τοὶ: *your;* dat. of possession
εἰμεν: *we are;* 1st pl. pres. εἰμί
272 ἐφάμην: *I spoke;* 1st sg. impf. φημί
εἰς: *you are;* 2nd sg. pres. εἰμί
273 εἰλήλουθας: 2nd sg. pf. ἔρχομαι
274 κέλεαι: *you bid (acc.) (inf.);* κέλε(σ)αι, 2nd sg. pres. mid.
ἤ...ἤ:: *either...or*
δειδίμεν: inf. δείδω
275 Διὸς: *for Zeus;* gen. obj. of ἀλέγουσιν
276 ἐπεὶ ἦ: *since truly...;* causal
εἰμεν: *we are;* 1st pl. pres. εἰμί
277 ἄν...πεφιδοίμην...εἰ...κελεύοι: *I would spare...if...should bid;* fut. less vivid condition, pf. opt. and pres. opf.
ἀλευάμενος: nom. sg. aor. mid. ἀλέομαι
279 εἶφ᾽: εἶπε, sg. impf. εἶπον before an aspirated vowel
ἔσχες: *you kept;* "moored" aor. ἔχω
ἰών: nom. sg. pres. pple ἔρχομαι
280 ὄφρα δαείω: *so that I may know;* purpose pres. sg. subjunctive δάω

ὣς φάτο πειράζων, ἐμὲ δ' οὐ λάθεν εἰδότα πολλά,   281
ἀλλά μιν ἄψορρον προσέφην δολίοις ἐπέεσσι·   282
"νέα μέν μοι κατέαξε Ποσειδάων ἐνοσίχθων,   283
πρὸς πέτρῃσι βαλὼν ὑμῆς ἐπὶ πείρασι γαίης,   284
ἄκρῃ προσπελάσας· ἄνεμος δ' ἐκ πόντου ἔνεικεν·   285
αὐτὰρ ἐγὼ σὺν τοῖσδε ὑπέκφυγον αἰπὺν ὄλεθρον."   286
ὣς ἐφάμην, ὁ δέ μ' οὐδὲν ἀμείβετο νηλέϊ θυμῷ,   287
ἀλλ' ὅ γ' ἀναΐξας ἑτάροις ἐπὶ χεῖρας ἴαλλε,   288
σὺν δὲ δύω μάρψας ὥς τε σκύλακας ποτὶ γαίῃ   289
κόπτ'· ἐκ δ' ἐγκέφαλος χαμάδις ῥέε, δεῦε δὲ γαῖαν.   290
τοὺς δὲ διὰ μελεϊστὶ ταμὼν ὁπλίσσατο δόρπον·   291
ἤσθιε δ' ὥς τε λέων ὀρεσίτροφος, οὐδ' ἀπέλειπεν,   292
ἔγκατά τε σάρκας τε καὶ ὀστέα μυελόεντα.   293
ἡμεῖς δὲ κλαίοντες ἀνεσχέθομεν Διὶ χεῖρας,   294
σχέτλια ἔργ' ὁρόωντες, ἀμηχανίη δ' ἔχε θυμόν.   295
αὐτὰρ ἐπεὶ Κύκλωψ μεγάλην ἐμπλήσατο νηδὺν   296
ἀνδρόμεα κρέ' ἔδων καὶ ἐπ' ἄκρητον γάλα πίνων,   297
κεῖτ' ἔντοσθ' ἄντροιο τανυσσάμενος διὰ μήλων.   298
τὸν μὲν ἐγὼ βούλευσα κατὰ μεγαλήτορα θυμὸν   299
ἄσσον ἰών, ξίφος ὀξὺ ἐρυσσάμενος παρὰ μηροῦ,   300

ὀξύς, -εῖα, -ύ: sharp, piercing; keen   ὁράω: to see

αἰπύς, -εῖα, -ύ: steep, utter; hard, 6
ἄκρη, ἡ: summit, mountain-top, 3
ἄ-κρητος, -ον: unmixed, undiluted, 1
ἀ-μηχανίη, ἡ: helplessness, 1
ἀν-αίσσω: to start, spring, leap up, 1
ἀνδρόμεος, -α, -ον: of a man, 3
ἀν-έχω: to hold up; suffer, endure, tolerate, 1
ἄντρον, τό: cave, cavern, grotto, 7
ἀπο-λείπω: to leave behind, abandon, 1
ἆσσον: nearer, 6
ἄψορρον: backwards, back again, 4
βουλεύω: to deliberate, take counsel, plan, 6
γάλα, γάλακτος, τό: milk, 3
δεύω: to wet, moisten, 2
δόλιος, -α, -ον: long, deceitful, deceiving, 1
δόρπον, τό: dinner, the evening meal, 12
ἔγκατα, τά: entrails, 2
ἐγ-κέφαλος, ὁ: brain, 2
ἐμ-πίπλημι: to fill, fill quite full of (gen) 6
Ἐνοσίχθων, -ονος: Earth-shaker, 4
ἔντοσ-θεν: within, inside (+ partitive gen) 4
ἔσθω: to eat, devour, poetic for ἐσθίω, 5
ἰάλλω: to send forth, send, let loose, 2
κατ-άγνυμι: to break to pieces, shatter, 1
κλαίω: to weep, lament, wail, 13
κόπτω: to strike, smite, 2
κρέας, τό: flesh, meat, piece of meat, 11
λανθάνω: to escape notice, be unnoticed, 13

λέων, -ονος, ὁ: a lion, 5
μάρπτω: to seize, clasp, lay hold of, 4
μεγαλ-ήτωρ, -ορος: great-hearted, 6
μελεϊστί: limb from limb, 1
μῆλον, τό: flock, herd; apple, 7
μηρός, ὁ: thigh, 10
μυελόεις, -εσσα, -εν, τό: full of marrow, 1
νηδύς, ἡ: belly, stomach, 1
νηλής, -ές: pitiless, ruthless, 10
ξίφος, τό: a sword, 8
ὁπλίζω: to make ready, prepare, arm, 5
ὀρεσι-τρόφος, -ον: mountain-bred, 2
ὀστέον, τό: bone, 6
οὐδ-είς, οὐδε-μία, οὐδ-έν: no one, nothing, 4
πειράζω: to test, make trial of, 1
πεῖραρ, πείρατος, τό: end, limit, 5
Ποσειδεών, -εῶνος, ὁ: Poseidon, 9
προσ-πελάζω: to bring in contact, dash, 1
πρόσ-φημι: to speak to, address, 10
ῥέω: to flow, run, stream, 12
σάρξ, σαρκός, ἡ: flesh, 4
σκύλαξ, -ακος ὁ: puppy, 2
σχέτλιος, -η, -ον: hard-hearted, cruel, 9
τανύω: to stretch; mid. run at full stride, 3
τέμνω: to cut, cut up, 2
ὑμός, -ή, -όν: your, yours, 1
ὑπ-εκ-φεύγω: to flee, escape, 5
χαμάδις: to the ground, 1

---

281 ὣς φάτο: so he spoke; impf. φημί
282 οὐ λάθεν: it did not escape my notice; 3rd sg. aor. λανθάνω
    εἰδότα: acc. sg. pple οἶδα modifies ἐμὲ
282 μιν...προσέφην: address him
    δολίοις ἐπέεσσι: dat. pl. of means, ἔπος
283 νέα...μοι: my ship; acc. sg. and dat. sg. possession or interest
    κατέαξε: 3rd sg. aor. κατ-άγνυμι
284 πρὸς...βαλὼν: throwing (the ship) to; likely tmesis aor. pple προσβάλλω
    πέτρῃσι: rocks; dat with compound verb
    ὑμῆς: your; possessive adj. ὑμός
    πείρασι: dat. pl. πεῖραρ
285 ἄκρῃ: promontory; dat. compound verb
    προσπελάσας aor. pple. προσπελάζω
    ἔνεικεν: carried (us); 3rd sg. aor. φέρω
286 σὺν τοῖσδε with these here (men)
    ὑπέκφυγον: 3rd pl. aor. ὑπεκφεύγω
287 ὁ δέ: but he...; i.e. the Cyclops
    μ' οὐδὲν ἀμείβετο: gave me no response;

οὐδὲν is an internal accusative
288 ἀναΐξας: nom. sg. aor. pple ἀναΐσσω
    ἑτάροις ἐπὶ: upon my comrades; tmesis ἐπί ἰάλλω with dat. of compound verb
289 σὺν..μάρψας: tmesis, nom. sg. aor. pple. μάρπτω
    ὥς τε σκύλακας: just as puppies
    ποτὶ...κόπτ': knocked (them) onto; tmesis with dat. object
290 ἐκ δ': out from (them); likely tmesis
291 τοὺς: them; i.e. the captured men
    διὰ...ταμὼν: cutting apart; tmesis, aor.
292 ὥς τε λέων: just as a lion; a simile
294 ἀνεσχέθομεν: held up; ἀν-έχω
    Διὶ: to Zeus (in prayer); dat. compound
297 ἔδων: eating; pres. pple ἔδω
298 κεῖτ': began to lie down; impf. κεῖμαι
299 κατὰ θυμόν: in my great-hearted soul
300 ἰών: going; nom. sg. pple ἔρχομαι
    ἐρυσσάμενος: drawing; aor. pple ἐρύω

οὐτάμεναι πρὸς στῆθος, ὅθι φρένες ἧπαρ ἔχουσι, 301

χείρ' ἐπιμασσάμενος· ἕτερος δέ με θυμὸς ἔρυκεν. 302

αὐτοῦ γάρ κε καὶ ἄμμες ἀπωλόμεθ' αἰπὺν ὄλεθρον· 303

οὐ γάρ κεν δυνάμεσθα θυράων ὑψηλάων 304

χερσὶν ἀπώσασθαι λίθον ὄβριμον, ὃν προσέθηκεν. 305

ὣς τότε μὲν στενάχοντες ἐμείναμεν Ἠῶ δῖαν. 306

    ἦμος δ' ἠριγένεια φάνη ῥοδοδάκτυλος Ἠώς, 307

καὶ τότε πῦρ ἀνέκαιε καὶ ἤμελγε κλυτὰ μῆλα, 308

πάντα κατὰ μοῖραν, καὶ ὑπ' ἔμβρυον ἧκεν ἑκάστῃ. 309

αὐτὰρ ἐπεὶ δὴ σπεῦσε πονησάμενος τὰ ἃ ἔργα, 310

σὺν δ' ὅ γε δὴ αὖτε δύω μάρψας ὁπλίσσατο δεῖπνον. 311

δειπνήσας δ' ἄντρου ἐξήλασε πίονα μῆλα, 312

ῥηϊδίως ἀφελὼν θυρεὸν μέγαν· αὐτὰρ ἔπειτα 313

ἂψ ἐπέθηχ', ὡς εἴ τε φαρέτρῃ πῶμ' ἐπιθείη. 314

πολλῇ δὲ ῥοίζῳ πρὸς ὄρος τρέπε πίονα μῆλα 315

Κύκλωψ· αὐτὰρ ἐγὼ λιπόμην κακὰ βυσσοδομεύων, 316

εἴ πως τισαίμην, δοίη δέ μοι εὖχος Ἀθήνη. 317

ἥδε δέ μοι κατὰ θυμὸν ἀρίστη φαίνετο βουλή. 318

Κύκλωπος γὰρ ἔκειτο μέγα ῥόπαλον παρὰ σηκῷ, 319

χλωρὸν ἐλάϊνεον· τὸ μὲν ἔκταμεν, ὄφρα φοροίη 320

Ἀθήνη, ἡ: Athena, 7
αἰπύς, -εῖα, -ύ: steep, utter; hard, 6
ἀμέλγω: to milk, 4
ἀνα-καίω: to light up, kindle, 3
ἄντρον, τό: cave, cavern, grotto, 7
ἀπ-όλλυμι: to destroy, kill, slay, 8
ἀπ-ωθέω: to push away, repel, reject, 2
ἀφ-αιρέω: to take away from, remove, 2
ἄψ: back, back again, backwards, 8
βουλή, ἡ: council, counsel, plan, resolve, 14
βυσσο-δομεύω: to build or ponder secretly, 1
δειπνέω: to dine, take a meal, 2
δεῖπνον, τό: the principal meal, dinner, 10
δύναμαι: to be able, can, be capable, 10
ἐκ-τέμνω: to cut out, 3
ἐλαίνεος, -ον: of olive wood, 2
ἔμ-βρυον, τό: new-born lamb, 6
ἐξ-ελαύνω: drive out, 4
ἐπι-μαίομαι: to handle, touch, feel; aim at, 5
ἐπι-τίθημι: to put on, place upon, lay, 8
ἐρύκω: to keep in, check, curb, restrain, 5
ἕτερος, -η, -ον: one of two, one...the other, 6
εὖχος, τό: prayer; boast, 1
ἧπαρ, τό: liver, 2
θύρη, ἡ: door, 11
θυρεός, -οῦ ο: door-stone, door-block, 3

κλυτός, -ή, -όν: famous, renowned, heard, 12
λίθος, ὁ: a stone, 3
μάρπτω: to seize, clasp, lay hold of, 4
μῆλον, τό: flock, herd; apple, 7
μοῖρα, ἡ: due measure, portion, one's lot, 10
ὄβριμος, -ον: heavy, ponderous; mighty, 3
ὁπλίζω: to make ready, arm, 5
οὐτάω: to wound, stab, thrust, 4
πίων, -ον: rich, fertile, plentiful, 8
πονέω: to work, 5
προσ-τίθημι: to add, attribute, impose, give 1
πῶμα, -ατος, τό: lid, cover, 2
ῥηϊδίως: easily, 2
ῥοδο-δάκτυλος, -ον: rosy-fingered, 8
ῥοῖζος, ἡ: a whistle, whistling, a whizzing, 1
ῥόπαλον, τό: club, cudgel, 2
σηκός, ὁ: pen, fold, 10
σπεύδω: to be eager, be urgent, 3
στενάχω: to groan, moan, wail, mourn, 6
στῆθος, τό: chest, breast, 6
τίνω, τίω: value, pay honor; pay a price, 11
τρέπω: to turn, change 4
ὑψ-ηλός, -ή, -όν: high, lofty, tall, 7
φαρέτρη, ἡ: a quiver, 1
φορέω: to carry, wear, 5
χλωρός, -ή, -όν: greenish-yellow, green, 6

---

301 πρὸς: against, into; + acc.
  ὅθι...ἔχουσι: where midriff holds the liver
302 χείρ᾽: with the hand; χείρι, dat. means
  ἕτερος θυμός: a different thought
303 αὐτοῦ: there
  καὶ ἄμμες: we also
  κε..ἀπωλόμεθ: we would die; κε + aor.
  subjunctive ἀπόλλυμι expresses a past
  potential, here unrealized (contrafactual)
304 κεν δυνάμεσθα: would be able; κεν +
  impf. δύναμαι expresses a past potential
  θυράων: from...; gen. of separation
305 χερσὶν: dat. pl. of means χείρ
  ἀπώσασθαι: aor. inf. ἀπ-ωθέω
  προσέθηκεν: 3ʳᵈ sg. aor. προστίθημι
306 ὡς τότε: in this way then
  ἐμείναμεν: we waited; aor. μένω
  likely tmesis aor. pple προσβάλλω
307 ἦμος: when
  φάνη: appeared; 3ʳᵈ sg. aor. pass. φαίνω
309 κατὰ μοῖραν: in due measure
  ὑπ᾽...ἧκε: put (acc.) underneath (dat);
  sail; tmesis for 3ʳᵈ sg. aor. ὑφ-ίημι;
310 τὰ ἃ ἔργα: his tasks; τὰ ἑὰ ἔργα, ἃ is

neuter pl. 3rd person possessive ἑός
311 σὺν..μάρψας: tmesis, nom. sg. aor.
  pple. μάρπτω
312 ἄντρου: from the cave; gen. separation
  ἐξήλασε: 3ʳᵈ sg. aor. ἐξελαύνω
313 ἀφελὼν: removing; "taking away,"
  nom. sg. aor. pple ἀφ-ίημι
314 ἐπέθηχ᾽: set (it); ἐπέθηκε, aor. ἐπιτίθημι
  ὡς εἴ...ἐπιθείη: as if one were putting
  (acc) on (dat); aor. opt. ἐπιτίθημι
315 πολλῇ ῥοίζῳ: with frequent whistling;
  dat. of manner
  ὄρος: mountain; neut. acc. sg.
316 λιπόμην: I was left behind; 1ˢᵗ sg. aor.
  spass. λείπω
  κακὰ: evil things; neut. pl. substantive
317 εἴ πως: whether somehow...
  τισαίμην: I could pay him back; 1ˢᵗ sg.
  aor. opt. τίνω; deliberative
  δοίη δέ: and...grant; aor. opt δίδωμι
318 ἥδε: this here; i.e. the following
319 ἔκειτο: was lying; impf.,
320 ἔκταμεν: we cut it up; aor. ἐκτέμνω
  φοροίη: one might carry it; opt. purpose

αὐανθέν. τὸ μὲν ἄμμες εἴσκομεν εἰσορόωντες   321

ὅσσον θ' ἱστὸν νηὸς ἐεικοσόροιο μελαίνης,   322

φορτίδος εὐρείης, ἥ τ' ἐκπεράᾳ μέγα λαῖτμα·   323

τόσσον ἔην μῆκος, τόσσον πάχος εἰσοράασθαι.   324

τοῦ μὲν ὅσον τ' ὄργυιαν ἐγὼν ἀπέκοψα παραστὰς   325

καὶ παρέθηχ' ἑτάροισιν, ἀποξῦναι δ' ἐκέλευσα·   326

οἱ δ' ὁμαλὸν ποίησαν· ἐγὼ δ' ἐθόωσα παραστὰς   327

ἄκρον, ἄφαρ δὲ λαβὼν ἐπυράκτεον ἐν πυρὶ κηλέῳ.   328

καὶ τὸ μὲν εὖ κατέθηκα κατακρύψας ὑπὸ κόπρῳ,   329

ἥ ῥα κατὰ σπείους κέχυτο μεγάλ' ἤλιθα πολλή·   330

αὐτὰρ τοὺς ἄλλους κλήρῳ πεπαλάσθαι ἄνωγον,   331

ὅς τις τολμήσειεν ἐμοὶ σὺν μοχλὸν ἀείρας   332

τρῖψαι ἐν ὀφθαλμῷ, ὅτε τὸν γλυκὺς ὕπνος ἱκάνοι.   333

οἱ δ' ἔλαχον τοὺς ἄν κε καὶ ἤθελον αὐτὸς ἑλέσθαι,   334

τέσσαρες, αὐτὰρ ἐγὼ πέμπτος μετὰ τοῖσιν ἐλέγμην.   335

ἑσπέριος δ' ἦλθεν καλλίτριχα μῆλα νομεύων.   336

αὐτίκα δ' εἰς εὐρὺ σπέος ἤλασε πίονα μῆλα   337

πάντα μάλ', οὐδέ τι λεῖπε βαθείης ἔκτοθεν αὐλῆς,   338

ἤ τι ὀϊσάμενος, ἢ καὶ θεὸς ὣς ἐκέλευσεν.   339

αὐτὰρ ἔπειτ' ἐπέθηκε θυρεὸν μέγαν ὑψόσ' ἀείρας,   340

ἄκρος, -α, -ον: topmost, excellent

ἀείρω: to lift, raise up, 8
ἄνωγα: to command, order, bid, 10
ἀπο-κόπτω: to cut off, chop off, 1
ἀπ-οξύνω: to sharpen, bring to a point, 1
αὐαίνω: to dry, 1
αὐλή, ἡ: pen, enclosure, the court-yard, 9
ἄφαρ: straightway, at once, quickly, soon, 3
βαθύς, -εῖα, -ύ: deep, thick, 5
γλυκύς, ύ: sweet, pleasant, 12
εἰκόσ-ορος, -ον: with twenty oars, 1
εἰσ-οράω: to look upon, view, behold, 4
εἴσκω: make like, liken to; think, suppose 2
ἐκ-περάω: to pass over, traverse, 2
ἔκτο-θεν: outside, 4
ἐλαύνω: to drive; drive off; set in motion, 19
ἐπι-τίθημι: to put on, place upon, lay, 8
ἑσπέριος, -α, -ον: of evening, wester, 2
εὖ: well, 5
εὐρύς, -εῖα, -ύ: wide, broad, spacious, 11
ἤλιθα: sufficiently, 1
θοόω: to sharpen, make pointed, 3
θυρεός, -οῦ ο: door-stone, door-block, 3
ἱκάνω: to approach, come, arrive, reach, 7
ἱστός, ὁ: ship's mast, loom for weaving, 13
καλλί-θριξ, -τριχος: fair-haired; -wooled, 6
κατα-κρύπτω: to cover over, conceal; hide, 1
κατα-τίθημι: to set down, lay, put, place, 2
κήλεος, -ον: burning, 1

κλῆρος, ὁ: a lot, plot (of land), 4
κόπρος, ὁ: dung, manure, 4 fem.
λαγχάνω: to obtain by lot, 4
λαῖτμα, τό: gulf of the sea, depth of the sea 2
λαμβάνω: to take, receive, catch, grasp, 13
λέγω: gather, collect; say, 12
μῆκος, τό: length, 2
μῆλον, τό: flock, herd; apple, 7
μοχλός, ὁ: lever, bar, 7
νομεύω: to pasture, put to pasture, 3
οἴομαι: to suppose, think, imagine, 9
ὁμαλός, -ή, -όν: even, level, smooth, 1
ὄργυια, ἡ, : fathom (6 ft.), 2
παλάσσω: to sprinkle; shake, 1
παρα-τίθημι: to place beside, set beside, 3
παρ-ίστημι: to stand beside, approach, 10
πάχος, το: thickness, width, 1
πέμπτος, -η, -ον: fifth, 1
πίων, -ον: rich, fertile, plentiful, 8
ποιέω: to do, make, create, compose, 8
πυρακτέω: to harden by fire, make glow, 1
τέσσαρες, -α: four, 2
τολμάω: to endure, undergo, 1
τόσος, -η, -ον: so much, so many, so great 12
τρίβω: to rub, pound, crush, thresh, 1
ὕπνος, ὁ: sleep, slumber, 9
ὑψόσε: upward, aloft, on high, 5
φορτίς, -ίδος, ἡ: freight-ship, 1

---

321 αὐανθέν: *having been dried out*; neut.
sg. aor. pass. pple, αὐαίνω
τὸ μὲν...εἴσκομεν: *we made it similar*
ἄμμες *we*; nom. pl.
εἰσορόωντες: *looking it over*; pres. pple
322 ὅσσον ἱστὸν...τόσσον: *as long as the mast...so long*; correlatives
323 εὐρείης: *wide*; gen. sg. modifies φορτίς
ἥ: *which*; φορτίδος is the antecedent
ἐκπερᾷ: 3ʳᵈ sg. pres. α-contract
324 τόσσον ἔην: *so long (the club) was*;
impf. εἰμί supply ῥόπαλον as subject
μῆκος, πάχος: *in length...in width*; acc.
of respect qualifying τόσσον; otherwise,
they are the neuter subjects of ἔην
εἰσράασθαι: *to look upon*; explanatory
325 τοῦ μὲν: *from it*
ἀπέκοψα: 1ˢᵗ sg. aor. ἀπο-κόπτω
παραστάς: *standing near*; nom. aor. pple
326 παρέθηχ᾽: *I placed beside*; παρέθηκα
ἀποξῦναι: *to sharpen (it)*; aor. inf.
327 ὁμαλὸν ποίησαν: *I made (it) smooth*

328 ἄκρον: *the point*
λαβών: nom. sg. aor. pple λαμβάνω
329 καταέθηκα: 1ˢᵗ sg. aor. κατατίθημι
κατακρύψας: nom. sg. aor. pple
330 ἥ ῥα: *which, it turns out,*; i.e. dung
κατὰ σπείους: *down through the cave*
κέχυτο: *had been dropped*; plpf. χέω
μεγάλα: *copiously*; adverbial acc.
331 κλήρῳ πεπαλάσθαι: *to be shaken by lot*;
i.e. to be drawn and chosen by lot
332 ὅς τις τολμήσειεν: *whoever should dare*
ἐμοὶ σὺν: *with me*; anastrophe
ἀείρας: nom. sg. aor. pple ἀείρω
333 τρῖψαι: *to plunge*; aor. inf. τρίβω
ὅτε...ἱκάνοι: *whenever...comes to him*;
general temporal opt. in secondary seq.
334 ἔλαχον τούς..: *those won by lot whom...*
ἑλέσθαι: *to choose*; aor. mid. inf. αἱρέω
335 ἐλέγμην: *I was chosen*; aor. pass. λέγω
337 ἤλασε: he drove. 3ʳᵈ sg. aor. ἐλαύνω
339 ὀισάμενος: *having some suspicion*; aor.
ὡς ἐκέλευσεν: *since a god bade it*

ἑζόμενος δ᾽ ἤμελγεν ὄϊς καὶ μηκάδας αἶγας,   341

πάντα κατὰ μοῖραν, καὶ ὑπ᾽ ἔμβρυον ἧκεν ἑκάστῃ.   342

αὐτὰρ ἐπεὶ δὴ σπεῦσε πονησάμενος τὰ ἃ ἔργα,   343

σὺν δ᾽ ὅ γε δὴ αὖτε δύω μάρψας ὁπλίσσατο δόρπον.   344

καὶ τότ᾽ ἐγὼ Κύκλωπα προσηύδων ἄγχι παραστάς,   345

κισσύβιον μετὰ χερσὶν ἔχων μέλανος οἴνοιο·   346

" Κύκλωψ, τῆ, πίε οἶνον, ἐπεὶ φάγες ἀνδρόμεα κρέα,   347

ὄφρ᾽ ἴδῃς οἷόν τι ποτὸν τόδε νηῦς ἐκεκεύθει   348

ἡμετέρη. σοὶ δ᾽ αὖ λοιβὴν φέρον, εἴ μ᾽ ἐλεήσας   349

οἴκαδε πέμψειας· σὺ δὲ μαίνεαι οὐκέτ᾽ ἀνεκτῶς.   350

σχέτλιε, πῶς κέν τίς σε καὶ ὕστερον ἄλλος ἵκοιτο   351

ἀνθρώπων πολέων, ἐπεὶ οὐ κατὰ μοῖραν ἔρεξας;"   352

ὣς ἐφάμην, ὁ δ᾽ δέκτο καὶ ἔκπιεν· ἥσατο δ᾽ αἰνῶς   353

ἡδὺ ποτὸν πίνων καί μ᾽ ᾔτεε δεύτερον αὖτις·   354

"δός μοι ἔτι πρόφρων, καί μοι τεὸν οὔνομα εἰπὲ   355

αὐτίκα νῦν, ἵνα τοι δῶ ξείνιον, ᾧ κε σὺ χαίρῃς·   356

καὶ γὰρ Κυκλώπεσσι φέρει ζείδωρος ἄρουρα   357

οἶνον ἐρισταφυλον, καί σφιν Διὸς ὄμβρος ἀέξει·   358

ἀλλὰ τόδ᾽ ἀμβροσίης καὶ νέκταρός ἐστιν ἀπορρώξ."   359

ὣς ἔφατ᾽, ἀτάρ οἱ αὖτις ἐγὼ πόρον αἴθοπα οἶνον·   360

προσ-αυδάω: to address, speak to   πῶς: how? in what way or manner?

ἄγχι: near, nigh, close by, 9
ἀέξω: to make grow, increase; *mid.* grow, 5
αἶθ-οψ, -οπος: fiery-looking, sparkling, 3
αἰνός, -ή, -όν: terrible, dire, dread, grim, 9
αἰτέω: to ask, ask for, beg, 2
αἴξ, αἰγός, ὁ, ἡ: goat, 8
ἀμ-βροσίη, ἡ: ambrosia (food of the gods) 2
ἀμέλγω: to milk, 4
ἀνδρόμεος, -α, -ον: of a man, 3
ἀν-εκτός, -όν: bearable, endurable, 1
ἄνθρωπος, ὁ: human being, 11
ἀπορρώξ: abrupt, steep, 2
ἄρουρα, ἡ: tilled land, field, earth, soil, 4
αὖ: again, in turn; further, moreover, 8
αὖτις: back, back again, backwards, 9
δεύτερος, -α, -ον: second, next, 1
δέχομαι: to accept, receive; wait for, expect 5
δόρπον, τό: dinner, the evening meal, 12
ἐκ-πίνω: to drink up, drink dry, 4
ἐλεέω: to pity, have compassion for, 4
ἔμ-βρυον, τό: new-born lamb, 6
ἐρι-στάφυλος, -ον: with clustered grapes, 2
ἔφαγον: ate, eat; (aorist ἔδω), 7
ζείδωρος, -ον: grain-giving, 3
ἥδομαι: to enjoy, take delight in, 2
ἡδύς, -υῖα, ύ: sweet, pleasant, agreeable, 14
ἡμέτερος, -α, -ον: our, 7
κεύθω: to cover up, enclose; hide, conceal, 1

κισσύβιον, τό: ivy drinking cup, 1
κρέας, τό: flesh, meat, piece of meat, 11
λοιβή, ἡ: libation (liquid offering), 1
μαίνομαι: to mad, rage, be furious, 6
μάρπτω: to seize, clasp, lay hold of, 4
μηκάς, -άδος: bleating, 3
μοῖρα, ἡ: due measure, portion, one's lot, 10
νέκταρ, τό: nectar, 1
ξείνιος, -η, -ον: of a guest; guest-host gift, 5
οἴκα-δε: to home, homeward, 2
οἷος, -α, -ον: of what sort, such, as, 13
ὄμβρος, ὁ: rain, rainstorm, thunderstorm, 4
ὄνομα, -ατος, τό: name, 6
ὁπλίζω: to make ready, prepare, arm, 5
οὐκ-έτι: no more, no longer, no further, 9
παρ-ίστημι: to stand beside, approach, 10
πέμπω: to send, conduct, convey, dispatch, 9
πόλις, ἡ: a city, 11
πονέω: to work, 5
ποτός, ὁ: drink, 3
πρόφρων, -ονος, ὁ, ἡ: willing, earnest, 1
ῥέζω: to do accomplish, make, perform, 10
σπεύδω: to be eager, be urgent, 3
σχέτλιος, -η, -ον: hard-hearted, cruel, 9
τεός, -ή, -όν: your, 4
τῆ: take! here! (old imp. cf. λαβε) 2
ὕστερος, -α, -ον: later, last, 10
χαίρω: to rejoice, be glad; fare well, 4

342 κατὰ μοῖραν: *in due measure*
ὑπ᾽...ἧκε: *put (acc.) underneath (dat)*; *sail*; tmesis for 3rd sg. aor. ὑφ-ίημι; dat. with compound verb; cf. 246, 310
343 τὰ ἃ ἔργα: *his tasks*; τὰ ἑὰ ἔργα, ἃ is neuter pl. 3rd person possessive ἑός
344 σὺν...μάρψας: tmesis, nom. sg. aor. pple. μάρπτω
345 προσηύδων: *began to address*; 1st sg inceptive impf. προσαυδάω
παραστάς: *standing near*; nom. sg. aor. pple παρ-ίστημι
346 κισσύβιον: *ivy drinking cup*; either the cup is made of ivy or adorned with painted ivy
χερσίν: dat. pl. χείρ
347 τῆ: *take! here!*; an old imperative to extend one's hand and take something
πίε: *drink*; aor. imp. πίνω
348 ὄφρα ἴδῃς: *that you may know*; purpose clause, 2nd sg. aor. subj. οἶδα

οἷον τι...τόδε: *what sort of drink this is*
ἐκεκεύθει: plpf. κεύθω, subject is νηῦς
349 τοι...φέρον: *I was bringing (this) to you as a drink offering*; impf φέρω
εἰ...πέμψειας: *in the hope that you might send us*; aor. opt. of wish, πέμπω
350 μαίνεαι: μαίνε(σ)αι, 2nd sg. pres. mid.
351 σχέτλιε: vocative direct address
κέν ἵκοιτο: *How could...come*; potential
352 ἀνθρώπων πολέων: *of the many men*
κατὰ μοῖραν: *in due measure, properly*
ἔρεξας: *you acted*; 2nd sg. aor. ῥέζω
353 δέκτο: *took*; 3rd sg. aor. mid. δέχομαι
ἥσατο: *enjoyed*; 3rd sg. aor. mid. ἥδομαι
354 ᾔτεε: 3rd sg. impf. αἰτέω
355 δός: aor. imperative δίδωμι
δῶ: *that I may give*; purpose, aor. subj.
ᾧ: *by which, with which*; dat. of means
360 οἱ: *to him*; pronoun, dat. ind. obj.
πόρον: 1st sg. impf. πόρω

τρὶς μὲν ἔδωκα φέρων, τρὶς δ' ἔκπιεν ἀφραδίῃσιν.   361

αὐτὰρ ἐπεὶ Κύκλωπα περὶ φρένας ἤλυθεν οἶνος,   362

καὶ τότε δή μιν ἔπεσσι προσηύδων μειλιχίοισι·   363

   " Κύκλωψ, εἰρωτᾷς μ' ὄνομα κλυτόν, αὐτὰρ ἐγώ τοι   364

ἐξερέω· σὺ δέ μοι δὸς ξείνιον, ὥς περ ὑπέστης.   365

Οὖτις ἐμοί γ' ὄνομα· Οὖτιν δέ με κικλήσκουσι   366

μήτηρ ἠδὲ πατὴρ ἠδ' ἄλλοι πάντες ἑταῖροι."   367

   ὣς ἐφάμην, ὁ δέ μ' αὐτίκ' ἀμείβετο νηλέι θυμῷ·   368

"Οὖτιν ἐγὼ πύματον ἔδομαι μετὰ οἷς ἑτάροισιν,   369

τοὺς δ' ἄλλους πρόσθεν· τὸ δέ τοι ξεινήιον ἔσται.   370

   ἦ καὶ ἀνακλινθεὶς πέσεν ὕπτιος, αὐτὰρ ἔπειτα   371

κεῖτ' ἀποδοχμώσας παχὺν αὐχένα, κὰδ δέ μιν ὕπνος   372

ᾕρει πανδαμάτωρ· φάρυγος δ' ἐξέσσυτο οἶνος   373

ψωμοί τ' ἀνδρόμεοι· ὁ δ' ἐρεύγετο οἰνοβαρείων.   374

καὶ τότ' ἐγὼ τὸν μοχλὸν ὑπὸ σποδοῦ ἤλασα πολλῆς,   375

ἧος θερμαίνοιτο· ἔπεσσι δὲ πάντας ἑταίρους   376

θάρσυνον, μή τίς μοι ὑποδείσας ἀναδύη.   377

ἀλλ' ὅτε δὴ τάχ' ὁ μοχλὸς ἐλάινος ἐν πυρὶ μέλλεν   378

ἅψεσθαι, χλωρός περ ἐών, διεφαίνετο δ' αἰνῶς,   379

καὶ τότ' ἐγὼν ἆσσον φέρον ἐκ πυρός, ἀμφὶ δ' ἑταῖροι   380

μήτηρ, ἡ: a mother   πατήρ, ὁ: a father
οὔ-τις, οὔ-τι: no one, nobody, nothing

αἰνός, -ή, -όν: terrible, dire, dread, grim, 9
ἀνα-δύνω: to come up, rise, 1
ἀνα-κλίνω: to recline, lie down, 2
ἀνδρόμεος, -α, -ον: of a man, 3
ἀπο-δοχμέω: to turn sideways, make droop 1
ἅπτω: to kindle, set afire; fasten, grasp, 14
ἆσσον: nearer, 6
αὐχήν, -ένος, ὁ: neck, throat, 3
ἀ-φραδίη, ἡ: folly, thoughtlessness, 2
δια-φαίνω: to glow, shine through, 1
ἐξ-ερέω: will speak out, utter aloud, 2
ἐκ-πίνω: to drink up, drink dry, 4
ἐκ-σεύομαι: to rush out, 3
ἐλάινος, -ον, -ον: of olive wood, 2
ἑός, -ή, -όν: his own, her own, its own, 5
ἐρεύγομαι: to belch out, 1
ἐρωτάω: to ask, 1
ἕως: until, as long as, 3
θαρσύνω: encourage, cheer up, 2
θερμαίνω: to warm, heat, 1
κικλήσκω: to call, 1
κλυτός, -ή, -όν: famous, renowned, 12
μέλλω: to be about to, to intend to, 8

μειλίχιος, -η, -ον: winning, soothing, mild, 7
μοχλός, ὁ: lever, bar, 7
νηλής, -ες: pitiless, ruthless, 10
ξεινήιον, τό: a host's gift, gift for a guest, 2
ξείνιος, -η, -ον: of a guest; guest-host gift, 5
οἰνο-βαρείων, -ονος, ὁ: heavy with wine, 2
ὄνομα, -ατος, τό: name, 6
παν-δαμάτωρ, -ορος, ὁ: all-subduing, 1
παχύς, -εῖα, -ύ: thick, stout, strong, 3
πίπτω: to fall, fall down, drop, 12
πρόσθεν: before, 2
πύματος, -η, -ον: last, hindmost, 1
σποδός, ὁ: ash, 3
τάχα: soon, presently; quickly, forthwith, 3
τρίς: thrice, three times, 7
ὑπο-δείδω: to cower under, fear utterly, 2
ὕπνος, ὁ: sleep, slumber, 9
ὕπτιος, -η, -ον: on his back, backward, 1
ὑφ-ίστημι: to promise, undertake, 2
φάρυγξ, φάρυγος, ἡ: throat, 1
χλωρός, -ή, -όν: greenish-yellow, green, 6
ψωμός, ὁ: morsel, a bit, 1

---

361 ἔδωκα: 1ˢᵗ sg. aor. δίδωμι
   ἀφραδίῃσιν: with thoughtlessness; dat.
   of manner
362 περὶ...ἤλυθεν: engulfed; "came around,"
   tmesis, 3ʳᵈ sg. aor. ἔρχομαι
   φρένας: in his wits; acc. respect
363 ἔπεσσι...μειλιχίοισι: with winning
   words; dat. means ἔπος
   προσηύδων: began to address; 1ˢᵗ sg
   inceptive impf. προσαυδάω
364 εἰρωτᾷς: 2ⁿᵈ sg. pres. α-contract verb
365 δός: give; aor. sg. imperative δίδωμι
   ὥς περ: just as; in the very way which
   ὑπέστης: 2ⁿᵈ sg. aor. ὑφ-ίστημι
366 Οὖτις: Nobody; a proper name
   ἐμοί: dat of possession; supply ἐστί
   Οὖτιν: Nobody; Οὖτινα, Odysseus
   intentionally removes the acc. sg. -α
   ending to make the word "nobody" look
   like a proper name
367 ὁ δέ: and he...; i.e. Cyclops
369 ἔδομαι: I will eat; future deponent ἔδω
   οἷς: his; dat. pl. possessive adjective ἑός
370 τό: this...; neuter sg. subject
   ἔσται: 3ʳᵈ sg. future εἰμί
   οἷς: his; dat. pl. possessive adjective ἑός

371 ⁹Η: he spoke; 3ʳᵈ sg. impf. ἠμί
   ἀνακλινθείς: reclining; nom. sg. aor.
   pass. dep.. pple
   πέσεν: 3ʳᵈ sg. aor. πίπτω
372 κεῖτο: he lay; 3ʳᵈ sg. impf. κεῖμαι
   κὰδ...ἦρει: seized; tmesis, καθ-αίρεω,
   3ʳᵈ sg. impf., τ in κάτα is assimilated to
   δ before δέ
373 φάρυγος: from...; gen. of separation
   ἐξέσσυτο: 3ʳᵈ sg. impf. ἐκ-σεύομαι
375 ἤλασα: drove; 1ˢᵗ sg. aor. ἐλαύνω
376 ἧος: ἕως
   θερμαίνοιτο: pres. opt. in a general
   temporal clause, secondary sequence
   ἔπεσσί: with words; dat. of means, ἔπος
377 θάρσυνον: tried to encourage; 1ˢᵗ sg.
   conative impf.
   μή τίς...ἀναδύῃ: lest anyone withdraw;
   "rise up (and back)," 3ʳᵈ sg. aor. opt. in a
   clause of fearing, secondary sequence
   ὑποδείσας: becoming afraid; inceptive
   aor. pple, aorist is often used to describe
   the beginning of a state or feeling
378 μέλλεν: was about to; governs a fut.
   pple, "to catch fire," from ἅπτω
379 περ ἐών: though being; c.oncessive pple

ἵσταντ'· αὐτὰρ θάρσος ἐνέπνευσεν μέγα δαίμων.   381

οἱ μὲν μοχλὸν ἑλόντες ἐλάινον, ὀξὺν ἐπ' ἄκρῳ,   382

ὀφθαλμῷ ἐνέρεισαν· ἐγὼ δ' ἐφύπερθεν ἐρεισθεὶς   383

δίνεον, ὡς ὅτε τις τρυπῷ δόρυ νήϊον ἀνὴρ   384

τρυπάνῳ, οἱ δέ τ' ἔνερθεν ὑποσσείρυσιν ἱμάντι   385

ἁψάμενοι ἑκάτερθε, τὸ δὲ τρέχει ἐμμενὲς αἰεί.   386

ὣς τοῦ ἐν ὀφθαλμῷ πυριήκεα μοχλὸν ἑλόντες   387

δινέομεν, τὸν δ' αἷμα περίρρεε θερμὸν ἐόντα.   388

πάντα δέ οἱ βλέφαρ' ἀμφὶ καὶ ὀφρύας εὗσεν ἀϋτμὴ   389

γλήνης καιομένης, σφαραγεῦντο δέ οἱ πυρὶ ῥίζαι.   390

ὡς δ' ὅτ' ἀνὴρ χαλκεὺς πέλεκυν μέγαν ἠὲ σκέπαρνον   391

εἰν ὕδατι ψυχρῷ βάπτῃ μεγάλα ἰάχοντα   392

φαρμάσσων· τὸ γὰρ αὖτε σιδήρου γε κράτος ἐστίν   393

ὣς τοῦ σίζ' ὀφθαλμὸς ἐλαϊνέῳ περὶ μοχλῷ.   394

σμερδαλέον δὲ μέγ' ᾤμωξεν, περὶ δ' ἴαχε πέτρη,   395

ἡμεῖς δὲ δείσαντες ἀπεσσύμεθ'· αὐτὰρ ὁ μοχλὸν   396

ἐξέρυσ' ὀφθαλμοῖο πεφυρμένον αἵματι πολλῷ.   397

τὸν μὲν ἔπειτ' ἔρριψεν ἀπὸ ἕο χερσὶν ἀλύων,   398

αὐτὰρ ὁ Κύκλωπας μεγάλ' ἤπυεν, οἵ ῥά μιν ἀμφὶς   399

ᾤκεον ἐν σπήεσσι δι' ἄκριας ἠνεμοέσσας.   400

αἷμα, -ατος τό: blood   ἕ: him, her, it (3rd pers. reflexive)

ἄκρις, -ιος, ἡ: a hill-top, 5
ἀλύω: to be beside oneself, distraught, 2
ἀμφίς: on or at both sides, 1
ἀπο-σεύομαι: to rush out, 3
ἀϋτμή, ἡ: flame, breath; blast, fumes, 4
βάπτω: to dip, bathe, 1
βλέφαρον, τό: pl. eyelids, 3
γλήνη, ἡ: pupil (of the eye); eyeball, 1
δαίμων, -ονος, ὁ: divine being, god, 6
δείδω: fear, dread, shrink from, feel awe, 13
δινεύω: turn, 3
δόρυ, δουρός, τό: spear, three, stem, 8
ἑκάτ-ερθε: on either side, on either side of, 3
ἐλάϊνεος, -ον: of olive wood, 2
ἐλάϊνος, -ον, -ον: of olive wood, 2
ἐμ-μενής, -ές: abiding in, 1
ἐμ-πνέω: to breathe upon, 1
ἐν-ερείδω: to thrust into, press into, 1
ἔνερθε: below, from beneath, lower, 2
ἐξ-ερύω: to pull out, draw out, 2
ἐρείδω: to lean, prop; press, 3
εὕω: to singe, 1
ἐφ-ύπερθε: from above, upon (something), 1
ἠνεμόεις, -εσσα, -εν: windy, 1
ἠπύω: to call to, 2
θάρσος, τό: courage, boldness, spirit, 1
θερμός, ὁ: heat, hot, warm, 1

ἰάχω: to cry; hiss, 3
ἱμάς, -άντος, ὁ: leather strap, 1
καίω: to burn, kindle, 5
κράς, κρατός, ἡ: the head, 8
μοχλός, ὁ: lever, bar, 7
νήϊος, -η, -ον: for a ship, 2
οἰκέω: to inhabit, dwell, live, 2
οἰμώζω: to cry out in grief, 4
ὀφρύς, ἡ: eyebrow, brow, 5
πέλεκυς, ὁ: axe, 1
περι-ρρέω: to flow around, 1
πυρι-ηκής, -ές: with fiery point, 1
ῥίζα, ἡ: a root, 3
ῥίπτω: to throw, cast, hurl, 3
σίδηρος, ὁ: iron; sword, knife, 3
σίζω: to sizzle, hiss, 1
σκέπαρνον, τό: adze, axe with blade 90 deg.
σμερδαλέος, -η, -ον: terrible, fearful, dread, 4
σφαραγέομαι: crackle, be ready to burst, 2
τρέχω: to run, 1
τρύπανον, τό: drill, auger, 1
τρυπάω: to drill, bore, 1
ὑπο-σείω: to shake below, 1
φαρμάσσω: to temper, harden, 1
φύρω: to wet, moisten, 1
χαλκεύς, -έως, ὁ: blacksmith, 1
ψυχρός, -ά, -όν: cold, chill, frigid, 1

381 ἀμφι...ἵσταντο: were standing around;
     tmesis, 3rd pl. impf. ἵστημι
     θάρσος: neuter acc. sg. direct object
382 οἱ μὲν: they; i.e. Odysseus' men
     ἑλόντες: nom. pl. aor. pple αἱρέω
     ἐπ᾽ ἄκρῳ: at the point; 'on the top"
383 ὀφθαλμῷ: into the eye; dat. with
     compound verb, aor. ἐν-ερείδω
     ἐρεισθείς: leaning; "having leaned,"
     nom. sg. aor. pass. dep. pple ἐρείδω
384 δίνεον: 1st sg. impf δινέω
     ὡς ὅτε: just as when...; simile
     τρωπῷ: τρωπάοι, 3rd sg. pres. opt.
     though an optative construction
385 τρυπάνῳ: with a drill; dat. of means
     ὑποσσείουσιν: shake; 3rd sg. pres.
     ἱμάντι: with a leather strap; i.e. the
     strap is looped around the drill and the
     men on each side take turns pulling on it
386 ἁψάμενοι: grabbing; aor. pple ἅπτω
     τὸ δὲ: and it; i.e. the drill, nom. subject
     τρέχει: runs; i.e. the drill turns

     ἐμμενὲς: unceasingly; adverbial acc.
387 ὣς: in this way; ending the simile above
     ἑλόντες: nom. pl. aor. pple αἱρέω
     τὸν δ᾽: it; the μοχλὸς above
388 θερμὸν ἐόντα: pres. pple εἰμί modifies
     τὸν, not the neuter sg. αἷμα, "blood"
389 οἱ: his; dat. of possession, pronoun
     εὖσεν: singed; 3rd sg. aor. εὕω
390 οἱ: his; dat. of possession, pronoun
     ῥίζαι: roots (of the eye)
391 ὡς δ ὅτ: as when; a simile to 394
     βάπτῃ: 3rd sg. pres. subjunctive
392 μεγάλα: loudly; adverbial acc.
393 τὸ γὰρ: for this; i.e. φαρμάσσων
394 ὣς τοῦ: in this way his eye; simile ends
395 μέγα: loudly; adverb
397 πεφυρμένον: made wet; pf. pass. φύρω
398 ἀπὸ ἕο: from himself; gen. sg. pronoun
     ἀλύων: flailing with his hands
400 ᾤκεον: dwelled; 3rd pl. impf οἰκέω

οἱ δὲ βοῆς ἀίοντες ἐφοίτων ἄλλοθεν ἄλλος,   401

ἱστάμενοι δ' εἴροντο περὶ σπέος ὅττι ἑ κήδοι·   402

"τίπτε τόσον, Πολύφημ', ἀρημένος ὧδ' ἐβόησας   403

νύκτα δι' ἀμβροσίην καὶ ἀύπνους ἄμμε τίθησθα;   404

ἦ μή τίς σευ μῆλα βροτῶν ἀέκοντος ἐλαύνει;   405

ἦ μή τίς σ' αὐτὸν κτείνει δόλῳ ἠὲ βίηφιν;"   406

τοὺς δ' αὖτ' ἐξ ἄντρου προσέφη κρατερὸς Πολύφημος·   407

"ὦ φίλοι, Οὖτίς με κτείνει δόλῳ οὐδὲ βίηφιν."   408

οἱ δ' ἀπαμειβόμενοι ἔπεα πτερόεντ' ἀγόρευον·   409

"εἰ μὲν δὴ μή τίς σε βιάζεται οἶον ἐόντα,   410

νοῦσον γ' οὔ πως ἔστι Διὸς μεγάλου ἀλέασθαι,   411

ἀλλὰ σύ γ' εὔχεο πατρὶ Ποσειδάωνι ἄνακτι."   412

ὣς ἄρ' ἔφαν ἀπιόντες, ἐμὸν δ' ἐγέλασσε φίλον κῆρ,   413

ὡς ὄνομ' ἐξαπάτησεν ἐμὸν καὶ μῆτις ἀμύμων.   414

Κύκλωψ δὲ στενάχων τε καὶ ὠδίνων ὀδύνῃσι   415

χερσὶ ψηλαφόων ἀπὸ μὲν λίθον εἷλε θυράων,   416

αὐτὸς δ' εἰνὶ θύρῃσι καθέζετο χεῖρε πετάσσας,   417

εἴ τινά που μετ' ὄεσσι λάβοι στείχοντα θύραζε·   418

οὕτω γάρ πού μ' ἤλπετ' ἐνὶ φρεσὶ νήπιον εἶναι.   419

αὐτὰρ ἐγὼ βούλευον, ὅπως ὄχ' ἄριστα γένοιτο,   420

ἀ-έκων, -ουσα, -ον: unwilling   κτείνω: to kill, slay

ἀμύμων, -ονος: blameless, noble   ὅτι: that; because

βίη, βιης, ἡ: might, force, power

ἀγορεύω: to speak in assembly, declare, 5
ἀΐω: to hear (gen.) 2
ἀλέομαι: to escape, avoid, flee from, 5
ἄλλο-θεν: from another place, elsewhere, 6
ἀμ-βρόσιος, -η, -ον: immortal, divine, 1
ἄναξ, -ακτος, ὁ: a lord, master, 14
ἄντρον, τό: cave, cavern, grotto, 7
ἀπ-αμείβομαι: to reply, answer, 7
ἀπ-έρχομαι: to be away, absent, distant, 2
ἀρήμενος, -η, -ον:: harmed, hurt, 2
ἄ-υπνος, -ον: sleepless, 2
βιάζω: to overpower, use force, constrain, 5
βίη, βιης, ἡ: strength, force, power, might, 15
βοάω: to shout, 3
βοή, ἡ: shout, 2
βουλεύω: to deliberate, take counsel, plan, 6
βροτός, ὁ, ἡ: a mortal, human, 10
γελάω: to laugh, 1
δόλος, ὁ: trap, trick, bait; cunning, 11
ἔλπω: give hope, 1
ἐξ-απατάω: to deceive, beguile, 1
εὔχομαι: to pray, boast, vaunt, exult 9
θύρα-ζε: through the door, out the door, 4
θύρη, ἡ: door, 11
καθ-ίζω: to make sit down, station, 6
κήδω: to trouble, distress, vex, 10

κῆρ, τό: heart; soul, mind, 5
κρατερός, -ή, -όν: strong, stout, mighty, 14
λαμβάνω: to take, receive, catch, grasp, 13
λίθος, ὁ: a stone, 3
μῆλον, τό: flock, herd; apple, 7
μῆτις, ἡ: cunning, wisdom, counsel, 3
νήπιος, -α, -ον: young; childish, foolish, 6
νοῦσος, ὁ: sickness; disease, suffering, 6
ὀδύνη, ἡ: pain, 2
ὄνομα, -ατος, τό: name, 6
ὅπως: as, in such a manner as, 4
οὕτως: in this way, thus, so, 7
ὄχα: by far, 2
πετάννυμι: to spread out or wide, open, 2
Πολύφημος, ὁ: Polyphemus, 6
Ποσειδεών, -εῶνος, ὁ: Poseidon, 9
πρόσ-φημι: to speak to, address, 10
πτερόεις, -εντος: feathered, winged, 14
στείχω: to come or go, walk, proceed, 3
στενάχω: to groan, moan, wail, mourn, 6
τίπτε: Why in the world? What? (τί ποτε) 5
τόσος, -η, -ον: so much, so many, so great 12
φοιτάω: to go to and fro, visit, 7
ψηλαφάω: to feel about, grope, 1
ὧδε: in this way, so, thus, 5
ὠδίνω: be in pain, suffer agony, 2

401 οἱ δὲ: they; i.e. the other Cyclopes
βοῆς: gen. object of pres. pple ἀΐω
ἄλλοθεν ἄλλος: *different Cyclopes from different places*
402 ἱστάμενοι: *standing*; pres. pple. ἵστημι
εἴροντο: *asked*; 3rd pl. impf. ἔρομαι
ὅττι ἑ κήδοι: *what troubled him*; 3rd sg. personal pronoun; pres. opt.
403 Τίπτε τόσον...ἀρημένος: *suffering what so great a distress*; all with ἀρημένος
ἐβόησας: *did you shout in this way*
404 ἄμμε: *us*; acc. pl. pronoun
τίθησθα: *you make*; 2nd sg. pres. τίθημι with a double accusative
405 ἦ μή τίς: *surely nobody...?*; μή is used instead of οὐ in a question expecting a negative response. μή τίς extends the wordplay on the name Οὖτις and adds to it: as one word, μῆτις means "cunning": "Surely cunning kills you..."
σευ ἀέκοντος: *you unwilling*; gen. abs.
406 σ᾽ αὐτὸν: *you yourself*; intensive
δόλῳ: *by* ....;dat. of means/instrument
βίηφιν: *by force*; -φι gives βίη

instrumental force in this instance
409 Οἱ δ᾽: *they*
ἔπεα: *words*; neuter acc. pl. ἔπος
410 εἰ...μή τίς: μή is used instead of οὐ in a protasis, continuing the wordplay
οἶον ἐόντα: *being alone*; pres. pple εἰμί
411 οὔ πως ἔστι: *it is not somehow possible*; εἰμί not enclitic as "is possible, exists"
νοῦσον...ἀλέασθαι: *to escape sickness from great Zeus*; gen. of source
412 εὔχεο: εὔχε(σ)ο, pres. mid. imperative
413 Ὣς ἔφαν: *so they spoke*; impf φημί
ἀπιόντες: nom. pl. pple ἀπ-έρχομαι
ἐμὸν φίλον: *my own*; modifies κῆρ
414 ὡς: *since*
ἐξαπάτησεν: pl. subject: ὄνομα, μῆτις
416 ἀπό...εἷλε: *took away*; aor αἱρέω
εἰνὶ θύρῃσι: *in the doorway*; dat. pl.
χεῖρε: *both hands*; dual acc.
418 εἰ...λάβοι: *if he should grab*; aor. opt
420 γένοιτο: *how all might turn out to be the very best*; ὄχα, aor. opt. deliberative

εἴ τιν' ἑταίροισιν θανάτου λύσιν ἠδ' ἐμοὶ αὐτῷ   421

εὑροίμην· πάντας δὲ δόλους καὶ μῆτιν ὕφαινον   422

ὥς τε περὶ ψυχῆς· μέγα γὰρ κακὸν ἐγγύθεν ἦεν.   423

ἥδε δέ μοι κατὰ θυμὸν ἀρίστη φαίνετο βουλή.   424

ἄρσενες ὄιες ἦσαν ἐϋτρεφέες, δασύμαλλοι,   425

καλοί τε μεγάλοι τε, ἰοδνεφὲς εἶρος ἔχοντες·   426

τοὺς ἀκέων συνέεργον ἐϋστρεφέεσσι λύγοισιν,   427

τῆς ἔπι Κύκλωψ εὗδε πέλωρ, ἀθεμίστια εἰδώς,   428

σύντρεις αἰνύμενος· ὁ μὲν ἐν μέσῳ ἄνδρα φέρεσκε,   429

τὼ δ' ἑτέρω ἑκάτερθεν ἴτην σώοντες ἑταίρους.   430

τρεῖς δὲ ἕκαστον φῶτ' ὄιες φέρον· αὐτὰρ ἐγώ γε,   431

ἀρνειὸς γὰρ ἔην μήλων ὄχ' ἄριστος ἁπάντων,   432

τοῦ κατὰ νῶτα λαβών, λασίην ὑπὸ γαστέρ' ἐλυσθεὶς   433

κείμην· αὐτὰρ χερσὶν ἀώτου θεσπεσίοιο   434

νωλεμέως στρεφθεὶς ἐχόμην τετληότι θυμῷ.   435

ὣς τότε μὲν στενάχοντες ἐμείναμεν Ἠῶ δῖαν.   436

    ἦμος δ' ἠριγένεια φάνη ῥοδοδάκτυλος Ἠώς,   437

καὶ τότ' ἔπειτα νομόνδ' ἐξέσσυτο ἄρσενα μῆλα,   438

θήλειαι δὲ μέμηκον ἀνήμελκτοι περὶ σηκούς·   439

οὔθατα γὰρ σφαραγεῦντο. ἄναξ δ' ὀδύνῃσι κακῇσι   440

ἀ-θεμίστιος -ον: lawless, unrighteous, 2
αἴνυμι: to take hold of, 4
ἀκέων, -ουσα: in silence, quiet, 7
ἄναξ, -ακτος, ὁ: a lord, master, 14
ἀνήμελκτος, -ον: unmilked, 1
ἅπας, ἅπασα, ἅπαν: every, quite all, 7
ἀρυειός, -οῦ, ὁ: ram, 8
ἄρσην, ἄρσενος ὁ: male, 3
ἄωτος, ὁ: fine wool, fleece, 2
βουλή, ἡ: council, counsel, plan, resolve, 14
γαστήρ, -έρος, ἡ: belly, stomach, 2
δασύμαλλος, -ον: thick-fleeced, shaggy, 1
δόλος, ὁ: trap, trick, bait; cunning, 11
ἐγγύ-θεν: from near, from close at hand, 3
ἑκάτ-ερθε: on either side, on either side of, 3
ἐκ-σεύομαι: to rush out, 3
ἐ-λύω: to wind, roll up, curl up, 3
ἔρος, τό: wool, 3
ἕτερος, -η, -ον: one of two, one...the other, 6
εὕδω: to sleep, lie down to sleep, 6
εὑρίσκω: to find, discover, devise, invent, 10
ἐυ-στρεφής, -ές: well-twisted, well-braided, 2
ἐυ-τρεφής, -ές: well-fed, -nourished, 1
θεσπέσιος, -η, -ον: divinely sweet, profuse, 7
θῆλυς, -εια, -υ: female, feminine, 5
θυμός, ὁ: hear, soul, mind, spirit, 61
ἰοδνεφής, -ές: violet-dark, dark-hued, 1
λαμβάνω: to take, receive, catch, grasp, 13

λάσιος, -η, -ον: shaggy, wholly, 1
λύγος, ἡ: willow-twig, pliant twig, 2
λύσις, ἡ: means of escape or release, 3
μέσος, -η, -ον: the middle (of), 11
μηκάομαι: to bleat, 2
μῆλον, τό: flock, herd; apple, 7
μῆτις, ἡ: cunning, wisdom, counsel, 3
νωλεμές: continually, unceasingly, 3
νομόνδε: to pasture, 1
νωλεμές: continually, unceasingly, 3
νῶτον, τό: the back, 3
ὀδύνη, ἡ: pain, 2
οὖθαρ, -θατος, τό: udder, 1
ὄχα: by far, 2
πέλωρ, τό: monster, prodigy, 2
ῥοδο-δάκτυλος, -ον: rosy-fingered, 8
σάοω: to save, rescue, 1
σηκός, ὁ: pen, fold, 10
στενάχω: to groan, moan, wail, mourn, 6
στρέφω: to twisted, turn, whirl, 2
συν-έργω: to shut up, enclose, 2
σύντρεις: three together, 1
σφαραγέομαι: be ready to burst, crackle, 2
τλάω: to bear, endure, suffer, undergo, 11
τρεῖς, τρία: three, 2
ὑφαίνω: to weave, 1
φώς, φῶτος, ὁ: man, 10

---

421 εἰ...εὑροίμην: in the hope that I may find; aor. opt. of wish εὑρίσκω
     τιν'..λύσιν: some means of escape
     ἑταίροισιν: for my comrades; dat. interest
422 ὕφαινον: I tried to weave; conative impf.
423 ὥς τε περὶ ψυχῆς: inasmuch as (it was a matter) of life (and death)
     ἦεν: 3ʳᵈ sg. impf. εἰμί
424 ἥδε: the following; "this here"
     κατὰ θυμόν: in my heart
425 ὄιες: sheep; nom. pl. ὄις
     ἦσαν: 3ʳᵈ pl. impf. εἰμί
427 τοὺς: these (sheep)
     συνέεργον: 1ˢᵗ sg. impf. συνέργω
     ἐϋστρεφέεσι λύγοισι: dat. pl. of means
428 τῆς ἔπι: upon which; dat. pl. fem. relative
     εὗδε: was accustomed to sleep; iterative
     εἰδώς: nom. sg. pple. οἶδα
429 ὁ μὲν...τὼ δ' ἑτέρω: one (sheep)...while the other two; dual nom. ending

φέρεσκε: was accustomed to carrying; -σκ suggests iterative past action
430 ἴτην: went; 3ʳᵈ pers. dual impf. ἔρχομαι
     σώοντες: pres. pple σαόω
431 ἕκαστον φῶτ': each man; φῶτα, acc.
     αὐτὰρ ἐγώ γε: but as for me; "but I for my part" Odysseus starts a new thought
432 ἔην: 3ʳᵈ sg. impf. εἰμί
433 τοῦ...λαβών: grabbing it; partitive gen. aor. pple λαμβάνω, modifies ἐγώ
     κατὰ νῶτα: on the back
     ἐλυσθείς: having curled up; nom. sg. aor. dep. pple ἐλύω
434 κείμην: I lay; i.e. hung, impf. κεῖμαι
     χερσὶν: with hands; dat. pl. means
     ἀώτου: partitive gen. with στρέφω
     στρεφθείς: having twisted; aor. pple
435 ἐχόμην: I clinged; pres. mid. ἔχω
436 τετληότι: with an enduring...; pf. pple
437 φάνη: appeared; 3ʳᵈ sg. aor. pass. φαίνω
439 ἐμέμηκον: they bleated; impf. μηκάομαι

τειρόμενος πάντων ὀΐων ἐπεμαίετο νῶτα   441

ὀρθῶν ἑσταότων· τὸ δὲ νήπιος οὐκ ἐνόησεν,   442

ὥς οἱ ὑπ' εἰροπόκων ὀΐων στέρνοισι δέδεντο.   443

ὕστατος ἀρνειὸς μήλων ἔστειχε θύραζε   444

λάχνῳ στεινόμενος καὶ ἐμοὶ πυκινὰ φρονέοντι.   445

τὸν δ' ἐπιμασσάμενος προσέφη κρατερὸς Πολύφημος·   446

    " Κριὲ πέπον, τί μοι ὧδε διὰ σπέος ἔσσυο μήλων   447

ὕστατος; οὔ τι πάρος γε λελειμμένος ἔρχεαι οἰῶν,   448

ἀλλὰ πολὺ πρῶτος νέμεαι τέρεν' ἄνθεα ποίης   449

μακρὰ βιβάς, πρῶτος δὲ ῥοὰς ποταμῶν ἀφικάνεις,   450

πρῶτος δὲ σταθμόνδε λιλαίεαι ἀπονέεσθαι   451

ἑσπέριος· νῦν αὖτε πανύστατος. ἦ σύ γ' ἄνακτος   452

ὀφθαλμὸν ποθέεις, τὸν ἀνὴρ κακὸς ἐξαλάωσε   453

σὺν λυγροῖς ἑτάροισι, δαμασσάμενος φρένας οἴνῳ,   454

Οὖτις, ὃν οὔ πώ φημι πεφυγμένον εἶναι ὄλεθρον.   455

εἰ δὴ ὁμοφρονέοις ποτιφωνήεις τε γένοιο   456

εἰπεῖν ὅππῃ κεῖνος ἐμὸν μένος ἠλασκάζει·   457

τῷ κέ οἱ ἐγκέφαλός γε διὰ σπέος ἄλλυδις ἄλλῃ   458

θεινομένου ῥαίοιτο πρὸς οὔδεϊ, κὰδ δέ κ' ἐμὸν κῆρ   459

λωφήσειε κακῶν, τά μοι οὐτιδανὸς πόρεν Οὖτις."   460

(ἐ)κεῖνος, -η, -ον: that, those

ἄλλη: in another place; in another way, 4
ἄλλυδις to another place, 2
ἄναξ, -ακτος, ὁ: a lord, master, 14
ἄνθος, -εως, τό: a blossom, flower, bloom 3
ἀπο-νέομαι: to return, go home, 2
ἀρνειός, -οῦ, ὁ: ram, 8
ἀφ-ικάνω: to come, arrive, 1
βιβάω: reduplication βαίνω: to walk, step 3
δαμάζω: to subdue, tame, overpower, 12
ἐγ-κέφαλος, ὁ: brain, 2
εἰρο-πόκος, ον: wooly-fleeced, woolly, 1
ἐξ-αλαόω: to blind completely, 3
ἐπι-μαίομαι: to handle, touch, feel; aim at, 5
ἑσπέριος, -α, -ον: of evening, wester, 2
ἠλασκάζω: to wander about, dodge, avoid, 1
θείνω: to strike, wound, 6
θύρα-ζε: through the door, out the door, 4
κῆρ, τό : heart; soul, mind, 5
κρατερός, -ή, -όν: strong, stout, mighty, 14
κριός, ὁ: ram, 2
λάχνος, ὁ: wool, 1
λιλαίομαι: to desire, 6
λυγρός, -ή, -όν: miserable, mournful, sad, 5
λωφάω: rest from cease, retire, 1
μένος, τό: might, force, prowess, 12
μῆλον, τό: flock, herd; apple, 7
νέμω: to distribute; pasture, graze, 4
νήπιος, -α, -ον: young; childish, foolish, 6
νοέω: to think, have in mind, suppose, 4

νῶτον, τό: the back, 3
ὁμο-φρονέω: be like-minded, of one mind, 1
ὅπη: by which way, in what direction, 6
ὀρθός, -ή, -όν: straight, upright, right, 5
οὖδας, τό: ground, earth, 4
οὐτιδανός: of no account, worthless, 2
παν-ύστατος, -η, -ον: the very last, 1
πάρος: formerly, in former time, 6
πέπων, -ον: ripe, mellow; good, 1
ποίη, ἡ: grass, herb, 3
ποθέω: to long for, yearn, miss, 5
Πολύφημος, ὁ: Polyphemus, 6
ποταμός, ὁ: river, stream, 10
πρόσ-φημι: to speak to, address, 10
προσφονεήεις, -εν: capable of speech, 1
πυκινός, -ή, -όν: closefitted; stout, shrewd 8
ῥαίω: to break, shatter, crush, (ship)wreck 1
ῥοή, ἡ: river, stream, 4
σεύω: to set into motion, drive, hasten, 4
σταθμόνδε: to the door-post, 1
στείνω: to overcrowd, coop up, narrow, 2
στείχω: to come or go, walk, proceed, 3
στέρνον, τό: breast, chest, 1
τείρω: to wear out, distress, afflict, 3
τέρην, -εν: tender, soft, delicate, 2
ὕστατος, -η, -ον: last, latter, 6
φεύγω: to flee, escape; defend in court, 13
φρονέω: to think, to be wise, prudent, 3
ὧδε: in this way, so, thus, 5

---

441 τειρόμενος: modifies ἄναξ, i.e. Cyclops
νῶτα: backs; acc. object of main verb
442 ἑσταότων: standing; pf. act pple ἵστημι
τὸ δὲ...ὥς: this...namely that; acc object
443 δέδεντο: had been bound; plpf. pass δέω
445 στεινόμενος: being burdened; pass. pple
λάχνῳ...καὶ ἐμοὶ: both dative of means
446 τὸν δ᾽: it; i.e. the ram
ἐπιμασσάμενος: aor. pple ἐπιμαίομαι
447 Κριὲ πέπον: vocative direct address
ἔσσυο: did you hasten; ἔσσυ(σ)ο, 2nd sg.
aor. mid. σεύω
448 οὔ τι: not at all; "not in any way"
λελειμμένος...οἰῶν: left behind by the
sheep; "left behind from the sheep,; pf.
pass. λείπω, genitive of separation
ἔρχεαι: ἔρχε(σ)αι, 2nd sg. pres. ἔρχομαι
449 νέμεαι: νέμε(σ)αι, 2nd sg. mid. νέμω
a matter) of life (and death)
450 μακρὰ: with long strides; adverbial acc.
or internal acc. "making long steps"

βιβάς: nom. sg. pple βιβάω
451 λιλαίεαι: you long; λιλαιε(σ)αι, 2nd sg.
452 ἑσπέριος: in the evening
τὸν: which; i.e. the eye
454 δαμασσάμενος: having tamed; δαμάζω
οἴνῳ: dat. of means
455 ὅν: whom; acc. subject of inf. ἔμμεν
πεφυγμένον ἔμμεν: has escaped; pf. mid.
pple φεύγω + inf. εἰμί forms the perfect
456 εἰ...γένοιο: if only you could agree and
be...; pres., aor. opt. of wish, γίγνομαι
457 εἰπεῖν: (so as) to tell; inf. of result
ἐμὸν μένος: my might; i.e. anger
458 τῷ κέ ῥαίοιτο: then...would be crushed;
potential opt.
οἱ...θεινομένου: his...being wounded;
gen. pple agrees with dat. possession
ἄλλυδις ἄλλη: here and there
459 κε λωφήσειε: would cease from; + gen.

ὣς εἰπὼν τὸν κριὸν ἀπὸ ἕο πέμπε θύραζε.   461

ἐλθόντες δ’ ἠβαιὸν ἀπὸ σπείους τε καὶ αὐλῆς   462

πρῶτος ὑπ’ ἀρνειοῦ λυόμην, ὑπέλυσα δ’ ἑταίρους.   463

καρπαλίμως δὲ τὰ μῆλα ταναύποδα, πίονα δημῷ,   464

πολλὰ περιτροπέοντες ἐλαύνομεν, ὄφρ’ ἐπὶ νῆα   465

ἱκόμεθ’. ἀσπάσιοι δὲ φίλοις ἑτάροισι φάνημεν,   466

οἳ φύγομεν θάνατον, τοὺς δὲ στενάχοντο γοῶντες.   467

ἀλλ’ ἐγὼ οὐκ εἴων, ἀνὰ δ’ ὀφρύσι νεῦον ἑκάστῳ,   468

κλαίειν, ἀλλ’ ἐκέλευσα θοῶς καλλίτριχα μῆλα   469

πόλλ’ ἐν νηῒ βαλόντας ἐπιπλεῖν ἁλμυρὸν ὕδωρ.   470

οἱ δ’ αἶψ’ εἴσβαινον καὶ ἐπὶ κληῖσι καθῖζον,   471

ἑξῆς δ’ ἑζόμενοι πολιὴν ἅλα τύπτον ἐρετμοῖς.   472

ἀλλ’ ὅτε τόσσον ἀπῆν, ὅσσον τε γέγωνε βοήσας,   473

καὶ τότ’ ἐγὼ Κύκλωπα προσηύδων κερτομίοισι·   474

“ Κύκλωψ, οὐκ ἄρ’ ἔμελλες ἀνάλκιδος ἀνδρὸς ἑταίρους   475

ἔδμεναι ἐν σπῆϊ γλαφυρῷ κρατερῆφι βίηφι.   476

καὶ λίην σέ γ’ ἔμελλε κιχήσεσθαι κακὰ ἔργα,   477

σχέτλι’, ἐπεὶ ξείνους οὐχ ἅζεο σῷ ἐνὶ οἴκῳ   478

ἐσθέμεναι· τῷ σε Ζεὺς τίσατο καὶ θεοὶ ἄλλοι.”   479

ὣς ἐφάμην, ὁ δ’ ἔπειτα χολώσατο κηρόθι μᾶλλον·   480

ἐάω: to allow, let be, permit, suffer

ἅζομαι: to revere, stand in awe of, 2
ἁλμυρός, -ά, -όν: salt, briny, 5
ἄν-αλκις, -ιδος: not strong, cowardly, 1
ἄπ-ειμι: to be away, absent, distant, 5
ἀρνειός, -οῦ, ὁ: ram, 8
ἀσπάσιος, -η, -ον: welcome, welcomed, 3
αὐλή, ἡ: pen, enclosure, the court-yard, 9
βοάω: to shout, 3
γέγωνα: to make one's voice heard, shout, 2
γοάω: to wail, groan, weep, 9
δημός, ὁ: fat, 1
εἰσ-βαίνω: to go into, walk to, board, 6
ἐλαύνω: to drive; drive off; set in motion, 19
ἐπι-πλέω: to sail against, 2
ἔσθω: to eat, devour, poetic for ἐσθίω, 5
ἠβαιός, -ή, , -όν: little, slight, 1
θύρα-ζε: through the door, out the door, 4
καλλί-θριξ, -τρικος: fair-haired; fair-wooled 6
καθ-ίζω: to make sit down, station, 6
καρπαλίμως: swiftly, quickly, 5
κερτόμιος, -ιον: cutting, taunting, 2
κηρό-θι: in the heart, with all the heart, 2
κιχάνω: to reach, come upon, find, 4

κλαίω: to weep, lament, wail, 13
κληΐς, -ῖδος, ἡ: bar; rowlocks, thole-pins, 7
κρατερός, -ή, -όν: strong, stout, mighty, 14
κριός, ὁ: ram, 2
λίην: exceedingly, very much, 4
μᾶλλον: more, rather, much, 5
μέλλω: to be about to, to intend to, 8
μῆλον, τό: flock, herd; apple, 7
νεύω: to nod, 1
οἶκος, ὁ: a house, abode, dwelling, 11
ὀφρύς, ἡ: eyebrow, brow, 5
πέμπω: to send, conduct, convey, dispatch, 9
περι-τροπέω: to turn around, revolve, 1
πίων, -ον: rich, fertile, plentiful, 8
στενάχω: to groan, moan, wail, mourn, 6
σχέτλιος, -η, -ον: hard-hearted, cruel, 9
ταναύ-πους, -ποδος: long-legged, 1
τίνω, τίω: value, pay honor; pay a price, 11
τόσος, -η, -ον: so much, so many, so great 12
τύπτω: to beat, strike, smite, 7
ὑπο-λύω: to loose from under, undo, 1
φεύγω: to flee, escape; defend in court, 13
χολόω: become angry; mid. be angry, 6

---

461 Ὣς εἰπών: nom. sg. aor. pple εἶπον
   ἀπὸ ἕο: from him; gen. sg. pronoun ἕ
462 ἐλθόντος: going; aor. pple ἔρχομαι
   nom. pl. but verbs are 3rd sg.
   ἠβαιὸν: a little (distance); acc. of extent
463 ὑπ' ἀρνειοῦ: from under the ram
   λυόμην: I loosened myself; impf. λύω,
   middle voice suggests reflexive action
464 δημῷ: in fat; dative of respect
465 πολλὰ: often; adverbial acc. ; ἔσσυ(σ)ο,
   ὄφρα...ἱκόμεθ᾽: until we arrived
466 φάνημεν: we appeared; aor. pass φαίνω
467 οἳ φύγομεν: (we) who fled; aor. φεύγω
   τοὺς δὲ: but those (who died); i.e. the
   companions killed by the Cyclops
468 εἴων: I did allow (them); impf ἐάω
   ἀνὰ...νεῦον: I nodded in refusal; tmesis,
   nodding upward is the gesture of "no"
469 ὀφρύσι: with my brows; dat. pl.
   ἑκάστῳ: to each (man); dat. compound
470 βαλόντας: putting (on board); acc. pl.
   aor. pple βάλλω
471 ἑξῆς: in order, in sequence
472 πολιὴν: grey; modifies acc. sg. ἅλα
   τύπτον: 3rd pl. impf. τύπτω
   ἐρετμοῖς: with oars; dat. of means
473 τόσσον ἀπῆν ὅσσον: I was so far away

as...; impf. ἀπ-είμι, acc. of extent
   γέγωνε βοήσας: one can be heard when
   shouting; practical unit of measurement
474 κερομίοισι: with cutting (words); dat. of
   means
475 οὐκ...ἀνάλκιδος ἀνδρὸς ἑταίρους: it
   was no feeble man whose companions
   you were going...; lit. "the companions
   of no feeble man were you going to eat;"
   the difficulty in the construction is that
   the emphasis lies on "of no feeble man."
   ἄρα: it turns out; for a truth just realized
476 ἔδμεναι: to eat; fut. dep. inf. ἔδω
   ἐν σπῆι: in the cave, dat. sg. σπέος
   κρατερῆφι βίηφι: by strength and force;
   -φι suffix used with instrumental force
477 ἔμελλε: were going to + fut. inf.; 3rd sg.
   but subject is neuter plural
478 ἅζεο: you did not dread to; ἅζε(σ)ο, 2nd
   sg. impf. mid.
479 ἐσθέμεναι: inf. ἔσθω
   τῷ: because of this; dat. of
   cause, i.e. violating the guest-host
   relationship enforced by Zeus
   τίσατο: exacted; vengeance; aor. mid.
480 χολώσατο: became angry; inceptive aor.

ἧκε δ' ἀπορρήξας κορυφὴν ὄρεος μεγάλοιο, 481

κὰδ δ' ἔβαλε προπάροιθε νεὸς κυανοπρῴροιο 482

τυτθόν, ἐδεύησεν δ' οἰήιον ἄκρον ἱκέσθαι. 483

ἐκλύσθη δὲ θάλασσα κατερχομένης ὑπὸ πέτρης· 484

τὴν δ' αἶψ' ἤπειρόνδε παλιρρόθιον φέρε κῦμα, 485

πλημυρὶς ἐκ πόντοιο, θέμωσε δὲ χέρσον ἱκέσθαι. 486

αὐτὰρ ἐγὼ χείρεσσι λαβὼν περιμήκεα κοντὸν 487

ὦσα παρέξ, ἑτάροισι δ' ἐποτρύνας ἐκέλευσα 488

ἐμβαλέειν κώπῃς, ἵν' ὑπὲκ κακότητα φύγοιμεν, 489

κρατὶ κατανεύων· οἱ δὲ προπεσόντες ἔρεσσον. 490

ἀλλ' ὅτε δὴ δὶς τόσσον ἅλα πρήσσοντες ἀπῆμεν, 491

καὶ τότε δὴ Κύκλωπα προσηύδων· ἀμφὶ δ' ἑταῖροι 492

μειλιχίοις ἐπέεσσιν ἐρήτυον ἄλλοθεν ἄλλος· 493

"Σχέτλιε, τίπτ' ἐθέλεις ἐρεθιζέμεν ἄγριον ἄνδρα; 494

ὃς καὶ νῦν πόντονδε βαλὼν βέλος ἤγαγε νῆα 495

αὖτις ἐς ἤπειρον, καὶ δὴ φάμεν αὐτόθ' ὀλέσθαι. 496

εἰ δὲ φθεγξαμένου τευ ἢ αὐδήσαντος ἄκουσε, 497

σύν κεν ἄραξ' ἡμέων κεφαλὰς καὶ νήια δοῦρα 498

μαρμάρῳ ὀκριόεντι βαλών· τόσσον γὰρ ἵησιν." 499

ὣς φάσαν, ἀλλ' οὐ πεῖθον ἐμὸν μεγαλήτορα θυμόν, 500

ἄγριος, -α, -ον: wild, fierce, 11
ἄλλο-θεν: from another place, elsewhere, 6
ἄπ-ειμι: to be away, absent, distant, 5
ἀπο-ρρήγνυμι: to break away, burst off, 1
ἀράσσω: to break, batter, pound, 3
αὐδάω: to say, speak, utter, 7
αὖτις: back, back again, backwards, 9
αὐτό-θι: on the very spot, here, there, 9
βέλος, -εος, τό: a arrow, missle, dart, 3
δεύομαι: to lack, be without, want (+ gen.), 2
δίς: twice, doubly, 1
δόρυ, δουρός, τό: spear, three, stem, 8
ἐμ-βάλλω: to throw in, put in, 3
ἐπ-οτρύνω: to rouse, stir up, excite, incite, 6
ἐρεθίζω: to provoke, 1
ἐρέσσω: to row, 7
ἐρητύω: keep back, restrain, check, 2
ἤπειρόν-δε: to the mainland, 4
ἤπειρος, ἡ: mainland, 6
θεμόω: to drive, carry in a direction, 2
κακότης, -ητος, ὁ: evil; wickedness 2
κατα-νεύω: to nod down (in approval), 1
κατ-έρχομαι: to go down, come down, 9
κεφαλή, ἡ: the head, 12
κλύζω: to wash up, dash, break, 2
κοντός, ὁ: pole, boat-hook, 1
κορέννυμι: to sate, satisfy; have one's fill of 2
κορυφή, ἡ: summit, crest, 7

κράς, κρατός, ἡ: the head, 8
κυανό-πρῳρος, -η, -ον: dark-blue prowed, 7
κώπη, ἡ: handle (of a oar or sword), 4
λαμβάνω: to take, receive, catch, grasp, 13
μάρμαρος, ὁ: marble, quartz, 1
μεγαλ-ήτωρ, -ορος: great-hearted, 6
μειλίχιος, -η, -ον: winning, soothing, mild, 7
νήιος, -η, -ον: for a ship, 2
οἰήιον, τό: tiller, rudder (of a ship) 3
ὀκριόεις, -εσσα, -εν: jagged, protruding, 1
παλιρρόθιος, -η, -ον: back-surging, refluent 1
παρ-έκ: out along side, out beside, outside, 6
περι-μήκης, -ες: very tall, very long, 5
πλημμυρίς, ἡ: swell of the sea, rise, 2
πόντονδε: to the sea, 2
πόντος, ὁ: sea, 20
πρήσσω: to do, accomplish, make, act, 1
προ-πάροιθε: before, in front, of, 4
προ-πίπτω: to fall forward, 2
σχέτλιος, -η, -ον: hard-hearted, cruel, 9
τίπτε: why in the world? What? (τί ποτε), 5
τόσος, -η, -ον: so much, so many, so great 12
τυτθός, -όν: little, small, 5
ὑπ-έκ: out from under, 4
φεύγω: to flee, escape; defend in court, 13
φθέγγομαι: to utter a sound, 5
χέρσος, ἡ: dry land, land, 6
ὠθέω: to push, thrust, 3

481 ἧκε: *he launched*; aor. ἵημι
ἀπορρήξας: aor. pple ἀπο-ρρήγνυμι
ὄρεος: gen. sg. ὄρος
κὰδ ἔβαλε: *and threw it down*; tmesis,
τ in κάτα assimilates to δ before δέ
483 τυτθόν, ἐδεύησεν...ἄκρον ἱκέσθαι: this
line does not belong here, perhaps l. 540
ἀνά...νεῦον: *I nodded in refusal*; tmesis,
nodding upward is the gesture of "no"
484 ἐκλύσθη: *was dashed up*; aor. pass.
485 τὴν δ᾽: *it*; i.e the ship, acc. direct object
παλιρρόθιον κῦμα: *back-surging wave*
θέμωσε: *(and it) drove (the ship) to...*
486 χείρεσσι; *with my hands*; dat. pl. means
λαβών: nom. sg. aor. pple. λαμβάνω
488 ὦσα: 1st sg. aor. ὠθέω
ἐποτρύνας: *rousing*; nom. sg. aor. pple.
489 ἐμβαλέειν κώπης: *to fall upon their
oars*; "throw (themselves) onto oars,"
i.e. start rowing, dat. of compound verbs
or "strike (the sea) with oars"

φύγοιμεν: *so that we might escape*; aor.
subj., purpose clause, secondary seq.
490 κρατὶ κατανεύων: *by nodding with my
head*; causal use of the pple, dat. means;
Odysseus gestures but does not speak
προπεσόντες: aor. pple προ-πίπτω
ἔρεσσον: *began rowing*; inceptive impf.
491 δὶς τόσσον: *twice as far*; i.e. twice as far
as we travelled the first time
ἅλα πρήσσοντες: *faring over the sea*
ἀπῆμεν: 1st pl. impf. ἀπ-ειμί
493 ἐρήτυον: *tried to restrain*; conative impf.
ἄλλοθεν ἄλλος: *one from one direction,
another from another direction*
494 ἐρεθιζέμεν: *to provoke*; inf.
495 ἤγαγε: 3rd sg. aor. ἄγω
496 φάμεν...ὀλέσθαι: *we thought that we had
perished*; impf. φημί, aor. inf. ὄλλυμι
498 κεν ἄραξ: *he would have crushed*; κεν +
aor. ἀράσσω for past potential
499 τόσσον ἵησιν: *so far he throws*; pres. ἵημι

ἀλλά μιν ἄψορρον προσέφην κεκοτηότι θυμῷ·   501

" Κύκλωψ, αἴ κέν τίς σε καταθνητῶν ἀνθρώπων   502

ὀφθαλμοῦ εἴρηται ἀεικελίην ἀλαωτύν,   503

φάσθαι Ὀδυσσῆα πτολιπόρθιον ἐξαλαῶσαι,   504

υἱὸν Λαέρτεω, Ἰθάκῃ ἔνι οἰκί᾽ ἔχοντα."   505

   ὣς ἐφάμην, ὁ δέ μ᾽ οἰμώξας ἠμείβετο μύθῳ·   506

"ὦ πόποι, ἦ μάλα δή με παλαίφατα θέσφαθ᾽ ἱκάνει.   507

ἔσκε τις ἐνθάδε μάντις ἀνὴρ ἠΰς τε μέγας τε,   508

Τήλεμος Εὐρυμίδης, ὃς μαντοσύνῃ ἐκέκαστο   509

καὶ μαντευόμενος κατεγήρα Κυκλώπεσσιν·   510

ὅς μοι ἔφη τάδε πάντα τελευτήσεσθαι ὀπίσσω,   511

χειρῶν ἐξ Ὀδυσῆος ἁμαρτήσεσθαι ὀπωπῆς.   512

ἀλλ᾽ αἰεί τινα φῶτα μέγαν καὶ καλὸν ἐδέγμην   513

ἐνθάδ᾽ ἐλεύσεσθαι, μεγάλην ἐπιειμένον ἀλκήν·   514

νῦν δέ μ᾽ ἐὼν ὀλίγος τε καὶ οὐτιδανὸς καὶ ἄκικυς   515

ὀφθαλμοῦ ἀλάωσεν, ἐπεί μ᾽ ἐδαμάσσατο οἴνῳ.   516

ἀλλ᾽ ἄγε δεῦρ᾽, Ὀδυσεῦ, ἵνα τοι πὰρ ξείνια θείω,   517

πομπήν τ᾽ ὀτρύνω δόμεναι κλυτὸν ἐννοσίγαιον·   518

τοῦ γὰρ ἐγὼ πάϊς εἰμί, πατὴρ δ᾽ ἐμὸς εὔχεται εἶναι.   519

αὐτὸς δ᾽, αἴ κ᾽ ἐθέλῃσ᾽, ἰήσεται, οὐδέ τις ἄλλος   520

μῦθος, ὁ: story, word, speech

ἀ-εικέλιος, -η, -ον: unseemly, shabby, 2
ἄκικυς, -υος, ὁ: powerless, feeble, 1
ἀλαόω: to make blind, 5
ἀλαωτύς, ἡ: blinding, 1
ἀλκή, ἡ: might, strength (ἀλκί – dat.), 3
ἁμαρτάνω: to miss, fail to hit, lose (gen.) 4
ἄνθρωπος, ὁ: human being, 11
ἄψορρον: backwards, back again, 4
δαμάζω: to subdue, tame, overpower, 12
δέχομαι: to accept, receive; wait for, expect 5
δεῦρο: hither, here, 4
ἐνθάδε: here, hither, there, thither, 6
Ἐννοσί-γαιος: the Earth-shaker, 3
ἐξ-αλαόω: to blind completely, 3
ἐπ-έννυμι, -η, -ον: to put on over, cloth, 3
Εὐρυμίδης, ὁ: Eurymides, son of Eurymus, 1
εὔχομαι: boast, vaunt, exult; pray, 9
ἠΰς, ὁ: good thing, noble thing, 1
θέσ-φατος, -ον: god-decreed, god-ordained, 5
ἰάομαι: to heal, cure, 2
Ἰθάκη, ἡ: Ithaka, 13
ἱκάνω: to approach, come, arrive, reach, 7
καίνυμαι: to excel, 1
κατα-γηράσκω: to grow old, 1

κατα-θνητός, -ή, -όν: mortal, 1
κλυτός, -ή, -όν: famous, renowned, 12
κοτέω: to be angry, 1
Λαέρτης, ὁ: Laertes, father of Odysseus, 4
μάντις, ἡ: seer, prophet, 6
μαντεύομαι: to divine, prophesy, 1
μαντοσύνη, ἡ: divination, prophecy, 2
ξείνιος, -η, -ον: of a guest; gift for a guest, 5
οἰκία, ἡ: a house, home, dwelling, 6
οἰμώζω: to cry out in grief, 4
ὀλίγος, -η, -ον: few, little, small, 4
ὀπίσω: backwards; in the future, later, 13
ὀπωπή, ἡ: sight, 1
ὀτρύνω: to stir up, rouse, encourage, 8
οὐτιδανός: of no account, worthless, 2
παλαί-φατος, ον: spoken long ago, 1
πομπή, ἡ: conduct, escort, departure, 6
πόποι: alas! Alack!, 3
πρόσ-φημι: to speak to, address, 10
πτολι-πόρθιος, -ον: sacker of cities, 2
τελευτάω: to finish, accomplish, perform, 4
Τήλεμος, ὁ: Telemus, 1
φώς, φωτός, ὁ: man, 10

501 κεκοτηότι θυμῷ: with an angry heart;
  "being angry," κοτέω, dat. of manner
502 αἴ κέν...εἴρηται: if ever someone...asks;
  κέ + pres. subj. ἔρομαι in a present
  general condition, τις is enclitic
504 φάσθαι: tell him; infinitive as imperative
  governing an acc. subject + infinitive
  ἐξαλαῶσαι: aor. inf. with an acc. subject
505 Λαέρτεω; genitive sg.
  Ἰθάκῃ ἔνι: on Ithaca; anastrophe
  οἰκί: home; can be neut. pl. acc. object
  from οἴκιον or dat. sg. from οἰκία
506 οἰμώξας: nom. sg. aor. pple. οἰμώζω
  μύθῳ: with a speech; pleonasm
506 θέσφατα: prophecies; subj. of sg. verb
508 ἔσκε: there used to be; iterative impf. εἰμί
509 μαντοσύνῃ: dat. of respect
  ἐκέκαστο: had excelled; plpf. καίνυμι
510 κατεγήρα: grew old; impf. α-contract
511 ἔφη: 3rd sg, impf. φημί
  τάδε πάντα: all these things; acc. subject
  τελευτήσεσθαι: future inf.
512 χειρῶν...ἁμαρτήσεσθαι: namely that (I)
513 ἐδέγμην: I expected; 3rd sg, aor. δέχομαι
514 ἐλεύσεσθαι: fut. inf. ἔρχομαι

514 ἐπειμένον: clothed, begin clothed; pf.
  pass. pple. ἐπέννυμι
  ἀλκήν: in....; acc. of respect
515 ἐὼν (someone) being; nom. sg. pple. εἰμί
  the following are predicate nominatives
516 ἐπεί ἐδαμάσσατο: since he subdued;
  causal force, Odysseus did not
  οἴνῳ: dat. of means
517 ἄγε: sg. imperative, ἄγω
  Ὀδυσεῦ: vocative direct address, the
  Cyclops now knows his name
  ἵνα πάρ...θείω: so that I may provide;
  tmesis, 1st sg. pres. subj. παρατίθημι in a
  purpose clause with acc. and dat. ind. obj.
518 ὀτρύνω: and that I may arrange; 1st sg.
  pres. subj. in same purpose clause
  δόμεναι: to give; aor. inf. δίδωμι; the
  acc. subject is Poseidon, ἐννοσίγαιον
519 τοῦ...παῖς: his son; nom. predicate
  εὔχεται εἶναι: he declares (himself) to be;
  the subject is Poseidon, inf. εἰμί
520 αἴ κ᾽ ἐθέλῃσι: if he wishes; κε + pres.
  . in a future-more-vivid condition
  ἰήσεται: he himself will heal (me); 3rd sg,
  fut. dep. ἰάομαι

οὔτε θεῶν μακάρων οὔτε θνητῶν ἀνθρώπων.' 521

ὣς ἔφατ', αὐτὰρ ἐγώ μιν ἀμειβόμενος προσέειπον· 522

"αἲ γὰρ δὴ ψυχῆς τε καὶ αἰῶνός σε δυναίμην 523

εὖνιν ποιήσας πέμψαι δόμον Ἄιδος εἴσω, 524

ὡς οὐκ ὀφθαλμόν γ' ἰήσεται οὐδ' ἐνοσίχθων." 525

ὣς ἐφάμην, ὁ δ' ἔπειτα Ποσειδάωνι ἄνακτι 526

εὔχετο χεῖρ' ὀρέγων εἰς οὐρανὸν ἀστερόεντα· 527

" Κλῦθι, Ποσείδαον γαιήοχε, κυανοχαῖτα, 528

εἰ ἐτεόν γε σός εἰμι, πατὴρ δ' ἐμὸς εὔχεαι εἶναι, 529

δὸς μὴ Ὀδυσσῆα πτολιπόρθιον οἴκαδ' ἱκέσθαι 530

υἱὸν Λαέρτεω, Ἰθάκῃ ἔνι οἰκί' ἔχοντα. 531

ἀλλ' εἴ οἱ μοῖρ' ἐστὶ φίλους τ' ἰδέειν καὶ ἱκέσθαι 532

οἶκον ἐϋκτίμενον καὶ ἑὴν ἐς πατρίδα γαῖαν, 533

ὀψὲ κακῶς ἔλθοι, ὀλέσας ἄπο πάντας ἑταίρους, 534

νηὸς ἐπ' ἀλλοτρίης, εὕροι δ' ἐν πήματα οἴκῳ." 535

ὣς ἔφατ' εὐχόμενος, τοῦ δ' ἔκλυε κυανοχαίτης. 536

αὐτὰρ ὅ γ' ἐξαῦτις πολὺ μείζονα λᾶαν ἀείρας 537

ἧκ' ἐπιδινήσας, ἐπέρεισε δὲ ἶν' ἀπέλεθρον, 538

κὰδ' δ' ἔβαλεν μετόπισθε νεὸς κυανοπρῴροιο 539

τυτθόν, ἐδεύησεν δ' οἰήιον ἄκρον ἱκέσθαι. 540

Ἄϊδης, -ος, ὁ: Hades

ἀείρω: to lift, raise up, 8
αἰών, -ῶνος, ὁ: one's lifetime, life; soul, 1
ἀλλότριος, -α, -ον: of another, 2
ἄναξ, -ακτος, ὁ: a lord, master, 14
ἄνθρωπος, ὁ: human being, 11
ἀ-πέλεθρος, -ον: immeasureable, boundless 1
ἀστερόεις, -εσσα, -εν: starry, 3
γαιή-οχος, -ον: earth-embracing, 2
δόμος, ὁ: house, abode, 9
δύναμαι: to be able, can, be capable, 10
δεύομαι: to lack, be without, fall short (gen), 2
Ἐννοσί-γαιος: the Earth-shaker, 3
εἴσω: into, inwards, to within, into, in , 8
ἐξ-αῦτις: over again, once more, 2
ἑός, -ή, -όν: his own, her own, its own, 5
ἐπ-ερείδω:, lean on or upon, 1
ἐπι-δινέω: to set whirling, whirl, 1
ἐτεός, -ή, -όν: true, real, 1
ἐυ-κτίμενος, -η, -ον: well-built,-constructed 2
εὖνις: bereft of (+ gen.), 2
εὑρίσκω: to find, discover, devise, invent, 10
εὔχομαι: boast, vaunt, exult; pray, 9
θνητός, -ή: mortal, liable to die, 5
ἰάομαι: to heal, cure, 2

Ἰθάκη, ἡ: Ithaka, 13
ἴς, ἰνος, ἡ: force, strength; tendon, 5
κλύω: to hear, 10
κυανό-πρῳρος, -η, -ον: dark-blue prowed, 7
κυανό-χαίτης, -ες: dark-haired, 2
λᾶας, -ος, ὁ: stone, 6
Λαέρτης, ὁ: Laertes, father of Odysseus, 4
μάκαρ, -αρος: blessed, happy, 11
μείζων, -ονος: better, stronger, 1
μετ-όπισθε : from behind, backwards, back, 3
μοῖρα, ἡ: due measure, portion, lot, fate, 10
οἰήιον, τό: tiller, steering-oar, 3
οἴκα-δε: to home, homeward, 2
οἰκία, ἡ: a house, home, dwelling, 6
οἶκος, ὁ: a house, abode, dwelling, 11
ὀρέγω: to stretch out, reach, 3
οὐρανός, ὁ: sky, heavens, 9
ὀψέ: late, after a long time, 3
πέμπω: to send, conduct, convey, dispatch, 9
πῆμα, -ατος, τό: suffering, misery, woe, 8
ποιέω: to do, make, create, compose, 8
Ποσειδεών, -εῶνος, ὁ: Poseidon, 9
πτολι-πόρθιος, -ον: sacker of cities, 2
τυτθός, -όν: little, small, 5

---

523 αἲ γὰρ δυναίμην: would that I were able;
αἲ γὰρ introduces an optative of wish.
ψυχῆς τε καὶ αἰῶνος: obj. of εὖνιν
524 ποιήσας: making (acc) (acc); aor. pple
with double accusative
πέμψαι; aor. inf. πέμπω
525 ὡς...ἰήσεται: so that...will heal; result
clause with fut. ἰάομαι
οὐκ...οὐδέ: not even; disregard a negative
526 ὁ δ᾽...εὔχετο: and he prayed; i.e. Cyclops
527 χεῖρε: his two hand; dual acc.
528 κλῦθι: hear; aor. mid. imperative κλύω
Ποσείδαον γαιήοχε; voc. direct address
529 ἐτεόν: truly; adverbial acc.
σός: yours; predicate nominative
εὔχεαι: declare; εὔχε(σ)αι, 2ⁿᵈ sg. mid.
530 δός: grant that; + inf., aor
μή...ἰκέσθαι: that...not arrive; Ὀδυσσῆα
is accusative subject
531 Λαέρτεω; genitive sg.
Ἰθάκη ἔνι: on Ithaca; anastrophe
οἰκί᾽: home; can be neut. pl. acc. object
from οἴκιον or dat. sg. from οἰκία
532 οἱ...ἐστὶ: his fate is; "there is to him"

dat. of possession
ἰδέειν: to see; aor. inf. ὁράω
ἰκέσθαι: to reach; aor. inf. ἰκνέομαι
533 ἐὴν: his; possessive pronoun ἑός
534 ἔλθοι: may he come; aor. opt. of wish
ἔρχομαι
ὀλέσας ἄπο: losing (away); tmesis, nom.
aor. pple ἀπ-όλλυμι
535 εὕροι: and may he find; aor. opt. of wish
εὑρίσκω
536 ἔκλυε: 3ʳᵈ sg. impf. κλύω + gen. of source
537 ὅ γ᾽: he; i.e. Polyphemus, the Cyclops
ἀείρας: lifting; aor. pple. ἀείρω
536 ἧκε: launched, threw; aor. ἵημι
ἐπιδινήσας: whirling (the rock); aor. pple
538 ἐπέρεισε ἶνα ἀπέλεθρον: he leaned
measureless strength into it; i.e. he
pushed forward with his throw; aor.
ἐπερείδω , and acc. sg. ἶς
539 ἔβαλεν: he hit; aor. βάλλω
540 τυτθόν: a little; adv. accusative or acc. of
extent qualifying μετόπισθε
ἐδεύησεν...ἰκέσθαι: fell short to reach;
aor. mid. imperative κλύω

ἐκλύσθη δὲ θάλασσα κατερχομένης ὑπὸ πέτρης·   541

τὴν δὲ πρόσω φέρε κῦμα, θέμωσε δὲ χέρσον ἱκέσθαι.   542

ἀλλ᾽ ὅτε δὴ τὴν νῆσον ἀφικόμεθ᾽, ἔνθα περ ἄλλαι   543

νῆες ἐΰσσελμοι μένον ἁθρόαι, ἀμφὶ δ᾽ ἑταῖροι   544

ἥατ᾽ ὀδυρόμενοι, ἡμέας ποτιδέγμενοι αἰεί,   545

νῆα μὲν ἔνθ᾽ ἐλθόντες ἐκέλσαμεν ἐν ψαμάθοισιν,   546

ἐκ δὲ καὶ αὐτοὶ βῆμεν ἐπὶ ῥηγμῖνι θαλάσσης.   547

μῆλα δὲ Κύκλωπος γλαφυρῆς ἐκ νηὸς ἑλόντες   548

δασσάμεθ᾽, ὡς μή τίς μοι ἀτεμβόμενος κίοι ἴσης.   549

ἀρνειὸν δ᾽ ἐμοὶ οἴῳ ἐϋκνήμιδες ἑταῖροι   550

μήλων δαιομένων δόσαν ἔξοχα· τὸν δ᾽ ἐπὶ θινὶ   551

Ζηνὶ κελαινεφέι Κρονίδῃ, ὃς πᾶσιν ἀνάσσει,   552

ῥέξας μηρί᾽ ἔκαιον· ὁ δ᾽ οὐκ ἐμπάζετο ἱρῶν,   553

ἀλλ᾽ ἄρα μερμήριξεν ὅπως ἀπολοίατο πᾶσαι   554

νῆες ἐΰσσελμοι καὶ ἐμοὶ ἐρίηρες ἑταῖροι.   555

ὣς τότε μὲν πρόπαν ἦμαρ ἐς ἠέλιον καταδύντα   556

ἥμεθα δαινύμενοι κρέα τ᾽ ἄσπετα καὶ μέθυ ἡδύ·   557

ἦμος δ᾽ ἠέλιος κατέδυ καὶ ἐπὶ κνέφας ἦλθε,   558

δὴ τότε κοιμήθημεν ἐπὶ ῥηγμῖνι θαλάσσης.   559

ἦμος δ᾽ ἠριγένεια φάνη ῥοδοδάκτυλος Ἠώς,   560

ἀθρόοι, -αι, -α: in a mass, all together, 1
ἀνάσσω: to be lord, master; to rule, 6
ἀπ-όλλυμι: to destroy, kill, slay, 8
ἀρνειός, -οῦ, ὁ: ram, 8
ἄ-σπετος, -ον: unspeakable, boundless, 6
ἀ-τέμβω: to deprive of, rob of (+ gen.), 2
ἀφ-ικνέομαι: to come, arrive, 13
δαίνυμι: to distribute; partake in a meal, 11
δατέομαι: to divide, distribute, 2
ἐμπάζομαι: to care for, busy about (gen.), 1
ἔξ-οχος, -ον: outstanding; adv. especially, 2
ἐρίηρος, -όν: faithful, trusty, 10
ἐυ-κνήμις, -ῖδος: well-greaved, 4
ἐύ-σσελμος, -ον: with good rowing benches 5
θεμόω: to drive, carry in a direction, 2
θίς, θινός, ὁ: shore, beach, 10
καίω: to burn, kindle, 5
κατα-δύω: to go down, set, enter, 12
κατ-έρχομαι: to go down, come down, 9
κέλλω: to put to shore, come to shore, 9
κελαι-νεφής, -ές: of dark clouds, 3

κίω: to go, 10
κλύω: to hear, 10
κνέφας, -αος, τό: dusk, darkness, 5
κοιμάω: to put to sleep; mid. to fall asleep, 7
κρέας, τό: flesh, meat, piece of meat, 11
Κρονίδης, ὁ: son of Cronus, 1
μέθυ, τό: wine, 9
μερμηρίζω: to ponder, wonder, reflect, 5
μῆλον, τό: flock, herd; apple, 7
μηρία, τά: thigh bones for sacrifice, 1
ὀδύρομαι: to grieve, lament, 5
ὅπως: as, in such a manner as, 4
πρόπας, -πασα, -παν: all the, whole, entire, 5
προσ-δέχομαι: to receive favorably, accept, 1
πρόσω: forwards, further, far, 1
ῥηγμίς, -ῖνος, ἡ: surf, breakers, 7
ῥέζω: to do accomplish, make, perform, 10
ῥοδο-δάκτυλος, -ον: rosy-fingered, 8
χέρσος, ἡ: dry land, land, 6
ψάμαθος, ὁ: sand, 2

---

541 ἐκλύσθη: was dashed up; aor. pass.
542 τὴν δ: it; i.e the ship, acc. direct object
    θέμωσε: and drove (the ship) to...
543 ἀφικόμεθα: 1ˢᵗ pl. aor. ἀφικνέομαι
    ἔνθα περ: the very place where; περ acts
    as an intensifier
544 μένον: 3ʳᵈ pl. impf. μένω
    ἀμφὶ δ: and about (them); i.e. the ships
545 ἑταῖροι: i.e. the companions waiting on
    the island for Odysseus' return
545 ἥατο: sat; pf. ἧμαι
    ἡμέας: us; acc. pl
    ποτιδέγμενοι: expecting; aor. pple
546 ἐλθόντες: aor. pple ἔρχομαι
    κέλσαμεν: we beached; 1ˢᵗ pl. aor.
    κέλλω; acc. object is νῆα
547 ἐκ..βῆμεν: disembarked; tmesis, 1ˢᵗ pl.
    aor. ἐκβαίνω
    αὐτοὶ: we ourselves; intensive pronoun
548 ἑλόντες: aor. pple αἱρέω
549 δασσάμεθα: distributed; aor. δατέομαι
    ὡς μή..κίοι: so that..might go; negative
    purpose clause governs optative when
    main verb is in secondary sequence (past)
    τίς: someone; enclitic, accent from μοι
    μοι: for my part; ethical dative
    ἴσης: from a fair (share); gen. separation

with passive pple ἀτεμβόμενος
550 ἐμοὶ οἴῳ: to me alone; dat. indirect obj.
551 μήλων δαιομένων: (when) the flocks
    (were) being divided; gen. abs.
    δόσαν: 3ʳᵈ pl. aor. δίδωμι
    τὸν δ: this one; i.e. ram, with ῥέξας
552 Ζηνὶ: to Zeus; dat. ind. obj. with ῥέξας
553 ῥέξας: sacrificing; nom. aor. pple ῥέζω
    ἔκαιον: 1ˢᵗ sg. impf. καίω
    ὁ δ: but he; i.e. Zeus
    ἱρῶν: the sacrifices; "holy (things)" neut.
    pl. of adj. ἱερός (Epic and Ionic ἱρός)
554 ὅπως...ἀπολοίατο: how the ships and
    my companions could be destroyed...;
    deliberative, 3ʳᵈ pl. aor. opt. (ντο → ατο)
    ἀπ-όλλυμι in secondary sequence
556 ὣς τότε: when at that time
    πρόπαν ἦμαρ: for the whole day; acc. of
    duration of time
    ἐς: until; "up to"
557 ἥμεθα: 1ˢᵗ pl. pres. ἧμαι
    δαινύμενοι: distributing; pres. pple
558 ἦμος: when
    κατέδυ: aor. καταδύω
    ἦλθε: 3ʳᵈ sg. aor. ἔρχομαι
559 κοιμήθημεν: we fell to sleep aor. pass. dep
560 φάνη: appeared; 3ʳᵈ sg. aor. pass. φαίνω

δὴ τότ᾽ ἐγὼν ἑτάροισιν ἐποτρύνας ἐκέλευσα   561

αὐτούς τ᾽ ἀμβαίνειν ἀνά τε πρυμνήσια λῦσαι·   562

οἱ δ᾽ αἶψ᾽ εἴσβαινον καὶ ἐπὶ κληῖσι καθῖζον,   563

ἑξῆς δ᾽ ἑζόμενοι πολιὴν ἅλα τύπτον ἐρετμοῖς.   564

     ἔνθεν δὲ προτέρω πλέομεν ἀκαχήμενοι ἦτορ,   565

ἄσμενοι ἐκ θανάτοιο, φίλους ὀλέσαντες ἑταίρους.   566

ἄσμενος, -η, -ον: well-pleased, glad, 3
ἀνα-βαίνω: to go up, climb, mount, spread, 7
εἰσ-βαίνω: to board, go into, walk to, enter, 6
ἐπ-οτρύνω: to rouse, stir up, excite, incite, 6
ἦτορ, τό: heart, soul, mind, spirit, 11
καθ-ίζω: to make sit down, station, 6

κληΐς, -ῖδος, ἡ: bar; rowlocks, thole-pins, 7
πλέω: to sail, go by sea, 8
προ-τέρω: forward, further, farther, 12
πρυμνήσια, τά: cables for mooring a ship, 6
τύπτω: to beat, strike, smite, 7

---

561 ἀποτρύνας: *rousing up*; aor. pple
562 ἀμβαίνειν: ἀναβαίνειν i.e. the ship
   ἀνά...λῦσαι: *loosened up*; aor. inf. λύω
   likely formulaic: the boat was beached so
   loosening cables would not help set sail
563 εἴσβαινον: *boarded (the ship)*; impf.
564 πολιὴν: grey; modifies acc. sg. ἅλα
   τύπτον: 3rd pl. impf. τύπτω

ἐρετμοῖς: *with oars*; dat. of means
565 ἀκαχήμενοι: *being grieved*; pf. pass. pple
   ἀχεύω
564 ἦτορ: acc. of respect
566 ἐκ θανάτοιο: *(to be) out of death*; i.e.
   to have escaped death
   ὀλέσαντες: *losing*; aor. pple. ὄλλυμι

Αἰολίην δ' ἐς νῆσον ἀφικόμεθ'· ἔνθα δ' ἔναιεν   1

Αἴολος Ἱπποτάδης, φίλος ἀθανάτοισι θεοῖσιν,   2

πλωτῇ ἐνὶ νήσῳ· πᾶσαν δέ τέ μιν πέρι τεῖχος   3

χάλκεον ἄρρηκτον, λισσὴ δ' ἀναδέδρομε πέτρη.   4

τοῦ καὶ δώδεκα παῖδες ἐνὶ μεγάροις γεγάασιν,   5

ἓξ μὲν θυγατέρες, ἓξ δ' υἱέες ἡβώοντες.   6

ἔνθ' ὅ γε θυγατέρας πόρεν υἱάσιν εἶναι ἀκοίτις.   7

οἱ δ' αἰεὶ παρὰ πατρὶ φίλῳ καὶ μητέρι κεδνῇ   8

δαίνυνται, παρὰ δέ σφιν ὀνείατα μυρία κεῖται,   9

κνισῆεν δέ τε δῶμα περιστεναχίζεται αὐλῇ   10

ἤματα· νύκτας δ' αὖτε παρ' αἰδοίης ἀλόχοισιν   11

εὕδουσ' ἔν τε τάπησι καὶ ἐν τρητοῖσι λέχεσσι.   12

καὶ μὲν τῶν ἱκόμεσθα πόλιν καὶ δώματα καλά.   13

μῆνα δὲ πάντα φίλει με καὶ ἐξερέεινεν ἕκαστα,   14

Ἴλιον Ἀργείων τε νέας καὶ νόστον Ἀχαιῶν·   15

καὶ μὲν ἐγὼ τῷ πάντα κατὰ μοῖραν κατέλεξα.   16

ἀλλ' ὅτε δὴ καὶ ἐγὼν ὁδὸν ᾔτεον ἠδ' ἐκέλευον   17

πεμπέμεν, οὐδέ τι κεῖνος ἀνήνατο, τεῦχε δὲ πομπήν.   18

δῶκε δέ μ' ἐκδείρας ἀσκὸν βοὸς ἐννεώροιο,   19

ἔνθα δὲ βυκτάων ἀνέμων κατέδησε κέλευθα·   20

χάλκεος, -ον: of copper or bronze, brazen

ἀ-θάνατος, -ον: undying, immortal, 13
αἰδοῖος, -α, -ον: revered, august, venerable, 5
Αἰολίη, ἡ: Aeolia, 4
Αἴολος, ὁ: Aeolus, king of winds, 6
αἰτέω: to ask, ask for, beg, 2
ἄκοιτις, ἡ: wife, spouse, 3
ἄλοχος, ἡ: wife, spouse, 12
ἀν-αίνομαι: to reject, reject, spurn, 1
ἀνα-τρέχω: to run up, run back, 1
ἀ-ρρηκτος, -ον: unbreakable, 1
ἀσκός, ὁ: a leathern-bag, a wine-skin, 5
αὐλή, ἡ: pen, enclosure, the court-yard, 9
Ἀργεῖος, -α, -ον: Argive, (Greek), 8
ἀφ-ικνέομαι: to come, arrive, 13
Ἀχαιός, -α, -ον: Achaian, (Greek), 12
βύκτης, ὁ; whistling, howling, 1
δαίνυμι: to divide; partake in a meal, 11
δυοκαίδεκα: twelve, 1
ἐκ-δέρω: to flay, 1
ἐννέωρος, -ον: nine years old, 3
ἕξ: six, 6
ἐξ-ερεείνω: to make inquiry, 3
εὕδω: to sleep, lie down to sleep, 6
ἡβάω: to be young, be in their prime, 1

θυγάτηρ, ἡ: a daughter, 10
Ἴλιον, τό: Ilium, Troy, 4
Ἱπποτάδης, ὁ: Hippotades, 2
κατα-δέω: to tie up, secure, bind, 8
κατα-λέγω: to tell in order, recount, relate, 12
κεδνός, -ή, -όν: careful, true, excellent, 2
κέλευθος, ἡ: road, way, path; voyage, course, 5
κνισήεις, -εσσα, -εν: full of the scent of meat 1
λέχος, τό: bed, couch, 2
λισσός, -ή, -όν: smooth, sheer, 1
μείς, μηνός, ὁ: a month, 13
μοῖρα, ἡ: due measure, portion, one's lot, 10
μυρίος, -η, -ον: countless, endless, infinite, 6
νόστος, ὁ: return home, return homeward, 12
ὄνειαρ, -ατος, τό: good thing; benefit, help, 1
πέμπω: to send, conduct, convey, dispatch, 9
περι-στεναχίζω: to resound, echo around, 1
πλωτός, -ή, -όν: floating, 2
πόλις, ἡ: a city, 11
πομπή, ἡ: conduct, escort, departure, 6
τάπης, -ητος, ὁ: rug, coverlet, blanket, 1
τεῖχος, -εος, τό: a wall, 1
τρητός, -ή, -όν: perforated, bored, pierced, 1
φιλέω: to love, befriend, 10

3　πλωτῇ ἐνὶ νήσῳ: on a floating island
　πᾶσαν...μιν πέρι: around the entire thing (was); "around it entire," anastrophe
　τεῖχος: neuter sg. subject; supply εἰμί
4　ἀναδέδρομε: ran up; pf. ἀνατρέχω, i.e. around the island was a sheer face of rock and bronze wall
5　τοῦ...ἐνὶ μεγάροις: in his halls; γεγάασιν: had been born; pf.
6　υἱέες: sons;
7　ἔνθα: when; temporal
　πόρεν: he offered; impf. πόρω
　υἱάσιν...ἄκοιτις: wives for the sons; ἄκοιτις is contracted acc. pl. predicate (ἄκοιτεις) to εἶναι, υἱάσιν is dat. pl. of interest, Aeolus married his daughters off to his sons
　εἶναι: pres. inf. εἰμί
8　οἱ δ᾽: and they; both daughters and sons
9　παρὰ δέ σφιν: beside them; 3rd pers. dat. pronoun σφεῖς
　ὀνείατα: countless good things; i.e. food, neuter pl. subject of singular verb
10　κνισῆεν...δῶμα: the house, fragrant with the smoke of meat, both nom. neuter sg.

　αὐλῇ: hall; dat. obj. of compound verb
11　ἤματα: everyday; "all days," acc. duration
　νύκτας: during the nights; acc. duration
12　εὕδουσι: they sleep; i.e. the sons
13　τῶν: their; i.e. all the family's
　ἱκόμεσθα: 1st pl. aor. ἱκνέομαι
14　μῆνα πάντα: for...; acc. duration
　φίλει με: he entertained me; ἐφίλεε, impf "befriended me"
　ἕκαστα: the details; "each things," neut. pl
15　Ἴλιον...νόστον: appositive after ἕκαστα
16　τῷ: to him; dat. indirect object
　κατὰ μοῖραν: in due measure
17　ὁδόν: permission to leave; "a journey"
　ᾔτεον: I asked; 1st sg. impf. αἰτέω
18　πεμπέμεν: inf. πέμπω
　οὐδέ τι: not at all; acc. of respect
　ἀνήνατο: aor. ἀναίνομαι
　τεῦχε: prepared; elsewhere "built," τεύχω
19　δῶκε: 3rd sg. aor. δίδωμι
　ἐκδείρας: having skinned (an ox); aor. pple
　βοός: of an ox; gen. sg.
20　ἔνθα δέ: and there; i.e. in the bag
　κέλευθα: paths; acc. obj., neuter in plural

κεῖνον γὰρ ταμίην ἀνέμων ποίησε Κρονίων, 21

ἠμὲν παυέμεναι ἠδ᾽ ὀρνύμεν, ὅν κ᾽ ἐθέλῃσι. 22

νηῒ δ᾽ ἐνὶ γλαφυρῇ κατέδει μέρμιθι φαεινῇ 23

ἀργυρέῃ, ἵνα μή τι παραπνεύσῃ ὀλίγον περ· 24

αὐτὰρ ἐμοὶ πνοιὴν Ζεφύρου προέηκεν ἀῆναι, 25

ὄφρα φέροι νῆάς τε καὶ αὐτούς· οὐδ᾽ ἄρ᾽ ἔμελλεν 26

ἐκτελέειν· αὐτῶν γὰρ ἀπωλόμεθ᾽ ἀφραδίῃσιν. 27

  ἐννῆμαρ μὲν ὁμῶς πλέομεν νύκτας τε καὶ ἦμαρ, 28

τῇ δεκάτῃ δ᾽ ἤδη ἀνεφαίνετο πατρὶς ἄρουρα, 29

καὶ δὴ πυρπολέοντας ἐλεύσσομεν ἐγγὺς ἐόντες· 30

ἔνθ᾽ ἐμὲ μὲν γλυκὺς ὕπνος ἐπήλυθε κεκμηῶτα, 31

αἰεὶ γὰρ πόδα νηὸς ἐνώμων, οὐδέ τῳ ἄλλῳ 32

δῶχ᾽ ἑτάρων, ἵνα θᾶσσον ἱκοίμεθα πατρίδα γαῖαν· 33

οἱ δ᾽ ἔταροι ἐπέεσσι πρὸς ἀλλήλους ἀγόρευον, 34

καί μ᾽ ἔφασαν χρυσόν τε καὶ ἄργυρον οἴκαδ᾽ ἄγεσθαι 35

δῶρα παρ᾽ Αἰόλου μεγαλήτορος Ἱπποτάδαο. 36

ὧδε δέ τις εἴπεσκεν ἰδὼν ἐς πλησίον ἄλλον· 37

  "ὢ πόποι, ὡς ὅδε πᾶσι φίλος καὶ τίμιός ἐστιν 38

ἀνθρώποις, ὅτεών τε πόλιν καὶ γαῖαν ἵκηται. 39

πολλὰ μὲν ἐκ Τροίης ἄγεται κειμήλια καλὰ 40

ἤδη: already, now, at this time

ἀ-φραδίη, ἡ: to folly, thoughtlessness, 2
ἀγορεύω: to speak in assembly, declare, 5
ἀλλήλων, -οις, -λους: one another, 9
ἀνα-φαίνω: to reveal, show forth, display, 1
ἀπ-όλλυμι: to destroy, kill, slay, 8
ἀργύρεος, -α, -ον: silver, of silver, 4
ἄημι: to blow; breathe hard, 2
ἄνθρωπος, ὁ: human being, 11
ἄργυρος, ὁ: silver, 2
ἄρουρα, ἡ: tilled land, field, earth, soil, 4
Αἴολος, ὁ: Aeolus, king of winds, 6
γλυκύς, ύ: sweet, pleasant, 12
δέκατος, -η, -ον: tenth, 6
δῶρον, τό: gift, present; reward, 5
ἐγγύς: near (+ gen.); adv. nearby, 4
ἐκ-τελέω: to perform, accomplish, complete, 5
ἐννῆμαρ: for nine days, 3
ἐπ-έρχομαι: to come to, arrive at, reach, 7
Ζέφυρος, ὁ: Zephyrus, the west wind, 4
ἠμέν: both, as well, as also, 3
θάσσων, -ον: quicker, swifter, 12
Ἱπποτάδης, ὁ: Hippotades, 2
κάμνω: to be tired, be ill, be grieved, 7
κατα-δέω: to tie up, secure, bind, 8
κειμήλιον, τό: treasure, a thing stored up, 2
Κρονίων, ὁ: son of Cronus, Zeus, 10

λεύσσω: to see, behold, 2
μεγαλ-ήτωρ, -ορος: great-hearted, 6
μέλλω: to be about to, to intend to, 8
μέρμις, -ίδος, ἡ: cord, string, rope, 1
νωμάω: to distribute; manage, handle, 3
οἴκα-δε: to home, homeward, 2
ὀλίγος, -η, -ον: few, little, small, 4
ὁμῶς: equally, likewise, alike, 2
ὄρνυμι: to stir, set in motion, rouse, 11
παρα-πνέω: to blow past, breathe out, 1
παύω: to stop, make cease, 7
πλέω: to sail, go by sea, 8
πλησίος, -η, -ον: near, close, 2
πνοιή, ἡ: blowing, breeze, breath, 2
ποιέω: to do, make, create, compose, 8
πόλις, ἡ: a city, 11
πόποι: alas! Alack!, 3
προ-ίημι: to send forth, throw, launch, 8
πυρ-πολέω: to tend fires, 1
ταμίη, ἡ: housekeeper, 9
τίμιος, -η, -ον: honored, worthy, 1
Τροίη, ἡ: Troy, 8
ὕπνος, ὁ: sleep, slumber, 9
φαεινός, -ή, -όν: shining, beaming, radiant, 4
χρυσός, ὁ: gold, 6
ὧδε: in this way, so, thus, 5

21 κεῖνον: *that one*; ἐκεῖνον, i.e. Aeolus
    ποίησε: *made (x) into (y)*; double acc., aor.
22 παυέμεναι, ὀρνύμεν: *so as both to stop and rouse up*; pres. infinitives of purpose
    ὅν κ᾽: *whatever (wind)*...; pres. subjunctive in a general relative clause
23 κατέδει: supply the bag, ἀσκόν, as object
    μέρμιθι...ἀργυρέῃ: *with a shiney silver cord*; dat. of means
24 τι...παραπνεύσειε: *anything might blow out*; neg. purpose clause with aor. optative
    ὀλίγον περ: *although (being) small*; modifying τι, περ is concessive
25 προέηκεν: *he sent forth*; aor. προ-ίημι
    ἀῆναι: *to blow*; aor. inf. ἄημι
26 ὄφρα φέροι: *so that*...; purpose, pres. opt.
    οὐδ᾽ ἄρ᾽...ἐκτελέειν: *it was not, it turns out, going to come to pass*; i.e. the journey home, ἄρα is used for a truth just realized
27 αὐτῶν...ἀφραδίῃσιν: *with our own folly*; (ἡμῶν) αὐτῶν, dat. of cause
    ἀπωλόμεθα: *we killed ourselves*; aor. mid. ἀπ-όλλυμι, middle is reflexive in sense

28 νύκτας...ἦμαρ: *during*...; acc. duration
29 τῇ δεκάτῃ: *on the tenth (day)*; time when
    ἀνεφαίνετο: *appeared*; "showed itself"
30 πυρπολέοντας: *(people) tending fires*
    ἐλεύσσομεν: aor. λεύσσω
    ἐόντας: acc. sg. pres. pple εἰμί
31 ἔνθα: *when*; temporal
    ἐπῆλθε: *came upon*; aor. ἐπ-έρχομαι
    κεκμηῶτα: *being weared*; pf. pple κάμνω
32 πόδα νηός: *sail of the ship*; the "foot" is a rope attached to the bottom of the sail used to control the ship in the wind
    ἐνώμων: *I handled*; ἐνώμαον, impf.
    τῷ ἄλλῳ: *to anyone else*; indef. pronoun
33 δῶχ᾽: *did I give (the ropes)*; ἐδῶκα
    ἱκοίμεθα: *might arrive*; aor. opt., purpose
35 ἔφασαν: *they thought that*; + acc. + inf.
    ἄγεσθαι: *I brought for myself*; mid. inf.
36 ἰδὼν ἐς πλησίον: *looking to his neighbor*
38 ὡς: *how*...!; modifies φίλος and τίμιος
39 ὅτέων : *whoever's*; gen. pl. ὅστις

ληΐδος, ἡμεῖς δ' αὖτε ὁμὴν ὁδὸν ἐκτελέσαντες   41

οἴκαδε νισσόμεθα κενεὰς σὺν χεῖρας ἔχοντες·   42

καὶ νῦν οἱ τάδ' ἔδωκε χαριζόμενος φιλότητι   43

Αἴολος. ἀλλ' ἄγε θᾶσσον ἰδώμεθα ὅττι τάδ' ἐστίν,   44

ὅσσος τις χρυσός τε καὶ ἄργυρος ἀσκῷ ἔνεστιν.`   45

    ὣς ἔφασαν, βουλὴ δὲ κακὴ νίκησεν ἑταίρων·   46

ἀσκὸν μὲν λῦσαν, ἄνεμοι δ' ἐκ πάντες ὄρουσαν.   47

τοὺς δ' αἶψ' ἁρπάξασα φέρεν πόντονδε θύελλα   48

κλαίοντας, γαίης ἄπο πατρίδος. αὐτὰρ ἐγώ γε   49

ἐγρόμενος κατὰ θυμὸν ἀμύμονα μερμήριξα,   50

ἠὲ πεσὼν ἐκ νηὸς ἀποφθίμην ἐνὶ πόντῳ,   51

ἦ ἀκέων τλαίην καὶ ἔτι ζωοῖσι μετείην.   52

ἀλλ' ἔτλην καὶ ἔμεινα, καλυψάμενος δ' ἐνὶ νηῒ   53

κείμην. αἱ δ' ἐφέροντο κακῇ ἀνέμοιο θυέλλῃ   54

αὖτις ἐπ' Αἰολίην νῆσον, στενάχοντο δ' ἑταῖροι.   55

    ἔνθα δ' ἐπ' ἠπείρου βῆμεν καὶ ἀφυσσάμεθ' ὕδωρ,   56

αἶψα δὲ δεῖπνον ἕλοντο θοῇς παρὰ νηυσὶν ἑταῖροι.   57

αὐτὰρ ἐπεὶ σίτοιό τ' ἐπασσάμεθ' ἠδὲ ποτῆτος,   58

δὴ τότ' ἐγὼ κήρυκά τ' ὀπασσάμενος καὶ ἑταῖρον   59

βῆν εἰς Αἰόλου κλυτὰ δώματα· τὸν δ' ἐκίχανον   60

Αἰολίη, ἡ: Aeolia, 4
Αἴολος, ὁ: Aeolus, king of winds, 6
ἀκέων, -ουσα: in silence, quiet, 7
ἀπο-φθίνω: to perish, die away, 1
ἄργυρος, ὁ: silver, 2
ἁρπάζω: seize, carry off, kidnap, 1
ἀσκός, ὁ: a leathern-bag, a wine-skin, 5
αὖτις: back, back again, backwards, 9
ἀφύσσω: to draw, draw off, 2
βουλή, ἡ: council, counsel, plan, resolve, 14
δεῖπνον, τό: the principal meal, dinner, 10
ἐγείρω: to awaken, wake up, rouse, 2
ἐκ-τελέω: to perform, accomplish, complete, 5
ἔν-ειμι: to be in, on, among, 2
ζωός, ή, όν: alive, living, 9
ἤπειρος, ἡ: mainland, 6
θάσσων, -ον: quicker, swifter, 12
θύελλα, ἡ: violent wind, storm, squall, 5
καλύπτω: to conceal, cover, 6
κειμήλιον, τό: treasure, a thing stored up, 2
κενός, -ή, -όν: empty; void, destitute, bereft, 1
κῆρυξ, -υκος, ὁ: herald, envoy, messenger, 3

κιχάνω: to reach, come upon, find, 4
κλαίω: to weep, lament, wail, 13
κλυτός, -ή, -όν: famous, renowned, 12
ληΐς, -ίδος, ἡ: spoils, booty, prey, 1
μερμηρίζω: to ponder, wonder, reflect, 5
μέτ-ειμι: to be among, have a part in, 2
νικάω: to defeat, beat, conquer, prevail, 7
νίσσομαι: to go, go away, 2
ὀπάζω: to give, grant; make follow, 4
ὀρούω: to rush, spring, 1
ὁμός, -ή, -όν: like, common, 1
οἴκα-δε: to home, homeward, 2
πατέομαι: to eat, partake of, taste, 8
πίπτω: to fall, fall down, drop, 12
πόντονδε: to the sea, 2
σῖτος, ὁ: grain, food, 11
στενάχω: to groan, moan, wail, mourn, 6
τλάω: to bear, endure, suffer, undergo, 11
φιλότης, -τητος, ὁ: friendship, love, kinship 3
χαρίζομαι: to show favor, gratify, be dear, 2
χρυσός, ὁ: gold, 6

41 ἄγεται: *he carried for himself*; pres. mid.
  ληΐδος: *from the spoils*
42 σὺν: *along with (us), together with (us)*
43 οἱ: *to him*; dat. ind. obj, personal pronoun
  τάδ᾽: *these here (things)*; i.e. the bag
  ἔδωκε: 3rd sg. aor. δίδωμι
  out; neg. purpose clause with aor. optative
44 ἄγε: *come now*; sg. impf. preceding a
  command or, as here, hortatory subj.
  ἰδώμεθα: *let us see*; aor. hortatory subj.
  ὁράω
  ὅττι: *what...*
45 ὅσσος τις: *however much*; τις makes the
  quantity more indefinite (–ever)
  rouse up; pres. infinitives of purpose
  ἀσκῷ: dat. with compound verb
46 νίκησεν: *prevailed*
47 λῦσαν: *they loosened*; aor. λύω
48 τοὺς δ᾽: *them*; i.e. some of the men
  ἁρπάξασα: fem. nom. aor. pple ἁρπάζω
49 ἐγρόμενος: *having awoken*; aor. pple
  ἐγείρω
  κατα θυμὸν ἀμύμονα: *in my blameless
  heart*

51 ἠὲ...ἠ: *whether...or*
  πεσὼν: nom. sg. aor. pple πίπτω
  ἀποφθίμην...τλαίην: *I should perish...I
  should endure*; aor. deliberative optative
  ἀπο-φθίνω, τλάω
52 μετείην: *I should have a share among*;
  + dat., aor. deliberative opt. μέτ-ειμι
53 ἔτλην: 1st sg. ind. τλάω
  ἔμεινα: 1st sg. ind. μένω
  καλυψάμενος: *covering myself*; aor. mid.
54 αἱ δ᾽: *but they...*; i.e. the ships
  θυέλλῃ: *by the squall*; dat. of means
56 Ἔνθα: *when*
  ἐπ᾽ ἠμείρου: *to land* ; i.e. Aeolus' island
  βῆμεν: *we came*; 1st pl. aor. βαίνω
57 ἕλοντο: *took for themselves*; aor. αἱρέω
  θοῆς νηυσὶν: *beside the swift ships*; dat. pl.
58 σίτοιο, ποτῆτος: partitive gen. with aor.,
  πάτεομαι
59 ὀπασσάμενος: *making...follow me*; aor.
  pple
60 βῆν: 1st sg. aor. βαίνω
  τὸν δ᾽: *him*; i.e. Aeolus

δαινύμενον παρὰ ἦ τ' ἀλόχῳ καὶ οἷσι τέκεσσιν.　　61
ἐλθόντες δ' ἐς δῶμα παρὰ σταθμοῖσιν ἐπ' οὐδοῦ　　62
ἑζόμεθ'· οἱ δ' ἀνὰ θυμὸν ἐθάμβεον ἔκ τ' ἐρέοντο·　　63
"πῶς ἦλθες, Ὀδυσεῦ; τίς τοι κακὸς ἔχραε δαίμων;　　64
ἦ μέν σ' ἐνδυκέως ἀπεπέμπομεν, ὄφρ' ἂν ἵκοιο　　65
πατρίδα σὴν καὶ δῶμα καὶ εἴ πού τοι φίλον ἐστίν.'　　66
ὣς φάσαν, αὐτὰρ ἐγὼ μετεφώνεον ἀχνύμενος κῆρ·　　67
"ἄασάν μ' ἕταροί τε κακοὶ πρὸς τοῖσί τε ὕπνος　　68
σχέτλιος. ἀλλ' ἀκέσασθε, φίλοι· δύναμις γὰρ ἐν ὑμῖν.'　　69
ὣς ἐφάμην μαλακοῖσι καθαπτόμενος ἐπέεσσιν,　　70
οἱ δ' ἄνεῳ ἐγένοντο· πατὴρ δ' ἠμείβετο μύθῳ·　　71
"ἔρρ' ἐκ νήσου θᾶσσον, ἐλέγχιστε ζωόντων·　　72
οὐ γάρ μοι θέμις ἐστὶ κομιζέμεν οὐδ' ἀποπέμπειν　　73
ἄνδρα τόν, ὅς κε θεοῖσιν ἀπέχθηται μακάρεσσιν·　　74
ἔρρε, ἐπεὶ ἄρα θεοῖσιν ἀπεχθόμενος τόδ' ἱκάνεις."　　75
ὣς εἰπὼν ἀπέπεμπε δόμων βαρέα στενάχοντα.　　76
ἔνθεν δὲ προτέρω πλέομεν ἀκαχήμενοι ἦτορ.　　77
τείρετο δ' ἀνδρῶν θυμὸς ὑπ' εἰρεσίης ἀλεγεινῆς　　78
ἡμετέρῃ ματίῃ, ἐπεὶ οὐκέτι φαίνετο πομπή.　　79
ἐξῆμαρ μὲν ὁμῶς πλέομεν νύκτας τε καὶ ἦμαρ,　　80

ἐρέω: will say, will speak (cf. ἐρεόμην: ask, question; impf. εἴρομαι)

ἀάω: to bring to grief, 2
ἀκέομαι: to heal, cure, 1
ἀλεγεινός, -ή, -όν: apt to or causing pain, 3
ἄλοχος, ἡ: wife, spouse, 12
ἄνεω: without a sound, in silence, 1
ἀπ-έχθομαι: to become hateful to (dat.), 4
ἀπο-πέμπω: to send away, to dismiss, 5
ἀφ-ικνέομαι: to come, arrive, 13
βαρύς, -εῖα, -ύ: heavy; grievous, grim, dire, 2
δαίνυμι: to divide; partake in a meal, 11
δαίμων, -ονος, ὁ: divine being, god, 6
δόμος, ὁ: house, abode, 9
δύναμις, -εως, ἡ: power, wealth, strength, 1
εἰρεσίη, ἡ: rowing, row, 3
ἐλεγχής, -ές: despicable, cowardly, 1
ἐν-δυκέως: duly, attentively, kindly, 2
ἐξ-ῆμαρ: for six days, 2
ἑός, -ή, -όν: his own, her own, its own, 5
ἔρρω: to go, 4
ζάω: to live, 6
ᾗ: in which way; in which place, where, 9
ἡμέτερος, -α, -ον: our, 7
ἦτορ, τό: heart, soul, mind, spirit, 11
θάσσων, -ον: quicker, swifter, 12

θαμβέω: to be astonished, 1
θέμις, θέμιστος, ἡ: right, custom, law, 5
ἱκάνω: to approach, come, arrive, reach, 7
καθ-άπτω: to fasten, fix down, 7
κῆρ, τό : heart; soul, mind, 5
κομίζω: to take care of, provide for, attend, 2
μάκαρ, -αρος: blessed, happy, 11
μαλακός, ή, όν: soft, 3
ματίη, ἡ: folly, vain attempt, 1
μετα-φωνέω: to speak among (dat), 1
ὁμῶς: nevertheless; equally, likewise, 2
οὐδός, τό: threshold, 1
οὐκ-έτι: no more, no longer, no further, 9
πλέω: to sail, go by sea, 8
πομπή, ἡ: conduct, escort, departure, 6
προ-τέρω: forward, further, farther, 12
σταθμός, ὁ: door-post, column, 4
στενάχω: to groan, moan, wail, mourn, 6
σχέτλιος, -η, -ον: hard-hearted, cruel, 9
τείρω: to wear out, distress, afflict, 3
τέκος, τό: offspring, a child, 1
ὕπνος, ὁ: sleep, slumber, 9
χράω: to assail, attack, (dat), 1

61 ᾗ: his; ἑῇ, dat. possessive adjective ἑός
οἷσι: his; ἑοῖσι dat. possessive adj. ἑός

62 ἐλθόντες: aor. pple ἔρχομαι
ἐπ᾽ οὐδοῦ: upon the threshold

63 ἀνὰ θυμὸν: in their hearts; "throughout..."
ἐρέοντο: questioned (them); impf. ἔρομαι

64 ἦλθες: 2ⁿᵈ sg. aor. ἔρχομαι
τοι..ἔχραε: assailed you; impf. χράω

65 ἀπεπέμπομεν: impf. ἀπο-πέμπω
ὄφρα ἄν ἵκοιο: so that you might reach;
aor. opt. ἱκνέομαι, purpose, secondary seq.

66 καὶ εἴ πού...ἐστίν: and if anywhere else is
dear to you

67 ἀχνύμενος: being grieved; pres. pass. pple
ἀχεύω; concessive
κῆρ: in his heart; acc. of respect

68 ἄασάν: brought to grief; 3ʳᵈ pl. aor. ἀάω
πρὸς τοῖσί: in addition to these things; i.e.
those troubles noted by Aeolus' family

69 δύναμις: the power (is); supply ἐστίν

70 καθαπτόμενος: addressing; "fastening"
μαλακοῖσι ἐπέεσσιν: dat. pl. means, ἔπος

71 οἱ δ᾽: and they; i.e. Aeolus and family

72 Ἔρρε: Go!; sg. imperative
θᾶσσον: rather quickly; comparative adv.

73 ἐλέγχιστε: mosted despicable; superlative
ζωόντων: of the living; partitive gen. pres.
pple ζάω

73 θέμις ἐστί: it is right to....
κομιζέμεν: to provide for; inf. κομίζω

74 τὸν ὅς: that one who
ἄν...ἀπέχθηται: is hateful to; pres. subj.
equivalent to a present general conditions

75 ἔρρ᾽: go!; sg. imperative
ἐπεὶ...τοδ᾽ ἱκάνεις: since you come here

76 δόμων: from his hall
βαρέα: heavily; adverbial acc.

77 ἀκαχήμενοι: being grieved; pf. mid. pple
ἀχεύω
ἦτορ: in heart; acc. respect

78 τείρετο: impf. pass. τείρω
ὑπ᾽: by...; gen. of cause

79 ἡμετέρη ματίη: by...; dat of cause
ἐπεὶ...πομπή: since conduct no longer
appeared; i.e no favorable wind

80 νύκτας...ἦμαρ: during...; acc. duration

ἑβδομάτῃ δ' ἱκόμεσθα Λάμου αἰπὺ πτολίεθρον,   81

Τηλέπυλον Λαιστρυγονίην, ὅθι ποιμένα ποιμὴν   82

ἠπύει εἰσελάων, ὁ δέ τ' ἐξελάων ὑπακούει.   83

ἔνθα κ' ἄϋπνος ἀνὴρ δοιοὺς ἐξήρατο μισθούς,   84

τὸν μὲν βουκολέων, τὸν δ' ἄργυφα μῆλα νομεύων·   85

ἐγγὺς γὰρ νυκτός τε καὶ ἤματός εἰσι κέλευθοι.   86

ἔνθ' ἐπεὶ ἐς λιμένα κλυτὸν ἤλθομεν, ὃν πέρι πέτρη   87

ἠλίβατος τετύχηκε διαμπερὲς ἀμφοτέρωθεν,   88

ἀκταὶ δὲ προβλῆτες ἐναντίαι ἀλλήλῃσιν   89

ἐν στόματι προὔχουσιν, ἀραιὴ δ' εἴσοδός ἐστιν,   90

ἔνθ' οἵ γ' εἴσω πάντες ἔχον νέας ἀμφιελίσσας.   91

αἱ μὲν ἄρ' ἔντοσθεν λιμένος κοίλοιο δέδεντο   92

πλησίαι· οὐ μὲν γάρ ποτ' ἀέξετο κῦμά γ' ἐν αὐτῷ,   93

οὔτε μέγ' οὔτ' ὀλίγον, λευκὴ δ' ἦν ἀμφὶ γαλήνη·   94

αὐτὰρ ἐγὼν οἶος σχέθον ἔξω νῆα μέλαιναν,   95

αὐτοῦ ἐπ' ἐσχατιῇ, πέτρης ἐκ πείσματα δήσας·   96

ἔστην δὲ σκοπιὴν ἐς παιπαλόεσσαν ἀνελθών.   97

ἔνθα μὲν οὔτε βοῶν οὔτ' ἀνδρῶν φαίνετο ἔργα,   98

καπνὸν δ' οἶον ὁρῶμεν ἀπὸ χθονὸς ἀΐσσοντα.   99

δὴ τότ' ἐγὼν ἑτάρους προΐειν πεύθεσθαι ἰόντας,   100

ἀέξω: to make grow, increase; *mid.* grow, 5
αἰπύς, -εῖα, -ύ: steep, utter; hard, 6
αἴσσω: to start, spring, leap up, 3
ἀκτή, ἡ: projecting shore, promontory, 5
ἀλλήλων, -λοις, -λους: one another, 9
ἀμφι-έλισσα: curved at both ends, curving, 5
ἀμφοτέρω-θεν: from both, from each, 3
ἀν-έρχομαι: to go up, approach, 3
ἀραιός, -ή, -όν:: slender, frail, 1
ἄργυρος, -α, -ον: white, 1
ἄ-υπνος, -ον: sleepless, 2
βουκολέω: to tend cattle, pasture, 1
γαλήνη, ἡ: stillness of the sea, calm, 2
δια-μπερές: right through, continuously, 4
δια-πέρθω: to sack, lay waste, destroy, 2
δοιοί, -αί, -ά: twofold, two, 1
ἑβδόματος, -ον: seventh, 1
ἐγγύς: near (+ gen.); adv. nearby, 4
εἰσ-ελαύνω: to drive in, 1
εἴσ-οδος, ἡ: entrance, 1
εἴσω: inside, inwards, to within, into, in , 8
ἐναντίος, -α, -ον: opposite, contrary, 3
ἔντοσ-θεν: within, inside, 4
ἐξ-αείρω: to gain, win, get, 1
ἐξ-ελαύνω: drive out, 4
ἔξω: out of (+ gen.); adv. outside, 2
ἐσχατιή, ἡ: edge, border, shore, extremity, 3
ἠλί-βατος, -ον: lofty, towering, 2

ἠπύω: to call to, 2
καπνός, ὁ: smoke, 8
κέλευθος, ἡ: road, way, path; voyage, course, 5
κλυτός, -ή, -όν: famous, renowned, 12
κοῖλος, -η, -ον: hollow, hollowed, 7
Λάμος, ὁ: Lamos (a city) 1
Λαιστρυγονίη, ἡ: Laestrygonia, 1
λιμήν, -ένος, ὁ: harbor, haven, 8
μῆλον, τό: flock, herd; apple, 7
μισθός, ὁ: wages, pay, hire, 1
νομεύω: to pasture, put to pasture, 3
ὀλίγος, -η, -ον: few, little, small, 4
παιπαλόεις, -εσσα, -εν, τό: rugged, rocky, 4
πεύθομαι: to learn by inquiry, 2
πλησίος, -η, -ον: near, close, 2
ποιμήν, -ένος, ὁ: shepherd, 2
προ-βλής, -ῆτος: projecting, jutting out, 1
προ-έχω: to project, jut out, hold before, 2
προ-ίημι: to send forth, throw, launch, 8
πτολίεθρον, τό: city, 2
σκοπιή, ἡ: a look-out place, peak, 3
στόμα, -ατος, τό: the mouth, 3
σχεδόν: near, nearly, almost, just about, 9
Τηλέπυλος, ὁ: Telepylus (a town name) 2
τυγχάνω: to chance upon, get; meet; happen 8
ὑπ-ακούω: to hear, heed, 1
χθών, -ονός, ἡ: the earth, ground, 7

81 ἑβδομάτῃ: *on the seventh (day)*; time when
82 Τηλέπυλον Λαιστρυγονίην:
    Laestrygonian Telepylus; a town's name
    ὅθι: *where*
83 εἰσελάων: *driving in (cattle)*; aor. pple
    εἰσ-ελαύνω
    ὁ δέ: *and he*; i.e. the ποιμένα above
    ἐξελάων: *driving out (cattle)*; aor.
    κ᾽ ...ἐξήρατο: *could gain*; κε + aor. ind.
    suggests past potential, ἐξ-αείρω
85 τὸν μὲν...τὸν δ᾽: *one wage....another wage*
    βουκολέων: *by tending cattle*; causal pple
    νομεύων: *by grazing*; causal pple
86 ἐγγὺς εἰσι: *are close together*; 3ʳᵈ pl. εἰμί
    νυκτός, ἤματός: governed by κέλευθοι
87 ἔνθ᾽ ἐπεὶ: *there when*
    ἤλθομεν: 1ˢᵗ pl. aor. ἔρχομαι
    ὅν πέρι: *around which*; relative clause
88 τετύχηκε: *has been built*; pf. τεύχω
89 ἐναντίαί: *opposite to one another*; harbor
    is a like a ring with an opening for ships
90 προὔχουσιν: *jut out*; 3ʳᵈ pl. pres. προ-έχω

ἀραιή: *narrow*; predicate of fem. εἴσοδός
91 ἔνθ᾽: *there they all*
    ἔχον: *steered*; "held (course)" 3ʳᵈ pl. impf.
    aor. opt. ἱκνέομαι, purpose, secondary seq.
92 αἱ μὲν: *and they*; i.e the ships, fem. pl.
    δέδεντο: *had been bound*; plpf. pass. δέω
93 πλησίαι: *near one another*; there was no
    risk that the ships would hit each other
    ἐν αὐτῷ: *in it*; i.e. in the harbor
94 ἦν: 3ʳᵈ sg. impf. εἰμί
    ἀμφὶ: *around (the harbor)*
95 ἐγὼν οἶος: *I alone*
    σχέθον: *I moored*; "held," 1ˢᵗ sg. aor. ἔχω
96 αὐτοῦ ἐπ᾽ ἐσχατιῇ: *there at the outer edge*
    δήσας: *tying*; nom. sg. aor. pple δέω
97 ἔστην: *I stood*; 1ˢᵗ sg. aor. ἵστημι
98 βοῶν ἔργα: *work of oxen*; i.e. plowed land
99 οἷον: *only*
    ὁρῶμεν: *I stood*; 1ˢᵗ sg. impf. ὁράω
100 προίειν: *sent forth*; 3ʳᵈ sg. impf. προ-ίημι
    πεύθεσθαι: *to learn*; inf. of purpose
    ἰόντες: *going*; acc. pl. pple ἔρχομαι

οἵ τινες ἀνέρες εἶεν ἐπὶ χθονὶ σῖτον ἔδοντες,   101
ἄνδρε δύω κρίνας, τρίτατον κήρυχ᾽ ἅμ᾽ ὀπάσσας.   102
οἱ δ᾽ ἴσαν ἐκβάντες λείην ὁδόν, ᾗ περ ἄμαξαι   103
ἄστυδ᾽ ἀφ᾽ ὑψηλῶν ὀρέων καταγίνεον ὕλην,   104
κούρῃ δὲ ξύμβληντο πρὸ ἄστεος ὑδρευούσῃ,   105
θυγατέρ᾽ ἰφθίμῃ Λαιστρυγόνος Ἀντιφάταο.   106
ἡ μὲν ἄρ᾽ ἐς κρήνην κατεβήσετο καλλιρέεθρον   107
Ἀρτακίην· ἔνθεν γὰρ ὕδωρ προτὶ ἄστυ φέρεσκον·   108
οἱ δὲ παριστάμενοι προσεφώνεον ἔκ τ᾽ ἐρέοντο   109
ὅς τις τῶνδ᾽ εἴη βασιλεὺς καὶ οἷσιν ἀνάσσοι·   110
ἡ δὲ μάλ᾽ αὐτίκα πατρὸς ἐπέφραδεν ὑψερεφὲς δῶ.   111
οἱ δ᾽ ἐπεὶ εἰσῆλθον κλυτὰ δώματα, τὴν δὲ γυναῖκα   112
εὗρον, ὅσην τ᾽ ὄρεος κορυφήν, κατὰ δ᾽ ἔστυγον αὐτήν.   113
ἡ δ᾽ αἶψ᾽ ἐξ ἀγορῆς ἐκάλει κλυτὸν Ἀντιφατῆα,   114
ὃν πόσιν, ὃς δὴ τοῖσιν ἐμήσατο λυγρὸν ὄλεθρον.   115
αὐτίχ᾽ ἕνα μάρψας ἑτάρων ὁπλίσσατο δεῖπνον·   116
τὼ δὲ δύ᾽ ἀΐξαντε φυγῇ ἐπὶ νῆας ἱκέσθην.   117
αὐτὰρ ὁ τεῦχε βοὴν διὰ ἄστεος· οἱ δ᾽ ἀΐοντες   118
φοίτων ἴφθιμοι Λαιστρυγόνες ἄλλοθεν ἄλλος,   119
μυρίοι, οὐκ ἄνδρεσσιν ἐοικότες, ἀλλὰ Γίγασιν.   120

καλέω: to call, summon, invite

ἀγορή, ἡ: an assembly; marketplace, 6
ἀΐσσω: to start, spring, leap up, 3
ἀΐω: to hear, 2
ἄλλο-θεν: from another place, elsewhere, 6
ἄμαξα, ἡ: wagon, 2
ἀνάσσω: to be lord, master; to rule, 6
Ἀντιφάτης, ὁ: Antiphates, 3
Ἀρτακίη, ἡ: Artacia (name of a spring), 1
ἄστυ, τό: a city, town, 4
ἄστυ-δε: to the city, into the city, 1
βασιλεύς, ὁ: a king, chief, 1
βοή, ἡ: shout, 2
Γίγας, -αντος, ὁ: Giant, 2
δεῖπνον, τό: the principal meal, dinner, 10
εἶεν: well! well now!, 8
εἷς, μία, ἕν: one, single, alone, 11
εἰσ-έρχομαι: to come to, 1
ἐκ-βαίνω: to come out forth, disembark, 3
ἔοικα: to be like, seem likely (+ dat) 7
εὑρίσκω: to find, discover, devise, invent, 10
θυγάτηρ, ἡ: a daughter, 10
ἴφθιμος, -η, -ον: mighty, strong, 6
καλλί-ρέεθρος, -ος: fair-flowing, 1
κατα-βαίνω: to go or come down, descend, 8
κατα-γινέω: to fetch, bring, carry down, 1
κῆρυξ, -υκος, ὁ: herald, envoy, messenge, 3
κλυτός, -ή, -όν: famous, renowned, 12
κορυφή, ἡ: summit, crest, 7

κούρη, ἡ: girl, maiden, 6
κρήνη, ἡ: spring, fountain, 5
κρίνω: to pick out, choose, select, 5
Λαιστρυγών, -όνος, ἡ: Laestrygonian, 3
λεῖος, -η, -ον: smooth, not obstructed from, 4
λυγρός, -ή, -όν: mournful, sad, 5
μάρπτω: to seize, clasp, lay hold of, 4
μήδομαι: to devise, plan, contrive, 5
μυρίος, -η, -ον: countless, endless, infinite, 6
ὀπάζω: to give, grant, 4
ὁπλίζω: to prepare, make ready, arm, 5
παρ-ίστημι: to stand beside, approach, 10
πόσις, -εως, ὁ: husband, 3
πρό: before, in front; in place of (+ gen.), 1
προσ-φωνέω: to call to, speak to, address, 1
σῖτος, ὁ: grain, food, 11
στυγέω: to hate, loathe, 2
συμ-βάλλω: to encounter, contribute, 2
τρίτατος, -η, -ον: third, 2
ὕλη, ἡ: wood; forest, 14
ὑδρεύω: to draw water, 1
ὑψ-ερεφής, -ές: high-roofed, 1
ὑψ-ηλός, -ή, -όν: high, lofty, tall, 7
φοιτάω: to go to and fro, hurry, roam, visit, 7
φράζω: to show, indicate, tell, think, 7
φυγή, ἡ: flight, 1
χθών, -ονός, ἡ: the earth, ground, 7

---

101 οἵ τινες...εἶεν: what sort the men were; "who...were" 3rd pl. pres. optative εἰμί
102 ἄνδρε δύω: dual accusative
   κρίνας: nom. sg. aor. pple κρίνω
   ὁμάσσας: nom. sg. aor. pple ὀπάζω
103 οἱ δ᾽ ἴσαν: they went; impf. ἔρχομαι
   ἐκβάντες: disembarking; aor. ἐκ-βαίνω
   λεῖον ὁδόν: along the smooth road
   ᾗ περ: by which; i.e. road, dat. of means
104 ὀρέων: mountains; gen. pl.
105 ξύμβληντο: they encountered; + dat. obj. aor. mid. συμβάλλω
   πρὸ ἄστεος: in front of the town
106 θυγατέρι: in apposition to κούρη
   Ἀντιφάταο: of Antiphates; gen. sg.
107 κατεβήσετο: came down; aor. mid.
108 φέρεσκον: they were accustomed to carrying; -σκ suggests an iterative imf.
109 οἱ δὲ: they; i.e. the men Odysseus sent
   ἐρέοντο: asked; 3rd pl. impf. ἔρομαι
110 ὅς τις εἴη...ἀνάσσοι: who was...and

ruled; pres. opt. εἰμί in indirect question
111 ἐπέφραδεν: pointed out; aor. φράζω
   δῶ: house; neuter. acc. sg.; δῶμα
112 οἱ δ᾽ ἐπεὶ: when they
   εἰσῆλθον: 3rd pl. aor. εἰσ-έρχομαι
113 εὗρον: they found; 3rd pl. aor. εὑρίσκω
   ὅσην: as large as
   κατὰ δ᾽ ἔστυγον αὐτήν: were disgusted at (the sight of) her; likely tmesis
114 ἐκάλει: called; ἐκάλεε, impf.
115 ὃν πόσιν: her husband; ἑόν possess. adj.
   τοῖσιν: for them; dat. of interest
116 ἕνα: one of the companions; acc. sg. εἷς
117 τὼ ἀΐξαντε: two, darting in flight; dual
   ἱκέσθην: came, arrived; dual aor.
118 αὐτὰρ ὁ: but he; i.e. the Laestrygonian
   τεῦχε: made; impf.
119 φοίτων: came; ἐφοίταον, 3rd pl. impf.
   ἄλλοθεν ἄλλος: one from one direction, another from another direction
120 ἐοικότες: being similar to (dat); pf. pple

οἵ ῥ᾽ ἀπὸ πετράων ἀνδραχθέσι χερμαδίοισιν 121
βάλλον· ἄφαρ δὲ κακὸς κόναβος κατὰ νῆας ὀρώρει 122
ἀνδρῶν ὀλλυμένων νηῶν θ᾽ ἅμα ἀγνυμενάων· 123
ἰχθῦς δ᾽ ὣς πείροντες ἀτερπέα δαῖτα φέροντο. 124
ὄφρ᾽ οἱ τοὺς ὄλεκον λιμένος πολυβενθέος ἐντός, 125
τόφρα δ᾽ ἐγὼ ξίφος ὀξὺ ἐρυσσάμενος παρὰ μηροῦ 126
τῷ ἀπὸ πείσματ᾽ ἔκοψα νεὸς κυανοπρῴροιο. 127
αἶψα δ᾽ ἐμοῖς ἑτάροισιν ἐποτρύνας ἐκέλευσα 128
ἐμβαλέειν κώπῃς, ἵν᾽ ὑπὲκ κακότητα φύγοιμεν· 129
οἱ δ᾽ ἅλα πάντες ἀνέρριψαν, δείσαντες ὄλεθρον. 130
ἀσπασίως δ᾽ ἐς πόντον ἐπηρεφέας φύγε πέτρας 131
νηῦς ἐμή· αὐτὰρ αἱ ἄλλαι ἀολλέες αὐτόθ᾽ ὄλοντο. 132
    ἔνθεν δὲ προτέρω πλέομεν ἀκαχήμενοι ἦτορ, 133
ἄσμενοι ἐκ θανάτοιο, φίλους ὀλέσαντες ἑταίρους. 134
Αἰαίην δ᾽ ἐς νῆσον ἀφικόμεθ᾽· ἔνθα δ᾽ ἔναιε 135
Κίρκη ἐϋπλόκαμος, δεινὴ θεὸς αὐδήεσσα, 136
αὐτοκασιγνήτη ὀλοόφρονος Αἰήταο· 137
ἄμφω δ᾽ ἐκγεγάτην φαεσιμβρότου Ἠελίοιο 138
μητρός τ᾽ ἐκ Πέρσης, τὴν Ὠκεανὸς τέκε παῖδα. 139
ἔνθα δ᾽ ἐπ᾽ ἀκτῆς νηῒ κατηγαγόμεσθα σιωπῇ 140

δεινός, -ή, -όν: dread, fearful, terrible

ἄγνυμι: to break, bend; shiver, 7
Αἰαίη, ἡ: Aeaea, 6
Αἰήτης, ὁ: Aeëtes, 2
ἀκτή, ἡ: projecting shore, promontory, 5
ἄμφω: both (dual), 3
ἀνα-ρρίπτω: to throw up, 1
ἀνδρα-χθής, -ές: heavy as a man can carry, 1
ἀολλής, -ές: all together, in throngs, crowds, 3
ἄσμενος, -η, -ον: well-pleased, glad, 3
ἀ-τερπής, -ές: joyless, painful, dangerous, 2
αὐδήεις, -εσσα: speaking with human voice, 4
αὐτό-θι: on the very spot, here, there, 9
αὐτο-κασιγνήτη, ἡ: sister, one's own sister, 1
ἄφαρ: straightway, at once, quickly, soon, 3
ἀφ-ικνέομαι: to come, arrive, 13
δαίς, ὁ: meal, 2
δείδω: fear, dread, shrink from, feel awe, 13
ἐγ-χέω: to pour in, drop in, 2
ἐκ-γίγνομαι: to be born of or from, 1
ἐμ-βάλλω: to throw in, put in, 3
ἐντός: within, inside, 2
ἐπ-ηρεφής, -ές: overhanging, 2
ἐπ-οτρύνω: to rouse, stir up, excite, incite, 6
ἐϋ-πλόκαμος, -ον: fair-tressed, fair-locked, 7
ἦτορ, τό: heart, soul, mind, spirit, 11
ἰχθύς, ὁ: a fish, 3

κακότης, -ητος, ὁ: cowardness, wickedness, 2
κατ-άγω: to bring back or down, 2
κόναβος, ὁ: din, crashing, ringing, 1
κόπτω: to strike, smite, 2
κυανό-πρῳρος, -η, -ον: dark-blue prowed, 7
κώπη, ἡ: handle (of a oar or sword), 4
λιμήν, -ένος, ὁ: harbor, haven, 8
μηρός, ὁ: thigh, 10
ξίφος, τό: a sword, 8
ὀλέκω: to ruin, destroy, kill, 1
ὀλοόφρων, -οντος: destructive-minded, 2
ὄρνυμι: to stir, set in motion, rouse, 11
πείρω: to pierce or drive through, fix, 2
Πέρσης, ἡ: Perse, 1
πλέω: to sail, go by sea, 8
πολυ-βενθής, -ές: with many, deep recesses, 1
προ-τέρω: forward, further, farther, 12
σιωπή, ἡ: silence, 4
τίκτω: to beget, conceive, bring forth, 13
τόφρα: during that time, meanwhile, 8
ὑπ-έκ: out from under, 4
φαεσι-μβροτος, -ον: bearing light to mortals 2
χερμάδιον, τό: boulder, large stone, 1
Ὠκεανός, ὁ: Oceanus, 8

121 ἀπὸ πετράων: *from the rocks*; the giants were on cliffs overlooking the harbor
βάλλον: *were hitting (us)*; + dat. means
122 ὀρώρει: *had arisen*; plpf. ὄρνυμι
123 ὀλλυμένων: *dying*; pres. pple ὄλλυμι
ἀγνυμενάων: *breaking*; pple ἄγνυμι
124 ἰχθῦς δ ὥς: *just as fish*; acc. pl.
πείροντες: *harpooning men*; "piercing"
125 ὄφρα...τόφρα: *while...meanwhile*
ἐρυσσάμενος: *drawing*; aor. mid. ἐρύω
127 τῷ: *with it*; dat. of means
ἀπὸ ἔκοψα: *I chopped off*; tmesis κόπτω
128 ἐποτρύνας: *rousing*; nom. sg. aor. pple.
129 ἐμβαλέειν κώπης: *to fall upon their oars*; "throw (themselves) onto oars,"
φύγοιμεν: *so that we might escape*; aor. subj., purpose clause, secondary seq.
130 ἀνέρριψαν: *tossed up the sea*; ἀναρίπτω
δείσαντες: aor. pple. δείδω

131 φύγε: *fled*; 3rd sg. aor.; subject νηῦς ἐμη
132 νηῦς ἐμή: *my ship*; possessive adj. ἐμός
ὄλοντο: *were lost, killed*; aor. ὄλλυμι
133 ἀκαχήμενοι: *being grieved*; pf. pass. pple ἀχεύω
ἦτορ: acc. of respect
134 ἐκ θανάτοιο: *(to be) out of death*; i.e. to have escaped death
ὀλέσαντες: *losing*; aor. pple. ὄλλυμι
135 ἔναιε: *dwelled*; impf. ναίω
137 ἀλοόφρονος Αἰήταο: both are gen. sg.
138 ἐκγεγάτην: *sprung up from*; dual pf. ἐκγίγνομαι
139 τήν: *whom...*; relative pronoun
τέκε: 3rd sg. aor. τίκτω
140 ἐπ ἀκτῆς: *upon the headland*
καταγόμεσθα: *brought to shore*; aor. κατ-άγω with dat. νηὶ as object
σιωπῇ: *in silence*; dat. of manner

ναύλοχον ἐς λιμένα, καί τις θεὸς ἡγεμόνευεν.   141
ἔνθα τότ᾽ ἐκβάντες δύο τ᾽ ἤματα καὶ δύο νύκτας   142
κείμεθ᾽ ὁμοῦ καμάτῳ τε καὶ ἄλγεσι θυμὸν ἔδοντες.   143
ἀλλ᾽ ὅτε δὴ τρίτον ἦμαρ ἐϋπλόκαμος τέλεσ᾽ Ἠώς,   144
καὶ τότ᾽ ἐγὼν ἐμὸν ἔγχος ἑλὼν καὶ φάσγανον ὀξὺ   145
καρπαλίμως παρὰ νηὸς ἀνήϊον ἐς περιωπήν,   146
εἴ πως ἔργα ἴδοιμι βροτῶν ἐνοπήν τε πυθοίμην.   147
ἔστην δὲ σκοπιὴν ἐς παιπαλόεσσαν ἀνελθών,   148
καί μοι ἐείσατο καπνὸς ἀπὸ χθονὸς εὐρυοδείης,   149
Κίρκης ἐν μεγάροισι, διὰ δρυμὰ πυκνὰ καὶ ὕλην.   150
μερμήριξα δ᾽ ἔπειτα κατὰ φρένα καὶ κατὰ θυμὸν   151
ἐλθεῖν ἠδὲ πυθέσθαι, ἐπεὶ ἴδον αἴθοπα καπνόν.   152
ὧδε δέ μοι φρονέοντι δοάσσατο κέρδιον εἶναι,   153
πρῶτ᾽ ἐλθόντ᾽ ἐπὶ νῆα θοὴν καὶ θῖνα θαλάσσης   154
δεῖπνον ἑταίροισιν δόμεναι προέμεν τε πυθέσθαι.   155
ἀλλ᾽ ὅτε δὴ σχεδὸν ἦα κιὼν νεὸς ἀμφιελίσσης,   156
καὶ τότε τίς με θεῶν ὀλοφύρατο μοῦνον ἐόντα,   157
ὅς ῥά μοι ὑψίκερων ἔλαφον μέγαν εἰς ὁδὸν αὐτὴν   158
ἧκεν. ὁ μὲν ποταμόνδε κατήϊεν ἐκ νομοῦ ὕλης   159
πιόμενος· δὴ γάρ μιν ἔχεν μένος ἠελίοιο.   160

αἶθ-οψ, -οπος: fiery-looking, sparkling, 3
ἄλγος, τό: pain, distress, grief, 12
ἀμφι-έλισσα: curved at both ends, curving, 5
ἀν-έρχομαι: to go up, approach, 3
βροτός, ὁ, ἡ: a mortal, human, 10
δεῖπνον, τό: the principal meal, dinner, 10
δοάσσατο: seem, appear, 1
δρυμά, τά: thicket, coppices, 3
ἔγχος, -εός, τό: spear, lance, 3
ἐκ-βαίνω: to come out forth, disembark, 3
ἔλαφος, ὁ, ἡ: deer, 2
ἐνοπή, ἡ: voice, 1
ἐΰ-πλόκαμος, -ον: fair-tressed, good-tressed, 7
εὐρυ-όδεια: wide-wayed, 2
ἡγεμονεύω: to lead, rule, command, 4
θίς, θινός, ὁ: shore, beach, 10
κάματος, ὁ: weariness, fatigue, toil, labor 4
καπνός, ὁ: smoke, 8
καρπαλίμως: swiftly, quickly, 5
κατ-έρχομαι: to go down, come down, 9
κερδίων, -ιον: more profitable, better, best, 6
κίω: to go, 10
λιμήν, -ένος, ὁ: harbor, haven, 8

μένος, τό: might, force, prowess, 12
μερμηρίζω: to ponder, wonder, reflect, 5
μόνος, -η, -ον: alone, 3
ναύ-λοχος, ον: for ships to lie in, 1
νομός, ὁ: pasture, 2
ὀλοφύρομαι: to lament mourn, bewail, 9
ὁμοῦ: at the same place, together, 8
παιπαλόεις, -εσσα, -εν, τό: rugged, rocky, 4
περι-ωπή, ἡ: a look-out place, 1
ποταμόν-δε: (in)to the river, 1
προ-ίημι: to send forth, throw, launch, 8
πυκινός, -ή, -όν: close fitted, dense, thick, 8
πυνθάνομαι: to learn by inquiry, hear, 12
σκοπιή, ἡ: a look-out place, peak, 3
σχεδόν: near, nearly, almost, just about, 9
τρίτος, -η, -ον: the third, 5
ὕλη, ἡ: wood, forest, 14
ὑψι-κερως, -ων: with lofty horns or antlers, 1
φάσγανον, τό: sword, 4
φρονέω: to think, to be wise, prudent, 3
χθών, -ονός, ἡ: the earth, ground, 7
ὧδε: in this way, so, thus, 5

---

141 ἡγεμόνευεν: led (the ship)
142 ἐκβάντες: nom. pl. aor. pple ἐκβαίνω
    ἤματα...νύκτας: for...; acc. durations
143 κείμεθ᾽: we lay
    καμάτῳ τε καὶ ἄλγεσι: with both
    weariness and pain
144 τέλεσ᾽: brought to pass; aor. τελέω
145 ἑλών: nom. sg. aor. pple αἱρέω
146 ἀνήιον: approached; 1st sg. impf.
    ἀν-έρχομαι
147 εἰ...ἴδοιμι...πυθοίμην: in the hope that I
    see and hear ; aor. opt. of wish, ὁράω
    and πυνθάνομαι, "to learn"
148 ἔστην: 1st sg. aor. ἵστημι
    ἀνελθών: nom. sg. aor. pple ἀν-έρχομαι
149 μοι: to me; dat. of reference
    ἐείσατο: appeared; aor. mid. εἴδομαι
151 κατὰ φρένα...θυμὸν: in mind and heart

152 ἐλθεῖν, πυθέσθαι: aor. inf. ἔρχομαι,
    πυνθάνομαι
    ἴδον: 1st sg. aor. ὁράω
154 ἐλθόντι: coming; dat. with μοι above
155 δόμεναι: aor. inf. δίδωμι with δοάσσατο
    προέμεν: to send forth (men); aor. inf.
    προίημι with δοάσσατο
156 ἦα: 1st sg. impf. εἰμί
    νεός: gen. object of σχεδόν
157 τίς...θεῶν: one of the gods; enclitic τις
    ἐόντα: acc. sg. pres. pple εἰμί
158 ἦκεν: 3rd sg. aor. ἵημι
159 κατήιεν: 3rd sg. impf. κατ-έρχομαι
    εἰς ὁδὸν αὐτήν: onto my very path
160 πιόμενος: going to drink; i.e. "in order to
    drink," fut. dep. πίνω expresses purpose
    μένος ἠελίοιο: the might of the sun; i.e.
    the heat

τὸν δ᾽ ἐγὼ ἐκβαίνοντα κατ᾽ ἄκνηστιν μέσα νῶτα 161

πλῆξα· τὸ δ᾽ ἀντικρὺ δόρυ χάλκεον ἐξεπέρησε, 162

κὰδ δ᾽ ἔπεσ᾽ ἐν κονίῃσι μακών, ἀπὸ δ᾽ ἔπτατο θυμός. 163

τῷ δ᾽ ἐγὼ ἐμβαίνων δόρυ χάλκεον ἐξ ὠτειλῆς 164

εἰρυσάμην· τὸ μὲν αὖθι κατακλίνας ἐπὶ γαίῃ 165

εἴασ᾽· αὐτὰρ ἐγὼ σπασάμην ῥῶπάς τε λύγους τε, 166

πεῖσμα δ᾽, ὅσον τ᾽ ὄργυιαν, ἐϋστρεφὲς ἀμφοτέρωθεν 167

πλεξάμενος συνέδησα πόδας δεινοῖο πελώρου, 168

βῆν δὲ καταλοφάδεια φέρων ἐπὶ νῆα μέλαιναν 169

ἔγχει ἐρειδόμενος, ἐπεὶ οὔ πως ἦεν ἐπ᾽ ὤμου 170

χειρὶ φέρειν ἑτέρῃ· μάλα γὰρ μέγα θηρίον ἦεν. 171

κὰδ δ᾽ ἔβαλον προπάροιθε νεός, ἀνέγειρα δ᾽ ἑταίρους 172

μειλιχίοις ἐπέεσσι παρασταδὸν ἄνδρα ἕκαστον· 173

    "ὦ φίλοι, οὐ γάρ πω καταδυσόμεθ᾽ ἀχνύμενοί περ 174

εἰς Ἀΐδαο δόμους, πρὶν μόρσιμον ἦμαρ ἐπέλθῃ· 175

ἀλλ᾽ ἄγετ᾽, ὄφρ᾽ ἐν νηὶ θοῇ βρῶσίς τε πόσις τε, 176

μνησόμεθα βρώμης, μηδὲ τρυχώμεθα λιμῷ." 177

    ὣς ἐφάμην, οἱ δ᾽ ὦκα ἐμοῖς ἐπέεσσι πίθοντο, 178

ἐκ δὲ καλυψάμενοι παρὰ θῖν᾽ ἁλὸς ἀτρυγέτοιο 179

θηήσαντ᾽ ἔλαφον· μάλα γὰρ μέγα θηρίον ἦεν. 180

ἄκνηστις, -ιος, ἡ: backbone, 1
ἀμφοτέρω-θεν: from both, from each, 3
ἀν-εγείρω: to wake up, 1
ἀντικρύ: opposite, straight on, 1
ἀ-τρύγετος, -ον: fruitless, barren, 1
αὖ-θι: on the spot, here, here, there, 9
βρώμη, ἡ: food, 5
βρῶσις, ἡ: eating, food, meat, 2
δεινός, -ή, -όν: terrible, dire, strange, 21
δόμος, ὁ: house, abode, 9
δόρυ, δουρός, τό: spear, three, stem, 8
ἔγχος, -εός, τό: spear, lance, 3
ἐκ-βαίνω: to come out forth, disembark, 3
ἐκ-περάω: to pass over, traverse, 2
ἔλαφος, ὁ, ἡ: deer, 2
ἐπ-έρχομαι: to come to, arrive at, reach, 7
ἐρείδω: to lean, prop; press, 3
ἕτερος, -η, -ον: one of two, one…the other, 6
ἐυ-στρεφής, -ές: well-twisted, well-braided, 2
θεάομαι: to see, watch, look at; consider, 13
θηρίον, τό: wild animal, beast, 4
θίς, θινός, ὁ: shore, beach, 10
καλύπτω: to conceal, cover, 6
κατα-δύω: to go down, enter, 12
κατα-κλίνω: to lay down, lean, 1
καταλοφάδεια: crosswise over the shoulders 1
κόνιη, ἡ: dust, 3

λιμός. ὁ, ἡ: hunger, famine, 3
λύγος, ἡ: willow-twig, pliant twig, 2
μειλίχιος, -η, -ον: winning, soothing, mild, 7
μέσος, -η, -ον: the middle of, 11
μη-δέ: and not, but not, nor, 6
μηκάομαι: to bleat, 2
μιμνήσκω: to remind, recall, recollect, 8
μόρσιμος, -ον: fated, alloted, destined, 1
νῶτον, τό: the back, 3
ὄργυια, ἡ, : fathom (6 ft.), 2
παρα-σταδόν: standing by, going up to 3
πέλωρον, τό: monster, prodigy, 4
πέτομαι: to fly, 3
πλέκω: to twist, plait, 1
πλήσσω: to hit, strike, smite, 5
πόσις, -ιος, ὁ: drink, 2
πρίν: until, before, 14
προ-πάροιθε: before, in front, of, 4
ῥώψ, ῥωπός, ἡ: brushwood, twigs, 1
σπάω: to pull, tear, 7
συν-δέω: to bing together, bind fast, 2
τρυχόομαι: to be worn out, be consumed, 2
χάλκεος, -ον: of copper or bronze, brazen, 28
ὦκα: quickly, swiftly, straightaway, 8
ὦμος, ὁ: shoulder, 4
ὠτειλή, ἡ: a wound, 1

161 τὸν δ᾿: this one; the deer
    κατ᾿ ἄκρηστιν: through the spine; μέσα
    νῶτα is in apposition to ἄκρηστιν
162 πλῆξα: 1ˢᵗ sg. aor. πλήσσω
    ἐξεπέρησε: 3ʳᵈ sg. aor. ἐκπεράω
163 κὰδ δ ἔπεσ᾿: fell down; tmesis aor κατα-
    πίπτω; τ in κάτα assimilates to δ
    μακών: bleating; aor. pple. μηκάομαι
    ἔπτατο: 3ʳᵈ sg. aor. πέτομαι
164 τῷ ἐμβαίνων: stepping upon him; the
    foot provides support to remove the
    spear; dat. with compound
165 εἰρυσάμην: I drew; aor. mid. ἐρύω
    κατακλίνας: having laid it down; i.e. the
    spear
166 εἴασα: I let it go; i.e. left the spear on the
    ground, aor. ἐάω
167 πεῖσμα: as a rope, cable; neuter. sg.
    ὅσον ὄργυιαν: as long as six feet
168 πόδας: acc. pl. πούς
169 βῆν: I walked; 1ˢᵗ sg. aor. βαίνω
170 ἔγχει: on the spear; dat. of means
    οὔ πως ἦεν: it was in no way possible;

impf. εἰμί not enclitic often carries the
meaning "is possible/exists"
171 χειρὶ ἑτέρῃ: with one hand; dat. means
    ἦεν: was; impf. εἰμί
    κὰδ..ἔβαλον: I threw down
173 ἐπέεσσει: with…words; dat. pl. ἔπος
174 καταδυσόμεθα: 1ˢᵗ pl. fut. καταδύνω
    ἀχνύμενοι περ: though being grieved;
    pres. pass. pple ἀχεύω , περ gives the
    participle concessive force
175 ᾿Αἴδαο: of Hades; gen. sg.
    ἐπέλθῃ: 3ʳᵈ sg. aor. subj. ἐπ-έρχομαι
    unusually without ἄν or κε
176 ἄγετε: come now; pl. imperative
    ὄφρα: as long as
177 μνησόμεθα: let us recall; + gen., hortatory
    aor. subj. μιμνήσκω
    τρυχώμεθα: let us be worn out; hortatory
    λιμῷ: by hunger; dat. means
178 πίθοντο: obeyed; + dat. aor. mid. πείθω
179 ἐκ καλυψάμενοι: uncovering themselves
180 θηήσαντο: looked in amazement at; aor.

αὐτὰρ ἐπεὶ τάρπησαν ὁρώμενοι ὀφθαλμοῖσιν,   181

χεῖρας νιψάμενοι τεύχοντ᾽ ἐρικυδέα δαῖτα.   182

ὣς τότε μὲν πρόπαν ἦμαρ ἐς ἠέλιον καταδύντα   183

ἥμεθα δαινύμενοι κρέα τ᾽ ἄσπετα καὶ μέθυ ἡδύ·   184

ἦμος δ᾽ ἠέλιος κατέδυ καὶ ἐπὶ κνέφας ἦλθε,   185

δὴ τότε κοιμήθημεν ἐπὶ ῥηγμῖνι θαλάσσης.   186

ἦμος δ᾽ ἠριγένεια φάνη ῥοδοδάκτυλος Ἠώς,   187

καὶ τότ᾽ ἐγὼν ἀγορὴν θέμενος μετὰ πᾶσιν ἔειπον·   188

"κέκλυτέ μευ μύθων, κακά περ πάσχοντες ἑταῖροι·   189

ὦ φίλοι, οὐ γάρ τ᾽ ἴδμεν, ὅπῃ ζόφος οὐδ᾽ ὅπῃ ἠώς,   190

οὐδ᾽ ὅπῃ ἠέλιος φαεσίμβροτος εἶσ᾽ ὑπὸ γαῖαν,   191

οὐδ᾽ ὅπῃ ἀννεῖται· ἀλλὰ φραζώμεθα θᾶσσον   192

εἴ τις ἔτ᾽ ἔσται μῆτις. ἐγὼ δ᾽ οὔκ οἴομαι εἶναι.   193

εἶδον γὰρ σκοπιὴν ἐς παιπαλόεσσαν ἀνελθὼν   194

νῆσον, τὴν πέρι πόντος ἀπείριτος ἐστεφάνωται·   195

αὐτὴ δὲ χθαμαλὴ κεῖται· καπνὸν δ᾽ ἐνὶ μέσσῃ   196

ἔδρακον ὀφθαλμοῖσι διὰ δρυμὰ πυκνὰ καὶ ὕλην."   197

ὣς ἐφάμην, τοῖσιν δὲ κατεκλάσθη φίλον ἦτορ   198

μνησαμένοις ἔργων Λαιστρυγόνος Ἀντιφάταο   199

Κύκλωπός τε βίης μεγαλήτορος, ἀνδροφάγοιο.   200

ἀγορή, ἡ: an assembly; marketplace, 6
ἀ-πείριτος, -ον: impenetrable, boundless, 1
ἀνα-νέομαι: to rise up, come up, 1
ἀνδρο-φάγος, -ον: man-eathing, 1
ἀν-έρχομαι: to go up, approach, 3
Ἀντιφάτης, ὁ: Antiphates, 3
ἄ-σπετος, -ον: unspeakable, boundless, 6
δαίνυμι: to divide; partake in a meal, 11
δαίς, ὁ: meal, 2
δέρκομαι: to look, see, 1
δρυμά, τά: thicket, coppices, 3
ἐρι-κυδής, -ές: glorious, famous, 3
ζόφος, ὁ: darkness, gloom, 5
ἡδύς, -υῖα, ύ: sweet, pleasant, agreeable, 14
ἦτορ, τό: heart, soul, mind, spirit, 11
θάσσων, -ον: quicker, swifter, 12
καπνός, ὁ: smoke, 8
κατα-δύω: to go down, enter, 12
κατα-κλάω: to shatter, break off, snap off, 5
κλύω: to hear, 10
κνέφας, -αος, τό: dusk, darkness, 5
κοιμάω: to put to sleep; mid. to fall asleep, 7
κρέας, τό: flesh, meat, piece of meat, 11

Λαιστρυγών, -όνος, ἡ: Laestrygonian, 3
μεγαλ-ήτωρ, -ορος: great-hearted, 6
μέθυ, τό: wine, 9
μέσος, -η, -ον: the middle of, 11
μῆτις, ἡ: cunning, wisdom, counsel, 3
μιμνήσκω: to remind, recall, recollect, 8
νίζω: to wash, cleanse, 8
οἴομαι: to suppose, think, imagine, 9
ὅπῃ: by which way, in what direction, 6
παιπαλόεις, -εσσα, -εν, τό: rugged, rocky, 4
πρόπας, -πασα, -παν: all the, whole, entire, 5
πυκινός, -ή, -όν: close fitted, dense, thick, 8
ῥηγμίς, -ῖνος, ἡ: surf, breakers, 7
ῥοδο-δάκτυλος, -ον: rosy-fingered, 8
σκοπιή, ἡ: a look-out place, peak, 3
στεφανόω: to crown, put around, 1
τέρπω: to delight; mid. enjoy, feel joy, 5
ὕλη, ἡ: wood, forest, 14
φαεσί-μβροτος, -όν: bringing light to men, 2
φράζω: to show, indicate, tell, think, 7
χθαμαλός, -ή, -όν: low-lying, low, 4

---

181 ἐπεὶ τάρπησαν: after they delighted; 3rd
   pl. aor. τέρπω
   ὀφθαλμοῖσι: with their eyes; pleonasm
182 τεύχονται: prepare; 3rd pl. pres. τεύχω
183 ὡς τότε: so then
   πρόπαν ἦμαρ: for…; acc. of duration
   ἐς: up to, until
184 ἥμεθα: we sat; impf. ἦμαι
185 ἦμος: when
   κατέδυ: aor. καταδύω
   ἦλθε: 3rd sg. aor. ἔρχομαι
186 κοιμήθημεν: we fell to sleep aor. pass. dep
187 φάνη: appeared; 3rd sg. aor. pass. φαίνω
188 θέμενος: setting up; aor. mid. τίθημι
   μετὰ πᾶσιν ἔειπον: spoke among them
   all
189 Κέκλυτε: hear; reduplicated aor.
   imperative κλύω + gen. of source
   μύθων: words; gen. pl. object
   περ πάσχοντες: though suffering; pple.
   πάσχω, περ makes pple concessive
190 ἴδμεν: 1st pl. οἶδα

ὅπῃ: where; "in what direction"
191 εἶσι: go; 3rd sg. pres. εἶμι
192 φραζώμεσθα: let us…; hortatory subj.
   θᾶσσον: quickly
193 ἔσται: will be; 3rd sg. fut. dep. εἰμί
   μῆτις: good counsel
   εἶναι: that there is (counsel); inf. εἰμί
194 εἶδον: 1st sg. aor.s ὁράω
   ἀνελθὼν: nom. sg. aor. pple ἀν-έρχομαι
195 τὴν πέρι: around which; νῆσον is fem.
   ἐστεφάνωται: is crowned; "is
   surrounded," 3rd sg. pf. στεφανόω
196 αὐτή: (the island) itself; νῆσος is fem.
197 ἔδαρκον: 1st sg. aor. δέρκομαι
198 κατεκλάσθη: were shattered; 3rd sg. (pl.
   sense) aor. pass. κατα-κλάω
   τοῖσι φίλον ἦτορ: their own (hearts); dat.
   of possession
199 μνησαμένοις: recalling; + gen., aor. pple
   μιμνήσκω
   Ἀντιφάταο: gen. sg. Ἀντιφάτης

κλαῖον δὲ λιγέως θαλερὸν κατὰ δάκρυ χέοντες·   201

ἀλλ' οὐ γάρ τις πρῆξις ἐγίγνετο μυρομένοισιν.   202

"αὐτὰρ ἐγὼ δίχα πάντας ἐϋκνήμιδας ἑταίρους   203

ἠρίθμεον, ἀρχὸν δὲ μετ' ἀμφοτέροισιν ὄπασσα·   204

τῶν μὲν ἐγὼν ἦρχον, τῶν δ' Εὐρύλοχος θεοειδής.   205

κλήρους δ' ἐν κυνέῃ χαλκήρεϊ πάλλομεν ὦκα·   206

ἐκ δ' ἔθορε κλῆρος μεγαλήτορος Εὐρυλόχοιο.   207

βῆ δ' ἰέναι, ἅμα τῷ γε δύω καὶ εἴκοσ' ἑταῖροι   208

κλαίοντες· κατὰ δ' ἄμμε λίπον γοόωντας ὄπισθεν.   209

εὗρον δ' ἐν βήσσῃσι τετυγμένα δώματα Κίρκης   210

ξεστοῖσιν λάεσσι, περισκέπτῳ ἐνὶ χώρῳ·   211

ἀμφὶ δέ μιν λύκοι ἦσαν ὀρέστεροι ἠδὲ λέοντες,   212

τοὺς αὐτὴ κατέθελξεν, ἐπεὶ κακὰ φάρμακ' ἔδωκεν.   213

οὐδ' οἵ γ' ὁρμήθησαν ἐπ' ἀνδράσιν, ἀλλ' ἄρα τοί γε 214

οὐρῇσιν μακρῇσι περισσαίνοντες ἀνέσταν.   215

ὡς δ' ὅτ' ἂν ἀμφὶ ἄνακτα κύνες δαίτηθεν ἰόντα   216

σαίνωσ', αἰεὶ γάρ τε φέρει μειλίγματα θυμοῦ,   217

ὣς τοὺς ἀμφὶ λύκοι κρατερώνυχες ἠδὲ λέοντες   218

σαῖνον· τοὶ δ' ἔδεισαν, ἐπεὶ ἴδον αἰνὰ πέλωρα.   219

ἔσταν δ' ἐν προθύροισι θεᾶς καλλιπλοκάμοιο,   220

θεά, ἡ: goddess   φάρμακον, τό: herb, drug, medicine

αἰνός, -ή, -όν: terrible, dire, dread, grim, 9
ἀμφότερος, -η, -ον: each of two, both, 8
ἄναξ, -ακτος, ὁ: a lord, master, 14
ἀν-ίστημι: to make stand up, raise up, 4
ἀριθμέω: to count, reckon, 1
ἀρχός, ὁ: leader, commander, captain, 1
ἄρχω: to begin; rule, be leader of (gen.) 4
βῆσσα, ἡ: glen, ravine, 5
γοάω: to wail, groan, weep, 9
δάκρυον, τό: tear, 12
δαίτη-θεν: from a feast, 1
δείδω: fear, dread, shrink from, feel awe, 13
δίχα: apart, asunder; apart from (+ gen.), 1
εἴκοσι: twenty, 4
ἐυ-κνήμις, -ῖδος: well-greaved, 4
εὑρίσκω: to find, discover, devise, invent, 10
Εὐρύλοχος, ὁ: Eurylochus, 14
θαλερός, -ή, -όν: blooming, in their prime, 8
θεο-ειδής, -ές: godlike, divine in form, 1
θρώσκω: to leap forward, spring forward, 1
καλλί-πλόκαμος, -ον: fair-locked, 2
κατα-θέλγω: to bewitch, subdue by charm, 1
κλαίω: to weep, lament, wail, 13
κλῆρος, ὁ: a lot, plot (of land), 4
κρατερῶνυξ, -υχος: strong-hoofed, 1

κύων, κυνός, ὁ: a dog, 6
κυνέη, ἡ: helmet, cap, 5
λᾶας, -ος, ὁ: stone, 6
λέων, -ονος, ὁ: a lion, 5
λιγύς, -εια, -ύ: clear, resonant, whistling, 4
λύκος, ὁ: wolf, 4
μεγαλ-ήτωρ, -ορος: great-hearted, 6
μείλιγμα, -ατος, τό: that which soothes, 1
μύρω: to flow, run, trickle, 4
ξεστός, -ή, -όν: smooth, smoothed, polished, 4
ὀπάζω: to give, grant, 4
ὄπισθεν: behind; in the future, later, 3
ὀρεστερος, -α, -ον: of the mountain, 1
ὁρμάω: to set in motion, begin, urge, 4
οὐρά, ἡ: tail, 2
πάλλω: to shake, sway, leap, quiver, 1
πέλωρον, τό: monster, prodigy, 4
περι-σαίνω: to wag the tail about, fawn upon 1
περι-σκεπτος, -ον: conspicuous, 2
πρῆξις, ἡ: business; result, issue, 3
πρό-θυρον, τό: the gateway; doorway, 1
σαίνω: to wag a tail, 2
χαλκήρης, -ες: fitted with bronze, 3
χῶρος, ὁ: place, spot, piece of ground, 7
ὦκα: quickly, swiftly, straightaway, 8

---

201 κλαῖον: *were weeping*; 3rd pl. impf.
    κατα...χέοντες: *shedding down*; tmesis
202 οὔ τις πρῆξις: *not any accomplishment*;
    i.e effect, benefit, result
    μυρομένοισι: *for those weeping*; "for
    those flowing (with tears)" dat. of interest
204 ἠρίθμεον: *I counted off*; into two group
    μετ᾽...ὄπασσα: *gave*; tmesis, 1st sg. aor.
    ὀπάζω
205 τῶν μὲν...τῶν δ᾽: *some...others*
    Εὐρύλοχος: *Eurylochus was leader of*;
    ellipsis, supply 3rd sg. impf ἄρχε
206 κλήρους...ὦκα: *we quickly shook lots in
    a brazen helmet*
207 ἐκ δ ἔθορε: *leapt out*; 3rd pl. aor. θρώσκω
208 βῆ δ᾽ ἰέναι: *he set out to go*; inf. ἔρχομαι
    ἅμα τῷ γε: *along with him*
209 κατὰ λίπον: *left behind*; aor. καταλείπω
    ἄμμε: *us*; governs acc. pple γοόωντας
210 εὗρον: 3rd pl. aor. εὑρίσκω
    τετυγμένα: *built*; pf. pass. pple. τεύχω
211 ξεστοῖσιν λάεσσι: dat. pl. of means
    περισκέπτῳ: *conspicious*; "seen on all
    sides", i.e. on a hilltop

212 ἀμφὶ δέ: *and around (the house)*
    ἦσαν: 3rd pl. impf. εἰμί
213 τοὺς: *which*; relative pronoun
    αὐτὴ: *she herself*; intensive pronoun
    ἔδωκεν: 3rd sg. aor. δίδωμι
214 ὁρμήθησαν: *they were set in motion*
    pf. pass. ὁρμάω
    ἐπ᾽ ἀνδράσιν: *against my men*
    τοί γε: *they*; i.e. the animal
215 ἀνέσταν: *stood up (on their hindlegs)*
216 ὡς δ᾽ ὅτε: *just as whenever...*; introduces
    a simile; ἄν + subjunctive in general
    temporal clause
217 σαίνωσι: *wag their tails*; subj. σαίνω
    μειλίγματα: *treats*; "things that soothe"
    neuter plural substantive
218 ὥς: *so...*; ending the simile from 216
    τοὺς ἀμφὶ: *around them*; Odysseus' men
219 ἔδεισαν: 3rd pl. aor. δείδω
    ἴδον: 3rd pl. aor. ὁράω
220 ἔδεισαν: 3rd pl. aor. δείδω
    ἔσταν: *they stopped*; 3rd pl. aor. ἵστημι
187 θεᾶς: gen. sg.

Κίρκης δ' ἔνδον ἄκουον ἀειδούσης ὀπὶ καλῇ, 221

ἱστὸν ἐποιχομένης μέγαν ἄμβροτον, οἷα θεάων 222

λεπτά τε καὶ χαρίεντα καὶ ἀγλαὰ ἔργα πέλονται. 223

τοῖσι δὲ μύθων ἦρχε Πολίτης, ὄρχαμος ἀνδρῶν, 224

ὅς μοι κήδιστος ἑτάρων ἦν κεδνότατός τε· 225

"ὦ φίλοι, ἔνδον γάρ τις ἐποιχομένη μέγαν ἱστὸν 226

καλὸν ἀοιδιάει, δάπεδον δ' ἅπαν ἀμφιμέμυκεν, 227

ἢ θεὸς ἠὲ γυνή· ἀλλὰ φθεγγώμεθα θᾶσσον." 228

ὣς ἄρ' ἐφώνησεν, τοὶ δὲ φθέγγοντο καλεῦντες. 229

ἡ δ' αἶψ' ἐξελθοῦσα θύρας ὤιξε φαεινὰς 230

καὶ κάλει· οἱ δ' ἅμα πάντες ἀιδρείῃσιν ἕποντο· 231

Εὐρύλοχος δ' ὑπέμεινεν, ὀισάμενος δόλον εἶναι. 232

εἷσεν δ' εἰσαγαγοῦσα κατὰ κλισμούς τε θρόνους τε, 233

ἐν δέ σφιν τυρόν τε καὶ ἄλφιτα καὶ μέλι χλωρὸν 234

οἴνῳ Πραμνείῳ ἐκύκα· ἀνέμισγε δὲ σίτῳ 235

φάρμακα λύγρ', ἵνα πάγχυ λαθοίατο πατρίδος αἴης. 236

αὐτὰρ ἐπεὶ δῶκέν τε καὶ ἔκπιον, αὐτίκ' ἔπειτα 237

ῥάβδῳ πεπληγυῖα κατὰ συφεοῖσιν ἐέργνυ. 238

οἱ δὲ συῶν μὲν ἔχον κεφαλὰς φωνήν τε τρίχας τε 239

καὶ δέμας, αὐτὰρ νοῦς ἦν ἔμπεδος, ὡς τὸ πάρος περ. 240

ἀγλαός, -ή, -όν: splendid, shining, bright, 7
ἀείδω: to sing, 6
αἶα, ἡ: earth, land, 5
ἀ-ιδρείη, ἡ: ignorance, 4
ἄλφιτον, τό: barley, 3
ἄμ-βροτος, -η, -ον: immortal, divine, 3
ἀμφι-μυκάομαι: to bellow, echo around, 1
ἀνα-μίγνυμι: to mix up, mix together, 1
ἀοιδιάω: to sing, 1
ἅπας, ἅπασα, ἅπαν: every, quite all, 7
ἄρχω: to begin; rule, be leader of (gen) 4
δάπεδον, τό: ground, floor, pavement, 3
δέμας, τό: bodily frame, build, 2
δόλος, ὁ: trap, trick, bait; cunning, 11
εἰσ-άγω: to lead to, lead inside, 3
ἐκ-πίνω: to drink up, drink dry, 4
ἔμ-πεδος, -ον: steadfast; adv. continuously, 9
ἐξ-έρχομαι: to come or come out, 5
ἔνδον: within, at home, 10
ἐπ-οίχομαι: to go, approach, go to and fro, 5
Εὐρύλοχος, ὁ: Eurylochus, 14
θάσσων, -ον: quicker, swifter, 12
θρίξ, τριχός, ἡ: hair, hairs, 6
θρόνος, ὁ: a seat, chair, 9
θύρη, ἡ: door, 11
ἵζω: to make sit, place; sit, 13
ἱστός, ὁ: ship's mast, loom for weaving, 13
κεδνός, -ή, -όν: careful, true, excellent, 2
κεφαλή, ἡ: the head, 12
κήδιστος, -η, -ον: nearest kin by marriage, 1

κλισμός, ὁ: a reclining chair, 1
κυκάω: to stir up, stir in, 3
λανθάνω: to escape notice, be unnoticed, 13
λεπτός, -ή, -όν: fine, thin; narrow, 4
λυγρός, -ή, -όν: mournful, sad, 5
μέλι, τό: honey, 1
οἴγω: to open, 3
οἴομαι: to suppose, think, imagine, 9
οἷος, -α, -ον: of what sort, such, as, 13
ὄρχαμος, ὁ: leader, chief, 2
ὄψ, ὀπός, ἡ: voice, 9
πάγχυ: quite, wholly, entirely, altogether, 1
πάρος: formerly, in former time, 6
πέλομαι: to come upon, come to be, to be, 4
πλήσσω: to strike, smite, 5
Πολίτης, ὁ: Polites, 1
Πράμνειος, -α, -ον: Pramnian, 1
ῥάβδος, ἡ: wand, rod, staff, stick, 5
σῖτος, ὁ: grain, food, 11
συφεός, ὁ: hog-sty, pigsty, 3
τυρός, ὁ: cheese, 6
ὑπο-μένω: to remain behind; withstand, 2
ὗς, ὑός ὁ, ἡ: swine, pig, 8
φαεινός, -ή, -όν: shining, beaming, radiant, 4
φθέγγομαι: to utter a sound or voice, 5
φωνέω: to utter, speak, 10
φωνή, ἡ: speech, voice, 3
χαρίεις, -εντος: graceful, beautiful, lovely, 4
χλωρός, -ή, -όν: greenish-yellow, green, 6

221 Κίρκης gen. object of ἄκουον
ἀειδούσης: gen. sg. pres. pple ἀείδω
ὀπὶ: with…; dat. sg. means ὄψ
222 ἱστὸν: loom
ἐποιχομένης: walking back and forth;
gen. sg. pres. pple modifying Κίρκης
οἷα…ἔργα: such fine and…works
θεάων: of the gods; gen. pl.
224 μύθων: his speech; "words" gen. pl.
object of impf. ἄρχε
αὐτὴ: she herself; intensive pronoun
ἔδωκεν: 3rd sg. aor. δίδωμι
225 ἦν: was; 3rd sg. impf. εἰμί
κεδνότατος: superlative
226 τις ἐποιχομένη: someone walking up an
down; subject
ἀοιδιάει: is singing; intransitive verb
227 ἀμφιμέμυκεν: is echoing around; 3rd sg.
pf. "bellows around"
228 ἤ…ἠὲ: either…or

φθεγγώμεθα: let us…; hortatory subj.
229 καλεῦντες: calling; pres. pple. καλέω or
fut. pple expressing purpose: "to call"
230 ἡ δ : and she
ἐξελθοῦσα: nom. fem. sg. pple ἐξέρχομαι
ὤιξε: opened; 3rd sg. aor. οἴγω
231 κάλει: she summoned them; ἐκάλεε, impf.
ἀϊδρείῃσιν: in their ignorance
ἕποντο: followed; 3rd sg. impf. ἕπομαι
232 ὀϊσάμενος: aor. pple οἴομαι
εἶναι: that (it) is; inf. εἰμί
233 εἷσεν: she made (them) sit; aor. ἵζω
εἰσαγαγοῦσα: nom. aor. pple εἰσ-άγω
234 σφιν: for them; dat. of interest
235 ἐκύκα: she stirred; ἐκύκαε, impf.
236 λαθοίατο: they might forget; 3rd pl. aor.
opt. in a purpose clause, secondary seq.
238 πεπληγυῖα: having struck; nom. pf. pple
ἔεργνυ: confined; 3rd sg. impf. ἔργνυμι
240 ὡς τὸ πάρος περ: just as before

ὣς οἱ μὲν κλαίοντες ἐέρχατο, τοῖσι δὲ Κίρκη   241

πάρ ῥ᾽ ἄκυλον βάλανόν τε βάλεν καρπόν τε κρανείης   242

ἔδμεναι, οἷα σύες χαμαιευνάδες αἰὲν ἔδουσιν.   243

Εὐρύλοχος δ᾽ αἶψ᾽ ἦλθε θοὴν ἐπὶ νῆα μέλαιναν   244

ἀγγελίην ἑτάρων ἐρέων καὶ ἀδευκέα πότμον.   245

οὐδέ τι ἐκφάσθαι δύνατο ἔπος ἱέμενός περ,   246

κῆρ ἄχεϊ μεγάλῳ βεβολημένος· ἐν δέ οἱ ὄσσε   247

δακρυόφιν πίμπλαντο, γόον δ᾽ ὠΐετο θυμός.   248

ἀλλ᾽ ὅτε δή μιν πάντες ἀγασσάμεθ᾽ ἐξερέοντες,   249

καὶ τότε τῶν ἄλλων ἑτάρων κατέλεξεν ὄλεθρον·   250

"ἤϊομεν, ὡς ἐκέλευες, ἀνὰ δρυμά, φαίδιμ᾽ Ὀδυσσεῦ·   251

εὕρομεν ἐν βήσσῃσι τετυγμένα δώματα καλὰ   252

ξεστοῖσιν λάεσσι, περισκέπτῳ ἐνὶ χώρῳ.   253

ἔνθα δέ τις μέγαν ἱστὸν ἐποιχομένη λίγ᾽ ἄειδεν,   254

ἢ θεὸς ἠὲ γυνή· τοὶ δὲ φθέγγοντο καλεῦντες.   255

ἡ δ᾽ αἶψ᾽ ἐξελθοῦσα θύρας ὤϊξε φαεινὰς   256

καὶ κάλει· οἱ δ᾽ ἅμα πάντες ἀϊδρείῃσιν ἕποντο·   257

αὐτὰρ ἐγὼν ὑπέμεινα, ὀϊσάμενος δόλον εἶναι.   258

οἱ δ᾽ ἅμ᾽ ἀϊστώθησαν ἀολλέες, οὐδέ τις αὐτῶν   259

ἐξεφάνη· δηρὸν δὲ καθήμενος ἐσκοπίαζον."   260

ἄγαμαι: to admire, wonder at, be amazed, 1
ἀγγελίη, ἡ: message, news, tidings, 1
ἀ-δευκής, -ές: not sweet, not pleasant, bitter, 1
ἀείδω: to sing, 6
ἄκυλος, ὁ: edible acorn, sweet acorn, 1
ἀ-ιδρείη, ἡ: ignorance, 4
ἀιστόω: to put out of sight, annihilate, 1
ἀολλής, -ές: all together, in throngs, crowds, 3
ἄχος, -εος, τό: anguish, distress, grief, 14
βάλανος, ἡ: an acorn, 1
βεβόλημαι: to be stricken, 2
βῆσσα, ἡ: glen, ravine, 5
γόος, ὁ: weeping wailing, groaning, 8
δάκρυον, τό: tear, 12
δηρόν: for a long time, for long, long, 1
δόλος, ὁ: trap, trick, bait; cunning, 11
δρυμά, τά: thicket, coppices, 3
δύναμαι: to be able, can, be capable, 10
ἐκ-φαίνω: to show, bring to light, 2
ἔκ-φημι: to speak out, utter, 1
ἐπ-οίχομαι: to go, approach, go to and fro, 5
ἐξ-ερέω: will speak out, utter aloud, 2
ἐξ-έρχομαι: to come or come out, 5
Εὐρύλοχος, ὁ: Eurylochus, 14
εὑρίσκω: to find, discover, devise, invent, 10
θύρη, ἡ: door, 11

ἱστός, ὁ: ship's mast, loom for weaving, 13
καθ-ίζω: to make sit down, station, 6
καρπός, ὁ: crop, fruit, benefit, 6
κατα-λέγω: to tell in order, recount, relate, 12
κῆρ, τό: heart; soul, mind, 5
κλαίω: to weep, lament, wail, 13
κράνεια, ἡ: cornel-tree, 1
λᾶας, -ος, ὁ: stone, 6
λίγα: loudly, in a clear tone, 1
ξεστός, -ή, -όν: smooth, smoothed, polished, 4
οἴγω: to open, 3
οἴομαι: to suppose, think, imagine, 9
οἷος, -α, -ον: of what sort, such, as, 13
ὄσσα, ἡ: rumor, report, 7
περι-σκεπτος, -ον: conspicuous, 2
πίμπλημι: to make full, fill, fill full of, 7
πότμος, ὁ: fate, death, 5
σκοπιάζω: to look out for, watch, spy, 1
ὑπο-μένω: to remain; sustain, withstand, 2
ὗς, ὑός ὁ, ἡ: swine, pig, 8
φαεινός, -ή, -όν: shining, beaming, radiant, 4
φαίδιμος, -η, -ον: glistening, shining, bright, 6
φθέγγομαι: to utter a sound or voice, 5
χαμαι-ευνάς, -άδος: bedding on the ground, 2
χῶρος, ὁ: place, spot, piece of ground, 7

---

241 ὥς: *in this way*
   ἐέρχατο: *had been confined*; 3rd pl. plpf.
   ἔργνυμι
242 τοῖσι: *to these (men)*
   πάρ...ἔβαλεν: *threw toward*; tmesis, aor.
   παρα-βάλλω; + dat.
243 ἔδμεναι: *to eat*; inf. expressing purpose
   οἷα: *the sort of things which*
244 ἦλθε: aor. ἔρχομαι
245 ἀγγελίην ἑτάρων ἐρέων: *to tell the news
   of his companions…*; fut. pple. of fut.
   ἐρέω expressing purpose
246 ἐκφάσθαι: pres. inf. ἐκ-φημι
   τι...ἔπος: *any word*
   ἱεμενός περ: *though set upon (doing it)*;
   pres. mid. ἱημι, περ is concessive
247 κῆρ: *in the heart*; acc. of respect
   οἱ ὄσσε: *his two eyes*; dat. poss.; dual
   πίμπλαντο: impf. πίμπλημι
248 δακρυόφιν: *with…*; -φι gives the noun
   instrumental force equal to dat. means
   γόον δ᾽ ὤιετο θυμός: *his heart thought of
   wailing*; i.e. but no sound emerged, impf.
   οἴομαι
249 ἀγασσάμεθα: 1st pl. aor. ἄγαμαι

ἐξερέοντες: *speaking out*
251 Ἤιομεν: *we went*; impf. ἔρχομαι (stem -ι)
   ὥς: *just as*
252 εὕρομεν: 1st pl. aor. εὑρίσκω
   τετυγμένα: *built*; pf. pass. pple. τεύχω
253 ξεστοῖσιν λάεσσι: dat. pl. of means
   περισκέπτω: *conspicious*; "seen on all
   sides", i.e. on a hilltop
254 τις ἐποιχομένη: *someone walking up an
   down*; subject
255 ἤ...ἠὲ: *either…or*
   φθεγγώμεθα: *let us…*; hortatory subj.
   καλεῦντες: *calling*; pres. pple. καλέω or
   fut. pple expressing purpose: "to call"
256 ἐξελθοῦσα: nom. fem. sg. pple ἐξέρχομαι
   ὤιξε: *opened*; 3rd sg. aor. οἴγω
257 κάλει: *she summoned them*; ἐκάλεε, impf
   ἀιδρείησιν: *in their ignorance*
   ἕποντο: *followed*; 3rd sg. impf. ἕπομαι
258 οἰσάμενος: aor. pple οἴομαι
   εἶναι: *that (it) is*; inf. εἰμί
259 ἀιστώθησαν: *were put out of sight*; pass.
260 ἐξεφάνη: *did appear*; aor. pass. φαίνω

ὣς ἔφατ’, αὐτὰρ ἐγὼ περὶ μὲν ξίφος ἀργυρόηλον   261
ὤμοιϊν βαλόμην, μέγα χάλκεον, ἀμφὶ δὲ τόξα·   262
τὸν δ’ ἂψ ἠνώγεα αὐτὴν ὁδὸν ἡγήσασθαι.   263
αὐτὰρ ὅ γ’ ἀμφοτέρῃσι λαβὼν ἐλλίσσετο γούνων   264
καί μ’ ὀλοφυρόμενος ἔπεα πτερόεντα προσηύδα·   265
“μή μ’ ἄγε κεῖσ’ ἀέκοντα, διοτρεφές, ἀλλὰ λίπ’ αὐτοῦ.   266
οἶδα γάρ, ὡς οὔτ’ αὐτὸς ἐλεύσεαι οὔτε τιν’ ἄλλον   267
ἄξεις σῶν ἑτάρων. ἀλλὰ ξὺν τοίσδεσι θᾶσσον   268
φεύγωμεν· ἔτι γάρ κεν ἀλύξαιμεν κακὸν ἦμαρ.”   269

ὣς ἔφατ’, αὐτὰρ ἐγώ μιν ἀμειβόμενος προσέειπον·   270
“ Εὐρύλοχ’, ἦ τοι μὲν σὺ μέν’ αὐτοῦ τῷδ’ ἐνὶ χώρῳ   271
ἔσθων καὶ πίνων κοίλῃ παρὰ νηῒ μελαίνῃ·   272
αὐτὰρ ἐγὼν εἶμι, κρατερὴ δέ μοι ἔπλετ’ ἀνάγκη.”   273

ὣς εἰπὼν παρὰ νηὸς ἀνήϊον ἠδὲ θαλάσσης.   274
ἀλλ’ ὅτε δὴ ἄρ’ ἔμελλον ἰὼν ἱερὰς ἀνὰ βήσσας   275
Κίρκης ἵξεσθαι πολυφαρμάκου ἐς μέγα δῶμα,   276
ἔνθα μοι Ἑρμείας χρυσόρραπις ἀντεβόλησεν   277
ἐρχομένῳ πρὸς δῶμα, νεηνίῃ ἀνδρὶ ἐοικώς,   278
πρῶτον ὑπηνήτῃ, τοῦ περ χαριεστάτη ἥβη·   279
ἔν τ’ ἄρα μοι φῦ χειρί, ἔπος τ’ ἔφατ’ ἔκ τ’ ὀνόμαζε·   280

ἀλύσκω: to escape, evade, avoid, forsake, 10
ἀμφότερος, -η, -ον: each of two, both, 8
ἀνάγκη, ἡ: necessity, force, constraint, 4
ἀν-έρχομαι: to go up, 7
ἀντι-βολέω: to encounter, come in way of, 2
ἄνωγα: to command, order, bid, 10
ἀργυρό-ηλος, -ον: with silver nails. 4
ἄψ: back, back again, backwards, 8
βῆσσα, ἡ: glen, ravine, 5
Διο-τρεφής, -ές: cherished by Zeus, 2
ἐκεῖ-σε: thither, to that place, 6
ἔοικα: to be like, seem likely, 7
Ἑρμῆς, ὁ: Hermes, 4
ἔσθω: to eat, devour, poetic for ἐσθίω, 5
Εὐρύλοχος, ὁ: Eurylochus, 14
γόνυ, γουνός, τό: the knee, 4
ἥβη, ἡ: youthful prime, early manhood, 10
ἡγέομαι: to lead, guide; consider, think, 1
θάσσων, -ον: quicker, swifter, 12
κοῖλος, -η, -ον: hollow, hollowed, 7
κρατερός, -ή, -όν: strong, stout, mighty, 14

λαμβάνω: to take, receive, catch, grasp, 13
λίσσομαι: to beg, pray, entreat, supplicate, 5
μέλλω: to be about to, to intend to, 8
νεηνίης, -εω, ὁ: a young man, youth, 1
ξίφος, τό: a sword, 8
ὀλοφύρομαι: to lament mourn, bewail, 9
ὀνομάζω: to name, call by name, 3
πέλομαι: to come upon, come to be, to be, 4
πλέω: to sail, go by sea, 8
πολυ-φάρμακος, -όν: skilled in many drugs, 1
πτερόεις, -εντος: feathered, winged, 14
σῶς, σόη, σόον: safe and sound, safe, sound, 3
τόξον, τό: bow, 4
ὑπηνήτης, ὁ: bearded, with a beard, 1
φύω: to bring forth, produce, put forth, 12
χαρίεις, -εντος: graceful, beautiful, lovely, 4
χρυσόρραπις, -ιδος, ὁ: with wand of gold, 2
χῶρος, ὁ: place, spot, piece of ground, 7
ὦμος, ὁ: shoulder, 4

261 περὶ...βαλόμην: *I put (acc) around (dat)*;
    tmesis, 1st sg. aor. βάλξω
262 ὤμοϊϊν: dual dative of compound verb
    ἄμφὶ: *I put (acc) on both sides*; supply
    βαλόμην
    ὡς: *just as*
263 τὸν: *him*; i.e. Eurylochus
    ἠνώγεα: *I ordered*; plpf. but past in sense
    αὐτὴν ὁδόν: *along the same way*
264 λαβὼν: *grabbing* (+ partitive gen); aor.
    pple λαμβάνω
    ἀμφοτέρῃσι: *with both (hands)*; means
265 προσηύδα: 1st sg. impf. προσ-αυδάω
    ἐξερέοντες: *speaking out*
266 Μή...ἄγε: *don't lead...*; neg. imperative
    ἀέκοντα: *against my will*; acc. with με
    λίπε: aor. sg. imperative λείπω
    αὐτοῦ: *here*
267 οἶδα ὡς: I know that...; ind. discourse
    ἐλεύσεαι: *you will come (back safe)*;
    ἐλεύσε(σ)αι, 2nd sg. fut. dep. ἔρχομαι
268 ἄξεις: 2nd sg. fut. ἄγω
    σῶν: *safe*; from σῶς, not σός "your"
    ξὺν τοῖσδεσι: *with these here men*
269 φεύγωμεν: *let us...*; hortatory subj.
    κεν ἀλύξαιμεν: *we could escape*; ἄν +
    aor. optative is a potential optative

271 ἦ τοι: *truly indeed*
    σὺ μένε: *your remain*: sg. imperative
    αὐτοῦ: *here*
272 ἔσθων, πίνων: nom. sg. pres. participles
273 εἶμι: *I will go*; note accent, fut. ἔρχομαι
    ἔπλετο: *has come upon*; impf. πέλομαι
274 εἰπών: *speaking thus*; aor. pple.
    παρὰ νηός...: *from...*; gen. separation
    ἀνῆϊον: *I went up*; impf. ἀν-έρχομαι
275 ἔμελλον...ἵξεσθαι: *I was about to arrive*;
    μέλλω governs a fut. inf., here ἱκνέομαι
    ἰὼν: *going*; fut pple ἔρχομαι
    ἱερὰς...βήσσας: *to the sacred glens*
276 Κίρκης: gen. sg.
277 Ἑρμείας: Hermes; nom. sg. subject
278 ἐοικώς: *being like, resembling (dat.)*;
    nom. sg. pf. pple. ἔοικα
279 πρῶτον: *for the first time*; adverb
    τοῦ περ...ἥβη: *whose youth (is)*; relative
    χαριεστατος: superlative
280 ἔν...φῦ χειρὶ: *he planted on me with his
    hand*; i.e. "he grabbed me," 3rd sg. impf.
    φύω, "grow, plant," and dat. of mean
    ἔκ τ᾽ ὀνόμαζε: *called (me) out by name*;
    impf.

"πῇ δὴ αὖτ', ὦ δύστηνε, δι' ἄκριας ἔρχεαι οἶος,   281

χώρου ἄϊδρις ἐών; ἕταροι δέ τοι οἵδ' ἐνὶ Κίρκης   282

ἔρχαται, ὥς τε σύες, πυκινοὺς κευθμῶνας ἔχοντες.   283

ἦ τοὺς λυσόμενος δεῦρ' ἔρχεαι; οὐδέ σέ φημι   284

αὐτὸν νοστήσειν, μενέεις δὲ σύ γ', ἔνθα περ ἄλλοι.   285

ἀλλ' ἄγε δή σε κακῶν ἐκλύσομαι ἠδὲ σαώσω.   286

τῆ, τόδε φάρμακον ἐσθλὸν ἔχων ἐς δώματα Κίρκης   287

ἔρχευ, ὅ κέν τοι κρατὸς ἀλάλκῃσιν κακὸν ἦμαρ.   288

πάντα δέ τοι ἐρέω ὀλοφώϊα δήνεα Κίρκης.   289

τεύξει τοι κυκεῶ, βαλέει δ' ἐν φάρμακα σίτῳ.   290

ἀλλ' οὐδ' ὣς θέλξαι σε δυνήσεται· οὐ γὰρ ἐάσει   291

φάρμακον ἐσθλόν, ὅ τοι δώσω, ἐρέω δὲ ἕκαστα.   292

ὁππότε κεν Κίρκη σ' ἐλάσῃ περιμήκεϊ ῥάβδῳ,   293

δὴ τότε σὺ ξίφος ὀξὺ ἐρυσσάμενος παρὰ μηροῦ   294

Κίρκῃ ἐπαῖξαι, ὥς τε κτάμεναι μενεαίνων.   295

ἡ δέ σ' ὑποδείσασα κελήσεται εὐνηθῆναι·   296

ἔνθα σὺ μηκέτ' ἔπειτ' ἀπανήνασθαι θεοῦ εὐνήν,   297

ὄφρα κέ τοι λύσῃ θ' ἑτάρους αὐτόν τε κομίσσῃ·   298

ἀλλὰ κέλεσθαί μιν μακάρων μέγαν ὅρκον ὀμόσσαι,   299

μή τί τοι αὐτῷ πῆμα κακὸν βουλευσέμεν ἄλλο,   300

εὐνάω: to go to bed

ἄιδρις: ignorant, unacquainted with, 1
ἄκρις, -ιος, ἡ: a hill-top, 5
ἀλαλκε: to ward off, keep off, 1
ἀπ-αναίνομαι: to deny, disown, 1
βουλεύω: to deliberate, take counsel, plan, 6
δεῦρο: hither, here, 4
δήνεα: counsels, plans, arts, 1
δύναμαι: to be able, can, be capable, 10
δύσ-τηνος, -ον: wretched, unhappy, 4
ἐκ-λύω: to loose, release, set free from, 7
ἐπ-αίσσω: to rush upon, spring, leap up, 2
ἐσθλός, -ή, -όν: good, well-born, noble, 10
θέλγω: charm, enchant, 5
κέλομαι: to command, bid, exhort, 10
κευθμών, ῶνος, ὁ: hiding place, hole, 1
κομίζω: to take care of, provide for, attend, 2
κράς, κρατός, ἡ: the head, 8
κυκεών, -ῶνος, ὁ: mixed drink, 2
μάκαρ, -αρος: blessed, happy, 11
μενεαίνω: to become angry, rage; desire, 4

μηκ-έτι: no more, no longer, no further, 4
μηρός, ὁ: thigh, 10
νοστέω: to return, to come back, 4
ξίφος, τό: a sword, 8
ὀλοφώιος -ον: pernicious, baleful, 1
ὄμνυμι: to swear, take an oath, 5
ὅρκος, ὁ: oath, 6
ὁπότε: when, by what time, 7
περι-μήκης, -ες: very tall, very long, 5
πῆ: in what way? How? 4
πῆμα, -ατος, τό: suffering, misery, woe, 8
πυκινός, -ή, -όν: close fitted, dense, thick, 8
ῥάβδος, ἡ: wand, rod, staff, stick, 5
σῖτος, ὁ: grain, food, 11
σώζω: to save, keep, 2
τῆ: take! here! (old imp. cf. λαβε) 2
ὑπο-δείδω: to cower under, fear utterly, 2
ὗς, ὑός ὁ, ἡ: swine, pig, 8
χῶρος, ὁ: place, spot, piece of ground, 7

281 πῆ: in what direction…?
ἔρχεαι: ἔρχε(σ)αι, 2ⁿᵈ sg. pres. ἔρχομαι
οἶος: alone
282 ἐών…: nom. sg. pple. εἰμί
οἵδε: those there; "these here"
ἐνὶ Κίρκης: in Circe's (house)
283 ἔρχαται: are confined; 3ʳᵈ pl. pf. ἔργνυμι
ὥς τε: just as, as if
λυσόμενος: intending to free; fut. pple
λύω often suggests purpose: "to free"
ἔρχεαι: ἔρχε(σ)αι, 2ⁿᵈ sg. pres. ἔρχομαι
284 οὐδέ…φημι: I say that…not
νοστήσειν: will return; fut. inf. in ind,
discourse, σέ is accusative subject
αὐτὸν: yourself; intensive with σέ
285 μενέεις: 2ⁿᵈ sg. fut. μένω (fut. stem μενε)
ἔνθα περ: the very place (where)…
remain; supply μένουσι
286 ἄγε: come on
κακῶν: from troubles; gen. of separation
ἐκλύσομαι, σαώσω: both verbs are future
τῆ: take!, here!
287 ἔρχευ: sg. imperative ἔρχομαι
288 ὅ κεν…ἀλάλκησιν: which wards off;
relative clause of characteristic with κε +
pres. 3ʳᵈ sg. subjunctive ἄλαλκε
κρατὸς: from your head; gen. separation
289 ἐρέω: I will tell; τοι is dat. ind. object
290 τεύξει: she will make; 3ʳᵈ sg. fut. τεύχω

κυκεῶ: κυκεῶ(ν)α acc. sg.
βαλέει: 3ʳᵈ sg. fut. βάλλω (stem βαλε)
291 οὐδ᾽ ὥς: not even so, not in this way
δυνήσεται: fut.
ἐάσει: will not allow (her to bewitch
you); fut. ἐάω, subject is φάρμακον
292 ὅ: which; neuter acc. sg.
δώσω: 1ˢᵗ sg. fut. δίδωμι
293 ὅππότε…ἐλάσῃ: whenever Circe strikes;
κε + aor. subj. ἐλαύνω, general temporal
294 ἐρυσσάμενος: drawing; aor. pple ἐρύω
295 ἐπαῖξαι: rush upon; + dat., aor. inf.
ἐπ-αίσσω used as an imperative
ὥς τε: as if, just as
κτάμεναι: to kill (her); inf. κτείνω
296 ὑποδείσασα: fem. aor. pple ὑποδείδω
κελήσεται: will bid; fut. mid. κέλομαι
εὐνηθῆναι: to be bedded; aor. pass. inf.
εὐνάω
297 μηκέτι…ἀπανήνασθαι: no longer deny!;
aor. inf. used as an imperative
θεοῦ: of the goddess
298 ὄφρα κέ..λύσῃ…κομίσσῃ: so that you
may free..and may bring; purpose clause
2ⁿᵈ sg. aor. subjunctive λύω, κομίζω
αὐτὸν and (you) yourself; intensive
299 κέλεσθαι ὁμόσσαι: bid her to swear; inf.
as imperative, aor. inf. ὄμνυμι
300 μὴ βουλευσέμεν: that she will not plot

μή σ᾽ ἀπογυμνωθέντα κακὸν καὶ ἀνήνορα θήῃ."   301

ὣς ἄρα φωνήσας πόρε φάρμακον ἀργεϊφόντης   302

ἐκ γαίης ἐρύσας, καί μοι φύσιν αὐτοῦ ἔδειξε.   303

ῥίζῃ μὲν μέλαν ἔσκε, γάλακτι δὲ εἴκελον ἄνθος·   304

μῶλυ δέ μιν καλέουσι θεοί· χαλεπὸν δέ τ᾽ ὀρύσσειν   305

ἀνδράσι γε θνητοῖσι, θεοὶ δέ τε πάντα δύνανται.   306

Ἑρμείας μὲν ἔπειτ᾽ ἀπέβη πρὸς μακρὸν Ὄλυμπον   307

νῆσον ἀν᾽ ὑλήεσσαν, ἐγὼ δ᾽ ἐς δώματα Κίρκης   308

ἤϊα, πολλὰ δέ μοι κραδίη πόρφυρε κιόντι.   309

ἔστην δ᾽ εἰνὶ θύρῃσι θεᾶς καλλιπλοκάμοιο·   310

ἔνθα στὰς ἐβόησα, θεὰ δέ μευ ἔκλυεν αὐδῆς.   311

ἡ δ᾽ αἶψ᾽ ἐξελθοῦσα θύρας ὤϊξε φαεινὰς   312

καὶ κάλει· αὐτὰρ ἐγὼν ἑπόμην ἀκαχήμενος ἦτορ.   313

εἷσε δέ μ᾽ εἰσαγαγοῦσα ἐπὶ θρόνου ἀργυροήλου   314

καλοῦ δαιδαλέου· ὑπὸ δὲ θρῆνυς ποσὶν ἦεν·   315

τεῦχε δέ μοι κυκεῶ χρυσέῳ δέπᾳ, ὄφρα πίοιμι,   316

ἐν δέ τε φάρμακον ἧκε, κακὰ φρονέουσ᾽ ἐνὶ θυμῷ.   317

αὐτὰρ ἐπεὶ δῶκέν τε καὶ ἔκπιον, οὐδέ μ᾽ ἔθελξε,   318

ῥάβδῳ πεπληγυῖα ἔπος τ᾽ ἔφατ᾽ ἔκ τ᾽ ὀνόμαζεν·   319

"ἔρχεο νῦν συφεόνδε, μετ᾽ ἄλλων λέξο ἑταίρων."   320

Ἀργει-φόντης, ὁ: slayer of Argus, 2
ἄνθος, -εως, τό: a blossom, flower, bloom, 3
ἀν-ήνωρ, -ορος, ὁ: unmanly, 2
ἀπο-βαίνω: to go away, depart, disembark, 1
ἀπο-γυμνόω: to denude, strip off, 1
ἀργυρό-ηλος, -ον: with silver nails, 4
αὐδή, ἡ: voice, 7
βοάω: to shout, 3
γάλα, γάλακτος, τό: milk, 3
δαιδάλεος, -ον, : cunningly wrought, 2
δείκνυμι: to point out, display, show, 4
δέπας, τό: drinking cup, cup, goblet, 3
δύναμαι: to be able, can, be capable, 10
εἴκελος, -η, -ον: like, similar to (dat.) 2
εἰσ-άγω: to lead to, 3
ἐκ-πίνω: to drink up, drink dry, 4
ἐξ-έρχομαι: to come or come out, 5
Ἑρμῆς, ὁ: Hermes, 4
ἦτορ, τό: heart, soul, mind, spirit, 1
θέλγω: bewitch, charm, enchant, 5
θνητός, -ή: mortal, liable to die, 5
θρῆνυς, -υος, ὁ: footstool, 2
θρόνος, ὁ: a seat, chair, 9
θύρη, ἡ: door, 11

ἵζω: to make sit, place; sit, 13
καλλί-πλόκαμος, -ον: fair-locked, 2
καρδίη, ἡ: heart, 2
κίω: to go, 10
κλύω: to hear (+ gen.) 10
κυκεών, -ῶνος, ὁ: mixed drink, 2
λέγω: gather, collect; say, 12
μῶλυ, τό: moly, 1
οἴγω: to open, 3
Ὄλυμπος, ὁ: Olympus, 4
ὀνομάζω: to name, call by name, 3
ὀρύσσω: to dig, dig through, quarry, 5
πλήσσω: to strike, smite, 5
πορφύρω: to boil, 1
ῥάβδος, ἡ: wand, rod, staff, stick, 5
ῥίζη, ἡ: a root, 3
συφεός, ὁ: hog-sty, pigsty, 3
ὑλήεις, -εσσα, -εν: wooded, 5
φαεινός, -ή, -όν: shining, beaming, radiant, 4
φρονέω: to think, to be wise, prudent, 3
φύσις, -εως, ἡ: nature, character, 3
φωνέω: to utter, speak, 10
χαλεπός, -ή, -όν: difficult, hard, harmful, 7
χρύσεος, -η, -ον: golden, of gold, 11

301 μὴ θήῃ: *that she not make (acc) (acc);* double accusative; 3rd sg. aor. subj. τίθημι
ἀπογυμνωθέντα: *(while) being stripped;* i.e. being nude; acc. sg. aor. pass. pple
302 πόρε: *provided, gave;* impf.. πόρω
303 ἐρύσας: *drawing (it);* aor. pple ἐρύω
ἔδειξε: *he pointed out;* i.e. explained
304 ῥίζῃ: *in the roots*
μέλαν ἔσκε: *it was black;* -σκ has force of iterative impf. εἰμί
ἄνθος: *the flower (was);* supply ἔσκε
305 μῶλυ...καλέουσι: *call it moly;* double acc
χαλεπὸν: *(it is) difficult*
306 δύνανται: *are able (to do)*
307 Ἑρμείας: Ἑρμῆς, nom. sg.
ἀπέβη: 3rd sg. aor. ἀποβαίνω
309 ἦια: *I went;* 1st sg. impf. ἔρχομαι
πολλὰ...πόρφυρε: *troubled over many things;* lit. "boiled in respect to many things," neuter acc. plural of respect
310 ἔστην: *I stood;* 1st aor. ἵστημι
εἰνὶ θύρῃσι: *in the doorway*
311 στάς: nom. sg. aor. pple. ἵστημι
312 ἡ δ': *and she*

ἐξελθοῦσα: nom. fem. sg. pple ἐξέρχομαι
ᾤιξε: *opened;* 3rd sg. aor. οἴγω
313 κάλει: *she summoned them;* ἐκάλεε, impf
ἀκαχήμενος: *being grieved;* pf. mid. pple ἀχεύω
ἦτορ: *in my heart;* acc. respect
314 εἷσεν: *she made me sit;* aor. ἵζω
εἰσαγαγοῦσα: nom. aor. pple εἰσ-άγω
315 ὑπὸ δὲ: *and below it*
ποσὶν: *for (my) feet;* dat. pl. of interest
316 τεῦχε: *she made;* 3rd sg. impf. τεύχω
κυκεῶ: κυκεῶ(ν)α acc. sg.
ὄφρα πίοιμι: *so that I might drink (it);* 1st sg. aor. opt. πίνω in a purpose clause
317 ἐν δέ: *and in (it)*
ἧκε: *she dropped;* "sent" 3rd sg. aor. ἵημι
κακὰ: *evil things;* neuter acc. pl.
318 δῶκεν: 3rd sg. aor. δίδωμι
ἔκπιον: 1st sg. aor. ἐκπίνω
319 πεπληγυῖα: *striking (me);* nom. pf. pple πλήσσω
ἔκ τ᾿ ὀνόμαζεν: *called (me) out by name;* impf.
320 Ἔρχεο συφεόνδε: *go to the sty ;* mid. imp.
λέξο: *lie;* "gather," aor. imp. "λέγω

ὣς φάτ᾽, ἐγὼ δ᾽ ἄορ ὀξὺ ἐρυσσάμενος παρὰ μηροῦ   321

Κίρκῃ ἐπήϊξα ὥς τε κτάμεναι μενεαίνων.   322

ἡ δὲ μέγα ἰάχουσα ὑπέδραμε καὶ λάβε γούνων,   323

καί μ᾽ ὀλοφυρομένη ἔπεα πτερόεντα προσηύδα·   324

"τίς πόθεν εἰς ἀνδρῶν; πόθι τοι πόλις ἠδὲ τοκῆες;   325

θαῦμά μ᾽ ἔχει ὡς οὔ τι πιὼν τάδε φάρμακ᾽ ἐθέλχθης·   326

οὐδὲ γὰρ οὐδέ τις ἄλλος ἀνὴρ τάδε φάρμακ᾽ ἀνέτλη,   327

ὅς κε πίῃ καὶ πρῶτον ἀμείψεται ἕρκος ὀδόντων.   328

σοὶ δέ τις ἐν στήθεσσιν ἀκήλητος νόος ἐστίν.   329

ἦ σύ γ᾽ Ὀδυσσεύς ἐσσι πολύτροπος, ὅν τέ μοι αἰεὶ   330

φάσκεν ἐλεύσεσθαι χρυσόρραπις ἀργεϊφόντης,   331

ἐκ Τροίης ἀνιόντα θοῇ σὺν νηῒ μελαίνῃ.   332

ἀλλ᾽ ἄγε δὴ κολεῷ μὲν ἄορ θέο, νῶϊ δ᾽ ἔπειτα   333

εὐνῆς ἡμετέρης ἐπιβείομεν, ὄφρα μιγέντε   334

εὐνῇ καὶ φιλότητι πεποίθομεν ἀλλήλοισιν.᾽   335

ὣς ἔφατ᾽, αὐτὰρ ἐγώ μιν ἀμειβόμενος προσέειπον·   336

"ὦ Κίρκη, πῶς γάρ με κέλεαι σοὶ ἤπιον εἶναι,   337

ἥ μοι σῦς μὲν ἔθηκας ἐνὶ μεγάροισιν ἑταίρους,   338

αὐτὸν δ᾽ ἐνθάδ᾽ ἔχουσα δολοφρονέουσα κελεύεις   339

ἐς θάλαμόν τ᾽ ἰέναι καὶ σῆς ἐπιβήμεναι εὐνῆς,   340

ἀ-κήλητος, -ον: not to be charmed, 1
ἀλλήλων, -λοις, -λους: one another, 9
ἀνα-τλάω: to bear up, endure (no present), 1
ἀν-έρχομαι: to go up, approach, 3
ἄορ, τό: sword, sword hung on a belt, 5
Ἀργει-φόντης, ὁ: slayer of Argus, 2
γόνυ, γουνός, τό: the knee, 4
δολοφρονέων, -ουσα, -ον: cunningly-minded 1
ἐνθάδε: here, hither, there, thither, 6
ἐπ-αΐσσω: to rush upon, spring, leap up, 2
ἕρκος, τό: fence, wall, 1
ἡμέτερος, -α, -ον: our, 7
ἤπιος, -α, -ον: mild, gentle, 2
θάλαμος, ὁ: room, chamber, sleeping room, 1
θαῦμα, -ατος, τό: wonder, amazement, 3
θέλγω: charm, enchant, 5
ἰάχω: to cry, cry out, 3
κέλομαι: to command, bid, exhort, 10
κολεόν, τό: scabbard, sheath, 4

λαμβάνω: to take, receive, catch, grasp, 13
μενεαίνω: to become angry, rage; desire, 4
μηρός, ὁ: thigh, 10
μίγνυμι: to mix, mingle, have intercourse, 5
ὀδούς, ὀδόντος, ὁ: tooth, 4
ὀλοφύρομαι: to lament mourn, bewail, 9
πό-θεν: from where? ποθεν from somewhere,2
πό-θι: where?, πο-θι: somewhere, 4
πόλις, ἡ: a city, 11
πολύ-τροπος, -ον: of many turns, wily, 1
πτερόεις, -εντος: feathered, winged, 14
στῆθος, τό: chest, breast, 6
τοκεύς, ὁ, ἡ: parent, 3
Τροίη, ἡ: Troy, 8
ὑπο-τρέχω: to run beneath, 1
ὗς, ὑός ὁ, ἡ: swine, pig, 8
φιλότης, -τητος, ὁ: friendship, love, kinship 3
χρυσόρραπις, -ιδος, ὁ: with wand of gold, 2

321 ἐρυσσάμενος: *drawing*; aor. pple ἐρύω
322 Κίρκη: dat. obj. of compound verb
ἐπήϊξα: *leapt upon;* 1ˢᵗ sg. aor. ἐπ-αΐσσω
ὥς τε: *as if, just as*
κτάμεναι: *to kill (her)*; inf. κτείνω
ἡ δέ: *she*
323 ὑπέδραμε: *ran beneath*; aor. ὑπο-τρέχω
λάβε: 3ʳᵈ sg. aor. λαμβάνω governs a partitive gen. object
324 προσηύδα: 3ʳᵈ sg. impf. προσαυδάω
325 Τίς πόθεν: *Who in the world*; "who from where," often used to express surprise
εἶς: 2ⁿᵈ sg. pres. εἰμί
ἀνδρῶν: *among men*; partitive gen.
πόθι: *where (are)*; supply verb
326 οὔ τι: *not at all*; acc. of respect with the main verb ἐθέλχθης
πιών: aor. pple πίνω
ἐθέλχθης: *you were bewitched*; 2ⁿᵈ sg. aor. pass. θέλγω
327 ἀνέτλη: *endures*; "endured," gnomic aor. ἀνατλάω used to describe general truths
ὅς κε πίῃ: *whoever drinks*; aor. subj. πίνω in a general relative clause
ἀμείψεται: *it passes*; aor subj. ἀμείβομαι

329 σοί: *your*; dat. possession with στήθεσσιν
330 ἔσσι: 2ⁿᵈ sg. pres. εἰμί
ὅν τε: *whom...*; acc. subj. of ἐλεύσεσθαι
331 φάσκεν: *used to say*; iterative impf. φημί
ἐλεύσεσθαι: fut. inf. ἔρχομαι
332 ἀνιόντα: acc. sg. pple. ἀν-έρχομαι
333 ἄγε: *come*; sg. imperative
κολεῷ: *in the sheath*; dat. of place where
θέο: *place*; 2ⁿᵈ sg. aor. imperative τίθημι
νῶϊ...ἐπιβήομεν: *let us two go upon*; dual nom. "we two;" aor. hortatory ἐπιβαίνω
334 μιγέντε: *having mingled*; i.e. intercourse, dual. nom. aor. pass. dep. pple μίγνυμι
335 εὐνῇ καὶ φιλότητι: *in...and in...*; note the lack of parallelism
πεποίθομεν: *let me trust in*; + dat. pf. hortatory πείθω
337 κέλεαι: κέλε(σ)αι, 2ⁿᵈ sg. pres. κέλομαι
εἶναι: pres. inf. εἰμί
338 ἤ: *you who...*;the antecedent is 2ⁿᵈ sg.
ἔθηκας: *made*; 2ⁿᵈ sg. aor. τίθημι
339 αὐτὸν: *(me) myself*; intensive pronoun
340 ἰέναι: inf. ἔρχομαι
ἐπιβήμεναι: aor. inf. ἐπιβαίνω

ὄφρα με γυμνωθέντα κακὸν καὶ ἀνήνορα θήῃς.   341

οὐδ᾽ ἂν ἐγώ γ᾽ ἐθέλοιμι τεῆς ἐπιβήμεναι εὐνῆς,   342

εἰ μή μοι τλαίης γε, θεά, μέγαν ὅρκον ὀμόσσαι   343

μή τί μοι αὐτῷ πῆμα κακὸν βουλευσέμεν ἄλλο."   344

    ὣς ἐφάμην, ἡ δ᾽ αὐτίκ᾽ ἀπώμνυεν, ὡς ἐκέλευον.   345

αὐτὰρ ἐπεί ῥ᾽ ὄμοσέν τε τελεύτησέν τε τὸν ὅρκον,   346

καὶ τότ᾽ ἐγὼ Κίρκης ἐπέβην περικαλλέος εὐνῆς.   347

    ἀμφίπολοι δ᾽ ἄρα τέως μὲν ἐνὶ μεγάροισι πένοντο   348

τέσσαρες, αἵ οἱ δῶμα κάτα δρήστειραι ἔασι·   349

γίγνονται δ᾽ ἄρα ταί γ᾽ ἔκ τε κρηνέων ἀπό τ᾽ ἀλσέων   350

ἔκ θ᾽ ἱερῶν ποταμῶν, οἵ τ᾽ εἰς ἅλαδε προρέουσι.   351

τάων ἡ μὲν ἔβαλλε θρόνοις ἔνι ῥήγεα καλὰ   352

πορφύρεα καθύπερθ᾽, ὑπένερθε δὲ λῖθ᾽ ὑπέβαλλεν·   353

ἡ δ᾽ ἑτέρη προπάροιθε θρόνων ἐτίταινε τραπέζας   354

ἀργυρέας, ἐπὶ δέ σφι τίθει χρύσεια κάνεια·   355

ἡ δὲ τρίτη κρητῆρι μελίφρονα οἶνον ἐκίρνα   356

ἡδὺν ἐν ἀργυρέῳ, νέμε δὲ χρύσεια κύπελλα·   357

ἡ δὲ τετάρτη ὕδωρ ἐφόρει καὶ πῦρ ἀνέκαιε   358

πολλὸν ὑπὸ τρίποδι μεγάλῳ· ἰαίνετο δ᾽ ὕδωρ.   359

αὐτὰρ ἐπεὶ δὴ ζέσσεν ὕδωρ ἐνὶ ἤνοπι χαλκῷ,   360

χαλκός, ὁ: copper, bronze

ἅλα-δε: seaward, to the sea, 1
ἄλσος, τό: grove, sacred grove, 5
ἀμφί-πολος, ἡ: handmaid, attendant, 4
ἀνα-καίω: to light up, kindle, 3
ἀν-ήνωρ, -ορος, ὁ: unmanly, 2
ἀπ-όμνυμι, ὁ: to foreswear, swear that…not, 3
ἀργύρεος, -α, -ον: silver, of silver, 4
βουλεύω: to deliberate, take counsel, plan, 6
δρηστρήρ, -ῆρος, ὁ: laborer, worker, 1
ἕτερος, -η, -ον: one of two, one…the other, 6
γυμνόω: to strip naked, be naked, 1
ζέω: to boil, seethe, 5
ἡδύς, -υῖα, ύ: sweet, pleasant, agreeable, 14
ἦνοψ, -οπος: bright, gleaming, 1
θρόνος, ὁ: a seat, chair, 9
ἰαίνω: to warm, heat; gladden, cheer, 2
καθ-ύπερθε: from above, above, on top, 2
κάνειον, τό: lid (of a vessel), 2
κιρνάω: mix, 1
κρήνη, ἡ: spring, fountain, 5
κρητήρ, ὁ: mixing vessel, krater, 5
κύπελλον, τό: cup, goblet, 1
λίς, λιτ–, ἡ: linen cloth, blanket, (no gen.) 1
μελί-φρων, -οντος: honey-hearted, 1
νέμω: to distribute, dispense, deal out, 4

ὄμνυμι: to swear, take an oath, 5
ὅρκος, ὁ: oath, 6
πένομαι: to work, toil, labor, 1
περι-καλλής, -ές: beautiful, fair, lovely, 3
πῆμα, -ατος, τό: suffering, misery, woe, 8
πορφύρεος, -η, -ον: purple, dark red, 2
ποταμός, ὁ: river, stream, 10
προ-πάροιθε: before, in front of (gen.), 4
προ-ρέω: to flow forth, flow, 1
ῥῆγος, τό: rug, blanket, cloth, 2
τελευτάω: to finish, accomplish, perform, 4
τεός, -ή, -όν: your, 4
τέσσαρες, -α: four, 2
τέταρτος, -α, -ον: fourth, 1
τέως: till then; as long as, 1
τιταίνω: to stretch, draw, extend, 2
τλάω: to bear, endure, suffer, undergo, 11
τράπεζα, ἡ: table, 3
τρί-πους, -ποδος, ὁ: three-footed, tripod, 2
τρίτος, -η, -ον: the third, 5
ὑπ-ένερθε: beneath, below; underneath, 2
ὑπέβαλλεν·
φορέω: to carry, wear, 5
χρύσεος, -η, -ον: golden, of gold, 11

---

341 ὄφρα θήῃς: that you may make (acc)
(acc); 3ʳᵈ sg. aor. subj. τίθημι
γυμνωθέντα: (while) being stripped
naked; acc. sg. aor. pass. pple
342 ἄν…ἐθέλοιμι…εἰ τλαίης: I would be
willing…if you should allow (yourself);
future less vivid condition: pres. potential
opt. ἐθέλω and opt. opt. τλάω, "suffer"
ἐπιβήμεναι: aor. inf. ἐπι-βαίνω
343 ὀμόσσαι: aor. inf. ὄμνυμι
344 μή…βουλευσέμεν: that you will not plot;
fut. inf.
μοι αὐτῷ: for my myself; dat. of interest
345 ἀπόμνυεν: 3ʳᵈ sg. impf. ἀπ-όμνυμι
ὡς: as, just as
346 ὄμοσεν: 3ʳᵈ sg. aor. ὄμνυμι
347 Κίρκης: gen. sg. with εὐνῆς

ἐπέβην: 1ˢᵗ sg. aor. ἐπι-βαίνω
349 οἱ δῶμα κάτα: in her house; dat. poss. of
the 3ʳᵈ person pronoun
ἔασι are; 3ʳᵈ pl. pres. εἰμί
350 ταί γ΄: and they; i.e. the attendants
352 τάων ἡ μὲν…ἡ δ΄…ἡ δ΄…ἡ δ΄ of these
(handmaidens) one…a second…a
third…a fourth; partitive gen.
θρόνοις ἔνι: on the chairs
353 λίθ΄: a linen cloth; λῖτα, acc. sg.
354 ἐτίταινε: drew up tables; 3ʳᵈ sg. impf.
ἐπὶ δέ σφι: upon them; dat. pl. σφεῖς
355 τίθει: placed; ἐτίθεε , 3ʳᵈ sg impf.
356 κρητῆρι: dat. object of ἐν below
ἐκίρνα: 3ʳᵈ sg. impf. κιρνάω
358 πῦρ πολλὸν: a great fire; neuter acc.
ζέσσεν: boiled; 3ʳᵈ sg aor. ζέω

ἔς ῥ᾽ ἀσάμινθον ἕσασα λό᾽ ἐκ τρίποδος μεγάλοιο,   361

θυμῆρες κεράσασα, κατὰ κρατός τε καὶ ὤμων,   362

ὄφρα μοι ἐκ κάματον θυμοφθόρον εἵλετο γυίων.   363

αὐτὰρ ἐπεὶ λοῦσέν τε καὶ ἔχρισεν λίπ᾽ ἐλαίῳ,   364

ἀμφὶ δέ με χλαῖναν καλὴν βάλεν ἠδὲ χιτῶνα,   365

εἷσε δέ μ᾽ εἰσαγαγοῦσα ἐπὶ θρόνου ἀργυροήλου   366

καλοῦ δαιδαλέου, ὑπὸ δὲ θρῆνυς ποσὶν ἦεν·   367

χέρνιβα δ᾽ ἀμφίπολος προχόῳ ἐπέχευε φέρουσα   368

καλῇ χρυσείῃ, ὑπὲρ ἀργυρέοιο λέβητος,   369

νίψασθαι· παρὰ δὲ ξεστὴν ἐτάνυσσε τράπεζαν.   370

σῖτον δ᾽ αἰδοίη ταμίη παρέθηκε φέρουσα,   371

εἴδατα πόλλ᾽ ἐπιθεῖσα, χαριζομένη παρεόντων.   372

ἐσθέμεναι δ᾽ ἐκέλευεν· ἐμῷ δ᾽ οὐχ ἥνδανε θυμῷ,   373

ἀλλ᾽ ἥμην ἀλλοφρονέων, κακὰ δ᾽ ὄσσετο θυμός.   374

   Κίρκη δ᾽ ὡς ἐνόησεν ἔμ᾽ ἥμενον οὐδ᾽ ἐπὶ σίτῳ   375

χεῖρας ἰάλλοντα, κρατερὸν δέ με πένθος ἔχοντα,   376

ἄγχι παρισταμένη ἔπεα πτερόεντα προσηύδα·   377

   "τίφθ᾽ οὕτως, Ὀδυσεῦ, κατ᾽ ἄρ᾽ ἔζεαι ἶσος ἀναύδῳ,   378

θυμὸν ἔδων, βρώμης δ᾽ οὐχ ἅπτεαι οὐδὲ ποτῆτος;   379

ἦ τινά που δόλον ἄλλον ὀίεαι· οὐδέ τί σε χρὴ   380

ἄγχι: near, nigh, close by, 9
αἰδοῖος, -α, -ον: reverent, august, venerable, 5
ἀλλο-φρονέω: to have thoughts elsewhere, 1
ἀμφί-πολος, ἡ: handmaid, attendant, 4
ἀνδάνω: to please, delight, gratify (+ dat) 2
ἄν-αυδος, -ον: speechless, 1
ἅπτω: to kindle, set afire; fasten, grasp, 14
ἀργύρεος, -α, -ον: silver, of silver, 4
ἀργυρό-ηλος, -ον: with silver nails. 4
ἀσάμινθος, ἡ: bathing-tub, 1
βρώμη, ἡ: food, 5
γυῖα, τά: limbs, joints, 5
δαιδάλεος, -ον, : cunningly wrought, 2
δόλος, ὁ: trap, trick, bait; cunning, 11
εἶδαρ, -ατος, τό: food, meat, 4
ἔλαιον, τό: olive oil, 4
εἰσ-άγω: to lead to, 3
εἰσ-τίθημι: to put into, place into, 4
ἐπι-τίθημι: to put on, place upon, lay, 8
ἐπι-τρέπω: to turn over, commit, bequeath, 1
ἐπι-χέω: to pour on, 1
θρῆνυς, -υος, ὁ: footstool, 2
θρόνος, ὁ: a seat, chair, 9
θυμηρής, -ές: pleasing to the heart, welcome 1
θυμο-φθόρος, -ον: life-destroying, deadly, 1
ἰάλλω: to send forth, send, let loose, 2
ἵζω: to make sit, place; sit, 13
κάματος, ὁ: weariness, fatigue, toil, labor 4
κεράννυμι: to mix, mingle, 1
κράς, κρατός, ἡ: the head, 8
κρατερός, -ή, -όν: strong, stout, mighty, 14

λέβης, ὁ: caldron, kettle, 2
λίπα: richly, unctuously, 6
λούω: to wash, bathe, 3
νίζω: to wash, cleanse, 8
νοέω: to notice, think, have in mind, 4
ξεστός, -ή, -όν: smooth, smoothed, polished, 4
οἴομαι: to suppose, think, imagine, 9
ὄσσομαι: to see, foresee, forebode, 4
οὕτως: in this way, thus, so, 7
παρα-τίθημι: to place beside, set beside, 3
πάρ-ειμι: to be near, be present, 2
παρ-ίστημι: to stand beside, approach, 10
πένθος, τό: grief, sadness, sorrow, 2
πρό-χοος, ἡ: pitcher, vessel for the hands, 1
πτερόεις, -εντος: feathered, winged, 14
σῖτος, ὁ: grain, food, 11
ταμίη, ἡ: housekeeper, 9
τανύω: to stretch; mid. run at full stride, 3
τίπτε: why in the world? What? (τί ποτε), 5
τράπεζα, ἡ: table, 3
τρί-πους, -ποδος, ὁ: three-footed, tripod, 2
ὑπέρ: above (+ gen.); beyond (+ acc.), 5
χαρίζομαι: to show favor, gratify, be dear, 2
χέρνιβον, τό: water for washing hands
χιτών, -ῶνος, ἡ: tunic, 4
χλαῖνα, ἡ: cloak, mantle, 4
χρή: it is necessary, it is fitting; must, ought, 4
χρίω: to smear, anoint, 2
χρύσεος, -η, -ον: golden, of gold, 11
ὦμος, ὁ: shoulder, 4

---

361 ἔσασα: having set (me); fem. sg. aor. pple ἕζομαι
λόε: 3ʳᵈ sg. impf. λούω
ἐκ...: (with water) from...

362 θυμῆρες κεράσασα: mixing (the water until) pleasing to my heart; supply ω neuter. sg. object, aor. pple κεράννυμι
κατὰ κρατός: down over my head...

363 ὄφρα......εἵλετο: until she took; aor. mid. αἱρέω (aor. stem ελ)
γυίων: object of ἐκ

364 λοῦσεν, ἔχρισεν: supply μέ "me" as obj.

366 εἷσεν: she made (them) sit; aor. ἵζω
εἰσαγαγοῦσα: nom. aor. pple εἰσ-άγω

367 ὑπὸ δὲ: and below it
ποσὶν: for her feet
ἦεν: was; 3ʳᵈ sg, impf. εἰμί

368 χέρνιβα...ἐπέχευε: poured water for

washing hands; 3ʳᵈ sg. aor. ἐπι-χέω
φέρουσα: pple φέρω the obj. is χέρνιβα

370 παρὰ: and beside (him)
ἐτάνυσσε: she drew up; "stretched" aor. τανύω

371 παρέθηκε: 3ʳᵈ sg. aor. παρατίθημι

372 εἴδατα : meats; neuter pl. acc. εἶδαρ
ἐπιθεῖσα: setting out; aor. pple ἐπιτίθημι
χαριζομένη: showing favor; i.e. giving
παρεόντων: from the things being at hand; partitive gen. pl. pple πάρ-ειμι

373 ἐσθέμεναι: (me) to eat; inf. ἔσθω
ἤνδανε: it was pleasing to; impf ἀνδάνω

374 ἤμην: I was sitting; impf. ἦμαι
ἀλλοφρονέων: i.e. being troubled; pple
κακὰ ὄσσετο: foresaw troubles; "evils"

378 τίφθ': why do you sit like one speechless

379 ἅπτε(σ)αι: 2ⁿᵈ sg.; you touch + partitive

δειδίμεν· ἤδη γάρ τοι ἀπώμοσα καρτερὸν ὅρκον.· 381

ὣς ἔφατ', αὐτὰρ ἐγώ μιν ἀμειβόμενος προσέειπον· 382

"ὦ Κίρκη, τίς γάρ κεν ἀνήρ, ὃς ἐναίσιμος εἴη, 383

πρὶν τλαίη πάσσασθαι ἐδητύος ἠδὲ ποτῆτος, 384

πρὶν λύσασθ' ἑτάρους καὶ ἐν ὀφθαλμοῖσιν ἰδέσθαι; 385

ἀλλ' εἰ δὴ πρόφρασσα πιεῖν φαγέμεν τε κελεύεις, 386

λῦσον, ἵν' ὀφθαλμοῖσιν ἴδω ἐρίηρας ἑταίρους." 387

ὣς ἐφάμην, Κίρκη δὲ διὲκ μεγάροιο βεβήκει 388

ῥάβδον ἔχουσ' ἐν χειρί, θύρας δ' ἀνέῳξε συφειοῦ, 389

ἐκ δ' ἔλασεν σιάλοισιν ἐοικότας ἐννεώροισιν. 390

οἱ μὲν ἔπειτ' ἔστησαν ἐναντίοι, ἡ δὲ δι' αὐτῶν 391

ἐρχομένη προσάλειφεν ἑκάστῳ φάρμακον ἄλλο. 392

τῶν δ' ἐκ μὲν μελέων τρίχες ἔρρεον, ἃς πρὶν ἔφυσε 393

φάρμακον οὐλόμενον, τό σφιν πόρε πότνια Κίρκη· 394

ἄνδρες δ' ἂψ ἐγένοντο νεώτεροι ἢ πάρος ἦσαν, 395

καὶ πολὺ καλλίονες καὶ μείζονες εἰσοράασθαι. 396

ἔγνωσαν δέ μ' ἐκεῖνοι ἔφυν τ' ἐν χερσὶν ἕκαστος. 397

πᾶσιν δ' ἱμερόεις ὑπέδυ γόος, ἀμφὶ δὲ δῶμα 398

σμερδαλέον κονάβιζε· θεὰ δ' ἐλέαιρε καὶ αὐτή. 399

ἡ δέ μευ ἄγχι στᾶσα προσηύδα δῖα θεάων· 400

ἄγχι: near, nigh, close by, 9
ἀν-οίγνυμι: to open, 1
ἀπ-όμνυμι, ὁ: to foreswear, swear that...not, 3
ἄψ: back, back again, backwards, 8
γιγνώσκω: to learn, note, recognize, know, 7
γόος, ὁ: weeping wailing, groaning, 8
δείδω: fear, dread, shrink from, feel awe, 13
δι-έκ: out through, 1
ἐδητύς, -ύος, ἡ: meat, food, 2
εἰσ-οράω: to look upon, view, behold, 4
ἐλεαίρω: to pity, take pity on, take pity, 1
ἐν-αίσιμος, -ον: righteous, fitting, fateful, 1
ἐναντίος, -α, -ον: opposite, contrary, 3
ἐννέωρος, -ον: nine years old, 3
ἔοικα: to be like, seem likely, 7
ἐρίηρος, -όν: faithful, trusty; fitting, 10
ἔφαγον: ate, eat; (aorist ἔδω), 7
θρίξ, τριχός, ἡ: hair, hairs, 6
θύρη, ἡ: door, 11
ἱμερόεις, -εσσα, -εν: passionate, yearningful, 1
καρτερός, -ή, -όν: strong, mighty, powerful, 2

κοναβίζω: to resound, echo; ring, 1
μείζων, -ονος: better, stronger, 1
μέλος, -εος, τό: a limb, 10
νεώτερος, -α, -ον: younger; youth, 1
ὅρκος, ὁ: oath, 6
οὐλόμενος, -η, -ον: accursed, cursed
πάρος: formerly, in former time, 6
πατέομαι: to eat, partake of, taste, (gen.) 8
πότνια, ἡ: mistress, queen, 7
πρίν: until, before, 14
προσ-αλείφω: to anoint, apply an ointment, 1
πρό-φρων (fem πρόφρασσα): earnest, eager 1
ῥάβδος, ἡ: wand, rod, staff, stick, 5
ῥέω: to flow, run, stream, 12
σίαλος, ὁ: fat hog, 2
σμερδαλέος, -η, -ον: terrible, fearful, dread, 4
συφεός, ὁ: hog-sty, pigsty, 3
τλάω: to bear, endure, suffer, undergo, 11
ὑπο-δύομαι: to penetrate, plunge, go under, 1
φύω: to bring forth, produce, put forth, 12
χρή: it is necessary, it is fitting; must, ought, 4

380 οἴε(σ)αι: do you think; 2nd sg. οἴομαι
381 δειδίμεν: to fear; inf. δείδω
    ἀπώμοσα: I swore; aor. ἀπ-όμνυμι
383 τίς ἀνήρ: what man...?; interrogative adj.
    ὅς...εἴη : who is; 3rd sg. opt. εἰμί, relative
    clause of characteristic, secondary seq.
384 κεν...τλαίη: would endure; 3rd sg. pres.
    potential opt. τλάω
    πάσσασθαι: to partake of; aor. inf
    πατέομαι usually governs partitive gen.
385 πρίν...πρίν: previously...before + inf.;
    commonly the first πρίν is an adverb,
    and the second πρίν is an adverbial
    conjunction
    λύσασθ᾽: (he) frees; λύσασθαι, aor. mid.
    inf. λύω
    ἰδέσθαι: mid. inf. ὁράω
386 πρόφρασσα: earnestly; fem. nom. sg.
    adj. from πρόφρων, which one can
    translate as an adverb
    πιεῖν, φαγέμεν: aor. inf. πίνω, ἔφαγον
387 λῦσον : free (them); aor. imperative λύω
    ἵνα...ἴδω: so that I may see; purpose, 1st
    sg. aor. subj. ὁράω
388 βεβήκει: plpf. βαίνω
389 ἀνέῳξε: 3rd sg. aor. ἀν-οίγνυμι
390 ἐκ δ᾽ : out of (the pigsty)
    ἔλασεν: drove; aor. ἐλαύνω

    ἐοικότας: the men resembling (dat); acc.
    sg. pf. pple ἔοικα
391 ἔστησαν: aor. ἵστημι
    ἐναντίοι: facing (her); "opposite)
    δι᾽ αὐτῶν: through them; among them
392 ἑκάστῳ: onto each (pig); dat. compound
393 τῶν δ᾽: their; i.e. the men's
    τρίχες: bristles; "hair" nom. pl. θρίξ
    ἔρρεον: began to flow; impf ῥέω
    ἔφυσε: made grow; aor. φύω
394 φάρμακον οὐλόμενον: subject, neuter sg.
    τό: which; neuter sg. relative pronoun
    σφιν: to them; dat. ind. object σφεῖς
395 ἐγένοντο: aor. γίγνομαι
    ἤ: than; with comparative degree adj.
    ἦσαν: 3rd pl. impf. εἰμί
396 πολύ: much, far; adverb
    καλλίονες: more handsome; comparative
    εἰσοράασθαι: to look upon; explanatory
    (epexegetical) infinitive, comparable to
    the acc. of respect for nouns
397 ἔγνωσαν: 3rd pl. aor. γιγνώσκω
    ἔφυν: clung onto my hands; 3rd pl. impf.
    φύω but the subject is singular
398 πᾶσιν: all; dat. pl obj. of compound verb
    ὑπέδυ: penetrated; or "arose (up from)
    under" ὑπο-δύομαι
400 δῖα θεάων: brilliant among goddesses

"διογενὲς Λαερτιάδη, πολυμήχαν᾽ Ὀδυσσεῦ,   401

ἔρχεο νῦν ἐπὶ νῆα θοὴν καὶ θῖνα θαλάσσης.   402

νῆα μὲν ἂρ πάμπρωτον ἐρύσσατε ἤπειρόνδε,   403

κτήματα δ᾽ ἐν σπήεσσι πελάσσατε ὅπλα τε πάντα·   404

αὐτὸς δ᾽ ἂψ ἰέναι καὶ ἄγειν ἐρίηρας ἑταίρους."   405

ὣς ἔφατ᾽, αὐτὰρ ἐμοί γ᾽ ἐπεπείθετο θυμὸς ἀγήνωρ,   406

βῆν δ᾽ ἰέναι ἐπὶ νῆα θοὴν καὶ θῖνα θαλάσσης.   407

εὗρον ἔπειτ᾽ ἐπὶ νηῒ θοῇ ἐρίηρας ἑταίρους   408

οἴκτρ᾽ ὀλοφυρομένους, θαλερὸν κατὰ δάκρυ χέοντας.   409

ὡς δ᾽ ὅτ᾽ ἂν ἄγραυλοι πόριες περὶ βοῦς ἀγελαίας,   410

ἐλθούσας ἐς κόπρον, ἐπὴν βοτάνης κορέσωνται,   411

πᾶσαι ἅμα σκαίρουσιν ἐναντίαι· οὐδ᾽ ἔτι σηκοὶ   412

ἴσχουσ᾽, ἀλλ᾽ ἁδινὸν μυκώμεναι ἀμφιθέουσι   413

μητέρας· ὣς ἔμε κεῖνοι ἐπεὶ ἴδον ὀφθαλμοῖσι,   414

δακρυόεντες ἔχυντο· δόκησε δ᾽ ἄρα σφίσι θυμὸς   415

ὣς ἔμεν, ὡς εἰ πατρίδ᾽ ἱκοίατο καὶ πόλιν αὐτὴν   416

τρηχείης Ἰθάκης, ἵνα τ᾽ ἔτραφεν ἠδ᾽ ἐγένοντο.   417

καί μ᾽ ὀλοφυρόμενοι ἔπεα πτερόεντα προσηύδων·   418

"σοὶ μὲν νοστήσαντι, διοτρεφές, ὣς ἐχάρημεν,   419

ὡς εἴ τ᾽ εἰς Ἰθάκην ἀφικοίμεθα πατρίδα γαῖαν·   420

ἀγελαῖος, -α, -ον: of the herd, herding, 1
ἀγ-ήνωρ, -ορος: very manly, valorous, 9
ἄγραυλος, -ον: dwelling in the fields, 2
ἀδινός, -ή, -όν: close-packed, incessant, 2
ἀμφι-θέω: to run about or around, 1
ἀφ-ικνέομαι: to come, arrive, 13
ἄψ: back, back again, backwards, 8
βοτάνη, ἡ: food, fodder, grass, 1
δακρυόεις, -εσσα, -εν: tearful, full of tears, 1
δάκρυον, τό: tear, 12
διο-γενής, -ές: born from Zeus, 9
διο-τρεφής, -ές: cherished by Zeus, 2
δοκέω: to seem, seem good, think, imagine, 1
ἐναντίος, -α, -ον: opposite, contrary, 3
ἐπήν: ἐπεὶ ἄν, when, whenever, 5
ἐπι-πείθομαι: to be persuaded, prevailed on, 6
ἐρίηρος, -όν: faithful, trusty, 10
εὑρίσκω: to find, discover, devise, invent, 10
ἤπειρόν-δε: to the mainland, 4
θαλερός, -ή, -όν: blooming, in their prime, 8
θίς, θινός, ὁ: shore, beach, 10
Ἰθάκη, ἡ: Ithaka, 13

ἴσχω: to have, hold back, check, restrain, 3
κόπρος, ὁ: dung, manure, 4
κορέννυμι: to sate, satisfy; have one's fill of, 2
κτῆμα, -ατος, τό: possessions, land, goods, 4
Λαερτιάδης, ὁ: son of Laertes, 10
μυκάομαι: to bellow, low, moo, 4
νοστέω: to return, to come back, 4
οἰκτρός, -ή, -όν: pitable, pitiful, miserable, 3
ὀλοφύρομαι: to lament, mourn, bewail, 9
ὅπλον, τό: arms, equipment, tools; 5
πάμ-πρτωος, -η, -ον: very first, first of all, 3
πελάζω: to bring, carry, come near, 11
πόλις, ἡ: a city, 11
πολυ-μήχανος, -όν: much-contriving,
resourceful, 8
πόρις, -ιος, ἡ: a calf, 1
πτερόεις, -εντος: feathered, winged, 14
σηκός, ὁ: pen, fold, 10
σκαίρω: to skip along, gambol, frolic, 1
τρέφω: to raise (a child), rear, 5
τρηχύς, -εῖα, -ύ: rough, jagged, uneven 3
χαίρω: to rejoice, be glad; fare well, 4

---

402 ἔρχε(σ)ο: *go!*; 2nd sg. mid. imperative
403 ἐρύσσατε: *draw up*; aor. imperative ἐρύω
     πελάσσατε: aor. pl. imperative πελάζω
405 ἰέναι: *go!*; inf. as imperative, ἔρχομαι
     ἄγειν: *bring!*; inf. as imperative, ἄγω
406 μοι: *my*; dat. of possession with θυμός
     ἐπεπείθετο: 3rd sg. impf. ἐπι-πείθομαι
407 βῆν δ᾽ ἰέναι: *I set out to go*; aor. βαίνω
408 εὗρον: 1st sg. aor. εὑρίσκω
409 οἴκτρα ὀλογρυομένους: *wailing*
     piteously; adverbial acc. pl.
     κατά...χέοντας: *pouring down*; tmesis
410 ὡς δ᾽ ὅτε: *just as when...*; simile
     ἄγραυλοι πόριες: *calves from the fields*
     (gamble along); verb is σκαίρουσιν
411 ἐπήν: *whenever*; ἐπεὶ ἄν + aor. subj.
     κορέννυμι in a general temporal clause
412 οὐδ᾽ ἔτι : *no longer*
413 ἴσχουσι: *restrain (them)*
     ἀδινόν: *incessantly*; adverbial acc.
414 ὡς κεῖνοι: *so those (men)*; marking the

end of the simile from line 410
ἴδον: 3rd pl. aor. ὁράω
ὀφθαλμοῖσι: dat. of means, pleonasm
415 ἔχυντο: *thronged about me*; 3rd pl aor.
     χέω "heap" governing ἐμέ above
     δόκησε...θυμός...ὡς ἔμεν ὡς εἰ: *their*
     hearts seemed to be just as if; "thus as
     if," aor. δοκέω, ἔμεν is inf. εἰμί
416 ἱκοίατο: *they had arrived*; "they should
     arrive" 3rd pl. aor. opt. ἱκνέομαι in an
     unreal (contrary-to-fact) condition
     πόλιν αὐτήν: *city itself*; intensive
417 ἵνα: *where*; + indicative
     ἔτραφεν: *were reared*; 3rd pl. aor. pass.
419 νοστήσατι: dat. sg. aor. pple νοστέω
     ὡς ἐχάρημεν: *how we rejoice at you...*;
     i.e. how happy we are at your return
     1st pl. aor. pass. χαίρω + dat. object
     ὡς εἰ...ἀφικοίμεθα: see l. 416 above, aor.
     opt.

ἀλλ' ἄγε, τῶν ἄλλων ἑτάρων κατάλεξον ὄλεθρον."   421

ὣς ἔφαν, αὐτὰρ ἐγὼ προσέφην μαλακοῖς ἐπέεσσι·   422

"νῆα μὲν ἂρ πάμπρωτον ἐρύσσομεν ἤπειρόνδε,   423

κτήματα δ' ἐν σπήεσσι πελάσσομεν ὅπλα τε πάντα·   424

αὐτοὶ δ' ὀτρύνεσθε ἐμοὶ ἅμα πάντες ἕπεσθαι,   425

ὄφρα ἴδηθ' ἑτάρους ἱεροῖς ἐν δώμασι Κίρκης   426

πίνοντας καὶ ἔδοντας· ἐπηετανὸν γὰρ ἔχουσιν."   427

ὣς ἐφάμην, οἱ δ' ὦκα ἐμοῖς ἐπέεσσι πίθοντο.   428

Εὐρύλοχος δέ μοι οἶος ἐρύκανε πάντας ἑταίρους·   429

καί σφεας φωνήσας ἔπεα πτερόεντα προσηύδα·   430

"ἆ δειλοί, πόσ' ἴμεν; τί κακῶν ἱμείρετε τούτων;   431

Κίρκης ἐς μέγαρον καταβήμεναι, ἥ κεν ἅπαντας   432

ἢ σῦς ἠὲ λύκους ποιήσεται ἠὲ λέοντας,   433

οἵ κέν οἱ μέγα δῶμα φυλάσσοιμεν καὶ ἀνάγκῃ,   434

ὥς περ Κύκλωψ ἔρξ', ὅτε οἱ μέσσαυλον ἵκοντο   435

ἡμέτεροι ἕταροι, σὺν δ' ὁ θρασὺς εἵπετ' Ὀδυσσεύς·   436

τούτου γὰρ καὶ κεῖνοι ἀτασθαλίῃσιν ὄλοντο."   437

ὣς ἔφατ', αὐτὰρ ἐγώ γε μετὰ φρεσὶ μερμήριξα,   438

σπασσάμενος τανύηκες ἄορ παχέος παρὰ μηροῦ,   439

τῷ οἱ ἀποτμήξας κεφαλὴν οὐδάσδε πελάσσαι,   440

ἆ: Ah! Alas! (exclamation of grief), 2
ἀνάγκη, ἡ: necessity, force, constraint, 4
ἄορ, τό: sword, sword hung on a belt, 5
ἅπας, ἅπασα, ἅπαν: every, quite all, 7
ἀπο-τμήγω: to cut off, cut away, 1
ἀ-τασθαλίη, ἡ: folly, recklessness, 2
δειλός, -η, -ον: worthless; cowardly, 5
ἐπ-ηετανός, -όν: ever-flowing, unfailing, 1
ἔργω: to shut up, shut in; shut out, bar, 7
ἐρυκανάω: to restrain, withhold, 2
Εὐρύλοχος, ὁ: Eurylochus, 14
ἡμέτερος, -α, -ον: our, 7
ἤπειρόν-δε: to the mainland, 4
θρασύς, -εῖα, -ύ: bold, daring, confident, 1
ἱμείρω: to yearn, long for (+ gen.) 2
κατα-βαίνω: to go or come down, descend, 8
κατα-λέγω: to tell in order, recount, relate, 12
κεφαλή, ἡ: the head, 12
κτῆμα, -ατος, τό: possessions, land, goods, 4
λέων, -ονος, ὁ: a lion, 5
λύκος, ὁ: wolf, 4

μαλακός, ή, όν: soft, 3
μέσ-αυλος, -ὁ: the inner court, 1
μερμηρίζω: to ponder, wonder, reflect, 5
μηρός, ὁ: thigh, 10
ὅπλον, τό: a tool, implement; arms, 5
ὀτρύνω: to stir up, rouse, encourage, 8
οὖδας, τό: ground, earth, 4
πάμ-πρτως, -η, -ον: very first, first of all, 3
παχύς, -εῖα, -ύ: thick, stout, strong, 3
πελάζω: to bring, carry, come near, 11
ποιέω: to do, make, create, compose, 8
πό-σε: to where, whither, 1
πρόσ-φημι: to speak to, address, 10
πτερόεις, -εντος: feathered, winged, 14
σπάω: to pull, tear, 7
τανυήκης, -ες: fine-edged, sharp, 2
ὗς, ὑός ὁ, ἡ: swine, pig, 8
φυλάσσω: to guard, keep watch, protect, 6
φωνέω: to utter, speak, 10
ὦκα: quickly, swiftly, straightaway, 8

421 ἄγε: come one!; imperative, ἄγω
    κατάλεξον: aor. imperative, κατα-λέγω
422 ἔφαν: 3rd pl. impf φημί
    προσέφην: 1st sg. impf προσ-φημί
423 ἐρύσσομεν: let us draw up; aor. hortatory
    subjunctive ἐρύω, cf. 403 above
424 πελάσσομεν: let us...; aor. hortatory subj.
425 αὐτοὶ: (you) all yourselves; intensive
    pronoun with 2nd pl. subject
    ὀτρύνεσθε: rouse yourselves; 2nd pl. pres.
    middle is reflexive in meaning
    ἐμοὶ ἅμα: along with me
426 ὄφρα ἴδηθ᾿: so that..; purpose clause with
    ἴδητε 2nd pl. aor. subjunctive ὁράω
427 ἐπηετανὸν: an unfailing (abundance)
428 πίθοντο: obeyed; aor. mid. πείθω
429 μοι: my; dat. possession with ἑταίρους
    οἶος: alone
430 σφεας φωνήσας: addressing them; acc.
    pl. σφεῖς nom. sg. aor pple. φωνέω
431 ᾽Α δειλοί: Alas wretched one; vocative
    direct address following an exclamation
    πόσε ἴμεν: to where are we going?; 1st pl.
    ἔρχομαι (εἶμι)
    τι: why...?
432 καταβήμεναι: to go down ; aor. inf. in
    apposition to κακῶν

ἣ: who; antecedent is the gen. Κίρκης
433 ἤ...ἠὲ...ἠὲ: either...or...or
    ποιήσεται: will make (acc) (acc); fut.
434 κέν...φυλάσσοιμεν: would guard; aor.
    potential opt.
    οἱ: her; dat. possession, 3rd pers. pronoun
    ἀνάγκη: by compulsion; dat. of manner
435 ὡς περ: just as
436 ἔρξε: aor. ἔργω or aor. ἔρδω, "to do"
    οἱ: her; dat. possession, 3rd pers. pronoun
    συν δ᾿: with (them)
    εἵπετο: followed; note the breathing
    mark, impf. ἕπομαι
437 τούτου...ἀτασθαλίησιν: because of the
    recklessness of this man; i.e. of Odysseus
    dat. of cause; Eurymachus openly blames
    Odysseus for the Cyclops episode
    ὄλοντο: perished; aor. mid. ὄλλυμι
438 μετὰ φρεσὶ: with my wits; dat. pl. φρήν
439 σπασσάμενος: aor. pple σπάω
440 τῷ: with which; dat. of means, the
    antecedent is ἄορ
    οἱ: his; dat. of possession
    πελάσσαι: to bring (it); i.e. the head, aor.
    inf. πελάζω

καὶ πηῷ περ ἐόντι μάλα σχεδόν· ἀλλά μ᾽ ἑταῖροι   441
μειλιχίοις ἐπέεσσιν ἐρήτυον ἄλλοθεν ἄλλος·   442
"διογενές, τοῦτον μὲν ἐάσομεν, εἰ σὺ κελεύεις,   443
αὐτοῦ πὰρ νηΐ τε μένειν καὶ νῆα ἔρυσθαι·   444
ἡμῖν δ᾽ ἡγεμόνευ᾽ ἱερὰ πρὸς δώματα Κίρκης."   445
ὣς φάμενοι παρὰ νηὸς ἀνήϊον ἠδὲ θαλάσσης.   446
οὐδὲ μὲν Εὐρύλοχος κοίλῃ παρὰ νηῒ λέλειπτο,   447
ἀλλ᾽ ἕπετ᾽· ἔδεισεν γὰρ ἐμὴν ἔκπαγλον ἐνιπήν.   448
τόφρα δὲ τοὺς ἄλλους ἑτάρους ἐν δώμασι Κίρκη   449
ἐνδυκέως λοῦσέν τε καὶ ἔχρισεν λίπ᾽ ἐλαίῳ,   450
ἀμφὶ δ᾽ ἄρα χλαίνας οὔλας βάλεν ἠδὲ χιτῶνας·   451
δαινυμένους δ᾽ εὖ πάντας ἐφεύρομεν ἐν μεγάροισιν.   452
οἱ δ᾽ ἐπεὶ ἀλλήλους εἶδον φράσσαντό τ᾽ ἐσάντα,   453
κλαῖον ὀδυρόμενοι, περὶ δὲ στεναχίζετο δῶμα.   454
ἡ δέ μευ ἄγχι στᾶσα προσηύδα δῖα θεάων·   455
"Διογενὲς Λαερτιάδη, πολυμήχαν᾽ Ὀδυσσεῦ,   456
μηκέτι νῦν θαλερὸν γόον ὄρνυτε· οἶδα καὶ αὐτὴ   457
ἠμὲν ὅσ᾽ ἐν πόντῳ πάθετ᾽ ἄλγεα ἰχθυόεντι,   458
ἠδ᾽ ὅσ᾽ ἀνάρσιοι ἄνδρες ἐδηλήσαντ᾽ ἐπὶ χέρσου.   459
ἀλλ᾽ ἄγετ᾽ ἐσθίετε βρώμην καὶ πίνετε οἶνον,   460

ἄγχι: near, nigh, close by, 9
ἄλγος, τό: pain, distress, grief, 12
ἀλλήλων, -λοις, -λους: one another, 9
ἄλλο-θεν: from another place, elsewhere, 6
ἀν-άρσιος, -η, -ον: terrible, hostile, unfitting 3
ἀν-έρχομαι: to go up, 7
βρώμη, ἡ: food, 5
γόος, ὁ: weeping wailing, groaning, 8
δαίνυμι: to divide, partake a meal, 11
δείδω: fear, dread, shrink from, feel awe, 13
δηλέομαι: to hurt, do mischief to, 3
διο-γενής, -ές: born from Zeus, 9
εἰσ-άντα: in the face, face to face, 2
ἔκ-παγλος, -ον: violent, vehement, terrible, 3
ἔλαιον, τό: olive oil, 4
ἐν-δυκέως: duly, attentively, kindly, 2
ἐνιπή, ἡ: rebuke, reprimand, 1
ἐρητύω: keep back, restrain, check, 2
ἐσθίω: to eat, 6
εὖ: well, 5
Εὐρύλοχος, ὁ: Eurylochus, 14
ἐφ-ευρίσκω: to come upon and find, surprise, 1
ἡγεμονεύω: to lead, rule, command, 4
ἠμέν: both, as well, as also, 3

θαλερός, -ή, -όν: blooming, in their prime, 8
ἰχθυόεις, -εσσα, -εν: full of fish, 3
κλαίω: to weep, lament, wail, 13
κοῖλος, -η, -ον: hollow, hollowed, 7
Λαερτιάδης, ὁ: son of Laertes, 10
λίπα: richly, unctuously, 6
λούω: to wash, bathe, 3
μειλίχιος, -η, -ον: winning, soothing, mild, 7
μηκ-έτι: no more, no longer, no further, 4
ὀδύρομαι: to grieve, lament, 5
ὄρνυμι: to stir, set in motion, rouse, 11
οὖλος, -η, -ον: thick, woolly, woolen, 4
πάσχω: to suffer, experience, 14
πηός, ὁ: kinsman by marriage, 1
πολυ-μήχανος, -όν: much-contriving, resourceful, 8
στεναχίζω: to groan, moan, wail, mourn, 3
σχεδόν: near, nearly, almost, just about, 9
τόφρα: during that time, meanwhile, 8
φράζω: to show, indicate, tell, think, 7
χέρσος, ἡ: dry land, land, 6
χιτών, -ονός, ἡ: tunic, 3
χλαῖνα, ἡ: cloak, mantle, 4
χρίω: to smear, anoint, 2

---

441 καὶ πηῷ περ ἐόντι: *although being a kinsman*; pple εἰμι agrees with dat. sg. οἱ, πηῷ is a dat. predicate, and καὶ περ makes the participle concessive
442 ἐπέεσσιν: *with…*; dat. pl. ἔπος
ἄλλοθεν ἄλλος: *different men from different directions*
443 ἐάσομεν: *we will allow;* aor. hortatory subjunctive ἐάω
444 αὐτοῦ *here*
παρ νή: *beside the ship*
ἔρυσθαι: *to guard*
445 ἡγεμόνευε: *lead;* + dat., sg. imperative, Odysseus is the subject of the prayar
446 φάμενοι: *speaking;* pres. pple φημί
ἀνήϊον: *they approached;* 3ʳᵈ pl. impf. ἀν-έρχομαι
447 λέλειπτο: 3ʳᵈ sg. plpf λείπω
ἕπετο: 3ʳᵈ sg. impf ἕπομαι
449 τόφρα: *meanwhile*
451 ἀμφί: *around (the men)*

βάλεν: *she threw on;* 3ʳᵈ sg. aor. βάλλω
452 ἐφεύρομεν: *she threw on;* 3ʳᵈ sg. aor. ἐφ-ευρίσκω
453 εἶδον: *saw;* 3ʳᵈ pl. aor. ὁράω
φράσσαντο: *recognized each other;* "pointed out each other," 3ʳᵈ pl. aor. mid. φράζω, middle is reflexive in sense
ἐσάντα: *face to face;* εἰσ-άντα
454 δῶμα: nom. subject
ἡ δέ: *and she;* Circe
στᾶσα: nom. sg. aor. pple ἵστημι
455 δῖα θεάων: *brilliant among goddess*
457 μηκέτι…ὄρνυτε: *no longer rouse up;* 2ⁿᵈ sg. pres. imperative. ὄρνυμι
καὶ αὐτή: *I myself also;* intensive
458 ἠμὲν…ἠδ᾽: *both…and*
ὅσα ἄλγεα: *all the woes…;* neut. acc.
πάθετε: 2nd sg. aor. πάσχω
459 ὅσα ἐδηλήσαντο: *all the mischief…made;* 3ʳᵈ pl. aor. δηλέομαι
ἄγετε: *come one;* preceding imperatives

εἰς ὅ κεν αὖτις θυμὸν ἐνὶ στήθεσσι λάβητε,   461
οἷον ὅτε πρώτιστον ἐλείπετε πατρίδα γαῖαν   462
τρηχείης Ἰθάκης. νῦν δ᾽ ἀσκελέες καὶ ἄθυμοι,   463
αἰὲν ἄλης χαλεπῆς μεμνημένοι, οὐδέ ποθ᾽ ὑμῖν   464
θυμὸς ἐν εὐφροσύνῃ, ἐπεὶ ἦ μάλα πολλὰ πέποσθε.᾽   465
ὣς ἔφαθ᾽, ἡμῖν δ᾽ αὖτ᾽ ἐπεπείθετο θυμὸς ἀγήνωρ.   466
ἔνθα μὲν ἤματα πάντα τελεσφόρον εἰς ἐνιαυτὸν   467
ἥμεθα δαινύμενοι κρέα τ᾽ ἄσπετα καὶ μέθυ ἡδύ·   468
ἀλλ᾽ ὅτε δή ῥ᾽ ἐνιαυτὸς ἔην, περὶ δ᾽ ἔτραπον ὧραι   469
μηνῶν φθινόντων, περὶ δ᾽ ἤματα μακρὰ τελέσθη,   470
καὶ τότε μ᾽ ἐκκαλέσαντες ἔφαν ἐρίηρες ἑταῖροι·   471
    "Δαιμόνι᾽, ἤδη νῦν μιμνήσκεο πατρίδος αἴης,   472
εἴ τοι θέσφατόν ἐστι σαωθῆναι καὶ ἱκέσθαι   473
οἶκον ἐϋκτίμενον καὶ σὴν ἐς πατρίδα γαῖαν."   474
    ὣς ἔφαν, αὐτὰρ ἐμοί γ᾽ ἐπεπείθετο θυμὸς ἀγήνωρ. 475
ὣς τότε μὲν πρόπαν ἦμαρ ἐς ἠέλιον καταδύντα   476
ἥμεθα, δαινύμενοι κρέα τ᾽ ἄσπετα καὶ μέθυ ἡδύ·   477
ἦμος δ᾽ ἠέλιος κατέδυ καὶ ἐπὶ κνέφας ἦλθεν,   478
οἱ μὲν κοιμήσαντο κατὰ μέγαρα σκιόεντα.   479
    αὐτὰρ ἐγὼ Κίρκης ἐπιβὰς περικαλλέος εὐνῆς   480

ἀγ-ήνωρ, -ορος: very manly, valorous, 9
ἄ-θυμος, -ον: spiritless, desponent, 1
αἶα, ἡ: earth, 5
ἄλη, -ῆ: wandering, roaming, roving, 3
ἀ-σκελής, -ές: withered, wasted, 1
ἄ-σπετος, -ον: unspeakable, boundless, 6
αὖτις: back, back again, backwards, 9
δαιμόνιος, -η, -ον: touched by god, 2
δαίνυμι: to divide; partake in a meal, 11
ἐκ-καλέω: to call out, 1
ἐνιαυτός, ὁ: year, long period of time, 4
ἐπι-πείθομαι: be persuaded, prevailed upon 6
ἐρίηρος, -όν: faithful, trusty, 10
ἐυ-κτίμενος, -η, -ον: well-built, -constructed, 2
εὐ-φροσύνη, ἡ: gladness, happiness, joy, 3
ἡδύς, -υῖα, ὑ: sweet, pleasant, agreeable, 14
θέσ-φατος, -ον: god-decreed, god-ordained, 5
Ἰθάκη, ἡ: Ithaka, 13
κατα-δύω: to go down, enter, 12
κνέφας, -αος, τό: dusk, darkness, 5
κοιμάω: to put to sleep; mid. to fall asleep, 7

κρέας, τό: flesh, meat, piece of meat, 11
λαμβάνω: to take, receive, catch, grasp, 13
μέθυ, τό: wine, 9
μείς, μῆνος, ὁ: a month, 13
μιμνήσκω: to remind, recall, recollect, 8
οἶκος, ὁ: a house, abode, dwelling, 11
πάσχω: to suffer, experience, 14
περι-καλλής, -ές: beautiful, fair, lovely, 3
πρόπας, -πασα, -παν: all the, whole, entire, 5
πρώτιστος, -η, -ον: first of all, chiefmost, 3
σκιόεις, -εντος: shady, shadowy, dim 3
στῆθος, τό: chest, breast, 6
σώζω: to save, keep, 2
τελεσφόρος, -ον: full, bringing to an end, 1
τρέπω: to turn, change 4
τρηχύς, -εῖα, -ύ: rough, jagged, uneven 3
ὑψόροφος, -ον: high-roofed, lofty, 1
φθίω: to decay, waste away, dwindle, 8
χαλεπός, -ή, -όν: difficult, hard, harmful, 7
ὥρη, ἡ: season, period of a year, 13

461 εἰς ὅ: until; "up to which (time)"
    κεν..λάβητε: you receive; aor.subj. in a
    general temporal clause λαμβάνω
462 οἷον ὅτε: such as when; modifies θυμὸν
    ἐλείπτετε: 2ⁿᵈ pl. impf λείπω
464 μεμνημένοι: recalling; + gen. pf. pple
    μιμνήσκω
    οὐδέ ποθ': and not ever...; ποτε
    ὑμῖν θυμός: your spirit (is); supply verb
465 ἐπεὶ since
    πέπασθε: 2ⁿᵈ pl. pf. πάσχω
466 Ὣς ἔφατο: so she spoke
    ἡμῖν: our; dat. of possession with θυμός
    ἐπεπείθετο: 3ʳᵈ sg. impf. ἐπι-πείθομαι
467 ἔνθα: there
    ἤματα πάντα: everyday; acc. duration
    εἰς: up to
468 ἥμεθα: 1ˢᵗ pl. impf. ἧμαι
469 ἐνιαυτὸς ἔην: a year past; "it was a
    year," 3ʳᵈ sg. impf. εἰμί
    περὶ δ' ἔτραπον: returned; "turned
    round," perhaps tmesis, aor. τρέπω
470 μηνῶν φθινόντων: as the months wane;

gen. absolute, pres. pple
    περὶ...τελέσθη: were brought round to
    completion...; tmesis, neuter pl. subject
471 ἔφαν: 3ʳᵈ pl. impf. φημί
472 Δαιμόνιε: strange man; vocative direct
    address, suggesting that a person was
    possessed by a god
    μιμνήσκε(σ)ο: mid. imperative + gen. obj.
473 σαωθῆναι: to be saved; aor. pass. inf.
474 σὴν: your; possessive adjective σός
    ἐμοί: my; dat. of possession with θυμὸς
    ἐπεπείθετο: 3ʳᵈ sg. impf. ἐπι-πείθομαι
476 ὣς τότε: so then
    πρόπαν ἦπαρ: for...; acc. durations
    ἐς: until; "up to"
477 ἥμεθα: 1ˢᵗ pl. impf. ἧμαι
478 ἦμος: when
    ἦλθεν: 3ʳᵈ sg. aor. ἔρχομαι
479 κοιμήσαντο: lay down; aor. κοιμάω
    κατά: throughout + acc.
480 ἐπιβάς: I, climbing upon; nom. sg. aor.
    pple. ἐπι-βαίνω modifies 1ˢᵗ sg. subject

γούνων ἐλλιτάνευσα, θεὰ δέ μευ ἔκλυεν αὐδῆς·   481

καί μιν φωνήσας ἔπεα πτερόεντα προσηύδων·   482

"ὦ Κίρκη, τέλεσόν μοι ὑπόσχεσιν ἥν περ ὑπέστης,   483

οἴκαδε πεμψέμεναι· θυμὸς δέ μοι ἔσσυται ἤδη,   484

ἠδ' ἄλλων ἑτάρων, οἵ μευ φθινύθουσι φίλον κῆρ   485

ἀμφ' ἔμ' ὀδυρόμενοι, ὅτε που σύ γε νόσφι γένηαι."   486

ὣς ἐφάμην, ἡ δ' αὐτίκ' ἀμείβετο δῖα θεάων·   487

"διογενὲς Λαερτιάδη, πολυμήχαν' Ὀδυσσεῦ,   488

μηκέτι νῦν ἀέκοντες ἐμῷ ἐνὶ μίμνετε οἴκῳ.   489

ἀλλ' ἄλλην χρὴ πρῶτον ὁδὸν τελέσαι καὶ ἱκέσθαι   490

εἰς Ἀΐδαο δόμους καὶ ἐπαινῆς Περσεφονείης,   491

ψυχῇ χρησομένους Θηβαίου Τειρεσίαο,   492

μάντηος ἀλαοῦ, τοῦ τε φρένες ἔμπεδοί εἰσι·   493

τῷ καὶ τεθνηῶτι νόον πόρε Περσεφόνεια,   494

οἴῳ πεπνῦσθαι, τοὶ δὲ σκιαὶ ἀΐσσουσιν."   495

ὣς ἔφατ', αὐτὰρ ἐμοί γε κατεκλάσθη φίλον ἦτορ·   496

κλαῖον δ' ἐν λεχέεσσι καθήμενος, οὐδέ νύ μοι κῆρ   497

ἤθελ' ἔτι ζώειν καὶ ὁρᾶν φάος ἠελίοιο.   498

αὐτὰρ ἐπεὶ κλαίων τε κυλινδόμενός τ' ἐκορέσθην,   499

καὶ τότε δή μιν ἔπεσσιν ἀμειβόμενος προσέειπον·   500

ἀΐσσω: to start, spring, leap up, 3
ἀλαός, -όν: blind, not seeing, 2
αὐδή, ἡ: voice, 7
γόνυ, γουνός, τό: the knee, 4
διο-γενής, -ές: born from Zeus, 9
δόμος, ὁ: house, abode, 9
ἔμ-πεδος, -ον: steadfast; adv. continuously, 9
ἐπαινός, -ή, -όν: dread 8
ζάω: to live, 6
ἦτορ, τό: heart, soul, mind, spirit, 11
Θηβαῖος, -η, -ον: Theban, 5
θνήσκω: to die, be dying, perish, 14
καθ-ίζω: to make sit down, station, 6
κατα-κλάω: to shatter, break off, snap off, 5
κῆρ, τό : heart; soul, mind, 5
κλαίω: to weep, lament, wail, 13
κλύω: to hear, + gen.10
κορέννυμι: to sate, satisfy; have one's fill of, 2
κυλίνδω: to roll, roll along, 3
Λαερτιάδης, ὁ: son of Laertes, 10
λέχος, τό: bed, couch, 2
λιτανεύω: to pray, implore, 1
μάντις, ἡ: seer, prophet, 6

μηκ-έτι: no more, no longer, no further, 4
μίμνω: to stay, remain, abide; await, 6
νόσφι: aloof, apart, afar, away, 2
ὀδύρομαι: to grieve, lament, 5
οἴκα-δε: to home, homeward, 2
οἶκος, ὁ: a house, abode, dwelling, 11
πέμπω: to send, conduct, convey, dispatch, 9
Περσεφόνεια, ἡ: Persephone, wife of Hades 11
πνέω: to breathe, blow; be prudent, 1
πολυ-μήχανος, -όν: much-contriving, resourceful, 8
πτερόεις, -εντος: feathered, winged, 14
σεύω: to set into motion, drive, hasten, 4
σκιή, ἡ: shadow, shade, spirit 2
Τειρεσίης, ὁ: Tiresias, 14
ὑπό-σχεσις, -εως, ἡ: promise, 1
ὑφ-ίστημι: to promise, undertake, 2
φάος, τό: light, daylight, 8
φθινύθω: make waste away, pine consume, 2
φωνέω: to utter, speak, address, 10
χράω: to declare, proclaim, direct by oracle, 4
χρή: it is necessary, it is fitting; must, ought, 4

481 γούνων: (grasping) by the knees; partitive gen.
ἐλλιτάνευσα: 1st sg. aor. λιτανεύω
μοι: my; dat. possession with αὐδῆς
482 προσηύδων: addressed; προσ-αυδάω
483 τέλεσον: fulfill; aor. imperative τελέω
ἥν: which; antecedent is fem ὑπόσχεσιν
ὑπέστης: 2nd sg. aor. ὑφ-ίστημι
484 πεμψέμεναι: aor. inf. πέμπω in apposition to ὑπόσχεσιν
μοι: my; dat. of possession, parallel with gen. pl. ἄλλων ἑτάρων
ἔσσυται: is eager; "hastens," 3rd sg. pres. mid. σεύω
485 μευ...φίλον κῆρ: my own heart; "my dear heart"
486 νόσφι γένη(σ)αι: you were away; 2nd sg. aor. γίγνομαι
487 δῖα θεάων: brilliant among goddesses
489 ἀέκοντες: unwillingly; translate adjective as an adverb
ἐνὶ: in...; object is οἴκῳ
490 ὁδὸν τελέσαι: to finish another journey; aor. inf. τελέω
491 Ἀΐδαο, Περσεφονείης: both are gen. sg.
492 χρησομένους: in order to consult + dat.,

"going to consult," fut. pple χράομαι often expresses purpose, here acc. pl. agreeing with ὑμᾶς, understood acc. subject of the preceding infinitives
Τειρεσίαο, μάντιος: both gen. sg.
493 τοῦ τε: whose; relative clause
494 τῷ καὶ τεθνηῶτι: to whom even dead; "being dead," καὶ is adverbial; pf. pple θνήσκω
πόρε: gave
οἴῳ: alone; modifies
495 πεπνῦσθαι: to be prudent; pf. inf. πνέω
τοὶ δὲ...ἀΐσσουσιν: but those (others) flit about as shades
496 κατεκλάσθη: was shattered; aor. pass.
ἐμοὶ...φίλον ἦτορ: subject
497 καθήμενος: sitting down; pple καθ-ήμαι
ἤθελε: was willing; impf. ἐθέλω
ὁρᾶν: inf. α-contract ὁράω
498 φάος: neuter acc. singular
499 κλαίων, κυλινδόμενος: complementary pres. participles governed by ἐκορέσθην
ἐκορέσθην: I had my fill of + pple; aor. pass. κορέννυμι
500 ἔπεσσιν: with words; dat. means ἔπος

"ὦ Κίρκη, τίς γὰρ ταύτην ὁδὸν ἡγεμονεύσει;   501
εἰς Ἄϊδος δ᾿ οὔ πώ τις ἀφίκετο νηῒ μελαίνῃ.᾿   502

ὣς ἐφάμην, ἡ δ᾿ αὐτίκ᾿ ἀμείβετο δῖα θεάων·   503
"διογενὲς Λαερτιάδη, πολυμήχαν᾿ Ὀδυσσεῦ,   504
μή τί τοι ἡγεμόνος γε ποθὴ παρὰ νηῒ μελέσθω,   505
ἱστὸν δὲ στήσας, ἀνά θ᾿ ἱστία λευκὰ πετάσσας   506
ἧσθαι· τὴν δέ κέ τοι πνοιὴ Βορέαο φέρῃσιν.   507
ἀλλ᾿ ὁπότ᾿ ἂν δὴ νηῒ δι᾿ Ὠκεανοῖο περήσῃς,   508
ἔνθ᾿ ἀκτή τε λάχεια καὶ ἄλσεα Περσεφονείης,   509
μακραί τ᾿ αἴγειροι καὶ ἰτέαι ὠλεσίκαρποι,   510
νῆα μὲν αὐτοῦ κέλσαι ἐπ᾿ Ὠκεανῷ βαθυδίνῃ,   511
αὐτὸς δ᾿ εἰς Ἀΐδεω ἰέναι δόμον εὐρώεντα.   512
ἔνθα μὲν εἰς Ἀχέροντα Πυριφλεγέθων τε ῥέουσιν   513
Κώκυτός θ᾿, ὃς δὴ Στυγὸς ὕδατός ἐστιν ἀπορρώξ,   514
πέτρη τε ξύνεσίς τε δύω ποταμῶν ἐριδούπων·   515
ἔνθα δ᾿ ἔπειθ᾿, ἥρως, χριμφθεὶς πέλας, ὥς σε κελεύω,   516
βόθρον ὀρύξαι, ὅσον τε πυγούσιον ἔνθα καὶ ἔνθα,   517
ἀμφ᾿ αὐτῷ δὲ χοὴν χεῖσθαι πᾶσιν νεκύεσσιν,   518
πρῶτα μελικρήτῳ, μετέπειτα δὲ ἡδέι οἴνῳ,   519
τὸ τρίτον αὖθ᾿ ὕδατι· ἐπὶ δ᾿ ἄλφιτα λευκὰ παλύνειν.   520

νέκυς, ὁ: corpse, a dead body

αἴγειρος, -ου, ἡ: poplar tree, 2
ἀκτή, ἡ: projecting shore, promontory, 5
ἄλσος, τό: grove, sacred grove, 5
ἄλφιτον, τό: barley, 3
ἀπορρώξ: abrupt, steep, 2
ἀφ-ικνέομαι: to come, arrive, 13
αὖ-θι: on the spot, here, here, there, 9
Ἀχέρων, -οντος, ὁ: Acheron (river of woe) 1
βαθυ-δίνης, -ες: deep-whirling, 1
βόθρος, ὁ: hole, pit, hollow, trench, 5
βορέης ὁ: North wind, north, 3
διο-γενής, -ές born: from Zeus, 9
δόμος, ὁ: house, abode, 9
ἐρί-δουπος, -ον: resounding, 1
εὐρώεις, -εσσα, -εν: mouldy, dank, 1
ἡγεμονεύω: to lead, rule, command, 4
ἡγεμών, -όνος, ὁ: leader, guide, 1
ἡδύς, -υῖα, ύ: sweet, pleasant, agreeable, 14
ἥρως, ὁ: hero, warrior, 5
ἱστός, ὁ: ship's mast, loom for weaving, 13
ἰτέα, ἡ: willow tree, 1
κέλλω: to put to shore, come to shore, 9
Κώκυτός, ὁ: Cocytus (river of wailing), 1
Λαερτιάδης, ὁ: son of Laertes, 10
λάχεια: with good soil, fertile, 2

μελί-κρητον, τό: honey (and milk) mix, 2
μέλω: imper. there is a care for (dat, gen), 8
μετ-έπειτα: thereafter, 3
ὁπότε: when, by what time, 7
ὀρύσσω: to dig, dig through, quarry, 5
παλύνω: to strew, sprinkle, 2
πέλας: near, hard by, 1
περάω: to cross, traverse, make one's way, 4
Περσεφόνεια, ἡ: Persephone, 11
πετάννυμι: to spread out, spread wide, open, 2
πνοιή, ἡ: blowing, breeze, breath, 2
ποθή, ἡ: longing, yearning, mourning, 9
πολυ-μήχανος, -ον: much-contriving,
resourceful, 8
ποταμός, ὁ: river, stream, 10
πυγούσιος, -α, -ον: a cubit long, 2
Πυρι-φλεγέθων, ὁ: Pyriphlegethon river, 1
ῥέω: to flow, run, stream, 12
Στύξ, Στυγός, ὁ: Styx (river of hate), 1
σύνεσις, -εως, ἡ: conflux, union, 1
τρίτος, -η, -ον: the third, 5
χοή, ἡ: libation, drink-offering, 2
χρίμπτω: to approach, bring near, 1
Ὠκεανός, ὁ: Oceanus, 8
ὠλεσί-καρπος, -ον: fruit-losing, 1

---

501 ἡγεμονεύσει: 3rd sg. fut.
502 εἰς Ἀΐδος: to Hades'
    ἀφίκετο: has arrived; aor. ἀφικνέομαι
    νηΐ μελαίνῃ: by black ship; dat. of means
503 διὰ θεάων: brilliant among goddesses
505 ἡγεμόνος γε ποθή: a longing for a guide;
    objective gen.
    μή...μελέσθω: let......not be to a concern
    for (dat); 3rd sg. pres. imperative
    παρὰ νηΐ: beside the ship
506 στήσας: setting up; nom. sg. aor. pple
    ἵστημι
    πετάσσας: nom. sg. aor. pple πετάννυμι
507 ἧσθαι: sit down; infinitive as imperative
    τὴν: it; i.e. the ship
    τοι: for you; dat. of interest
    κέ φέρῃσιν: will carry; pres. subj. with
    future sense
508 ἄν περήσῃς: you traverse; aor. subj.
    περάω in a general temporal clause
    νηΐ: dat. of means
    διὰ: through; + genitive
511 αὐτοῦ: there

    κέλσαι: beach the ship; aor. infinitive as
    imperative κέλλω
512 αὐτός: you yourself; intensive pronoun
    modifies the 2nd person subject of the
    imperative (infinitive)
    Ἀΐδεω: gen. modifying δόμον
    ἰέναι: go!; inf. ἔρχομαι as imperative
514 ὅς δή...ἐστιν ἀπορρώξ: which is a
    branch; antecedent. Πυριφλεγέθων
515 ξύνεσις: σύνεσίς
516 ἥρως: hero; vocative, direct address
    χριμφθείς: having approached; nom. sg.
    aor. passive deponent pple χρίμπτω
    ὡς: as
517 ὀρύξαι: aor. inf. as imperative
    ὅσον τε πυγούσιον: as much as a cubit
    length; i.e. from the elbow to fingertip
    ἔνθα καὶ ἔνθα: here and there
518 ἀμφὶ αὐτῷ: around it
    χεῖσθαι: pour; inf. χέω as imperative
519 μελικρήτῳ: with honey and milk
520 τὸ τρίτον: in third place with water
    παλύνειν: sprinkle on; inf. for imperative

πολλὰ δὲ γουνοῦσθαι νεκύων ἀμενηνὰ κάρηνα,   521

ἐλθὼν εἰς Ἰθάκην στεῖραν βοῦν, ἥ τις ἀρίστη,   522

ῥέξειν ἐν μεγάροισι πυρήν τ᾽ ἐμπλησέμεν ἐσθλῶν,   523

Τειρεσίῃ δ᾽ ἀπάνευθεν ὄιν ἱερευσέμεν οἴῳ   524

παμμέλαν᾽, ὃς μήλοισι μεταπρέπει ὑμετέροισιν.   525

αὐτὰρ ἐπὴν εὐχῇσι λίσῃ κλυτὰ ἔθνεα νεκρῶν,   526

ἔνθ᾽ ὄιν ἀρνειὸν ῥέζειν θῆλύν τε μέλαιναν   527

εἰς Ἔρεβος στρέψας, αὐτὸς δ᾽ ἀπονόσφι τραπέσθαι   528

ἱέμενος ποταμοῖο ῥοάων· ἔνθα δὲ πολλαὶ   529

ψυχαὶ ἐλεύσονται νεκύων κατατεθνηώτων.   530

δὴ τότ᾽ ἔπειθ᾽ ἑτάροισιν ἐποτρῦναι καὶ ἀνῶξαι   531

μῆλα, τὰ δὴ κατάκειτ᾽ ἐσφαγμένα νηλέι χαλκῷ   532

δείραντας κατακῆαι, ἐπεύξασθαι δὲ θεοῖσιν,   533

ἰφθίμῳ τ᾽ Ἀίδῃ καὶ ἐπαινῇ Περσεφονείῃ·   534

αὐτὸς δὲ ξίφος ὀξὺ ἐρυσσάμενος παρὰ μηροῦ   535

ἧσθαι, μηδὲ ἐᾶν νεκύων ἀμενηνὰ κάρηνα   536

αἵματος ἆσσον ἴμεν, πρὶν Τειρεσίαο πυθέσθαι.   537

ἔνθα τοι αὐτίκα μάντις ἐλεύσεται, ὄρχαμε λαῶν,   538

ὅς κέν τοι εἴπῃσιν ὁδὸν καὶ μέτρα κελεύθου   539

νόστον θ᾽, ὡς ἐπὶ πόντον ἐλεύσεαι ἰχθυόεντα."   540

ἀ-μενηνός, -ον: powerless, feeble, 4
ἄνωγα: to command, order, bid, 10
ἀπ-άνευθε: far away, far off, from a distance 4
ἀπ-νόσφι: aloof, apart, aside, 2
ἀρνειός, -οῦ, ὁ: ram, 8
ἆσσον: nearer, 6
γουνόομαι: to grasp knees, implore, entreat, 2
δέρω: to skin, flay, 3
ἔθνος, -εος, τό: race, people, tribe, 3
ἐμ-πίπλημι: to fill, to fill quite full (+ gen) 6
ἐπαινός, -ή, -όν: dread, 8
ἐπ-εύχομαι:, to pray, pray to, 2
ἐπήν: ἐπεὶ ἄν, when, whenever, 5
ἐπ-οτρύνω: to rouse, stir up, excite, incite, 6
Ἔρεβος, τό: Erebus, 8
ἐσθλός, -ή, -όν: good, well-born, noble, 10
εὐχή, ἡ: prayer, vow, 1
θῆλυς, -εια, -υ: female, feminine, 5
ἱερεύω: to slaughter, 2
Ἰθάκη, ἡ: Ithaka, 13
ἰχθυόεις, -εσσα, -εν: full of fish, 3
ἴφθιμος, -η, -ον: mighty, strong, 6
κάρηνον, τό: peak, top, head, 5
καταθνήσκω: to die, 9
κατα-καίω: to burn, burn completely, 4
κατα-κείω: to lie down, 2
κέλευθος, ἡ: road, way, path; voyage, course, 5
κλυτός, -ή, -όν: famous, renowned, 12

λαός, ὁ: the people, 9
λίσσομαι: to beg, pray, entreat, supplicate, 5
μάντις, ἡ: seer, prophet, 6
μετα-πρέπω: to be conspicuous among, 2
μέτρον, τό: measure, length, size, 3
μη-δέ: and not, but not, nor, 6
μῆλον, τό: flock, herd; apple, 7
μηρός, ὁ: thigh, 10
νεκρός, ὁ: corpse, dead body, 12
νηλής, -ές: pitiless, ruthless, 10
νόστος, ὁ: return home, return homeward, 12
ξίφος, τό: a sword, 8
ὄρχαμος, ὁ: leader, chief, 2
παμ-μέλας, -μέλαινα, -μέλαν: all black, 2
Περσεφόνεια, ἡ: Persephone, 11
ποταμός, ὁ: river, stream, 10
πρίν: until, before, 14
πυνθάνομαι: to learn by inquiry, 12
πυρη, ἡ: pyre, altar for sacrifice, 6
ῥέζω: to do accomplish, make, perform, 10
ῥοή, ἡ: river, stream, 4
στεῖρα, ἡ: unfruitful, barren one, 4
στρέφω: to turn, whirl, 2
σφάζω: to slay, slaughter, kill, 4
Τειρεσίης, ὁ: Tiresias, 14
τρέπω: to turn, change 4
ὑμέτερος, -η, -ον: your, yours, 1

---

521 γουνοῦσθαι: *entreat*; inf. as imperative
522 ἐλθὼν...ἡμετέροισι: *(vowing) to...*; this is
the explicit entreaty mentioned in 521
ἐλθὼν: nom. sg. aor. pple ἔρχομαι
ἥ τις: *whichever (is)*; supply linking verb
523 ῥέξειν: *to sacrifice*; fut. inf. ῥέζω
πυρήν: *altar*; object of ἐμπλησέμεν
ἐμπλησέμεν: *to fill (acc) with (gen)*; fut.
infinitive ἐμπίπλημι
524 Τειρεσίη οἴῳ: *to Teiresias alone*
ἱερευσέμεν: *to sacrifice*; fut. infinitive
ὄϊν παμμέλανα: *all-black ram*; acc. ὄϊς
525 μήλοισι ὑμετέροισιν: dat. compound verb
526 ἐπὴν λίσῃ: *whenever you entreat*; 2nd
aor. subj. λίσσομαι
εὐχῇσι: *with prayers*; dat. pl. of means
527 ὄϊν: *ram*; acc. sg. ὄϊς
ῥέξειν: *sacrifice*; inf. for imperative
528 στρέψας: *turning (their heads)*; i.e.
bending the victims head to Erebus; nom.
sg. aor. pple στρέφω

αὐτός: *you yourself*; intensive agrees
with undestood 2nd sg. subject
τραπέσθαι: aor. mid. inf. τρέπω as imp.
529 ἱέμενος: *sending (oneself) toward + gen.*;
pres. mid. pple ἵημι
ποταμοῖο ῥοάων: *streams of the river*
530 ἐλεύσονται: 3rd pl. fut. dep. ἔρχομαι
κατατεθνηώτων: *dead*; gen. pl. pf. pple
καταθνήσκω, pleonasm
531 ἑτάροισιν: dat. with compound verb
ἐποτρῦναι: *rouse*; aor. inf. as imperative
ἀνῶξαι: *bid (them) to*; aor. inf. ἄνωγα
532 τά...κατάκειται: *which lie there*; relative
ἐσφαγμένα: *having been slaughtered*; pf.
535 αὐτὸς ἧσθαι: *you yourself sit*; inf. as imp.
536 μηδὲ ἐᾶν: *do not allow*; inf. ἐάω as imp.
537 ἴμεν: *to go*; inf. ἔρχομαι
πρὶν πυθέσθαι: *before you hear*; + gen.
ἐλεύσεται: *will go*; 3rd sg. fut. ἔρχομαι
539 ὅς κέν εἴπῃσιν: *who will tell*; future sense
540 ἐλεύσε(σ)αι: 2nd sg. fut. ἔρχομαι

ὣς ἔφατ', αὐτίκα δὲ χρυσόθρονος ἤλυθεν Ἠώς.   541

ἀμφὶ δέ με χλαῖνάν τε χιτῶνά τε εἵματα ἕσσεν·   542

αὐτὴ δ' ἀργύφεον φᾶρος μέγα ἕννυτο νύμφη,   543

λεπτὸν καὶ χαρίεν, περὶ δὲ ζώνην βάλετ' ἰξυῖ   544

καλὴν χρυσείην, κεφαλῇ δ' ἐπέθηκε καλύπτρην.   545

αὐτὰρ ἐγὼ διὰ δώματ' ἰὼν ὤτρυνον ἑταίρους   546

μειλιχίοις ἐπέεσσι παρασταδὸν ἄνδρα ἕκαστον·   547

"μηκέτι νῦν εὕδοντες ἀωτεῖτε γλυκὺν ὕπνον,   548

ἀλλ' ἴομεν· δὴ γάρ μοι ἐπέφραδε πότνια Κίρκη."   549

ὣς ἐφάμην, τοῖσιν δ' ἐπεπείθετο θυμὸς ἀγήνωρ.   550

οὐδὲ μὲν οὐδ' ἔνθεν περ ἀπήμονας ἦγον ἑταίρους.   551

Ἐλπήνωρ δέ τις ἔσκε νεώτατος, οὔτε τι λίην   552

ἄλκιμος ἐν πολέμῳ οὔτε φρεσὶν ᾗσιν ἀρηρώς,   553

ὅς μοι ἄνευθ' ἑτάρων ἱεροῖς ἐν δώμασι Κίρκης   554

ψύχεος ἱμείρων, κατελέξατο οἰνοβαρείων.   555

κινυμένων δ' ἑτάρων ὅμαδον καὶ δοῦπον ἀκούσας   556

ἐξαπίνης ἀνόρουσε καὶ ἐκλάθετο φρεσὶν ᾗσιν   557

ἄψορρον καταβῆναι ἰὼν ἐς κλίμακα μακρήν,   558

ἀλλὰ καταντικρὺ τέγεος πέσεν· ἐκ δέ οἱ αὐχὴν   559

ἀστραγάλων ἐάγη, ψυχὴ δ' Ἄϊδόσδε κατῆλθεν.   560

ἀγ-ήνωρ, -ορος: very manly, valorous, 9
ἄγνυμι: to break, bend; shiver, 7
ἄλκιμος, -η, -ον: strong, stout, 3
ἄνευ-θε: without, free from; far from, 3
ἀν-ορούω: to spring up, 1
ἀ-πήμων, -ον: unharmed, without harm, 2
ἀραρίσκω: to fit together, join; be fitted, 1
ἀργύφεος, -α, -ον: white, 1
ἀστράγαλος, ὁ: neck, neck-vertebra 2
αὐχήν, -ένος, ὁ: neck, throat, 3
ἄψορρον: backwards, back again, 4
ἀωτέω: to sleep soundly, 1
γλυκύς, ύ: sweet, pleasant, 12
δοῦπος, ὁ: thunder, din, 2
εἷμα, -ατος, τό: a garment, clothing, 2
ἐκ-λανθάνω: to escape notice utterly, forget, 1
Ἐλπήνωρ, ὁ: Elpenor, 4
ἔννυμι: to put clothes on, clothe, put on, 6
ἐξ-απίνης: suddenly, on the sudden, 2
ἐπι-πείθομαι: be persuaded, prevailed upon, 6
ἐπι-τίθημι: to put on, place upon, lay, 8
εὕδω: to sleep, lie down to sleep, 6
ζώνη, ἡ: a belt, 2
ἰξύς, -ύος, ἡ: the waist, 1
ἱμείρω: to yearn, long for, 2
καλύπτρη, ἡ: woman's veil, head-covering, 1
κατα-βαίνω: to go or come down, descend, 8
κατα-λέγω: to tell in order, recount, relate, 12

καταντικρύ: straight down from, 2
κατ-έρχομαι: to go down, come down, 9
κεφαλή, ἡ: the head, 12
κίνυμαι: to move on, march, 1
κλῖμαξ, κλίμακος ἡ: ladder, stairway, 2
λεπτός, -ή, -όν: fine, thin; narrow, 4
λίην: exceedingly, very much, 4
μειλίχιος, -η, -ον: winning, soothing, mild, 7
μηκ-έτι: no more, no longer, no further, 4
νεώτατος, -α, -ον: youngest, very young 1
νύμφη, ἡ: young wife, bride, married woman 6
ὅμαδος, ὁ: din, noise, 1
οἰνο-βαρείων, -ονος: heavy with wine, 2
ὀτρύνω: to stir up, rouse, encourage, 8
παρα-σταδόν: at one's side, standing by, 3
πίπτω: to fall, fall down, drop, 12
πόλεμος, ὁ: battle, fight, war, 4
πότνια, ἡ: mistress, queen, 7
τέγος, -γεος, ὁ: a roof, house, 4
ὕπνος, ὁ: sleep, slumber, 9
φᾶρος, τό: mantle, cloak, 2
φράζω: to show, indicate, tell, think, 7
χαρίεις, -εντος: graceful, beautiful, lovely, 4
χιτών, -ῶνος, ἡ: tunic, 3
χλαῖνα, ἡ: cloak, mantle, 4
χρύσεος, -η, -ον: golden, of gold, 11
χρυσό-θρονος, -ον: golden-throned, 2
ψῦχος, -εος, τό: cold, coolness, 1

---

541 ἤλυθεν: 3rd sg. aor. ἔρχομαι
542 ἀμφὶ με: around me
    εἵματα: as clothing; acc. apposition
    ἕσσεν: Circe put on; aor. ἕννυμι
543 αὐτὴ: nymph herself; intensive
    ἕννυτο: put on; impf. mid. ἕννυμι
544 περὶ...βάλετο: put...around; tmesis
    ἰξυῖ: her waist; dat. with compound verb
545 κεφαλῇ: dat. with compound verb
    ἐπέθηκε: 3rd sg. aor. ἐπι-τίθημι
546 ἰών: going; nom. sg. pple ἔρχομαι
    ὄτρυνον: 1st sg. impf. ὀτρύνω
547 μειλιχίοις ἐπέεσσι: with winning words
    παρασταδόν: standing beside (acc)
548 μηκέτι ἀωτεῖτε: no longer sleep; imp.
549 ἴομεν: let us...; hortatory subj. ἔρχομαι
    ἐπέφραδε: has instructed me; pf. φράζω
550 τοῖσιν: their; dat. possession with θυμός
    ἐπεπείθετο: 3rd sg. impf. ἐπι-πείθομαι
551 οὐδ᾽ ἔνθεν περ: not even then
    ἦγον: did I lead away my comrades
    unharmed; 1st sg. impf. ἄγω

552 Ἐλπήνωρ δέ τις ἔσκε: there was a certain
    very young man, Elpenor...; impf εἰμί
552 οὔτε ἄλκιμος...οὔτε ἀρηρώς: neither...
    nor...; in apposition to Ἐλπήνωρ
553 φρεσὶν ᾗσιν: in his mind; dat. of respect,
    possessive adjective ἑός
    ἀρηρώς endowed + dat.; "being joined,
    fit, equipped," nom. pf. pple ἀραρίσκω
554 μοι: ethical dative
    ἄνευθε ἑτάρων: away from his comrades
555 ἱμείρων: yearning for (gen) nom. sg. pple
    κατελέξατο: laid himself down; aor. mid.
556 κινυμένων: of his comrades moving about
557 ἀνόρουσε: leapt up; 3rd sg. aor. ἀνορούω

    ἐκλάθετο καταβῆναι: forgot to go down
    φρεσὶν ᾗσιν: in his mind; dat. where, 553
558 ἰών: going; nom. sg. pple ἔρχομαι
559 πέσεν: he fell; 3rd sg. aor. πίπτω
    ἐάγη: broke from; 3rd sg. aor. ἄγνυμι
560 κατῆλθεν: aor. κατ-έρχομαι

ἐρχομένοισι δὲ τοῖσιν ἐγὼ μετὰ μῦθον ἔειπον·   561

"φάσθε νύ που οἰκόνδε φίλην ἐς πατρίδα γαῖαν   562

ἔρχεσθ᾽· ἄλλην δ᾽ ἧμιν ὁδὸν τεκμήρατο Κίρκη,   563

εἰς Ἀΐδαο δόμους καὶ ἐπαινῆς Περσεφονείης   564

ψυχῇ χρησομένους Θηβαίου Τειρεσίαο."   565

ὣς ἐφάμην, τοῖσιν δὲ κατεκλάσθη φίλον ἦτορ,   566

ἑζόμενοι δὲ κατ᾽ αὖθι γόων τίλλοντό τε χαίτας·   567

ἀλλ᾽ οὐ γάρ τις πρῆξις ἐγίγνετο μυρομένοισιν.   568

ἀλλ᾽ ὅτε δή ῥ᾽ ἐπὶ νῆα θοὴν καὶ θῖνα θαλάσσης   569

ᾔομεν ἀχνύμενοι, θαλερὸν κατὰ δάκρυ χέοντες,   570

τόφρα δ᾽ ἄρ᾽ οἰχομένη Κίρκη παρὰ νηὶ μελαίνῃ   571

ἀρνειὸν κατέδησεν ὄϊν θῆλύν τε μέλαιναν,   572

ῥεῖα παρεξελθοῦσα· τίς ἂν θεὸν οὐκ ἐθέλοντα   573

ὀφθαλμοῖσιν ἴδοιτ᾽ ἢ ἔνθ᾽ ἢ ἔνθα κιόντα;   574

ἀρνειός, -οῦ, ὁ: ram, 8
αὖ-θι: on the spot, here, here, there, 9
γοάω: to wail, groan, weep, 9
δάκρυον, τό: tear, 12
δόμος, ὁ: house, abode, 9
ἐπαινός, -ή, -όν: dread, 8
ἦτορ, τό: heart, soul, mind, spirit, 11
θαλερός, -ή, -όν: blooming, in their prime, 8
Θηβαῖος, -η, -ον: Theban, 5
θῆλυς, -εια, -υ: female, feminine, 5
θίς, θινός, ὁ: shore, beach, 10
κατα-δέω: to tie up, secure, bind, 8
κατα-κλάω: to shatter, break off, snap off, 5
κίω: to go, 10

μύρω: to flow, run, trickle, 4
οἶκος, ὁ: a house, abode, dwelling, 11
οἴχομαι: to go; depart, 3
παρ-εξ-έρχομαι: to pass by, go out beside, 1
Περσεφόνεια, ἡ: Persephone, 11
πρῆξις, ἡ: business; result, issue, 3
ῥεῖα: easily, readily, lightly, 1
Τειρεσίης, ὁ: Tiresias, 14
τεκμαίρομαι: to indicate, judge, appoint, 3
τίλλω: to pull out, pluck, 1
τόφρα: during that time, meanwhile, 8
χαίτη, ἡ: hair, 1
χράω: to declare, proclaim, direct by oracle, 4

561 τοῖσιν: *them*; dat. of compound verb
μετὰ...έειπον: *spoke...among*; tmesis
562 Φάσθε νύ που: *You think, I suppose, (that)*; 2nd pl. pres. φημί
563 ἔρχεσθε: *you are going*; 2nd pl. ἔρχομαι
τεκμήρατο: indicated, aor. τεκμαίρομαι
564 Ἀΐδαο, Περσεφονείης: both are gen. sg.
565 χρησομένος: *in order to consult* + dat., "going to consult," fut. pple χράομαι often expresses purpose
Τειρεσίαο: gen. sg.
566 κατεκλάσθη: *was shattered*; aor. pass.
τοῖσιν...φίλον ἦτορ: *their own heart(s)*
567 κατὰ: *down*; with ἑζόμεναι
γόων: *weeping*; nom. sg. pple γοάω, singular but applied to plural subject
568 οὔ τις πρῆξις: *not any accomplishment*; i.e effect, benefit, result

μυρομένοισι: *for those weeping*; "for those flowing (with tears)" dat. of interest
570 ἤομεν: 1st pl. impf. ἔρχομαι
ἀχνύμενοι: *being grieved*; pres. pass. pple ἀχεύω
κατὰ χέοντες: *pouring down*; tmesis
572 ἀρνειὸν...ὄιν: *ram*; "male sheep"
κατέδησεν: 3rd sg. aor. καταδέω
573 παρεξελθοῦσα: *slipping past*; aor. pple παρεξέρχομαι, fem. sg. modifies Κίρκη
τίς ἂν ...ἴδοιτο: *Who could see*; aor. potential opt. ὁράω; Odysseus notes that, while Circe slipped past unnoticed, mortals do not intentionally ignore the presence of a divinity
οὐκ ἐθέλοντα: *not being willing*; acc. pple
574 ἢ ἔνθα ἢ ἔνθα: *either here or there*

Αὐτὰρ ἐπεί ῥ᾽ ἐπὶ νῆα κατήλθομεν ἠδὲ θάλασσαν,　　1

νῆα μὲν ἂρ πάμπρωτον ἐρύσσαμεν εἰς ἅλα δῖαν,　　2

ἐν δ᾽ ἱστὸν τιθέμεσθα καὶ ἱστία νηῒ μελαίνῃ,　　3

ἐν δὲ τὰ μῆλα λαβόντες ἐβήσαμεν, ἂν δὲ καὶ αὐτοὶ　　4

βαίνομεν ἀχνύμενοι, θαλερὸν κατὰ δάκρυ χέοντες.　　5

ἡμῖν δ᾽ αὖ κατόπισθε νεὸς κυανοπρῴροιο　　6

ἴκμενον οὖρον ἵει πλησίστιον, ἐσθλὸν ἑταῖρον,　　7

Κίρκη ἐϋπλόκαμος, δεινὴ θεὸς αὐδήεσσα.　　8

ἡμεῖς δ᾽ ὅπλα ἕκαστα πονησάμενοι κατὰ νῆα　　9

ἥμεθα· τὴν δ᾽ ἄνεμός τε κυβερνήτης τ᾽ ἴθυνε.　　10

τῆς δὲ πανημερίης τέταθ᾽ ἱστία ποντοπορούσης·　　11

δύσετό τ᾽ ἠέλιος σκιόωντό τε πᾶσαι ἀγυιαί.　　12

　　ἡ δ᾽ ἐς πείραθ᾽ ἵκανε βαθυρρόου Ὠκεανοῖο.　　13

ἔνθα δὲ Κιμμερίων ἀνδρῶν δῆμός τε πόλις τε,　　14

ἠέρι καὶ νεφέλῃ κεκαλυμμένοι· οὐδέ ποτ᾽ αὐτοὺς　　15

Ἠέλιος φαέθων καταδέρκεται ἀκτίνεσσιν,　　16

οὔθ᾽ ὁπότ᾽ ἂν στείχῃσι πρὸς οὐρανὸν ἀστερόεντα,　　17

οὔθ᾽ ὅτ᾽ ἂν ἂψ ἐπὶ γαῖαν ἀπ᾽ οὐρανόθεν προτράπηται,　　18

ἀλλ᾽ ἐπὶ νὺξ ὀλοὴ τέταται δειλοῖσι βροτοῖσι.　　19

νῆα μὲν ἔνθ᾽ ἐλθόντες ἐκέλσαμεν, ἐκ δὲ τὰ μῆλα　　20

ἀγυιά, ἡ: a street, 1
ἀήρ, ἠέρος, ἡ: mist, cloud, air, 2
ἀκτίς, ἀκτῖνος, ἡ: ray, beam, 1
ἀστερόεις, -εσσα, -εν: starry, 3
αὖ: again, in turn; further, moreover, 8
αὐδήεις, -εσσα: speaking with human voice, 4
ἄψ: back, back again, backwards, 8
βαθύ-ρροος, -ον: deep-flowing, 1
βροτός, ὁ, ἡ: a mortal, human, 10
δάκρυον, τό: tear, 12
δειλός, -η, -ον: worthless; cowardly, 5
δῆμος, ὁ: district, country, land; people, 3
ἐγ-χείη, ἡ: spear, lance, 2
ἐσθλός, -ή, -όν: good, well-born, noble, 10
ἐϋ-πλόκαμος, -ον: with fair locks, -tressed, 7
ἰθύνω: to make straight, steer, 4
ἱκάνω: to approach, come, arrive, reach, 7
ἵκμενος, -η, -ον: fair, favorable, 2
ἱστός, ὁ: ship's mast, loom for weaving, 13
θαλερός, -ή, -όν: blooming, in their prime, 8
καλύπτω: to conceal, cover, 6
κατα-δέρκομαι: to look down upon, 1
κατ-έρχομαι: to go down, come down, 9
κατ-όπισθε: behind, after, in the rear, 2
κέλλω: to beach, put to shore, 9

Κιμμέριοι, οἱ: Cimmerians, 2
κυανό-πρωρος, -η, -ον: dark-blue prowed, 7
κυβερνήτης, ὁ: helmsman, pilot, 4
λαμβάνω: to take, receive, catch, grasp, 13
μῆλον, τό: flock, herd; apple, 7
νεφέλη, ἡ: a cloud, 3
ὀλοός, -ή, -όν: destructive, deadly, 7
ὅπλον, τό: a tool, equipment; arms, 5
ὁπότε: when, by what time, 7
οὐρανό-θεν: from the sky, heavens, 5
οὐρανός, ὁ: sky, heavens, 9
οὖρος, ὁ: fair wind, 13
πάμ-πρωτος, -η, -ον: very first, first of all, 3
παν-ημέριος, -α, -ον: all day long, 2
πεῖραρ, πείρατος, τό: end, limit, 5
πλησίστιος, -ον: filling the sail, 2
πόλις, ἡ: a city, 11
πονέω: to work, toil over, 5
ποντο-πορέω: to traverse by sea, sail, 1
προ-τρέπω: to incite, turn forth, urge on, 2
σκιάω: be shadowed, be darkened, 4
στείχω: to come or go, walk, proceed, 3
τείνω: to stretch, extend, 2
φαέθω: to shine, 3
Ὠκεανός, ὁ: Oceanus, 8

1 καθήλθομεν: *we came down*; i.e. from
   coast to sea, aor. κατ-έρχομαι
2 ἐρύσσαμεν: *we dragged* aor. ἐρύω
   ἅλα: *sea*; acc. sg. ἅλς
3 ἐν δ᾽: dative object is νηὶ μελαίνῃ
   ἱστία: *sails*; neuter pl. ἱστίον
4 ἐν δὲ: *on the (ship)*
   λαβόντες: aor. pple. λαμβάνω
   ἐβήσαμεν: *put the flocks*; aor. βαίνω
   ἄν...βαίνομεν: *board*; tmesis. ἀποβαίνω
   καὶ αὐτοὶ: *(we) ourselves also*
5 ἀχνύμενοι: *being grieved*; pres. pple.
   ἀχεύω
   κατα...χέοντες: *shedding down*; tmesis
6 ἡμῖν: *for us*; dat. of interest
   νεὸς κυανοπρῴροιο: obj. of κατόπισθε
7 ἵει: *sends*; 3ʳᵈ sg. pres. ἵημι
   ἐσθλὸν ἑταῖρον: apposition to οὖρον
9 κατὰ νῆα: *throughout the ship*
   ἥμεθα: *we sat*; 1ˢᵗ pl. pres. ἧμαι
10 τὴν δ᾽: *it*; i.e the ship
11 τῆς δ᾽: *its*; i.e the ship's, gen. sg.

   τέταται: *are stretched out*; i.e. are filled
   out, pf. τείνω; subject is neuter pl. ἱστία
   ποντοπορούσης: *traversing by sea*; pres.
   pple modifying τῆς
12 δύσετο: aor. δύω
   Ἡ δ᾽: *and it*; i.e. the ship
   πείρατα: *limits*; acc. pl. πεῖραρ
15 ἠέρι: *by mist and...*; dat. of means ἀήρ
   κεκαλυμμένοι: pf. pass. pple καλύπτω
16 φαέθων: *shining*; pres. pple. φαέθω
   ἀκτίνεσσιν: dat. pl. of means ἀκτίς
17 οὔθ᾽: οὔτε before an aspirated vowel
   ἂν στείχῃσι: *ever (the sun) proceeds*; pres.
   subj. στείχω in a general temporal clause
18 ὅτ᾽ ἂν...προτράπηται: *whenever (the sun)
   turns*; aor. subj., general temporal clause
19 ἐπὶ...τέταται: *is stretched over*; tmesis, pf.
   pass. τείνω
   δειλοῖσι βροτοῖσι: dat. pl., compound verb
20 ἐκέλσαμεν: *beached*; + acc., aor. κέλλω
   ἐκ δὲ: *and from (the ship)*

εἰλόμεθ᾽· αὐτοὶ δ᾽ αὖτε παρὰ ῥόον Ὠκεανοῖο   21
ἤομεν, ὄφρ᾽ ἐς χῶρον ἀφικόμεθ᾽, ὃν φράσε Κίρκη.   22
    ἔνθ᾽ ἱερήϊα μὲν Περιμήδης Εὐρύλοχός τε   23
ἔσχον· ἐγὼ δ᾽ ἄορ ὀξὺ ἐρυσσάμενος παρὰ μηροῦ   24
βόθρον ὄρυξ᾽ ὅσσον τε πυγούσιον ἔνθα καὶ ἔνθα,   25
ἀμφ᾽ αὐτῷ δὲ χοὴν χεόμην πᾶσιν νεκύεσσι,   26
πρῶτα μελικρήτῳ, μετέπειτα δὲ ἡδέϊ οἴνῳ,   27
τὸ τρίτον αὖθ᾽ ὕδατι· ἐπὶ δ᾽ ἄλφιτα λευκὰ πάλυνον.   28
πολλὰ δὲ γουνούμην νεκύων ἀμενηνὰ κάρηνα,   29
ἐλθὼν εἰς Ἰθάκην στεῖραν βοῦν, ἥ τις ἀρίστη,   30
ῥέξειν ἐν μεγάροισι πυρήν τ᾽ ἐμπλησέμεν ἐσθλῶν,   31
Τειρεσίῃ δ᾽ ἀπάνευθεν ὄϊν ἱερευσέμεν οἴῳ   32
παμμέλαν᾽, ὃς μήλοισι μεταπρέπει ἡμετέροισι.   33
    τοὺς δ᾽ ἐπεὶ εὐχωλῇσι λιτῇσί τε, ἔθνεα νεκρῶν,   34
ἐλλισάμην, τὰ δὲ μῆλα λαβὼν ἀπεδειροτόμησα   35
ἐς βόθρον, ῥέε δ᾽ αἷμα κελαινεφές· αἱ δ᾽ ἀγέροντο   36
ψυχαὶ ὑπὲξ Ἐρέβευς νεκύων κατατεθνηώτων.   37
νύμφαι τ᾽ ἠΐθεοί τε πολύτλητοί τε γέροντες   38
παρθενικαί τ᾽ ἀταλαὶ νεοπενθέα θυμὸν ἔχουσαι,   39
πολλοὶ δ᾽ οὐτάμενοι χαλκήρεσιν ἐγχείῃσιν,   40

ἀγείρω: to bring together, gather together, 3
ἄλφιτον, τό: barley, 3
ἀ-μενηνός, -ον: powerless, feeble, 4
ἄορ, τό: sword, sword hung on a belt, 5
ἀπ-άνευθε: far away, far off, from a distance 4
ἀπο-δειροτομέω: to cut the throat of, 1
ἀταλός, -ή, -όν: merry, light-hearted, 1
ἀφ-ικνέομαι: to come, arrive, 13
βόθρος, ὁ: hole, pit, hollow, trench, 5
γέρων, -οντος, ὁ: elder, old man, 4
γουνόομαι: grasp knees, implore, entreat, 2
ἔγχος, -εός, τό: spear, lance, 3
ἔθνος, -εος, τό: race, people, tribe, 3
ἐμ-πίπλημι: to fill, to fill quite full, 6
ἐσθλός, -ή, -όν: good, well-born, noble, 10
Ἔρεβος, τό: Erebus, 8
Εὐρύλοχος, ὁ: Eurylochus, 14
εὐχωλή, ἡ: prayer, vow, 1
ἡδύς, -υῖα, ύ: sweet, pleasant, agreeable, 14
ἠίθεος, ὁ: unmarried youth, 1
ἡμέτερος, -α, -ον: our, 7
ἱερεῖον, τό: a victim, sacrificial animal, 1
ἱερεύω: to slaughter, 2
Ἰθάκη, ἡ: Ithaka, 13
κάρηνον, τό: peak, top, head, 5
κατα-θνήσκω: to die, 9
κελαι-νεφής, -ές: of dark clouds, 3
λαμβάνω: to take, receive, catch, grasp, 13
λίσσομαι: to beg, pray, entreat, supplicate, 5
λιτή, ἡ: a prayer, entreaty, 2

μελί-κρητον, τό: honey and milk mix, 2
μετα-πρέπω: to be conspicuous among, 2
μετ-έπειτα: thereafter, 3
μῆλον, τό: flock, herd; apple, 7
μηρός, ὁ: thigh, 10
νεκρός, ὁ: corpse, the dead, 12
νεο-πενθής, -ές: newly mourning, 1
νύμφη, ἡ: young wife, bride, 6
ὀρύσσω: to dig, dig through, quarry, 5
οὐτάω: to wound, stab, thrust, 4
παλύνω: to strew, sprinkle, 2
παμ-μέλας, -μέλαινα, -μέλαν: all black, 2
παρθενική, ἡ: maiden, 2
Περιμήδης, ὁ: Perimedes, 1
πολύ-τλητος, -ον: much-enduring, 1
πυγούσιος, -α, -ον: a cubit long, 2
πυρή, ἡ: fire, pyre, funeral pyre, 6
ῥέζω: to do accomplish, make, perform, 10
ῥέω: to flow, run, stream, 12
ῥόος, ὁ: stream, current, flow, 9
στεῖρα, ἡ: unfruitful, barren one, 4
Τειρεσίης, ὁ: Tiresias, 14
τρίτος, -η, -ον: the third, 5
ὑπ-έκ: out from under, 4
φράζω: to show, indicate, tell, think, 7
χαλκήρης, -ες: fitted with bronze, 3
χοή, ἡ: libation, drink-offering, 2
χῶρος, ὁ: place, spot, piece of ground, 7
Ὠκεανός, ὁ: Oceanus, 8

21 εἱλόμεθα: we took; aor. mid. αἱρέω
παρὰ ῥόον...: beyond the stream...
22 ᾔομεν: 1st pl. impf. ἔρχομαι
ὄφρα: until...
ὅν: which; the antecedent is χῶρον
23 ἱερήϊα: the sacrificial victims; acc. neuter pl., i.e. the τὰ μῆλα mentioned in line 4
ἔσχον: held fast; "held down" aor. ἔχω
24 ἐρυσσάμενος: drawing; aor. pple ἐρύω
25 ὄρυξα: I dug; 1st sg. aor ὀρύσσω
ὅσον τε πυγούσιον: as much as a cubit length; i.e. from the elbow to fingertip
ἔνθα καὶ ἔνθα: here and there
26 ἀμφὶ αὐτῷ: around it
χεόμην: I poured; impf. χέω
27 μελικρήτῳ: with a mix of honey and milk
28 τὸ τρίτον: in third place with water
πάλυνον: I sprinkled on; 1st sg. impf.
29 γουνούμην: I entreated; 1st sg. impf.
30 ἐλθών...ἐσθλῶν: (vowing) to...; this is

the explicit entreaty mentioned earlier
ἐλθών: nom. sg. aor. pple ἔρχομαι
ᾗ τις: whichever (is); supply linking verb
31 ῥέξειν: to sacrifice; fut. inf. ῥέζω
πυρήν: altar; object of ἐμπλησέμεν
ἐμπλησέμεν: to fill (acc) with (gen); fut. infinitive ἐμπίπλημι
32 Τειρεσίῃ οἴῳ: to Teiresias alone
ἱερευσέμεν: to sacrifice; fut. infinitive
ὄϊν παμμέλανα: all-black ram; acc. ὄϊς
33 μήλοισι ὑμετέροισιν: dat. compound verb
34 τοὺς δ᾽: them; i.e the dead
εὐχωλῇσι λίτῃσί τε: with prayers and entreaties; dat. pl. of means
ἔθνεα νεκρῶν: in apposition to τοὺς
36 αἷμα: the blood; neuter sg. subject
ἀγέροντο: gathered; aor. mid. ἀγείρω
37 κατατεθνηώτων: dead; pf. pple
39 ἔχουσαι: bearing; fem. nom. pl. pple.
40 οὐτάμενοι: wounded; pass. + dat. means

ἄνδρες ἀρηΐφατοι βεβροτωμένα τεύχε᾽ ἔχοντες·　　41

οἳ πολλοὶ περὶ βόθρον ἐφοίτων ἄλλοθεν ἄλλος　　42

θεσπεσίῃ ἰαχῇ· ἐμὲ δὲ χλωρὸν δέος ᾕρει.　　43

δὴ τότ᾽ ἔπειθ᾽ ἑτάροισιν ἐποτρύνας ἐκέλευσα　　44

μῆλα, τὰ δὴ κατέκειτ᾽ ἐσφαγμένα νηλέι χαλκῷ,　　45

δείραντας κατακῆαι, ἐπεύξασθαι δὲ θεοῖσιν,　　46

ἰφθίμῳ τ᾽ Ἀΐδῃ καὶ ἐπαινῇ Περσεφονείῃ·　　47

αὐτὸς δὲ ξίφος ὀξὺ ἐρυσσάμενος παρὰ μηροῦ　　48

ἥμην, οὐδ᾽ εἴων νεκύων ἀμενηνὰ κάρηνα　　49

αἵματος ἆσσον ἴμεν, πρὶν Τειρεσίαο πυθέσθαι.　　50

　　πρώτη δὲ ψυχὴ Ἐλπήνορος ἦλθεν ἑταίρου·　　51

οὐ γάρ πω ἐτέθαπτο ὑπὸ χθονὸς εὐρυοδείης·　　52

σῶμα γὰρ ἐν Κίρκης μεγάρῳ κατελείπομεν ἡμεῖς　　53

ἄκλαυτον καὶ ἄθαπτον, ἐπεὶ πόνος ἄλλος ἔπειγε.　　54

τὸν μὲν ἐγὼ δάκρυσα ἰδὼν ἐλέησά τε θυμῷ,　　55

καί μιν φωνήσας ἔπεα πτερόεντα προσηύδων·　　56

　　“Ἐλπῆνορ, πῶς ἦλθες ὑπὸ ζόφον ἠερόεντα;　　57

ἔφθης πεζὸς ἰὼν ἢ ἐγὼ σὺν νηῒ μελαίνῃ.　　58

　　ὣς ἐφάμην, ὁ δέ μ᾽ οἰμώξας ἠμείβετο μύθῳ·　　59

“διογενὲς Λαερτιάδη, πολυμήχαν᾽ Ὀδυσσεῦ,　　60

ἄ-θαπτος, -ον: unburied, 2
ἄ-κλαυστος, -ον: unlamented, 2
ἄλλο-θεν: from another place, elsewhere, 6
ἀ-μενηνός, -ον: powerless, feeble, 4
ἀρηΐφατος, -ον: slain in battle, 1
ἆσσον: nearer, 6
βόθρος, ὁ: hole, pit, hollow, trench, 5
Βροτόομαι: to be stained with gore, 1
δακρύω: to weep, cry, 5
δέος, δείους, τό: fear, alarm, dread, awe, 3
δείρω: to skin, flay, 3
διο-γενής, -ές born: from Zeus, 9
ἐλεέω: to pity, have compassion for, 4
Ἐλπήνωρ, ὁ: Elpenor, 4
ἐπείγω: to press hard, impel, urge on, 4
ἐπαινός, -ή, -όν: dread, 8
ἐπ-εύχομαι:, to pray, pray to (dat.) 2
ἐπ-οτρύνω: to rouse, stir up, excite, incite, 6
εὐρυ-όδεια: wide-wayed, 2
ζόφος, ὁ: darkness, gloom, 5
ἠεροείς, -εσσα, -εν: cloudy, misty, 2
θάπτω: to bury, inter, 2
θεσπέσιος, -η, -ον: divinely sweet, profuse, 7
ἰαχή, ἡ: cry, shriek, 2
ἴφθιμος, -η, -ον: mighty, strong, 6
κάρηνον, τό: peak, top, head, 5

κατα-καίω: to burn, burn completely, 4
κατα-κείω: to lie down (with fut. sense), 2
κατα-λείπω: to leave behind, abandon, 6
Λαέρτιάδης, ὁ: son of Laertes, 10
μῆλον, τό: flock, herd; apple, 7
μηρός, ὁ: thigh, 10
νηλής, -ές: pitiless, ruthless, 10
ξίφος, τό: a sword, 8
οἰμώζω: to cry out in grief, 4
πεζός, ή, όν: on foot, 3
Περσεφόνεια, ἡ: Persephone, 11
πολυ-μήχανος, -ον: much-contriving,
resourceful, 8
πόνος, ὁ: work, labor, toil, 2
πρίν: until, before, 14
πτερόεις, -εντος: feathered, winged, 14
πυνθάνομαι: to learn by inquiry, 12
σφάζω: to slay, slaughter, kill, 4
σῶμα, -ατος, τό: the body, 2
Τειρεσίης, ὁ: Tiresias, 14
τεῦχος, -εος, τό: armor, arms; tools, 7
φθάνω: to be first, anticipate, outstrip, 1
φοιτάω: to go to and fro, visit, 7
φωνέω: to utter, speak, 10
χθών, -ονός, ἡ: the earth, ground, 7
χλωρός, -ή, -όν: greenish-yellow, green, 6

41 βεβροτωμένα: pf. pass. βροτόομαι
   τεύχεα: neuter pl. direct object
42 ἐφοίτων: ἐφοίταον, 3rd pl. impf. φοιτάω
   ἄλλοθεν ἄλλος: different shades from
   different directions
43 θεσπεσίη ἰαχῇ: with...;dat. of manner
   χλωρὸν: pale; modifies nom. neuter δέος
   ᾗρει: began to take; 3rd sg. imp. αἱρέω
44 ἐποτρύνας: rousing; nom. sg. aor. pple.
45 τὰ...κατάκειται: which lie there; relative
   ἐσφαγμένα: having been slaughtered; pf.
46 κατακῆαι: aor. inf. κατα-καίω governed
   by ἐκέλευσα
   ἐπεύξασθαι: aor. inf. ἐπ-εύχομαι + dat.
   governed by ἐκέλευσα
47 Ἀΐδῃ καὶ...Περσεφονείῃ: dat. apposition to
   θεοῖσιν
48 αὐτὸς: I myself; intensive modifies subject
   ἐρυσσάμενος: drawing; aor. pple ἐρύω
49 ἥμην: I sat; impf. ἧμαι
   εἴων: I allowed; impf. ἐάω

50 ἴμεν: inf. ἔρχομαι
   πρὶν πυθέσθαι: before you hear; + gen.;
   aor. inf. πυνθάνομαι
51 ἦλθον: aor. ἔρχομαι
52 ἐτέθαπτο: plpf. passive θάπτω
   ὑπὸ: under
53 πόνος ἄλλος: another task
   ἔπειγε: was urging (us) on; impf. ἐπείγω
55 δάκρυσα: 1st sg. aor. δακρύω
   ἰδών: aor. pple ὁράω
   ἐλέησα: 1st sg. aor. ἐλεέω
56 ἔπεα: words; acc. pl. neuter. ἔπος
   ἦλθες: 2nd sg. aor. ἔρχομαι
57 ὑπὸ: beneath + acc.
58 ἔφθης...ῇ: you have been faster than (me);
   2nd sg. aor. φθάνω
   ἰών: nom. sg. pple ἔρχομαι
59 μ'...ἠμείβετο: answered me
   μύθῳ: with a speech

ἆσέ με δαίμονος αἶσα κακὴ καὶ ἀθέσφατος οἶνος. 61

Κίρκης δ᾽ ἐν μεγάρῳ καταλέγμενος οὐκ ἐνόησα 62

ἄψορρον καταβῆναι ἰὼν ἐς κλίμακα μακρήν, 63

ἀλλὰ καταντικρὺ τέγεος πέσον· ἐκ δέ μοι αὐχὴν 64

ἀστραγάλων ἐάγη, ψυχὴ δ᾽ Ἄϊδόσδε κατῆλθε. 65

νῦν δέ σε τῶν ὄπιθεν γουνάζομαι, οὐ παρεόντων, 66

πρός τ᾽ ἀλόχου καὶ πατρός, ὅ σ᾽ ἔτρεφε τυτθὸν ἐόντα, 67

Τηλεμάχου θ᾽, ὃν μοῦνον ἐνὶ μεγάροισιν ἔλειπες· 68

οἶδα γὰρ ὡς ἐνθένδε κιὼν δόμου ἐξ Ἀΐδαο 69

νῆσον ἐς Αἰαίην σχήσεις εὐεργέα νῆα· 70

ἔνθα σ᾽ ἔπειτα, ἄναξ, κέλομαι μνήσασθαι ἐμεῖο. 71

μή μ᾽ ἄκλαυτον ἄθαπτον ἰὼν ὄπιθεν καταλείπειν 72

νοσφισθείς, μή τοί τι θεῶν μήνιμα γένωμαι, 73

ἀλλά με κακκῆαι σὺν τεύχεσιν, ἄσσα μοι ἔστιν, 74

σῆμά τέ μοι χεῦαι πολιῆς ἐπὶ θινὶ θαλάσσης, 75

ἀνδρὸς δυστήνοιο, καὶ ἐσσομένοισι πυθέσθαι. 76

ταῦτά τέ μοι τελέσαι πῆξαί τ᾽ ἐπὶ τύμβῳ ἐρετμόν, 77

τῷ καὶ ζωὸς ἔρεσσον ἐὼν μετ᾽ ἐμοῖς ἑτάροισιν.᾽ 78

ὣς ἔφατ᾽, αὐτὰρ ἐγώ μιν ἀμειβόμενος προσέειπον· 79

ταῦτά τοι, ὦ δύστηνε, τελευτήσω τε καὶ ἔρξω.᾽ 80

ἀάω: to bring to grief, 2
ἄγνυμι: to break, bend; shiver, 7
ἀ-θέσφατος, -ον: inauspicious, terrible, 2
ἄ-θαπτος, -ον: unburied, 2
Αἰαίη, ἡ: Aeaea, 6
αἶσα, ἡ: fate, lot, portion, destiny, 2
ἄ-κλαυστος, -ον: unlamented, 2
ἄλοχος, ἡ: wife, spouse, 12
ἄναξ, -ακτος, ὁ: a lord, master, 14
ἀστράγαλος, ὁ: neck, neck-vertebra 2
ἄψορρον: backwards, back again, 4
αὐχήν, -ενος, ὁ: neck, throat, 3
γουνάζομαι: to grasp knees, beseech, 1
δαίμων, -ονος, ὁ: divine being, god, 6
δόμος, ὁ: house, abode, 9
δύσ-τηνος, -ον: wretched, unhappy, 4
ἐνθένδε: hence, from here, 1
ἔρδω: to do, perform, 6
ἐρέσσω: to row, 7
εὐ-εργής, -ές: well-wrought, well-made, 7
ζωός, ή, όν: alive, living, 9
θίς, θινός, ὁ: shore, beach, 10
κατα-βαίνω: to go or come down, descend, 8
κατα-καίω: to burn, burn completely, 4
κατα-λέγω: to recount, relate; lie down 12

κατα-λείπω: to leave behind, abandon, 6
καταντικρύ: straight down from, 2
κατ-έρχομαι: to go down, come down, 9
κέλομαι: to command, bid, exhort, 10
κίω: to go, 10
κλῖμαξ, κλίμακος ἡ: ladder, stairway, 2
μήνιμα, -ατος, τό: cause of wrath, 1
μιμνήσκω: to remind, recall, recollect, 8
μόνος, -η, -ον: alone, 3
νοέω: to think, have in mind, suppose, 4
νοσφίζομαι: to depart, forsake, abandon, 2
νοῦσος, ἡ: malady, illness, sickness 6
ὄπισθεν: behind; in the future, later, 3
πάρ-ειμι: to be near, be present, 2
πήγνυμι: to stick, fix, 3
πίπτω: to fall, fall down, drop, 12
πυνθάνομαι: to learn by inquiry, 12
σῆμα, -ατος, τό: a sign, mark, token, 2
τέγος, -γεος, ὁ: a roof, house, 4
τελευτάω: to finish, accomplish, perform, 4
τεῦχος, -εος, τό: armor, arms; tools, 7
Τηλέμαχος, ὁ: Telemachus, 5
τρέφω: to raise (a child), rear, 5
τύμβος, ὁ: tomb, a sepulchral mound, 3
τυτθός, -όν: little, small, 5

61 ἆσε: 3ʳᵈ sg. aor. ἀάω
   δαίμονος αἶσα κακὴ: *evil doom of (a) god*
62 καταλέγμονος: *having lain down*; aor.
   mid. καταλέγω
63 καταβῆναι: *to climb down*; aor. inf.
65 πέσον: *I fell*; 1ˢᵗ sg. aor. πίπτω
   ἐάγη: *broke from*; 3ʳᵈ sg. aor. ἄγνυμι
   κατῆλθε: aor. κατ-έρχομαι
66 τῶν ὄπιθεν...οὐ παρεόντων, πρός...
   ἀλόχου καὶ πατρός...Τηλεμάχου: *by
   those (left) behind, those not being
   present, by your wife and by your
   father...and by Telemachus*; gen. used to
   express those in the name of whom the
   appeal is made; οὐ παρεόντων (pple
   πάρειμι) is in apposition to τῶν ὄπιθεν
67 ἐόντα: *being*; acc. sg. pple εἰμί
68 ἔλειπες: 2ⁿᵈ sg. impf. λείπω
69 ὡς: *that...*; "how," indirect statement
   κιών: *going*, pres. pple κίω
   Ἀίδαο: gen. sg.
70 σχήσεις: *you will hold (course)*; fut. ἔχω
71 ἔνθα: *there*; in Aeaea, Circe's home
   μνήσασθαι: aor. inf. μιμνήσκω + gen.
   ἐμεῖο: *me*; gen. sg. 1ˢᵗ person sg. pronoun

72 μή...καταλείπειν: *do not leave behind*;
   inf. as an imperative
73 νοσφισθείς: *forsaking*; nom. aor. dep. pple
   μὴ...γένωμαι: *lest I become*; aor. subj. in a
   clause of fearing
74 κακκῆαι: aor. inf. κατακαίω as imperative
   ἄσσα μοί ἐστι: *which is mine*; ἄσσα is an
   alternative form for τίνα; dat. possession
75 σῆμα...χεῦαι: *heap up a memorial*; aor.
   inf. χέω
   μοι: *for me*; dat. of interest or possession
   ἐπὶ θινὶ: *upon a shore*
76 ἀνδρὸς δυστήνοιο: gen. agrees with dat.
   μοι not in case but in sense (possession)
   καὶ ἐσσομένοισι πυθέσθαι: *and for (those)
   going to be to learn (of me)*; i.e. future
   generations may reflect on the memorial;
   fut. dep. pple εἰμί, inf. expressing purpose
   πυνθάνομαι
77 ταῦτα...τελέσαι: *accomplish these things*;
   i.e. his request; aor. inf. as imperative
   πῆξαι: aor. inf. πήγνυμι as imperative
78 τῷ: *with which (oar)*
   ζωὸς ἐὼν: *(while) being alive*; pple εἰμί
80 τελευτήσω, ἔρξω: fut. τελευτάω, ἔρδω

νῶϊ μὲν ὣς ἐπέεσσιν ἀμειβομένω στυγεροῖσιν   81

ἥμεθ᾽, ἐγὼ μὲν ἄνευθεν ἐφ᾽ αἵματι φάσγανον ἴσχων,   82

εἴδωλον δ᾽ ἑτέρωθεν ἑταίρου πόλλ᾽ ἀγόρευεν·   83

  ἦλθε δ᾽ ἐπὶ ψυχὴ μητρὸς κατατεθνηυίης,   84

Αὐτολύκου θυγάτηρ μεγαλήτορος Ἀντίκλεια,   85

τὴν ζωὴν κατέλειπον ἰὼν εἰς Ἴλιον ἱρήν.   86

τὴν μὲν ἐγὼ δάκρυσα ἰδὼν ἐλέησά τε θυμῷ·   87

ἀλλ᾽ οὐδ᾽ ὣς εἴων προτέρην, πυκινόν περ ἀχεύων,   88

αἵματος ἆσσον ἴμεν, πρὶν Τειρεσίαο πυθέσθαι.   89

  ἦλθε δ᾽ ἐπὶ ψυχὴ Θηβαίου Τειρεσίαο   90

χρύσεον σκῆπτρον ἔχων, ἐμὲ δ᾽ ἔγνω καὶ προσέειπεν· 91

  "διογενὲς Λαερτιάδη, πολυμήχαν᾽ Ὀδυσσεῦ,   92

τίπτ᾽ αὖτ᾽, ὦ δύστηνε, λιπὼν φάος ἠελίοιο   93

ἤλυθες, ὄφρα ἴδῃ νέκυας καὶ ἀτερπέα χῶρον;   94

ἀλλ᾽ ἀποχάζεο βόθρου, ἄπισχε δὲ φάσγανον ὀξύ,   95

αἵματος ὄφρα πίω καί τοι νημερτέα εἴπω.'   96

  ὣς φάτ᾽, ἐγὼ δ᾽ ἀναχασσάμενος ξίφος ἀργυρόηλον   97

κουλεῷ ἐγκατέπηξ᾽. ὁ δ᾽ ἐπεὶ πίεν αἷμα κελαινόν,   98

καὶ τότε δή μ᾽ ἐπέεσσι προσηύδα μάντις ἀμύμων·   99

  "νόστον δίζηαι μελιηδέα, φαίδιμ᾽ Ὀδυσσεῦ·   100

ἀγορεύω: to speak in assembly, declare, 5
ἀνα-χάζομαι: to draw back, retire, 1
Ἀντίκλεια, ἡ: Anticleia, 1
ᾆσσον: nearer, 6
ἀ-τερπής, -ές: joyless, painful, dangerous, 2
ἀπ-ίσχω: to keep off, hold off, 1
ἀπο-χάζομαι: to withdraw from, 1
ἀργυρό-ηλος, -ον: with silver nails. 4
ἄνευ-θε: without, free from; far from, 3
Αὐτόλυκος, ὁ: Autolycus, 1
βόθρος, ὁ: hole, pit, hollow, trench, 5
γιγνώσκω: to learn, note, realize, to know, 7
δακρύω: to weep, cry, 5
δίζημαι: to seek after, strive for, 2
διο-γενής, -ές born: from Zeus, 9
δύσ-τηνος, -ον: wretched, unhappy, 4
ἐγ-κατα-πήγνυμι, ὁ: to thrust firmly in, 1
εἴδωλον, τό: image, likeness, phantom, 4
ἐλεέω: to pity, have compassion for, 4
ἑτέρω-θεν: from or on the other side, 1
ζωός, ἡ, όν: alive, living, 9
Θηβαῖος, -η, -ον: Theban, 5
θυγάτηρ, ἡ: a daughter, 10
Ἴλιον, τό: Ilium, Troy, 4
ἴσχω: to hold, hold back, check, restrain, 3

κατα-θνῄσκω: to die, 9
κατα-λείπω: to leave behind, abandon, 6
κελαινός, -ή, -όν: dark, black, 4
κουλεόν, τό: a sheath, scabbard, 2
Λαέρτιάδης, ὁ: son of Laertes, 10
μάντις, ἡ: seer, prophet, 6
μεγαλ-ήτωρ, -ορος: great-hearted, 6
μελι-ηδής, -ές: honey-sweet, 5
νημερτής, -ες: unerring, infallible, 4
νόστος, ὁ: return home, return homeward, 12
ξίφος, ὁ: a sword, 8
πολυ-μήχανος, -όν: much-contriving, resourceful, 8
πρίν: until, before, 14
πυκινός, -ή, -όν: closefitted; stout, shrewd 8
πυνθάνομαι: to learn by inquiry, 12
σκῆπτρον, τό: scepter, staff, 2
στυγερός, -ή, -όν: hateful, hated, detested 6
Τειρεσίης, ὁ: Tiresias, 14
τίπτε: why in the world? What? (τί ποτε), 5
φαίδιμος, -η, -ον: glistening, shining, bright, 6
φάος, τό: light, daylight, 8
φάσγανον, τό: sword, 4
χρύσεος, -η, -ον: golden, of gold, 11
χῶρος, ὁ: place, spot, piece of ground, 7

---

81 νῶϊ...ὥς...ἥμεθα: *as we two sit*; dual nom.
  "we two;" 1st pl. pres. ἧμαι
  ἀμειβομένω: *conversing*; dual nom. pple
  στυγεροῖσιν: *with lamentable words*; they
  are "hateful" because Elpenor is dead
82 ἐφ᾽ αἵματι: *over the blood*
  ἴσχων: pres. pple. ἴσχω
83 πόλλα: neuter acc. pl.
84 ᾽Ἦλθε δ᾽ ἐπὶ: *approached*; ἐπ-έρχομαι
  κατατεθνηυίης: *dead*; gen. sg. fem. pf.
  pple κατα-θνῄσκω
85 Ἀντίκλεια: nom. in apposition to ψυχὴ
86 τὴν: *whom*; relative pronoun
  ἰὼν: nom. sg. pple ἔρχομαι
86 τὴν μὲν: *her*
  δάκρυσα: *I wept for*; 1st sg. aor. δακρύω
  ἴδων: aor. pple ὁράω
  ἐλέησα: 1st sg. aor. ἐλεέω
87 οὐδ᾽ ὥς: *but not ever so*
  εἴων: *I allowed*; 1st sg. impf. ἐάω
  προτέρην...ἴμεν: *to come first*; Odysseus
  allows Teiresias to speak first, then his

mother; inf. ἔρχομαι
88 πυκινόν: *intensely*; adverbial acc.
  περ ἀχεύων: *through grieving*; per adds
  concessive force to the pres. pple
89 πρὶν πυθέσθαι: *before I heard*; + gen.;
  aor. inf. πυνθάνομαι
90 ᾽Ἦλθε δ᾽ ἐπὶ: *approached*; ἐπ-έρχομαι
91 ἔγνω: *he recognized*; aor. γιγνώσκω
93 λιπὼν: 1st sg. aor. λείπω
94 ἤλυθες: 2nd sg. aor. ἔρχομαι
  ὄφρα ἴδῃ: *that you may see*; ἴδη(σ)αι, 2nd
  sg. aor. mid. subj. ὁράω
95 ἀποχάζε(σ)ο: pres. imp. ἀποχάζομαι
  ἄπισχε: pres. act. imperative
96 πίω...εἴπω: 1st sg. πίνω, εἶπον in a
  purpose clause
98 κουλεῷ: *sheath*; dat. with compound verb
  ἐγκατέπηξα: 1st sg. aor. ἐγκαταπήγνυμι
  πιέν: 3rd sg. aor. πίνω
  προσηύδα: 3rd sg. aor. α-contract
100 δίζη(σ)αι: 2nd sg. pres. δίζημαι

τὸν δέ τοι ἀργαλέον θήσει θεός· οὐ γὰρ ὀΐω   101

λήσειν ἐννοσίγαιον, ὅ τοι κότον ἔνθετο θυμῷ   102

χωόμενος ὅτι οἱ υἱὸν φίλον ἐξαλάωσας.   103

ἀλλ' ἔτι μέν κε καὶ ὣς κακά περ πάσχοντες ἵκοισθε,   104

αἴ κ' ἐθέλῃς σὸν θυμὸν ἐρυκακέειν καὶ ἑταίρων,   105

ὁππότε κε πρῶτον πελάσῃς ἐυεργέα νῆα   106

Θρινακίῃ νήσῳ, προφυγὼν ἰοειδέα πόντον,   107

βοσκομένας δ' εὕρητε βόας καὶ ἴφια μῆλα   108

Ἠελίου, ὃς πάντ' ἐφορᾷ καὶ πάντ' ἐπακούει.   109

τὰς εἰ μέν κ' ἀσινέας ἐάᾳς νόστου τε μέδηαι,   110

καί κεν ἔτ' εἰς Ἰθάκην κακά περ πάσχοντες ἵκοισθε·   111

εἰ δέ κε σίνηαι, τότε τοι τεκμαίρομ' ὄλεθρον,   112

νηΐ τε καὶ ἑτάροις. αὐτὸς δ' εἴ πέρ κεν ἀλύξῃς,   113

ὀψὲ κακῶς νεῖαι, ὀλέσας ἄπο πάντας ἑταίρους,   114

νηὸς ἐπ' ἀλλοτρίης· δήεις δ' ἐν πήματα οἴκῳ,   115

ἄνδρας ὑπερφιάλους, οἵ τοι βίοτον κατέδουσι   116

μνώμενοι ἀντιθέην ἄλοχον καὶ ἔδνα διδόντες.   117

ἀλλ' ἦ τοι κείνων γε βίας ἀποτίσεαι ἐλθών·   118

αὐτὰρ ἐπὴν μνηστῆρας ἐνὶ μεγάροισι τεοῖσι   119

κτείνῃς ἠὲ δόλῳ ἢ ἀμφαδὸν ὀξέϊ χαλκῷ,   120

ἀλλότριος, -α, -ον: of another, 2
ἄλοχος, ἡ: wife, spouse, 12
ἀλύσκω: to escape, evade, avoid, forsake, 10
ἀμφαδόν: openly, publicly, 1
ἀντι-θεος, -η, -ον: godlike, equal to the gods 7
ἀπο-τίνω: to pay back, pay for, atone for, 1
ἀργαλέος, -η, -ον: painful, burdensome, 7
ἀ-σινής, -ές: unharmed, 2
βίοτος, ὁ: life, livelihood, goods, 3
βόσκω: to feed, pasture, 6
δήω: to find, meet with, come upon, 1
δόλος, ὁ: trap, trick, bait; cunning, 11
ἕδνα, τά: bride-price, dowry, 2
Ἐννοσί-γαιος: the Earth-shaker, Poseidon 3
ἐν-τίθημι: to put upon. store up in, 1
ἐξ-αλαόω: to blind completely, 3
ἐπ-ακούω: to heed, hear, 2
ἐπήν: ἐπεὶ ἄν, when, whenever, 5
ἐρύκω: to keep in, check, curb, restrain, 5
εὐ-εργής, -ές: well-wrought, well-made, 7
εὑρίσκω: to find, discover, devise, invent, 10
ἐφ-οράω: to look upon, observe, survey, 4
Θρινακίη, ἡ: Thrinakia, 3

Ἰθάκη, ἡ: Ithaka, 13
ἰοειδής, -ές: violet-colored, deep blue, 1
ἴφιος, -α, -ον: strong, fat, 3
κατ-έδω: to eat up, devour, 5
κότος, ὁ: grudge, rancor, wrath, 1
λανθάνω: to escape notice, be unnoticed, 13
μέδομαι: be mindful of, provide for (gen) 2
μῆλον, τό: flock, herd; apple, 7
μνάομαι: to court (a woman), woo, 2
μνηστήρ, ὁ: suitor, courters 1
νόστος, ὁ: return home, return homeward, 12
οἶκος, ὁ: a house, abode, dwelling, 11
οἴομαι: to suppose, think, imagine, 9
ὁπότε: when, by what time, 7
ὀψέ: late, after a long time, 3
πελάζω: to bring, carry, come near, 11
πῆμα, -ατος, τό: suffering, misery, woe, 8
προ-φεύγω: to flee away, escape, 1
σίνομαι: to harm, do mischief; rob, 3
τεκμαίρομαι: to indicate, judge, appoint, 3
τεός, -ή, -όν: your, 4
ὑπερ-φίαλος, -ον: overbearing, reckless, 2
χώομαι: to be angry, become angry, 2

---

101 τὸν δέ: *it*;
    τοι: *for you*; dat. of interest
    θήσει: *will make* (acc) (acc); fut. τίθημι
    ὀίω: *I think*;. 1ˢᵗ sg. pres. active οἴομαι
102 λήσειν: fut. inf. λανθάνω in indirect
    discourse, ἐννοσίγαιον is acc. subject
    ὅ: *who…*; relative pronouns
    ἔνθετο: 3ʳᵈ sg. aor. middle ἐν-τίθημι
103 ὅτι: *because…*
    οἱ: *his*; dat possession, 3ʳᵈ pers pronoun
    ἐξαλάωσας: nom. aor. pple ἐξ-αλαόω
104 κε ἵκοισθε, αἴ κ᾿ ἐθέλης: *you may arrive, if
    you are willing…*; a mixed condition; κε
    + aor. opt. ἰκνέομαι expresses potential,
    pres. subj. ἐθέλω has future sense
    ὡς καὶ: *even so*
    περ πάσχοντες: *although…*; concessive
106 ὁπότε κε…πελάζης: *whenever…*; κε +
    subj. in a general temporal clause
108 εὕρητε: *you find*; 2ⁿᵈ pl. aor. subj.
    εὑρίσχω in a general temporal clause
109 ἐφορᾷ: ἐφοράει, 3ʳᵈ sg. pres. ἐφ-οράω
110 τὰς: *them*; i.e. the cattle, βοᾶς
    κε…ἐάᾳς: *you leave*; "let be," pres. ἐάω,
    in a similar mixed condition as above
    μέδη(σ)αι: 2ⁿᵈ sg. pres. subj. μέδομαι

with future sense
111 κεν… ἵκοισθε: *you may arrive*, κε + aor.
    potential opt. ἰκνέομαι, cf. line 104
    περ πάσχοντες: *although…*; concessive
112 κε σίνη(σ)αι: *you harm (them);* 2ⁿᵈ sg.
    pres. subj. σίνομαι
    τεκμαίρομαι: I foresee: "judge"
113 νηί τε καὶ ἑτάροις: *with…*; dat. of means
    κεν ἀλύξῃς, νεῖ(σ)αι: *if you avoid, you
    will return*; future more vivid condition:
    aor. subj. ἀλύσκω, fut. νέομαι
114 ὀλέσας ἄπο: *losing*; aor. pple. ἀπόλλυμι
    πήματα: neuter pl. object of main verb
116 ἄνδρας: in apposition to πήματα
    οἵ: *who…*; relative clause
    τοι: *your*
117 μνώμενοι: pres. pple μνάομαι
    δίδοντες: pres. pple δίδωμι
118 ἦ τοι: *truly, to be sure*
    ἀποίσε(σ)αι: *you will avenge*; 2ⁿᵈ sg. fut.
    (ἐ)κείνων βίας: *for their violence*; acc. pl.
    and subjective gen. pl.
    ἐλθών: nom. aor. pple ἔρχομαι
    ἐπην…κτείνῃς: *whenever you kill*; subj.
120 ἠὲ…ἤ: either…or; with dat. of means

ἔρχεσθαι δὴ ἔπειτα λαβὼν εὐῆρες ἐρετμόν,   121
εἰς ὅ κε τοὺς ἀφίκηαι οἳ οὐκ ἴσασι θάλασσαν   122
ἀνέρες, οὐδέ θ᾽ ἅλεσσι μεμιγμένον εἶδαρ ἔδουσιν·   123
οὐδ᾽ ἄρα τοί γ᾽ ἴσασι νέας φοινικοπαρῄους   124
οὐδ᾽ εὐήρε᾽ ἐρετμά, τά τε πτερὰ νηυσὶ πέλονται.   125
σῆμα δέ τοι ἐρέω μάλ᾽ ἀριφραδές, οὐδέ σε λήσει·   126
ὁππότε κεν δή τοι συμβλήμενος ἄλλος ὁδίτης   127
φήῃ ἀθηρηλοιγὸν ἔχειν ἀνὰ φαιδίμῳ ὤμῳ,   128
καὶ τότε δὴ γαίῃ πήξας εὐῆρες ἐρετμόν,   129
ῥέξας ἱερὰ καλὰ Ποσειδάωνι ἄνακτι,   130
ἀρνειὸν ταῦρόν τε συῶν τ᾽ ἐπιβήτορα κάπρον,   131
οἴκαδ᾽ ἀποστείχειν ἔρδειν θ᾽ ἱερᾶς ἑκατόμβας   132
ἀθανάτοισι θεοῖσι, τοὶ οὐρανὸν εὐρὺν ἔχουσι,   133
πᾶσι μάλ᾽ ἑξείης. θάνατος δέ τοι ἐξ ἁλὸς αὐτῷ   134
ἀβληχρὸς μάλα τοῖος ἐλεύσεται, ὅς κέ σε πέφνῃ   135
γήρᾳ ὕπο λιπαρῷ ἀρημένον· ἀμφὶ δὲ λαοὶ   136
ὄλβιοι ἔσσονται. τὰ δέ τοι νημερτέα εἴρω.”   137
    ὣς ἔφατ᾽, αὐτὰρ ἐγώ μιν ἀμειβόμενος προσέειπον·   138
“Τειρεσίη, τὰ μὲν ἄρ που ἐπέκλωσαν θεοὶ αὐτοί.   139
ἀλλ᾽ ἄγε μοι τόδε εἰπὲ καὶ ἀτρεκέως κατάλεξον·   140

ἀ-βληχρός, -ά, -όν: gentle, soft, easy, 1
ἀ-θάνατος, -ον: undying, immortal, 13
ἀθηρηλοιγός, ὁ: winnowing-fan, 1
ἄναξ, -ακτος, ὁ: a lord, master, 14
ἀπο-στείχω: to go away, depart, 3
ἀρήμενος, -η, -ον:: harmed, hurt, 2
ἀρι-φραδής, -ές: clear, manifest, easy to note 1
ἀρνειός, -οῦ, ὁ: ram, 8
ἀ-τρεκής, -ές: exactly, true, real, 4
ἀφ-ικνέομαι: to come, arrive, 13
γῆρας, τό: old age, 3
εἶδαρ, -ατος, τό: food, meat, 4
ἑκατόμβη, ἡ: hecatomb, offering of oxen, 1
ἐξ-είης: in a row, in order, in sequence, 6
ἐπι-βήτωρ, ὁ: mounter, male, 1
ἐπι-κλώθω: to spin to, assign a portion to, 1
ἔρδω: to do, perform, 6
εὐ-ήρης, -ές: well-fitted, balanced, 4
εὐρύς, -εῖα, -ύ: wide, broad, spacious, 11
θείνω: to strike, wound, 6
κάπρος, ὁ: wild boar, boar, 1
κατα-λέγω: to tell in order, recount, relate, 12
λαμβάνω: to take, receive, catch, grasp, 13

λανθάνω: to escape notice, be unnoticed, 13
λαός, ὁ: the people, 9
λιπαρός, -ή, -όν: sleek, shining, 1
μίγνυμι: to mix, mingle, have intercourse, 5
νημερτής, -ές: unerring, infallible, 4
ὁδίτης, ὁ: traveller, wayfarer, 1
οἶκα-δε: to home, homeward, 9
ὄλβιος, -η, -ον: happy, blest, fortunate, 2
ὁπότε: when, by what time, 7
οὐρανός, ὁ: sky, heavens, 9
πέλομαι: to come upon, come to be, be, 4
πήγνυμι: to stick, fix, 3
Ποσειδεών, -εῶνος, ὁ: Poseidon, 9
πτερόν, τό: feather, weather, 1
ῥέζω: to do accomplish, make, perform, 10
σῆμα, -ατος, τό: a sign, mark, token, 2
συμ-βάλλω: to join (in battle), contribute, 2
ταῦρος, ὁ: bull, 1
Τειρεσίης, ὁ: Tiresias, 14
τοῖος, -α, -ον: of such kind, such sort, such, 4
φαίδιμος, -η, -ον: glistening, shining, bright, 6
φοινικο-πάρηος, -ον: red-prowed, 1
ὦμος, ὁ: shoulder, 4

---

121 ἔρχεσθαι: infinitive as imperative
λαβών: nom. sg. aor. pple λαμβάνω
122 εἰς ὅ: until; "up to which (time)"
κε...ἀφίκη(σ)αι: 2nd sg. aor. subj. in a
general temporal clause
οἵ: who...; relative pronoun
123 ἀνέρες: nom. pl ἀνήρ
ἅλεσσι: with salt; dat. pl. of means, ἅλς
μιμιγμένον: pf. pple μίγνυμι modifies
the neuter acc. εἶδαρ
124 τοὶ: they; nom. pl.
125 τὰ: which; relative pronoun, neuter pl.
νηυσὶ: for the ships; dat. of interest
126 τοι: to you; dat. indirect object
ἔρεω: I will tell; fut.
λήσει: fut. λαμβάνω
127 κεν...φήη: whenever...says; κε + aor.
subj. φημί in a general temporal clause
τοι ξυμβλήμενος: encountering you; aor.
mid. pple. συμ-βάλλω; dat. compound
128 ἔχειν: that (you) hold;. indirect discourse
129 πήξας: nom. sg. aor. pple πήγνυμι
130 ῥέξας: sacrificing; nom. aor. pple ῥέζω
ἱερὰ: sacrificial victims; neuter pl. acc.

131 συῶν: of pigs
132 ἀποστείχειν, ἔρδειν : both infinitives as
imperatives
133 τοὶ: who; relative pronoun
134 πᾶσι: modifies θεοῖσι above
τοι...αὐτῷ: to you yourself; intensive
135 μάλα τοῖος: ever so gentle
ἐλεύσεται: fut. ἔρχομαι
πέφνῃ: strikes; 3rd sg. aor. subj. θείνω in
a relative clause of characteristic
136 ὑπὸ: under (the power of) + dat.
ἀφμὶ: around (you)
137 ἔσσονται: 3rd pl. fut. εἰμί
τὰ δέ: these things; or "these words"
εἴρω: I say; pres.; many have noted that
Teiresias does not give the speicific
Information Circe noted in 10.185
138 μιν: him; acc. sg. 3rd person pronoun
139 τὰ μὲν: these things; i.e. Odysseus' fate
139 που: I suppose
ἐπέκλωσαν: 3rd pl. aor. ἐπικλώθω
αὐτοί: themselves; intensive pronoun
140 ἄγε: come one; imperative ἄγω
εἰπὲ, κατάλεξον: aor. imperatives

μητρὸς τήνδ᾽ ὁρόω ψυχὴν κατατεθνηυίης· 141

ἡ δ᾽ ἀκέουσ᾽ ἧσται σχεδὸν αἵματος, οὐδ᾽ ἑὸν υἱὸν 142

ἔτλη ἐσάντα ἰδεῖν οὐδὲ προτιμυθήσασθαι. 143

εἰπέ, ἄναξ, πῶς κέν με ἀναγνοίη τὸν ἐόντα;" 144

    ὣς ἐφάμην, ὁ δέ μ᾽ αὐτίκ᾽ ἀμειβόμενος προσέειπεν· 145

"ῥηΐδιόν τοι ἔπος ἐρέω καὶ ἐπὶ φρεσὶ θήσω. 146

ὅν τινα μέν κεν ἐᾷς νεκύων κατατεθνηώτων 147

αἵματος ἄσσον ἴμεν, ὁ δέ τοι νημερτὲς ἐνίψει· 148

ᾧ δέ κ᾽ ἐπιφθονέοις, ὁ δέ τοι πάλιν εἶσιν ὀπίσσω. 149

    ὣς φαμένη ψυχὴ μὲν ἔβη δόμον Ἄϊδος εἴσω 150

Τειρεσίαο ἄνακτος, ἐπεὶ κατὰ θέσφατ᾽ ἔλεξεν· 151

αὐτὰρ ἐγὼν αὐτοῦ μένον ἔμπεδον, ὄφρ᾽ ἐπὶ μήτηρ 152

ἤλυθε καὶ πίεν αἷμα κελαινεφές· αὐτίκα δ᾽ ἔγνω, 153

καί μ᾽ ὀλοφυρομένη ἔπεα πτερόεντα προσηύδα· 154

    "τέκνον ἐμόν, πῶς ἦλθες ὑπὸ ζόφον ἠερόεντα 155

ζωὸς ἐών; χαλεπὸν δὲ τάδε ζωοῖσιν ὁρᾶσθαι. 156

μέσσῳ γὰρ μεγάλοι ποταμοὶ καὶ δεινὰ ῥέεθρα, 157

Ὠκεανὸς μὲν πρῶτα, τὸν οὔ πως ἔστι περῆσαι 158

πεζὸν ἐόντ᾽, ἢν μή τις ἔχῃ ἐυεργέα νῆα. 159

ἦ νῦν δὴ Τροίηθεν ἀλώμενος ἐνθάδ᾽ ἱκάνεις 160

ἀκέων, -ουσα: in silence, quiet, 7
ἀλάομαι: to wander, stray, roam, 4
ἀνα-γιγνώσκω: to recognize, read, persuade 3
ἄναξ, -ακτος, ὁ: a lord, master, 14
ἆσσον: nearer, 6
γιγνώσκω: to learn, note, realize, to know, 7
δόμος, ὁ: house, abode, 9
εἰσ-άντα: in the face, face to face, 2
εἴσω: into, inwards, to within, into, in , 8
ἔμ-πεδος, -ον: steadfast; adv. continuously, 9
ἐν-έπω: to relate, 5
ἐνθάδε: here, hither, there, thither, 6
ἐπι-φθονέω: to begrudge, refuse, deny, 1
εὐ-εργής, -ές: well-wrought, well-made, 7
ζόφος, ὁ: darkness, gloom, 5
ζωός, ή, όν: alive, living, 9
ἠερόεις, -εσσα, -εν: cloudly, misty, 2
θέσ-φατος, -ον: god-decreed, god-ordained, 5
ἱκάνω: to approach, come, arrive, reach, 7
κατα-θνήσκω: to die, 9
κελαι-νεφής, -ές: of dark clouds, 3

λέγω: gather, collect; say, 12
μέσος, -η, -ον: the middle of, 11
νημερτής, -ές: unerring, infallible, 4
ὀλοφύρομαι: to lament mourn, bewail, 9
ὀπίσω: backwards; in the future, later, 13
πάλιν: again, once more; back, backwards, 3
πεζός, ή, όν: on foot, 3
περάω: to cross, traverse, make one's way, 4
ποταμός, ὁ: river, stream, 10
προσ-μυθέομαι: to speak to, address, 1
πτερόεις, -εντος: feathered, winged, 14
ῥεῖθρον, τό: a river, stream, 2
ῥηΐδιός, -η, -όν: easy (to understand), 2
σχεδόν: near, nearly, almost, (+gen) 9
Τειρεσίης, ὁ: Tiresias, 14
τέκνον, τό: a child, 6
τλάω: to bear, endure, suffer, undergo, 11
Τροίη-θεν: from Troy, 3
χαλεπός, -ή, -όν: difficult, hard, harmful, 7
Ὠκεανός, ὁ: Oceanus, 8

---

141 τήνδε: here
   ὁράω: ὁράω
   κατατεθνηυίης: dead; gen. sg. fem. pf.
142 ἧσται: 3rd sg. ἧμαι
   ἑὸν υἱὸν: her son; possessive adj. ἑός
143 ἐσάντα: face to face; εἰσ-αντα
   ἔτλη: she venture to + inf.; aor. τλάω
   ἰδεῖν: aor. inf. ὁράω
   προτιμυθήσασθαι: inf. προσμυθέομαι
144 εἰπέ: aor. imperative εἶπον
   πῶς κέν...ἀναγνοίη: How could she
   recognize; 3rd sg. aor. potential optative
   ἀναγιγνώσκω; Anticleia has not tasted
   the blood and thus does not recognize
   Odysseus
   τὸν ἐόντα: being that one; i.e. her son;
   τὸν is pred. of the pple εἰμί modifying με
146 ῥηΐδιόν τι ἔπος: an easy word; i.e. words
   easy to understand
   ἐρέω: I will say
   θήσω: 1st pl. fut. τίθημι
147 ὅν τινα κεν ἐᾷς: whomever...you allow;
   pres. subj., relative of characteristic
   κατατεθνηώτων: dead; gen., pleonasm
   the neuter acc. εἶδαρ
148 ἴμεν: inf. εἰμί
   ὁ δέ: that one; antecedent of ὅν τινα
   ἐνίψει: will relate; fut. ἐνέπω
149 ᾧ...ἐπιφθονέοις: whomever your
   begrudge (to drink the blood); opt.

ὁ δέ: that one
   εἶσιν: will go; fut. ἔρχομαι
   τοι you know, to be sure; particle
150 ἔβη: 3rd sg. aors βαίνω
151 Τειρεσίαο: gen. governed by ψυχὴ
   ἐπεί: after
   κατά...ἔλεξεν: declared; tmesis λέγω
   θέσφατα: prophecies; neuter pl.
152 αὐτοῦ: there
   ὄφρα: until; + indicative
153 ἐπί...ἤλυθε: approached; tmesis, aor. act.
   ἐπ-έρχομαι
   πίεν: aor. πίνω
   ἔγνω: she recognized; aor. γιγνώσκω
154 ἔπεα: words; neuter acc. pl. ἔπος
   ἦλθες: aor. ἔρχομαι
156 ζωὸς ἐών: though being alive; concess.
   χαλεπὸν: (it is) difficult; supply a verb
   ζωοῖσιν: for those living; dat. interest
157 μέσσῳ: in the middle there are; add verb
158 πρῶτα: first; adverbial accusative
   οὔ πως ἔστι: it is not somehow possible;
   εἰμί, when not enclitic, often means "is
   possible, exists"
   περῆσαι: traverse; aor. inf. περάω the
   pronoun τὸν is acc. subject: "that he..."
159 ἤν...ἔχῃ: if one does not have; ἐάν + subj.
160 ἀλώμενος: pres. mid. pple ἀλάομαι

νηΐ τε καὶ ἑτάροισι πολὺν χρόνον; οὐδέ πω ἦλθες   161

εἰς Ἰθάκην, οὐδ᾽ εἶδες ἐνὶ μεγάροισι γυναῖκα; "   162

ὣς ἔφατ᾽, αὐτὰρ ἐγώ μιν ἀμειβόμενος προσέειπον·   163

"μῆτερ ἐμή, χρειώ με κατήγαγεν εἰς Ἀίδαο   164

ψυχῇ χρησόμενον Θηβαίου Τειρεσίαο·   165

οὐ γάρ πω σχεδὸν ἦλθον Ἀχαιΐδος, οὐδέ πω ἀμῆς   166

γῆς ἐπέβην, ἀλλ᾽ αἰὲν ἔχων ἀλάλημαι ὀϊζύν,   167

ἐξ οὗ τὰ πρώτισθ᾽ ἑπόμην Ἀγαμέμνονι δίῳ   168

Ἴλιον εἰς εὔπωλον, ἵνα Τρώεσσι μαχοίμην.   169

ἀλλ᾽ ἄγε μοι τόδε εἰπὲ καὶ ἀτρεκέως κατάλεξον·   170

τίς νύ σε κὴρ ἐδάμασσε τανηλεγέος θανάτοιο;   171

ἦ δολιχὴ νοῦσος, ἦ Ἄρτεμις ἰοχέαιρα   172

οἷς ἀγανοῖς βελέεσσιν ἐποιχομένη κατέπεφνεν;   173

εἰπὲ δέ μοι πατρός τε καὶ υἱέος, ὃν κατέλειπον,   174

ἦ ἔτι πὰρ κείνοισιν ἐμὸν γέρας, ἦέ τις ἤδη   175

ἀνδρῶν ἄλλος ἔχει, ἐμὲ δ᾽ οὐκέτι φασὶ νέεσθαι.   176

εἰπὲ δέ μοι μνηστῆς ἀλόχου βουλήν τε νόον τε,   177

ἠὲ μένει παρὰ παιδὶ καὶ ἔμπεδα πάντα φυλάσσει   178

ἦ ἤδη μιν ἔγημεν Ἀχαιῶν ὅς τις ἄριστος.᾽   179

ὣς ἐφάμην, ἡ δ᾽ αὐτίκ᾽ ἀμείβετο πότνια μήτηρ·   180

Ἀγαμέμνον, ὁ: Agamemnon, 4
ἀγανός, -ή, -όν: gentle, kindly, pleasant, 2
ἀλάλημαι: to wander, stray, roam, 3
ἄλοχος, ἡ: wife, spouse, 12
ἀμός, -ά, -όν: our, ours, 11
Ἄρτεμις, ἡ: Artemis, 2
ἀ-τρεκής, -ές: exactly, true, real, 4
Ἀχαιΐς, -ιδος, ἡ: Achaia (Greece), 2
Ἀχαιός, -α, -ον: Achaian, (Greek), 12
βέλος, -εος, τό: a arrow, missle, dart, 3
βουλή, ἡ: council, counsel, plan, resolve, 14
γαμέω: to marry, 4
γέρας, τό: a gift of honor, prize, 3
γῆ, ἡ: earth, 4
δαμάζω: to subdue, tame, overpower, 12
δολιχός, -ή, -όν: long, 1
ἔμ-πεδος, -ον: steadfast; adv. continuously, 9
ἐπ-οίχομαι: to go, approach, go to and fro, 5
εὔ-πωλος, -ον: abounding in foals, 1
Θηβαῖος, -η, -ον: Theban, 5
Ἴλιον, τό: Ilium, Troy, 4
ἰοχέαιρα: shedder of arrows, 2

κατ-άγω: to bring back or down, 2
κατα-λέγω: to tell in order, recount, relate, 12
κατα-λείπω: to leave behind, abandon, 6
κατ-έπεφνον: to kill, slay, 3
κῆρ, τό : heart; soul, mind, 5
μάχομαι: to fight, contend, 4
μνηστός, -ή, -όν: wooed, wedded, 1
νοῦσος, ἡ: malady, illness, sickness 6
ὀϊζύς, -ύος, ὁ: sorrow, grief, distress, woe, 2
οὐκ-έτι: no more, no longer, no further, 9
πότνια, ἡ: mistress, queen, 7
πρώτιστος, -η, -ον: first of all, chiefmost, 3
σχεδόν: near, nearly, almost, just about, 9
τανηλεγής, -ές: prostrating; long-lamented, 2
Τειρεσίης, ὁ: Tiresias, 14
Τρῶες, Τρώων οἱ: Trojans, 6
φυλάσσω: to guard, keep watch, protect, 6
χράω: to declare, proclaim, direct by oracle, 4
χρέω, -οῦς, ἡ: want, need, 2
χρόνος, ὁ: time, 3

161 νηΐ τε καὶ ἑτάροισι: by both ship and
companions; dat. of means
πολὺν χρόνον: over long time; duration
162 εἶδες: 2nd sg. aor. ὁράω
χρειώ: necessity; χρέω, nom. subject
164 κατήαγεν: 3rd sg. aor. κατ-άγω
εἰς Ἀΐδαο: to Hades' (house); gen. sg.
χρησόμενον: to consult; fut. mid. pple +
χράω used to express purpose
166 σχεδόν..Ἀχαιΐδος: near to Achaia
167 ἐπέβην: set foot on; aor. ἐπιβαίνω + gen.
168 ἐξ οὗ: from which (time)
τὰ πρώτιστα: first; "earliest" superlative
adv. accusative
ἑπόμην: began to follow; impf. ἕπομαι
169 ἵνα...μαχοίμην: so that I might...; pres.
170 ἄγε: come one; imperative ἄγω
εἰπέ, κατάλεξον: aor. imperatives

171 τίς...κῆρ: what fate; interrogative adj.
ἐδάμασσε: aor. δαμάζω
172 ἠ..ἠ: either...or
173 οἷς: with her...; possessive adj. ἑός
174 πατρός τε καὶ υἱέος: about both my
father and my son; "of father and of son"
175 ἠ..ἠέ: either...or
παρ: are at hand; πάρ-ειμι
κείνοισιν: for them; dat. pl.
176 φασι: they think; 3rd pl. φημί
ἐμὲ: acc. subject of νέεσθαι
177 μνηστῆς ἀλόχου: of my wedded wife
178 ἠὲ..ἠ: either...or
φυλάσσει: and she protects
179 μιν: the one; acc.
ἔγημεν: 3rd sg. aor. γαμέω, the subject is
still Odysseus' wife
180 ὅς τις: whoever (is); supply a verb

"καὶ λίην κείνη γε μένει τετληότι θυμῷ   181
σοῖσιν ἐνὶ μεγάροισιν· ὀϊζυραὶ δέ οἱ αἰεὶ   182
φθίνουσιν νύκτες τε καὶ ἤματα δάκρυ χεούσῃ.   183
σὸν δ' οὔ πώ τις ἔχει καλὸν γέρας, ἀλλὰ ἕκηλος   184
Τηλέμαχος τεμένεα νέμεται καὶ δαῖτας ἐΐσας   185
δαίνυται, ἃς ἐπέοικε δικασπόλον ἄνδρ' ἀλεγύνειν·   186
πάντες γὰρ καλέουσι. πατὴρ δὲ σὸς αὐτόθι μίμνει   187
ἀγρῷ, οὐδὲ πόλινδε κατέρχεται. οὐδέ οἱ εὐναὶ   188
δέμνια καὶ χλαῖναι καὶ ῥήγεα σιγαλόεντα,   189
ἀλλ' ὅ γε χεῖμα μὲν εὕδει ὅθι δμῶες ἐνὶ οἴκῳ,   190
ἐν κόνι ἄγχι πυρός, κακὰ δὲ χροῒ εἵματα εἷται·   191
αὐτὰρ ἐπὴν ἔλθῃσι θέρος τεθαλυῖά τ' ὀπώρη,   192
πάντῃ οἱ κατὰ γουνὸν ἀλῳῆς οἰνοπέδοιο   193
φύλλων κεκλιμένων χθαμαλαὶ βεβλήαται εὐναί.   194
ἔνθ' ὅ γε κεῖτ' ἀχέων, μέγα δὲ φρεσὶ πένθος ἀέξει   195
σὸν νόστον ποθέων, χαλεπὸν δ' ἐπὶ γῆρας ἱκάνει.   196
οὕτω γὰρ καὶ ἐγὼν ὀλόμην καὶ πότμον ἐπέσπον·   197
οὔτ' ἐμέ γ' ἐν μεγάροισιν ἐΰσκοπος ἰοχέαιρα   198
οἷς ἀγανοῖς βελέεσσιν ἐποιχομένη κατέπεφνεν,   199
οὔτε τις οὖν μοι νοῦσος ἐπήλυθεν, ἥ τε μάλιστα   200

ἀγανός, -ή, -όν: pleasant, gentle, kindly, 2
ἀγρός, ὁ: fields, lands, 1
ἄγχι: near, nigh, close by, 9
ἀλεγύνω: to partake in, care for, 1
ἀλωή, ἡ: garden, orchard; threshing-floor, 1
ἀέξω: to make grow, increase; *mid.* grow, 5
αὐτό-θι: on the very spot, here, there, 9
βέλος, -εος, τό: a arrow, missle, dart, 3
γέρας, τό: a gift of honor, prize, 3
γῆρας, τό: old age, 3
γουνός, -ή, -όν: curve, slope, 2
δαίνυμι: to distribute, partake in a meal, 11
δαίς, ὁ: meal, 2
δάκρυον, τό: tear, 12
δέμνια, τά: bedstead, bed, 1
δικασπόλος, ὁ: dispenser of justice, judge, 1
δμώς, -ωός, ὁ: a male servant, 4
εἶμα, -ατος, τό: a garment, clothing, 2
ἔϊσος, -η, -ον: equal, like; balanced, 6
ἔκηλος, -η, -ον: free from care, at ease, 2
ἕννυμι: to put clothes on, clothe, put on, 6
ἐπ-έοικε: it is fitting, suitable, right, seemly, 1
ἐπ-έρχομαι: to come to, arrive at, reach, 7
ἐπήν: ἐπεὶ ἄν, when, whenever, 5
ἐπ-οίχομαι: to go, approach, go to and fro, 5
εὕδω: to sleep, lie down to sleep, 6
εὔ-σκοπος, -ον: sharp-seeing, keen-sighted, 1
ἐφ-έπω: to drive, direct; pursue, 6
ἧπαρ, τό: liver, 2
θάλλω: to bloom, abound, be luxuriant, 3
θέρος, τό: summer, summertime, 5
ἰοχέαιρα: shedder of arrows, 2

ἱκάνω: to approach, come, arrive, reach, 7
κατ-έπεφνον: to kill, slay, 3
κατ-έρχομαι: to go down, come down, 9
κλίνω: to recline, lie down, 2
κόνις, ἡ: dust, 1
λίην: exceedingly, very much, 4
μάλιστα: most of all; certainly, especially, 4
μίμνω: to stay, remain, abide; await, 6
νέμω: to distribute, dispense, deal out, 4
νόστος, ὁ: return home, return homeward, 12
νοῦσος, ἡ: malady, illness, sickness 6
ὀϊζυρός, -ά, -όν:: pitable, miserable, 1
οἶκος, ὁ: a house, abode, dwelling, 11
οἰνό-πεδος, -ον, ὁ: abounding in wine, 1
ὀπώρη, ἡ: late summer, 2
οὕτως: in this way, thus, so, 7
πένθος, τό: grief, sadness, sorrow, 2
ποθέω: to long for, yearn, miss, 5
πόλιν-δε: to or into the city, 1
πότμος, ὁ: fate, death, 5
ῥῆγος, τό: rug, blanket, cloth, 2
σιγαλόεις, -εντος: shining, glittering, 1
τέμενος, τό: district; sanctuary, temple, 1
Τηλέμαχος, ὁ: Telemachus, 5
τλάω: to bear, endure, suffer, undergo, 11
φθίω: to decay, waste away, dwindle, 8
φύλλον, τό: leaf, 4
χαλεπός, -ή, -όν: difficult, hard, harmful, 7
χεῖμα, -ατος, τό: winter, bitter weather, 1
χθαμαλός, -ή, -όν: on the ground, low-lying, 4
χλαῖνα, ἡ: cloak, mantle, 4
χρώς, -ωτός, ὁ: skin, body (χροΐ: dat. sg.) 3

---

181 καὶ λίην: *Certainly*; "and exceedingly"
(ἐ)κείνη: *that one*; Odysseus' wife
τετληότι: *with an enduring…;* pf. pple
τλάω, dat of manner

182 οἱ…δάκρυ χεούσῃ: *for her shedding
tear(s);* dat. sg. pple. χέω

184 γέρας: neuter acc. sg.

185 νέμενται: *holds sway over, manages*

186 ἃς: *which;* antecedent is δαῖτας

187 καλέουσι: *invite (him)*

188 ἀγρῷ: *on the farm;* dat. place where
οἱ: *does he have;* "to him (there are),"
dat. of possession, supply form of εἰμί

190 χεῖμα: *during the winter;* acc. duration
ὅθι: *where…(sleep)*

191 χροῖ: *on his body;* dat. sg. χρώς
εἶται: *he wears;* 3ʳᵈ sg. pf. ἕννυμι

192 ἐπὴν ἔλθησι: *whenever….come;* 3ʳᵈ pl.
aor. subj. ἔρχομαι, general temporal
clause
τεθαλυῖα: *blooming;* pf. pple θάλλω

193 πάντῃ: on all sides, in every direction
οἱ: *for him;* dat. of iterest
κατά: *along the…;* + acc.

194 φύλλων κεκλιμένων: *of low-lying leaves;*
"being laid low," pf. pass. pple κλίνω
βεβλήαται: 3ʳᵈ sg. pf. pass.. βάλλω

195 ἔνθα: *there*
ἀχέων: *grieving;* pres. pple ἀχεύω
φρεσὶ: *in his heart;* "in his gut," φρήν

196 ἐπὶ: *upon (him)*

197 ὀλόμην: *I perished;* 1ˢᵗ sg. ὄλλυμι
ἐπέσπον: ; 1ˢᵗ sg. aor. ἐφ-έπομαι

199 οἷς: *with her…;* possessive adj. ἑός

τηκεδόνι στυγερῇ μελέων ἐξείλετο θυμόν· 201

ἀλλά με σός τε πόθος σά τε μήδεα, φαίδιμ᾽ Ὀδυσσεῦ, 202

σή τ᾽ ἀγανοφροσύνη μελιηδέα θυμὸν ἀπηύρα. 203

   ὣς ἔφατ᾽, αὐτὰρ ἐγώ γ᾽ ἔθελον φρεσὶ μερμηρίξας 204

μητρὸς ἐμῆς ψυχὴν ἑλέειν κατατεθνηυίης. 205

τρὶς μὲν ἐφωρμήθην, ἑλέειν τέ με θυμὸς ἀνώγει, 206

τρὶς δέ μοι ἐκ χειρῶν σκιῇ εἴκελον ἢ καὶ ὀνείρῳ 207

ἔπτατ᾽. ἐμοὶ δ᾽ ἄχος ὀξὺ γενέσκετο κηρόθι μᾶλλον, 208

καί μιν φωνήσας ἔπεα πτερόεντα προσηύδων· 209

   "μῆτερ ἐμή, τί νύ μ᾽ οὐ μίμνεις ἑλέειν μεμαῶτα, 210

ὄφρα καὶ εἰν Ἀΐδαο φίλας περὶ χεῖρε βαλόντε 211

ἀμφοτέρω κρυεροῖο τεταρπώμεσθα γόοιο; 212

ἦ τί μοι εἴδωλον τόδ᾽ ἀγαυὴ Περσεφόνεια 213

ὄτρυν᾽, ὄφρ᾽ ἔτι μᾶλλον ὀδυρόμενος στεναχίζω; " 214

   ὣς ἐφάμην, ἡ δ᾽ αὐτίκ᾽ ἀμείβετο πότνια μήτηρ· 215

"ὤ μοι, τέκνον ἐμόν, περὶ πάντων κάμμορε φωτῶν, 216

οὔ τί σε Περσεφόνεια, Διὸς θυγάτηρ, ἀπαφίσκει, 217

ἀλλ᾽ αὕτη δίκη ἐστὶ βροτῶν, ὅτε τίς κε θάνῃσιν· 218

οὐ γὰρ ἔτι σάρκας τε καὶ ὀστέα ἶνες ἔχουσιν, 219

ἀλλὰ τὰ μέν τε πυρὸς κρατερὸν μένος αἰθομένοιο 220

ἀγανοφροσύνη, ἡ: gentleness, kindliness, 1
ἀγαυός, -ή, -όν: illustrious, noble, 4
αἴθω: to light on fire, kindle, 2
ἀμφότερος, -η, -ον: each of two, both, 8
ἄνωγα: to command, order, bid, 10
ἀπ-αυράω: rob one of, deprive of, 1
ἀπ-αφίσκω : to delude, beguile, 1
ἄχος, -εος, τό: anguish, distress, grief, 14
βροτός, ὁ, ἡ: a mortal, human, 10
γόος, ὁ: weeping wailing, groaning, 8
δίκη, ἡ: justice, right, law, custom, 3
εἴδωλον, τό: an image, likeness, phantom, 4
εἴκελος, -η, -ον: like, 2
ἐλεέω: to pity, have compassion for, 4
ἐξ-αιρέω: to take out, pick out, 3
ἐφ-ορμάω: to stir up, rouse, rush up, 4
θνήσκω: to die, be dying, perish, 14
θυγάτηρ, ἡ: a daughter, 10
ἴς, ἴνος, ἡ: force, strength; tendon, 5
κάμ-μορος, -ον: ill-fated, wretched, 1
κατα-θνήσκω: to die, 9
κηρόθι: in the heart, with all the heart, 2
κρατερός, -ή, -όν: stronger, stouter, 14
κρυερός, ά, όν: icy, chilling (of death), 1
μᾶλλον: more, rather, much, 5
μάω: to be eager, anxious, ready, 2

μέλος, -εος, τό: a limb, 10
μελι-ηδής, -ές: honey-sweet, 5
μένος, τό: might, force, prowess, 12
μερμηρίζω: to ponder, wonder, reflect, 5
μῆδος, -εος, τό: plan, counsel; private parts, 4
μίμνω: to stay, remain, abide; await, 6
ὀδύρομαι: to grieve, lament, 5
ὄνειρος, ὁ: dream, vision at sleep, 2
ὀστέον, τό: bone, 6
ὀτρύνω: to stir up, rouse, encourage, 8
Περσεφόνεια, ἡ: Persephone, 11
πέτομαι: to fly, 3
πόθος: longing, 1
πότνια, ἡ: mistress, queen, 7
πτερόεις, -εντος: feathered, winged, 14
σάρξ, σαρκός, ἡ: flesh, 4
σκιή, ἡ: shadow, 2
στεναχίζω: to groan, moan, wail, mourn, 3
στυγερός, -ή, -όν: hateful, hated, lamentable 6
τέκνον, τό: a child, 6
τέρπω: to delight; mid. enjoy, feel joy, 5
τηκεδών, -όνος, ἡ: melting, wasting away, 1
τρίς: thrice, three times, 7
φαίδιμος, -η, -ον: glistening, shining, bright, 6
φωνέω: to utter, speak, 10
φώς, φῶτος, ὁ: man, 10

---

201 τηκεδόνι στυγερῇ: *with hatful wasting away*; dat of means
    μελέων: *from my limbs*; gen. separation
    ἐξείλετο: *takes away*; gnomic aor. mid. ἐξ-αιρέω expressing a general truth

202 σός τε πόθος…ἀγανοφροσύνη: *longing for you and (for) your counsels and for your gentleness*; the possessive pronoun functions as an objective genitive with πόθος, we would expect μήδεα and ἀγανοφροσύνη be objective gen. as well

203 ἀπηύρα: ἀπεαύραε; impf. ἀπ-αυράω

204 φρεσὶ: *in my mind*; dat. where

205 ἐλεῖν: *to embrace*; "take hold of," aor. inf. αἱρέω
    κατατεθνηυίης: *dead*; gen. sg. fem. pf.

206 ἐφορμήθην: *I sprung up*; "was stirred upon" 1ˢᵗ sg. aor. pass. ἐφ-ορμάω, middle in sense because Odysseus' θυμός impells him to move
    ἑλεῖν: aor. inf. αἱρέω, see line 205

207 ἦ: *or*
    ἔπτατο: 3ʳᵈ sg. aor. mid. πέτομαι

208 γενέσκετο: *grew*; "became," aor.

209 γιγνομαι
    μιν: *her*; Odysseus addresses his mother

210 τί νύ: *why now…?*
    ἐλέειν: aor. inf. αἱρέω, see line 205
    μεμαῶτα: *being eager*; pf. pple μάω

211 ὄφρα…τεταρπώμεσθα: *so that we may have our fill of (+gen)*; purpose, "take delight in," 1ˢᵗ pl. aor. mid. subj. τέρπω
    εἰν Ἀίδαο: *in Hades' (house)*, gen.
    φίλας χεῖρε: dual acc. pl. χείρ
    περὶ…βαλόντε: *casting…around (each other)*; dual nom. aor. pple βάλλω

212 ἀμφοτέρω: *we both*; dual nom.

214 ὄτρυνε: *did…rouse?*; posed as a question
    ὄφρα…στεναχίζω: *so that I may groan*; purpose clause, pres. subj.

216 ὦ μοι: *Ah me*; ethical dat.

217 οὔ τι: *not at all*; "in any way" acc respect
    Διὸς: *of Zeus*; gen. sg. Ζεύς

218 αὔτη…βροτῶν: *this is the way of mortals*

219 θάνησιν: *they die*; aor. subj. θνήσκω

220 τὰ μέν: *these things*; i.e. the body
    πυρὸς…μένος αἰθομένοιο: *…might of blazing fire*

δαμνᾷ, ἐπεί κε πρῶτα λίπῃ λεύκ' ὀστέα θυμός, 221

ψυχὴ δ' ἠΰτ' ὄνειρος ἀποπταμένη πεπότηται. 222

ἀλλὰ φόωσδε τάχιστα λιλαίεο· ταῦτα δὲ πάντα 223

ἴσθ', ἵνα καὶ μετόπισθε τεῇ εἴπῃσθα γυναικί." 224

νῶϊ μὲν ὣς ἐπέεσσιν ἀμειβόμεθ', αἱ δὲ γυναῖκες 225

ἤλυθον, ὄτρυνεν γὰρ ἀγαυὴ Περσεφόνεια, 226

ὅσσαι ἀριστήων ἄλοχοι ἔσαν ἠδὲ θύγατρες. 227

αἱ δ' ἀμφ' αἷμα κελαινὸν ἀολλέες ἠγερέθοντο, 228

αὐτὰρ ἐγὼ βούλευον ὅπως ἐρέοιμι ἑκάστην. 229

ἥδε δέ μοι κατὰ θυμὸν ἀρίστη φαίνετο βουλή· 230

σπασσάμενος τανύηκες ἄορ παχέος παρὰ μηροῦ 231

οὐκ εἴων πίνειν ἅμα πάσας αἷμα κελαινόν. 232

αἱ δὲ προμνηστῖναι ἐπήϊσαν, ἠδὲ ἑκάστη 233

ὃν γόνον ἐξαγόρευεν· ἐγὼ δ' ἐρέεινον ἁπάσας. 234

ἔνθ' ἦ τοι πρώτην Τυρὼ ἴδον εὐπατέρειαν, 235

ἣ φάτο Σαλμωνῆος ἀμύμονος ἔκγονος εἶναι, 236

φῆ δὲ Κρηθῆος γυνὴ ἔμμεναι Αἰολίδαο· 237

ἣ ποταμοῦ ἠράσσατ', Ἐνιπῆος θείοιο, 238

ὃς πολὺ κάλλιστος ποταμῶν ἐπὶ γαῖαν ἵησι, 239

καί ῥ' ἐπ' Ἐνιπῆος πωλέσκετο καλὰ ῥέεθρα. 240

ἀγαυός, -ή, -όν: illustrious, noble, 4
Αἰολίδης, ὁ: son of Aeolus, 1
ἄλοχος, ἡ: wife, spouse, 12
ἀολλής, -ές: all together, in throngs, crowds, 3
ἄορ, τό: sword, sword hung on a belt, 5
ἅπας, ἅπασα, ἅπαν: every, quite all, 7
ἀπο-πέτομαι: to fly away, fly off, 1
ἀριστεύς, -ῆος: noble, best, pre-eminent, 1
βουλεύω: to deliberate, take counsel, plan, 6
βουλή, ἡ: council, counsel, plan, resolve, 14
γόνος, ὁ: offspring, a child, 3
δαμνάω: to overwhelm, overcome, master, 1
Ἐνιπεύς, ὁ: the rivier Enipeus, 2
ἐξ-αγορεύω: to speak out, declare, 1
ἐξ-αείρω: to gain, win, get, 1
ἔκ-γονος, ὁ: offspring, child, 1
ἐπ-έρχομαι: to come to, arrive at, reach, 7
ἔραμαι: to love, fall in love with (+ gen.), 1
ἐρεείνω: to ask, inquire, question, 1
εὐ-πατέρεια, ἡ: daughter of a noble father, 1
θυγάτηρ, ἡ: a daughter, 10
ἠγερέθομαι: to assemble, gather, 1
ἠΰτε: as, like as, just as, 1

Κρηθεύς, ὁ: Cretheus, 2
λιλαίομαι: to desire, long for, 6
μετ-όπισθε: from behind, backwards, back, 3
μηρός, ὁ: thigh, 10
ὄνειρος, ὁ: dream, vision at sleep, 2
ὅπως: as, in such a manner as, 4
ὀστέον, τό: bone, 6
ὀτρύνω: to stir up, rouse, encourage, 8
παχύς, -εῖα, -ύ: thick, stout, strong, 3
Περσεφόνεια, ἡ: Persephone, 11
ποταμός, ὁ: river, stream, 10
ποτάομαι: to flitter, flutter, fly, 1
προ-μνηστῖνοι, αι: one before the another, 1
πωλέω: to sell, exchange; come and go, 4
ῥεῖθρον, τό: a river, stream, 2
Σαλμωνεύς, ὁ: Salmoneus, 1
σπάω: to pull, tear, 7
τανυήκης, -ες: fine-edged, sharp, 2
ταχύς, -εῖα, -ύ: quick, swift, hastily, 13
τεός, -ή, -όν: your, 4
Τυρώ, ὁ: Tyro, 2
φοωσ-δε: to the light, 1

---

221 δαμνᾷ: *overcomes*; δαμνάει; 3rd sg. pres.
   πρῶτα: adverbial accusative
   λίπῃ: 3rd sg. aor. subj. λείπω
222 ἀποπταμένη: aor. pple ἀπ-πέτομαι
   πεπότημαι: *hovers*; pf. ποτάομαι
   suggests an ongoing action
223 τάχιστα: superlative adverb; ταχύς
   λιλαίε(σ)ο: *strive!*; pres. mid. imperative
224 ἴσθε: *know*; 2nd sg. imperative οἶδα
   εἴπῃσθα: *you may tell (these things)*; 2nd
   sg. aor. subjunctive εἶπον
225 Νῶϊ: *we two*; dual nom. subject
   ὥς: *thus, in this way*
   ἐπέεσσιν: *with words*; pleonasm ἔπος
226 ἤλυθον: 3rd pl. aor. ἔρχομαι
227 ὅσσαι: *as many as, (all) who*; pf. ὅσος
   ἀριστήων: gen. pl. masc. ἀριστεύς
   ἔσαν: *were*; 3rd pl. impf. εἰμί
228 ἀμφ'...ἠγερέθοντο: impf. ἠγερέθομαι
   ὅπως ἐρέοιμι: *how I should speak to*;
   fut. opt. ἐρέω, clause of effort at times
   takes fut. opt. in secondary sequence
230 ἥδε: *the following*; "this here"

κατὰ θυμὸν: *in my heart*
231 σπασσάμενος: *pulling*; aor. pple σπάω
232 εἴων: 1st sg. impf. ἐάω
   πιέειν: aor. inf. πίνω
233 ἐπήϊσαν: 3rd pl. impf. ἐπ-έρχομαι
234 ὅν: *her own*; ἑόν, possessive adjective
   ἐρέεινον: 1st sg. impf. ἐρεείνω
235 Τυρώ: *Tyro*; acc. direct object
   ἴδον: 1st sg. aor. ὁράω
236 ἥ: *who*; relative clause
   φάτο: *claimed*; 3rd sg. impf. mid. φημί
   εἶναι: inf. εἰμί
237 φῆ: *claimed*; 3rd sg. impf. φημί
   ἔμμεναι: inf. εἰμί
238 ἠράσσατο: *fell in love*; + gen., 3rd sg.
   inceptive aor. ἔραμαι
   θείοιο: *divine*; gen. θεῖος
239 πολὺ κάλλιστος: *far the most beautiful*;
   superlative
   ἵησι: *shoots forth, flows*; 3rd sg. ἵημι
   ἐπ'...ῥέεθρα: *to...*; + acc.
240 πωλέσκετο: *she was accustomed to come
   and go*; σκ suggests customary action

τῷ δ᾽ ἄρα εἰσάμενος γαιήοχος ἐννοσίγαιος   241

ἐν προχοῇς ποταμοῦ παρελέξατο δινήεντος·   242

πορφύρεον δ᾽ ἄρα κῦμα περιστάθη, οὔρεϊ ἶσον,   243

κυρτωθέν, κρύψεν δὲ θεὸν θνητήν τε γυναῖκα.   244

λῦσε δὲ παρθενίην ζώνην, κατὰ δ᾽ ὕπνον ἔχευεν.   245

αὐτὰρ ἐπεί ῥ᾽ ἐτέλεσσε θεὸς φιλοτήσια ἔργα,   246

ἔν τ᾽ ἄρα οἱ φῦ χειρὶ, ἔπος τ᾽ ἔφατ᾽ ἔκ τ᾽ ὀνόμαζε·   247

"χαῖρε, γύναι, φιλότητι· περιπλομένου δ᾽ ἐνιαυτοῦ   248

τέξεις ἀγλαὰ τέκνα, ἐπεὶ οὐκ ἀποφώλιοι εὐναὶ   249

ἀθανάτων· σὺ δὲ τοὺς κομέειν ἀτιταλλέμεναί τε.   250

νῦν δ᾽ ἔρχευ πρὸς δῶμα, καὶ ἴσχεο μηδ᾽ ὀνομήνῃς·   251

αὐτὰρ ἐγώ τοί εἰμι Ποσειδάων ἐνοσίχθων."   252

ὣς εἰπὼν ὑπὸ πόντον ἐδύσετο κυμαίνοντα.   253

ἡ δ᾽ ὑποκυσαμένη Πελίην τέκε καὶ Νηλῆα,   254

τὼ κρατερὼ θεράποντε Διὸς μεγάλοιο γενέσθην   255

ἀμφοτέρω· Πελίης μὲν ἐν εὐρυχόρῳ Ἰαωλκῷ   256

ναῖε πολύρρηνος, ὁ δ᾽ ἄρ᾽ ἐν Πύλῳ ἠμαθόεντι.   257

τοὺς δ᾽ ἑτέρους Κρηθῆϊ τέκεν βασίλεια γυναικῶν,   258

Αἴσονά τ᾽ ἠδὲ Φέρητ᾽ Ἀμυθάονά θ᾽ ἱππιοχάρμην.   259

τὴν δὲ μετ᾽ Ἀντιόπην ἴδον, Ἀσωποῖο θύγατρα,   260

δύω: to come, go

ἀγλαός, -ή, -όν: splendid, shining, bright, 7
ἀ-θάνατος, -ον: undying, immortal, 13
Αἴσων, -ονος, ὁ: Aeson, 1
Ἀμυθάων, ὁ: Amythaon, 1
ἀμφότερος, -η, -ον: each of two, both, 8
Ἀντιόπη, ἡ: Antiope, 1
ἀπο-φώλιος, -ον: empty, vain, idle, 1
Ἀσωπός, ὁ: Asopus, 1
ἀτιτάλλω: to rear, cherish, 1
βασίλεια, ἡ: a queen, princess, 6
γαιή-οχος, -ον: earth-embracing, 2
δινήεις, -εντος: whirling, eddying, 1
ἐνιαυτός, ὁ: long period of time, year, 4
Ἐννοσί-γαιος: the Earth-shaker, 3
Ἐνοσίχθων, -ονος: Earth-shaker, 4
ἕτερος, -η, -ον: one of two, one...the other, 6
εὐρύ-χορος, -ον: with broad dancing-places, 2
ζώνη, ἡ: a belt, 2
ἠμαθόεις, -εσσα, -εν: sandy, full of sand, 2
θεράπων, -οντος ὁ: attendant, assistant, 1
θνητός, -ή: mortal, liable to die, 5
θυγάτηρ, ἡ: a daughter, 10
Ἰαωλκός, ὁ: Iolcus, 1
ἴσχω: to have, hold back, check, restrain, 3
ἱππιοχάρμης, ὁ: fighter from a chariot, 1
κομέω: to take care of, attend to, minister to, 4
κρατερός, -ή, -όν: strong, stout, mighty, 14
Κρηθεύς, ὁ: Cretheus, 2

κρύπτω: to conceal, hide, cover, 2
κυμαίνω: to swell, surge, 1
κυρτόω: to make curved, curve, 1
μη-δέ: and not, but not, nor, 6
Νηλεύς, ὁ: Neleus, 3
ὀνομάζω: to name, call by name, 3
ὀνομαίνω: to call by name, mention, 3
παρα-λέγω: to lie beside, lay beside, 1
παρθένιος, -η, -ον: of a maiden, of a virgin, 4
Πελίης, ὁ: Pelias, 2
περι-ίστημι: to stand around, 2
περι-πέλομαι: to come around, revolve, 1
πολύ-ρρηνος, -ον: rich in sheep, 1
πορφύρεος, -η, -ον: purple, dark red, 2
Ποσειδεών, -εῶνος, ὁ: Poseidon, 9
ποταμός, ὁ: river, stream, 10
προ-χοή, ἡ: an outpouring, mouth of a river, 1
Πύλος, ὁ: Pylos, 7
τέκνον, τό: a child, 6
τίκτω: to beget, conceive, bring forth, 13
ὕπνος, ὁ: sleep, slumber, 9
ὑπο-κύομαι: to become pregnant, conceive, 1
Φέρης, ὁ: Pheres, 2
φιλο-τήσιος, -α, -ον: of love, of friendship, 1
φιλότης, -τητος, ὁ: friendship, love, kinship 3
φύω: to bring forth, produce, put forth, 12
χαίρω: to rejoice, be glad; fare well, 4

---

241 τῷ...εἰσάμενος: appearing like this one;
     disguised as Enipeus, aor. pple εἴδομαι
242 παρελέξατο: lay beside (her); aor.
243 περιστάθη: stood around; "encircled," 3rd
     sg. aor. pass. dep. περι-ίστημι
     οὔρεϊ ἶσον: equal to a mountain; dat
     ὄρος, neuter nom. sg. modifies κῦμα
244 κυρτωθέν: neuter sg. aor. pass. pple.
     κυρτόω
     κρύψεν: subject κῦμα; aor. κρύπτω
245 λῦσε: 3rd sg. aor λύω
     κατὰ...ἔχευεν: poured down upon (her)
     tmesis, aor. χέω
246 ἐτέλεσσε: aor. τελέω
247 ἔν...φῦ χειρὶ: he planted on her with his
     hand; i.e. "he grabbed her," 3rd sg. impf.
     φύω, "grow, plant," and dat. of mean
     ἔκ τ᾽ ὀνόμαζε: called (her) out by name;
     Poseidon is the speaker
248 Χαῖρε: sg. imperative χαιρέω
     γύναι: vocative, direct address

φιλότητι: in this love; dat. respect
περιπλομένου...ἐνιαυτοῦ: gen. abs.
249 τέξεις: 2nd sg. fut. τίκτω
     εὐναὶ: beds...are; supply a verb
250 κομέειν, ἀτιταλλέμεναι: infinitives with
     imperative force
251 ἔρχευ: go; ἔρχε(σ)ο, imperative ἔρχομαι
     ἴσχεο: refrain (yourself); ἴσχε(σ)ο, mid.
     imp. ἴσχω, middle is reflexive in sense
     μηδ᾽ ὀνομήνῃς: do not mention (it); μή +
     2nd sg. aor. subj. is a prohibitive subj.
253 ὡς εἰπών: speaking thus; aor. pple
     ἐδύσετο: Poseidon went; aor mid. δύνω
254 τέκε: begat; 3rd sg aor τίκτω
255 τὼ: who...; dual relative pronoun
     θεράποντε: two attendants; dual nom.
     Διὸς: of Zeus, i.e kings
     γενέσθην: became; dual aor. γίγνομαι
258 Κρηθῆι: to Cretheus; dat. interest
259 Τὴν δὲ μέτ᾽: after her; i.e Tyro
     ἴδον: 1st sg. aor ὁράω

ἦ δὴ καὶ Διὸς εὔχετ᾽ ἐν ἀγκοίνῃσιν ἰαῦσαι,   261

καί ῥ᾽ ἔτεκεν δύο παῖδ᾽, Ἀμφίονά τε Ζῆθόν τε,   262

οἳ πρῶτοι Θήβης ἕδος ἔκτισαν ἑπταπύλοιο,   263

πύργωσάν τ᾽, ἐπεὶ οὐ μὲν ἀπύργωτόν γ᾽ ἐδύναντο   264

ναιέμεν εὐρύχορον Θήβην, κρατερώ περ ἐόντε.   265

    τὴν δὲ μετ᾽ Ἀλκμήνην ἴδον, Ἀμφιτρύωνος ἄκοιτιν,   266

ἥ ῥ᾽ Ἡρακλῆα θρασυμέμνονα θυμολέοντα   267

γείνατ᾽ ἐν ἀγκοίνῃσι Διὸς μεγάλοιο μιγεῖσα·   268

καὶ Μεγάρην, Κρείοντος ὑπερθύμοιο θύγατρα,   269

τὴν ἔχεν Ἀμφιτρύωνος υἱὸς μένος αἰὲν ἀτειρής.   270

    μητέρα τ᾽ Οἰδιπόδαο ἴδον, καλὴν Ἐπικάστην,   271

ἣ μέγα ἔργον ἔρεξεν ἀιδρείῃσι νόοιο   272

γημαμένη ᾧ υἷι· ὁ δ᾽ ὃν πατέρ᾽ ἐξεναρίξας   273

γῆμεν· ἄφαρ δ᾽ ἀνάπυστα θεοὶ θέσαν ἀνθρώποισιν.   274

ἀλλ᾽ ὁ μὲν ἐν Θήβῃ πολυηράτῳ ἄλγεα πάσχων   275

Καδμείων ἤνασσε θεῶν ὀλοὰς διὰ βουλάς·   276

ἡ δ᾽ ἔβη εἰς Ἀΐδαο πυλάρταο κρατεροῖο,   277

ἁψαμένη βρόχον αἰπὺν ἀφ᾽ ὑψηλοῖο μελάθρου,   278

ᾧ ἄχεϊ σχομένη· τῷ δ᾽ ἄλγεα κάλλιπ᾽ ὀπίσσω   279

πολλὰ μάλ᾽, ὅσσα τε μητρὸς Ἐρινύες ἐκτελέουσι.   280

ἀγκοίνη, ἡ: a bent arm, 2
ἀ-ιδρείη, ἡ: ignorance, 4
αἰπύς, -εῖα, -ύ: steep, utter; hard, 6
ἄκοιτις, ἡ: wife, spouse, 3
ἄλγος, τό: pain, distress, grief, 12
Ἀλκμήνη, ἡ: Alcmene, 1
Ἀμφιτρύων, -ωνος ὁ: Amphitryon, 2
Ἀμφίων, -ίονος, ὁ: Amphion, 2
ἀνα-πυστος, -η, -ον: notorious, well-known, 1
ἀνάσσω: to be lord, master; to rule, 6
ἄνθρωπος, ὁ: human being, 11
ἀ-πύργωτος, -ον: unwalled, unfortified, 1
ἀ-τειρής, -ές: unweared, unyielding, 1
ἄφαρ: straightway, at once, quickly, soon, 3
ἅπτω: to kindle, set afire; fasten, grasp, 14
ἄχος, -εος, τό: anguish, distress, grief, 14
βουλή, ἡ: council, counsel, plan, resolve, 14
βρόχος, ὁ: noose, 1
γαμέω: to marry, 4
γείνομαι: γίγνομαι, give birth, 2
δύναμαι: to be able, can, be capable, 10
ἕδος, τό: seat, abode, 1
ἐκ-τελέω: to perform, accomplish, complete, 5
ἐξ-εναρίζω: to strip of armor, despoil; kill, 1
ἑός, -η, -όν: his own, her own, its own, 5
Ἐπι-κάστη, ἡ: Epicaste (Jocasta), 1
ἑπτά-πυλος, -ον: seven-gated, 1
Ἐρινύς, ὁ: Erinys, 2

εὐρύ-χορος, -ον: with broad dancing-places, 2
εὔχομαι: boast, vaunt, exult; pray, 9
Ζῆθος, ὁ: Zethus, 1
Ἡράκληιος, -η, -ον: of Heracles, 1
Θήβη, ἡ: Thebes, 3
θρασυ-μέμων, -ον: brave-spirited, 1
θυγάτηρ, ἡ: a daughter, 10
θυμο-λέων, -οντος, ὁ: lion-hearted, 1
ἰαύω: to sleep, lie, pass the night, 2
Καδμεῖοι, οἱ: Cadmeans, 1
κατα-λείπω: to leave behind, abandon, 6
κρατερός, -ή, -όν: stronger, mightier, 14
Κρείων, -οντος, ὁ: Creon, 2
κτίζω: to found, establish, colonize, 2
Μεγάρη, ἡ: Megara, 1
μέλαθρον, τό: roof-beam, rafter, 1
μένος, τό: might, force, prowess, 12
μίγνυμι: to mix, mingle, have intercourse, 5
Οἰδιπόδης, ὁ: Oedipus, 1
ὀλοός, -ή, -όν: destructive, deadly, 7
ὀπίσω: backwards; in the future, later, 13
πολυ-ήρατος, -ον: much loved, 1
πυλ-άρτης, ὁ: gatekeeper, 1
πυργόω: to wall in, build a wall, 1
ῥέζω: to do accomplish, make, perform, 10
τίκτω: to beget, conceive, bring forth, 13
ὑπέρ-θυμος, -ον: high-spirited; arrogant, 1
ὑψ-ηλός, -ή, -όν: high, lofty, tall, 7

261 εὔχετο: *boasted*; elsewhere "prayed"
    καὶ Διός: *of Zeus also*; she claims to
    sleep both with Poseidon *and* Zeus; gen.
    sg. with ἀγκοίνῃσιν
    ἰαῦσαι: aor. inf. ἰαύω
    ἔτεκεν: aor. τίκτω
262 παῖδε: dual acc. παῖς
    ἔκτισαν: 3rd pl aor. κτίζω
263 Θήβης ἕδος: *the seat of Thebes*; neut. acc
264 ἐπεί: *since*
265 ναιέμεν: *to inhabit*; complementary inf.
    περ ἐόντε: *though being...*; dual. παῖς,
    per has concessive force
266 τὴν: *her*; i.e. Antiope
    ἴδον: 1st sg. aor ὁράω
267 γείνατο: *gave birth to*; γείνομαι
268 μιγεῖσα: *having sexual intercourse*; fem.
    nom. sg. aor. pple. μίγνυμι
270 τὴν: *whom*; relative pronoun
    υἱός: *of the son*; gen. sg
272 ἥ: *who...*; relative

μέγα ἔργον: *monstrous deed*
ἔρεξεν: *performed*; aor. ῥέζω
ἀϊδρείῃσι: dat. of manner
273 ᾧ υἱῖ: *to her own son*; ἑῷ, 3rd person
    possessive pronoun ἑός
    ὃν πατέρα: *his own father*; ἑόν
    ἐξεναρίξας: nom. aor. pple ἐξ-εναρίζω
274 γῆμεν: *married (her)*; aor. γαμέω
    ἀνάπυστα...θέσαν: *made (these things)
    well-known*; aor. τίθημι. double acc.
276 ἤνασσε: *was lord over*; + gen., impf.
    ὀλοάς...βουλάς: *through (the gods')
    destructive plans*; not Oedipus'
277 ἔβη: 3rd sg. aor. βαίνω, subject Epicaste
278 ἀψαμένη: *fastening*; aor. mid. pple ἅπτω
279 ᾧ ἄχεϊ: *by her sorrow*; ἑῷ, dat. of cause
    σχομένη: *held fast*; aor. mid. pple ἔχω
    τῷ: *for him*; Oedipus
    κάλλιπε: *left behind*; aor. κατα-λείπω

καὶ Χλῶριν εἶδον περικαλλέα, τήν ποτε Νηλεὺς   281

γῆμεν ἐὸν διὰ κάλλος, ἐπεὶ πόρε μυρία ἔδνα,   282

ὁπλοτάτην κούρην Ἀμφίονος Ἰασίδαο,   283

ὅς ποτ’ ἐν Ὀρχομενῷ Μινυείῳ ἶφι ἄνασσεν·   284

ἡ δὲ Πύλου βασίλευε, τέκεν δέ οἱ ἀγλαὰ τέκνα,   285

Νέστορά τε Χρόνιον τε Περικλύμενόν τ’ ἀγέρωχον.   286

τοῖσι δ’ ἐπ’ ἰφθίμην Πηρὼ τέκε, θαῦμα βροτοῖσι,   287

τὴν πάντες μνώοντο περικτίται· οὐδ’ ἄρα Νηλεὺς   288

τῷ ἐδίδου ὃς μὴ ἕλικας βόας εὐρυμετώπους   289

ἐκ Φυλάκης ἐλάσειε βίης Ἰφικληείης   290

ἀργαλέας· τὰς δ’ οἶος ὑπέσχετο μάντις ἀμύμων   291

ἐξελάαν· χαλεπὴ δὲ θεοῦ κατὰ μοῖρα πέδησε,   292

δεσμοί τ’ ἀργαλέοι καὶ βουκόλοι ἀγροιῶται.   293

ἀλλ’ ὅτε δὴ μῆνές τε καὶ ἡμέραι ἐξετελεῦντο   294

ἂψ περιτελλομένου ἔτεος καὶ ἐπήλυθον ὧραι,   295

καὶ τότε δή μιν ἔλυσε βίη Ἰφικληείη,   296

θέσφατα πάντ’ εἰπόντα· Διὸς δ’ ἐτελείετο βουλή.   297

καὶ Λήδην εἶδον, τὴν Τυνδαρέου παράκοιτιν,   298

ἥ ῥ’ ὑπὸ Τυνδαρέῳ κρατερόφρονε γείνατο παῖδε,   299

Κάστορά θ’ ἱππόδαμον καὶ πὺξ ἀγαθὸν Πολυδεύκεα,   300

ἀγαθός, -ή, -όν: good, brave, noble, 2
ἀγέρ-ωχος, -ον: high-minded, impetuous, 1
ἀγλαός, -ή, -όν: splendid, shining, bright, 7
ἀγροιώτης, -ές: rustic, peasant, 1
Ἀμφίων, -ίονος, ὁ: Amphion, 2
ἀνάσσω: to be lord, master; to rule, 6????
ἀργαλέος, -η, -ον: painful, burdensome, 7
ἄψ: back, back again, backwards, 8
βασιλεύω: to rule, reign, be king, 1
βουκόλος, ὁ: cattledriver, herdsman, 1
βουλή, ἡ: council, counsel, plan, resolve, 14
βροτός, ὁ, ἡ: a mortal, human, 10
γαμέω: to marry, 4
γείνομαι: γίγνομαι, give birth, 2
δεσμός, ὁ: chains, bindings, bonds, 12
ἔδνα, τά: bride-price, dowry, 2
ἐκ-τελέω: to perform, accomplish, complete, 5
ἕλιξ, ἕλικος: of twisted or spiraling horn, 8
ἐξ-ελαύνω: drive out, 4
ἑός, -ή, -όν: his own, her own, its own, 5
ἐπ-έρχομαι: to come to, arrive at, reach, 7
ἔτος, -εος, τό: a year, 1
εὐρύ-μέτωπος, -ον: broad-browed, -fronted, 3
ἡμέρη, ἡ: day, 2
θαῦμα, -ατος, τό: wonder, amazement, 3
θέσ-φατος, -ον: god-decreed, god-ordained, 5
Ἰασίδης, ὁ: Iasides, son of Iasus, 1
ἱππό-δαμος, -ον: horse-taming, 1
ἴφθιμος, -η, -ον: mighty, strong, 6
ἶφι: with might, 1
Ἰφικλείης, ὁ: Iphicles, 2
κάλλος, -εος, τό: beauty, 1
Κάστωρ, ὁ: Castor, 2

κούρη, ἡ: girl, maiden, 6
κρατερόφρων, -οντος, ὁ: stout-hearted, 1
Λήδη, ἡ: Leda, 2
μάντις, ἡ: seer, prophet, 6
μείς, μῆνος, ὁ: a month, 13
Μινύειος, -η, -ον: Minyan, of the Minyae, 1
μνάομαι: to court (a woman), woo, 2
μοῖρα, ἡ: due measure, portion, one's lot, 10
μυρίος, -η, -ον: countless, endless, infinite, 6
Νέστωρ, ὁ: Nestor, 2
Νηλεύς, ὁ: Neleus, 3
ὁπλότατος, -η, -ον: youngest, 1
Ὀρχομενός, ὁ: Orchomenus, 2
παράκοιτις, ἡ: wife, 3
πεδάω: to bind fast, shackle, 1
περι-καλλής, -ές: beautiful, fair, lovely, 3
Περικλύμενος, ὁ: Periclymenus, 2
περι-κτίονες, οἱ: dwelling around, 1
περι-τέλλομαι: to roll around, revolve, 1
Πηρώ, ἡ: Pero, 2
Πολυδεύκης, ὁ: Polydeuces, 1
Πύλος, ὁ: Pylos, 7
πύξ: with clenched fist, 1
τέκνον, τό: a child, 6
τίκτω: to beget, conceive, bring forth, 13
Τυνδάρεος, ὁ: Tyndareus, 2
ὑπ-ισχνέομαι: to promise, 2
Φυλάκη, ἡ: Phylace, 1
χαλεπός, -ή, -όν: difficult, hard, harmful, 7
Χλῶρις, ἡ: Chloris, 1
Χρόνιος, ὁ: Chromius, 1
ὥρη, ἡ: season, period of a year, 13

281 εἶδον: 1ˢᵗ sg. aor ὁράω
τὴν: *whom*
282 γῆμεν: *married;* aor. γαμέω
ἑόν: *her;* 3ʳᵈ person possessive adj. ἑός
πόρε: impf. πορέω
283 Ἀμφίονος Ἰασίδαο: *of Amphion, son of Jason*
285 βασίλευε: *was queen;* impf. + gen.
τέκεν: 3ʳᵈ pl aor. τίκτω
οἱ: *to him;* dative of interest
286 Νέστορα...ἀγέρωχον: acc. in apposition to τέκνα, three children's names
287 τοῖσι δ᾽ ἐπὶ: *in addition to these (sons)*
Πηρώ: acc. sg.
288 τὴν: *whom*
μνώοντο: *tried to woo;* impf. μνάομαι
289 οὐδέ τι...ἐδίδου: *did not at all try to give*

(her in marriage); conative impf. δίδωμι
τῷ...ὅς μὴ: *to that one who...not;*
290 ἐλάσειε: *did drive;* 3ʳᵈ sg. aor. opt.
ἐλαύνω in a relative of characteristic,
βίης Ἰφικλείης: *of the might of Iphicles*
291 οἷος: *alone*
ὑπέσχετο: *promised;* aor ὑφίσχνέομαι
292 ἐξελάαν: aor. inf. ἐξ-ελαύνω
κατά...πέδησε: *bound (him) fast;* tmesis
294 ἐξετελεῦντο: 3ʳᵈ pl. impf. mid. ἐκ-τελέω
295 περτελλομένου: *the year...;* gen. abs.
ἐπήλυθον: *passed;* aor. ἐπ-έρχομαι
297 θέσφατα: *prophecies;* obj. of εἰ πόντα
εἰ πόντα acc. sg. aor. pple. εἶ πον
ἐτελείετο: 3ʳᵈ sg. impf. pass. τελέω

τοὺς ἄμφω ζωοὺς κατέχει φυσίζοος αἶα· 301

οἳ καὶ νέρθεν γῆς τιμὴν πρὸς Ζηνὸς ἔχοντες 302

ἄλλοτε μὲν ζώουσ’ ἑτερήμεροι, ἄλλοτε δ’ αὖτε 303

τεθνᾶσιν· τιμὴν δὲ λελόγχασιν ἶσα θεοῖσι. 304

τὴν δὲ μετ’ Ἰφιμέδειαν, Ἀλωῆος παράκοιτιν 305

ἔσιδον, ἣ δὴ φάσκε Ποσειδάωνι μιγῆναι, 306

καί ῥ’ ἔτεκεν δύο παῖδε, μινυνθαδίω δ’ ἐγενέσθην, 307

Ὠτόν τ’ ἀντίθεον τηλεκλειτόν τ’ Ἐφιάλτην, 308

οὓς δὴ μηκίστους θρέψε ζείδωρος ἄρουρα 309

καὶ πολὺ καλλίστους μετά γε κλυτὸν Ὠρίωνα· 310

ἐννέωροι γὰρ τοί γε καὶ ἐννεαπήχεες ἦσαν 311

εὖρος, ἀτὰρ μῆκός γε γενέσθην ἐννεόργυιοι. 312

οἵ ῥα καὶ ἀθανάτοισιν ἀπειλήτην ἐν Ὀλύμπῳ 313

φυλόπιδα στήσειν πολυάικος πολέμοιο. 314

Ὄσσαν ἐπ’ Οὐλύμπῳ μέμασαν θέμεν, αὐτὰρ ἐπ’ Ὄσσῃ 315

Πήλιον εἰνοσίφυλλον, ἵν’ οὐρανὸς ἀμβατὸς εἴη. 316

καί νύ κεν ἐξετέλεσσαν, εἰ ἥβης μέτρον ἵκοντο· 317

ἀλλ’ ὄλεσεν Διὸς υἱός, ὃν ἠΰκομος τέκε Λητώ, 318

ἀμφοτέρω, πρίν σφωϊν ὑπὸ κροτάφοισιν ἰούλους 319

ἀνθῆσαι πυκάσαι τε γένυς ἐυανθέι λάχνῃ. 320

ἀ-θάνατος, -ον: undying, immortal, 13
αἶα, ἡ: earth, 5
ἄλλ-οτε: at another time, at other times, 2
Ἀλωεύς, ἡ: Aloeus, 1
ἀμ-βάτος, -ον: climbable, (ἀνα-βάτος)1
ἀμφότερος, -η, -ον: each of two, both, 8
ἄμφω: both (dual), 3
ἀνθέω: to blossom, bloom, flourish, 1
ἀντι-θεος, -η, -ον: godlike, equal to gods, 7
ἀπ-ειλέω: to threaten; boast, promise, 2
ἄρουρα, ἡ: tilled land, field, earth, soil, 4
γένυς, ἡ: jaw, under jaw 1
γῆ, ἡ: earth, 4
εἰνοσί-φυλλος, -ον: with shaking leaves, 1
εἰσ-οράω: to look upon, view, behold, 4
ἐκ-τελέω: to perform, accomplish, complete, 5
ἔνερθε: below, from beneath, lower, 2
ἐννεά-όργυιος, -ον: nine fathoms, 1
ἐννεά-πηχυς, -υ: nine cubits long, 1
ἐννέωρος, -ον: nine years old, 3
ἑτερ-ήμερος, -ον: on alternate days, 1
εὐ-ανθής, -ές: luxuriant, abundant, 1
εὖρος, τό: width, breadth, 1
Ἐφιάλτης, ὁ: Ephialtes, 2
ζάω: to live, 6
ζείδωρος, -ον: grain-giving, 3
ζωός, ἡ, όν: alive, living, 9
ἥβη, ἡ: youthful prime, early manhood, 10
ἠύ-κομος, -η, -ον: fair-haired, 2
θνήσκω: to die, be dying, perish, 14
ἴουλος, ὁ: first growth of beard, down, 1

Ἰφιμέδεια, ἡ: Iphimedeia, 1
κατ-έχω: to hold down; cover, shroud, 4
κλυτός, -ή, -όν: famous, renowned, 12
κρόταρος, ὁ: temple of the head, 1
λαγχάνω: to obtain by lot, 4
λάχνος, ὁ: wool, 1
Λητώ, ὁ: Leto, 2
μάω: to be eager, anxious, ready, 2
μέτρον, τό: measure, length, size, 3
μήκιστος -η, -ον: tallest, 1
μῆκος, τό: length, 2
μίγνυμι: to mix, mingle, have intercourse, 5
μινυνθάδιος, -α, -ον: short-lived, 1
οὐρανός, ὁ: sky, heavens, 9
Ὄλυμπος, ὁ: Mt. Olympus, 4
Ὄσσα, ἡ: Mt. Ossa, 2
παράκοιτις, ἡ: wife, 3
Πήλιον, τό: Pelion, 1
πόλεμος, ὁ: battle, fight, war, 4
πολύ-άιξ, -άικος: much-darting, 1
Ποσειδεών, -εῶνος, ὁ: Poseidon, 9
πρίν: until, before, 14
πυκάζω: to cover closely, 2
τηλε -κλειτός, -ον: far-famed, -renowned, 1
τίκτω: to beget, conceive, bring forth, 13
τιμή, ἡ: honor; value, price, 7
τρέφω: to raise (a child), rear, 5
φύλοπις, -ιδος, τό: combat, din of battle, 1
φυσί-ζοος, -ον: life-producing, 2
Ὠρίων, ὁ: Orion, 2
Ὦτος, ὁ: Otus, 1

---

301 τοὺς ἄμφω: these two
302 καὶ νέρθεν γῆς: even below the earth;
    ἐνέρθεν, partitive genitive
    πρὸς Ζηνὸς: from Zeus
303 ἄλλοτε....ἄλλοτε: sometimes..other times
    ζώουσ᾽...τεθνᾶσιν: they live...they are
    dead; pf. θνήσκω, i.e. the twins share a
    single immortality and take turns in the
    underworld and the world above each day
304 λελόγχασιν: 3rd pl. pf. λαγχάνω
    ἴσα θεοῖσι: equal to the gods; neuter pl.
    would seem to modify fem. sg. τιμὴν
305 τὴν δὲ μέτα: after her
    ἔσιδεον: 1st sg. aor. εἰσ-οράω
306 φάσκε: used to claim; -σκ iterative impf.
    μιγῆναι: aor. inf. μίγνυμι
307 ἔτεκεν: 3rd pl aor. τίκτω
    παῖδε: dual acc. παῖς

μινυνθαδίω: dual nom. predicate
γενέσθην: dual aor. γίγνομαι
308 οὕς: whom; relative clause
309 θρέψε: 3rd sg. aor. τρέφω
310 καλλίστους: most beautiful; superlative
    μετά: after...; i.e. second place to...
311 εὖρος: in breadth; acc. of respect
312 μῆκος: in length; acc. of respect
    γενέσθην: dual aor. γίγνομαι
313 ἀπειλήτην: dual impf. ἀπ-ειλέω
314 στήσειν: to raise; "set up" fut. inf. ἵστημι
315 θέμεν: to place; aor. inf. τίθημι
316 ἵνα...εἴη: so that...might be; purpose, opt.
317 ἥβης μέτρον: they reached adulthood
318 ὄλεσεν: aor. ὄλλυμι, subject Apollo
319 σφωϊν: for them; dual dat. of interest
320 ἀνθῆσαι, πυκάσαι: aor. inf. withs πρίν

Φαίδρην τε Πρόκριν τε ἴδον καλήν τ' Ἀριάδνην,   321
κούρην Μίνωος ὀλοόφρονος, ἥν ποτε Θησεὺς   322
ἐκ Κρήτης ἐς γουνὸν Ἀθηνάων ἱεράων   323
ἦγε μέν, οὐδ' ἀπόνητο· πάρος δέ μιν Ἄρτεμις ἔκτα   324
Δίῃ ἐν ἀμφιρύτῃ Διονύσου μαρτυρίῃσιν.   325

Μαῖράν τε Κλυμένην τε ἴδον στυγερήν τ' Ἐριφύλην,   326
ἣ χρυσὸν φίλου ἀνδρὸς ἐδέξατο τιμήεντα.   327
πάσας δ' οὐκ ἂν ἐγὼ μυθήσομαι οὐδ' ὀνομήνω,   328
ὅσσας ἡρώων ἀλόχους ἴδον ἠδὲ θύγατρας·   329
πρὶν γάρ κεν καὶ νὺξ φθῖτ' ἄμβροτος. ἀλλὰ καὶ ὥρη   330
εὕδειν, ἢ ἐπὶ νῆα θοὴν ἐλθόντ' ἐς ἑταίρους   331
ἢ αὐτοῦ· πομπὴ δὲ θεοῖς ὑμῖν τε μελήσει."   332

ὣς ἔφαθ', οἱ δ' ἄρα πάντες ἀκὴν ἐγένοντο σιωπῇ,   333
κηληθμῷ δ' ἔσχοντο κατὰ μέγαρα σκιόεντα.   334
τοῖσιν δ' Ἀρήτη λευκώλενος ἤρχετο μύθων.   335

"Φαίηκες, πῶς ὑμμιν ἀνὴρ ὅδε φαίνεται εἶναι   336
εἶδός τε μέγεθός τε ἰδὲ φρένας ἔνδον ἐίσας;   337
ξεῖνος δ' αὖτ' ἐμός ἐστιν, ἕκαστος δ' ἔμμορε τιμῆς·   338
τῷ μὴ ἐπειγόμενοι ἀποπέμπετε, μηδὲ τὰ δῶρα   339
οὕτω χρηΐζοντι κολούετε· πολλὰ γὰρ ὑμῖν   340

Ἀθῆναι, αἱ: Athens, 1

ἀκήν: silent, (adv.) 2

ἄλοχος, ἡ: wife, spouse, 12

ἄμ-βροτος, -η, -ον: immortal, divine, 3

ἀμφί-ρυτος, -η, -ον: sea-girt, flowed around, 2

ἀπ-ονίνημαι: to profit , have use of, 1

ἀπο-πέμπω: to send away, to dismiss, 5

Ἀρήτη, ἡ: Arete, wife of Alcinous, 1

Ἀριάδνη, ἡ: Ariadne, 1

Ἄρτεμις, ἡ: Artemis, 2

ἄρχω: to begin; rule, be leader of, 4

γουνός, -ή, -όν: curve, slope, 2

δέχομαι: to accept, receive; wait for, expect, 5

Δίη, ἡ: the island Dia, 1

Διόνυσος, ὁ: Dionysus, 1

δῶρον, τό: gift, present; reward, 5

εἶδος, -εος, τό: appearance, form, beauty, 3

ἔισος, -η, -ον: equal, like; balanced, 6

ἔνδον: within, at home, 10

ἐπείγω: to press hard, impel, urge on, 4

Ἐριφύλη, ἡ: Eriphyle, 1

εὕδω: to sleep, lie down to sleep, 6

ἥρως, ὁ: hero, warrior, 5

Θησεύς, ὁ: Theseus, 2

θυγάτηρ, ἡ: a daughter, 10

ἰ-δέ: and, 4

κηληθμός, ὁ: a charm, 1

Κλυμένη, ἡ: Clymene, 2

κολούω: to cut short, dock, curtail, 1

κούρη, ἡ: girl, maiden, 6

Κρήτη, ἡ: Crete, 2

λευκ-ώλενος, -ον: white-armed, 1

Μαῖρα, ἡ: Maera, 1

μαρτυρία, ἡ: witness, testimony, evidence, 1

μέγεθος, τό: height, stature, magnitude, size, 1

μείρομαι: to receive a share of, 2

μέλω: (there) is a care for (dat, gen), 8

μη-δέ: and not, but not, nor, 6

Μίνως, ὁ: Minos, 2

μυθέομαι: to say, speak of, mention, declare, 9

ὀλοό-φρων, -ονος: destructive-minded, 2

ὀνομαίνω: to call by name, mention, 3

οὕτως: in this way, thus, so, 7

πάρος: before, formerly, in former time, 6

πομπή, ἡ: conduct, escort, departure, 6

Πρόκρις, ἡ: Prokris, 1

σιωπή, ἡ: silence, 4

σκιόεις, -εντος: shady, shadowy, dim 3

στυγερός, -ή, -όν: hateful, hated, lamented, 6

τιμή, ἡ: honor; value, price, 7

τιμήεις, -εσσα, -εν: honored, esteemed, 1

Φαίδρη, ἡ: Phaedra, 2

Φαίηξ, Φαίηκος, ὁ, ἡ: Phaeacian, 3

φθίω: to decay, waste away, dwindle, 8

χρηίζω: request, want, desire, (gen. inf.) 1

χρυσός, ὁ: gold, 6

ὥρη, ἡ: season, period of a year, 13

---

321 ἴδον: 1ˢᵗ sg. aor. ὁράω

Μίνωος: gen. sg.

322 ἥν: whom; i.e. Ariadne

323 γουνὸν...ἱεράων: the slope of sacred Athens

324 ἧγε: 3ʳᵈ sg. impf. ἄγω

ἀπόνητο: he had no use (of her); 3ʳᵈ sg. aor. mid. ἀπ-ονίνημαι

324 μιν: her; Ariadne

ἔκτα: 3ʳᵈ sg. aor. κτείνω

325 Διονύσου μαρτυρίῃσι: because of the witness of Dionysis; dat. of cause

327 φίλου ἀνδρὸς: for her own husband; i.e. in exchange for betraying her husband, gen. of price

ἐδέξατο: 3ʳᵈ sg. aor. δέχομαι

328 οὐκ ἄν...μυθήσομαι, ὀνομήνω: I could not tell and name all...; ἄν + aor. subj.

329 ὅσσας: as many as; relative clause

ἥδε: and

330 πρὶν: beforehand; adverb

κεν...φθῖτο: would wane; potential aor. optative φθίω

331 ὥρη: (it is) time

ἥ...ἥ: either...or

ἐλθόντα: going; aor. pple ἔρχομαι, modifies Odysseus, the subject of εὕδειν

332 αὐτοῦ: here; in Antinous' palace

μελήσει: will be a care for; + dat., fut.

334 κηληθμῷ: dat. of means

ἔσχοντο: were held; 3ʳᵈ pl. aor. mid. ἔχω

κατὰ: throughout

335 τοῖσιν δ: to them; dat. indirect obect

ἄρχετο μύθων: began speaking; "began words," gen. pl. μῦθος

336 ὕμμιν: to you; ὑμῖν, dat. of reference

337 εἶδος...φρένας: in....: acc. of respect

ἴδε: and

338 ἔμμορε: received a share of his honor; pf.

339 τῷ: him; dat. with compound imperative

κτήματ' ἐνὶ μεγάροισι θεῶν ἰότητι κέονται."   341

τοῖσι δὲ καὶ μετέειπε γέρων ἥρως Ἐχένηος,   342

ὃς δὴ Φαιήκων ἀνδρῶν προγενέστερος ἦεν·   343

"ὦ φίλοι, οὐ μὰν ἥμιν ἀπὸ σκοποῦ οὐδ' ἀπὸ δόξης   344

μυθεῖται βασίλεια περίφρων· ἀλλὰ πίθεσθε.   345

Ἀλκινόου δ' ἐκ τοῦδ' ἔχεται ἔργον τε ἔπος τε."   346

τὸν δ' αὖτ' Ἀλκίνοος ἀπαμείβετο φώνησέν τε·   347

"τοῦτο μὲν οὕτω δὴ ἔσται ἔπος, αἴ κεν ἐγώ γε   348

ζωὸς Φαιήκεσσι φιληρέτμοισιν ἀνάσσω·   349

ξεῖνος δὲ τλήτω μάλα περ νόστοιο χατίζων   350

ἔμπης οὖν ἐπιμεῖναι ἐς αὔριον, εἰς ὅ κε πᾶσαν   351

δωτίνην τελέσω· πομπὴ δ' ἄνδρεσσι μελήσει   352

πᾶσι, μάλιστα δ' ἐμοί· τοῦ γὰρ κράτος ἔστ' ἐνὶ δήμῳ."   353

τὸν δ' ἀπαμειβόμενος προσέφη πολύμητις Ὀδυσσεύς·   354

"Ἀλκίνοε κρεῖον, πάντων ἀριδείκετε λαῶν,   355

εἴ με καὶ εἰς ἐνιαυτὸν ἀνώγοιτ' αὐτόθι μίμνειν,   356

πομπὴν δ' ὀτρύνοιτε καὶ ἀγλαὰ δῶρα διδοῖτε,   357

καὶ κε τὸ βουλοίμην, καί κεν πολὺ κέρδιον εἴη,   358

πλειοτέρῃ σὺν χειρὶ φίλην ἐς πατρίδ' ἱκέσθαι·   359

καί κ' αἰδοιότερος καὶ φίλτερος ἀνδράσιν εἴην   360

ἀγλαός, -ή, -όν: splendid, shining, bright, 7
αἰδοῖος, -α, -ον: reverent, august, venerable, 5
Ἀλκίνοος, ὁ: Alcinous, King of Phaeacians, 6
ἀνάσσω: to be lord, master; to rule, 6
ἄνωγα: to command, order, bid, 10
ἀπ-αμείβομαι: to reply, answer, 7
ἀρι-δείκετος, -ον: renowned, much shown, 4
αὔριον, τό: tomorrow, 1
αὐτό-θι: on the very spot, here, there, 9
βασίλεια, ἡ: a queen, princess, 6
βούλομαι: to wish, want, prefer, 4
γέρων, -οντος, ὁ: elder, old man, 4
δῆμος, ὁ: district, country, land; people, 3
δόξῃ, ἡ: expectation, opinion, thought, 2
δῶρον, τό: gift, present; reward, 5
δωτίνη, ἡ: a gift, present, offering, 2
ἔμπης: alike, all the same, at any rate 1
ἐνιαυτός, ὁ: long period of time, year, 4
ἐπι-μένω: to stay, wait, tarry, 1
Ἐχένηος, ὁ: Echeneus, 1
ζωός, ή, όν: alive, living, 9
ἥρως, ὁ: hero, warrior, 5
ἰότης, -ητος, ἡ: will, determination; desire, 3
κερδίων, -ιον: more profitable, better, best, 6
κράτος, -εος, τό: strength, power, 2
κρείων, ὁ: ruler, lord, master, 8

κτῆμα, -ατος, τό: possessions, land, goods, 4
λαός, ὁ: the people, 9
μάλιστα: most of all; certainly, especially, 4
μέλω: (there) is a care for (dat, gen), 8
μετ-εῖπον: to speak among, 1
μήν: indeed, in truth, 3
μίμνω: to stay, remain, abide; await, 6
μυθέομαι: to say, speak of, mention, declare, 9
νόστος, ὁ: return home, return homeward, 12
ὀτρύνω: to stir up, rouse, encourage, 8
οὖν: and so, then; at all events, 3
οὕτως: in this way, thus, so, 7
περί-φρων, -οντος: shrewd, very thoughtful 2
πλεῖος, -η, -ον: full, 2
πολύ-μητις: of much cunning, many device, 3
πομπή, ἡ: conduct, escort, departure, 6
προ-γενής, -ές: born before, 1
πρόσ-φημι: to speak to, address, 10
σκοπός, ὁ: mark, aim; watchman, look-out, 2
τλάω: to bear, endure, suffer, undergo, 11
Φαίηξ, Φαίηκος, ὁ, ἡ: Phaeacian, 3
φιλ-ήρετμος, -η, -ον: lover of the oar, 1
φίλτερος, -α, -ον: dearer, more friendly, 1
φωνέω: to utter, speak, 10
χατίζω: to lack, need of (gen) 1

341 θεῶν ἰότητι: by the will of the gods; dat. cause
κέονται: lie; pres. κεῖμαι
342 τοῖσι: among them; dat. compound verb
343 ἀνδρῶν: than...; gen. of comparison
προγενέστερος: older; "earlier born," 3rd comparative προ-γενής
ἦεν: 3rd sg. impf. εἰμί
344 μάν: μήν
οὐ...ἀπὸ σκοποῦ: not far from the mark
345 πίθεσθε: obey; 2nd pl. mid. imp. πείθω
346 ἔχεται: depends on; neut. pl. subject
347 τόν: him; i.e. Echeneus
348 τοῦτο...ἔπος: this word; nom. subj. i.e. this suggestion made by Arete
ἔσται: 3rd sg. fut. εἰμί
αἴ κεν...ἀνάσσω: If I am ruling...; κε + 1st sg. subj. + fut. ἔσται in future-more-vivid condition
350 τλήτω: let..endure; 3rd sg. imp. τλάω
περ: although...; concessive + pple
351 ἔμπης: nevertheless; or "all the same"

ἐπιμεῖναι: aor. inf. as imperative
ἐς: until; "up to"
εἰς ὅ: until; "up to which (time)"
352 κε...τελέσω: aor. subj. τελέω in a general temporal clause
μελήσει: will be a care for; + dat., fut.
353 τοῦ γὰρ κράτος: for control of this; i.e. control of Odysseus' escort home
354 Ἀλκίνοε κρεῖον...ἀριδείκετε: vocative
355 εἰς ἐνιαυτόν: for a year; "up to a year"
εἰ...ἀνώγοιτε...ὀτρύνοιτε...κε βουλοίμην: if you should....I would; future-less-vivid condition with pres. opt.
ἀνώγοιτε: you bid; 2nd pl. opt. ἄνωγα
358 καί κε τὸ βουλοίμην: I would choose that also; potential opt. apodosis in the future less vivid condition
κεν εἴη: it would be; impersonal, opt. εἰμί
359 πλειοτέρῃ: fuller; comparative, πλεῖος
ἱκέσθαι: aor. inf. ἱκνέομαι
360 κε εἴην: I would be; 1st sg. opt. εἰμί
αἰδοιότερος, φίλτερος: comparative

πᾶσιν, ὅσοι μ᾽ Ἰθάκηνδε ἰδοίατο νοστήσαντα." 361

τὸν δ᾽ αὖτ᾽ Ἀλκίνοος ἀπαμείβετο φώνησέν τε· 362

"ὦ Ὀδυσεῦ, τὸ μὲν οὔ τί σ᾽ ἐΐσκομεν εἰσορόωντες, 363

ἠπεροπῆά τ᾽ ἔμεν καὶ ἐπίκλοπον, οἷά τε πολλοὺς 364

βόσκει γαῖα μέλαινα πολυσπερέας ἀνθρώπους, 365

ψεύδεά τ᾽ ἀρτύνοντας ὅθεν κέ τις οὐδὲ ἴδοιτο· 366

σοὶ δ᾽ ἔπι μὲν μορφὴ ἐπέων, ἔνι δὲ φρένες ἐσθλαί. 367

μῦθον δ᾽ ὡς ὅτ᾽ ἀοιδὸς ἐπισταμένως κατέλεξας, 368

πάντων τ᾽ Ἀργείων σέο τ᾽ αὐτοῦ κήδεα λυγρά. 369

ἀλλ᾽ ἄγε μοι τόδε εἰπὲ καὶ ἀτρεκέως κατάλεξον, 370

εἴ τινας ἀντιθέων ἑτάρων ἴδες, οἵ τοι ἅμ᾽ αὐτῷ 371

Ἴλιον εἰς ἅμ᾽ ἕποντο καὶ αὐτοῦ πότμον ἐπέσπον. 372

νὺξ δ᾽ ἥδε μάλα μακρή, ἀθέσφατος· οὐδέ πω ὥρη 373

εὕδειν ἐν μεγάρῳ, σὺ δέ μοι λέγε θέσκελα ἔργα. 374

καί κεν ἐς ἠῶ δῖαν ἀνασχοίμην, ὅτε μοι σὺ 375

τλαίης ἐν μεγάρῳ τὰ σὰ κήδεα μυθήσασθαι." 376

τὸν δ᾽ ἀπαμειβόμενος προσέφη πολύμητις Ὀδυσσεύς· 377

"Ἀλκίνοε κρεῖον, πάντων ἀριδείκετε λαῶν, 378

ὥρη μὲν πολέων μύθων, ὥρη δὲ καὶ ὕπνου· 379

εἰ δ᾽ ἔτ᾽ ἀκουέμεναί γε λιλαίεαι, οὐκ ἂν ἐγώ γε 380

ἀ-θέσφατος, -ον: unspeakable, awful, 2
Ἀλκίνοος, ὁ: Alcinoos, 6
ἀν-έχω: to hold up; suffer, endure, tolerate, 1
ἄνθρωπος, ὁ: human being, 11
ἀντί-θεος, -η, -ον: godlike, equal to gods, 7
ἀοιδός, ὁ: bard, singer, 3
ἀπ-αμείβομαι: to reply, answer, 7
Ἀργεῖος, -α, -ον: Argive, (Greek), 8
ἀρι-δείκετος, -ον: renowned, much shown, 4
ἀρτύνω: to arrange, prepare, make ready, 1
ἀ-τρεκής, -ές: exactly, true, real, 4
βόσκω: to feed, pasture, 6
ἐΐσκω: to make like, liken to; think, suppose, 2
εἰσ-οράω: to look upon, view, behold, 4
ἐπί-κλοπος, -ον: thievish, sly, rogue, 1
ἐπι-σταμένως: skilfully, knowingly, 2
ἐσθλός, -ή, -όν: good, well-born, noble, 10
εὕδω: to sleep, lie down to sleep, 6
ἐφ-έπω: to drive, direct; pursue, 6
ἠπεροπεύς, ὁ: seducer, deceiver, 1
θέσ-κελος, -ον: god-bidden, supernatural, 2
Ἰθάκηνδε: to Ithaka, 1

Ἴλιον, τό: Ilium, Troy, 4
κατα-λέγω: to recount, relate, tell in order, 12
κρείων, ὁ: ruler, lord, master, 8
λαός, ὁ: the people, 9
λέγω: gather, collect; say, 12
λιλαίομαι: to desire, 6
λυγρός, -ή, -όν: mournful, sad, 5
μορφή, ἡ: form, beauty, shape, grace, 1
μυθέομαι: to say, speak of, mention, declare, 9
νοστέω: to return, to come back, 4
οἷος, -α, -ον: of what sort, such, as, 13
ὅ-θεν: from which place, whence, 1
πότμος, ὁ: fate, death, 5
πολυ-σπερής, -ές: widespread, much strewn 1
πολύ-μητις: of much cunning, many devices 3
πρόσ-φημι: to speak to, address, 10
τλάω: to bear, endure, suffer, undergo, 11
ὕπνος, ὁ: sleep, slumber, 9
φωνέω: to utter, speak, 10
ψεῦδος, τό: lie, a falsehood, 2
ὥρη, ἡ: season, period of a year, 13

361 ὅσοι: as many as; relative clause
     ἰδοίατο: would see; 3rd pl. aor. opt. εἶδον
     in a relative clause of characteristic,
     secondary sequence
364 τό...εἴσκομεν: we suppose this...; clarified
     by the infinitive ἔμεν below
     οὔ τι: not at all; acc. of respect
365 ἔμεν: (namely that you) are; inf. εἰμί;
     supply subject; in apposition to τό above
     οἷά τε πολλούς: many such...; "many in
     respect to which sort," οἷά is acc. respect
     ὅθεν...ἴδοιτο: from which no one could
     even see; i.e. the lies as so well told that
     they are impossible to detect
367 σοὶ δ᾽ ἔπι: on you (there is)
     μορφὴ ἐπέων: (such) grace of words
     ἔνι: within (you) there is
368 ὡς ὅτε ἀοιδός: just as when a bard
     (speaks); Alcinous likens Odysseus' skill
     to that of a bard
369 σέο τ᾽ αὐτοῦ: and of you yourself
     κήδεα: neuter acc., in apposition to μῦθον
370 ἄγε: come now; precedes imperatives
     εἰπέ, κατάλεξον: aor. imperatives

371 ἴδες: 2nd sg. aor. indicative ὁράω
     οἵ: who
     τοι ἅμα αὐτῷ: along with you yourself
372 Ἴλιον εἰς: εἰς Ἴλιον
     ἅμα: at the same time
     ἕποντο: impf. ἕπομαι, note aspiration
     αὐτοῦ: there
     ἐπέσπον: aor. imperative ἐφ-έπω
373 μακρὴ ἀθέσφατος: (is) unspeakably long
     ὥρη: (it is) time
374 λέγε: keep on tellling; present imperative
     suggesting ongoing action
375 κεν...ἀνασχοίμην: I could hold on; 1st sg.
     aor. potential optative ἀν-έχω
     ἐς ἠῶ δῖαν: until bright dawn; acc. ἠώς
376 ὅτε...τλαίης: as long as you would
     venture; opt. τλάω, general temporal
376 σά: your; possessive adj. σός
377 προσέφη: 3rd sg. impf. πρόσ-φημι
378 Ἀλκίνοε κρεῖον...ἀριδείκετε: vocative
379 ὥρη: (there is) time for; + gen.
380 ἀκουέμεναι: pres. imperative
     λελαίε(σ)αι: 2nd sg. present

τούτων σοι φθονέοιμι καὶ οἰκτρότερ᾽ ἄλλ᾽ ἀγορεύειν,   381

κήδε᾽ ἐμῶν ἑτάρων, οἳ δὴ μετόπισθεν ὄλοντο,   382

οἳ Τρώων μὲν ὑπεξέφυγον στονόεσσαν ἀϋτήν,   383

ἐν νόστῳ δ᾽ ἀπόλοντο κακῆς ἰότητι γυναικός.   384

    αὐτὰρ ἐπεὶ ψυχὰς μὲν ἀπεσκέδασ᾽ ἄλλυδις ἄλλῃ   385

ἁγνὴ Περσεφόνεια γυναικῶν θηλυτεράων,   386

ἦλθε δ᾽ ἐπὶ ψυχὴ Ἀγαμέμνονος Ἀτρεΐδαο   387

ἀχνυμένη· περὶ δ᾽ ἄλλαι ἀγηγέραθ᾽, ὅσσοι ἅμ᾽ αὐτῷ   388

οἴκῳ ἐν Αἰγίσθοιο θάνον καὶ πότμον ἐπέσπον.   389

ἔγνω δ᾽ αἶψ᾽ ἔμε κεῖνος, ἐπεὶ πίεν αἷμα κελαινόν·   390

κλαῖε δ᾽ ὅ γε λιγέως, θαλερὸν κατὰ δάκρυον εἴβων,   391

πιτνὰς εἰς ἐμὲ χεῖρας, ὀρέξασθαι μενεαίνων·   392

ἀλλ᾽ οὐ γάρ οἱ ἔτ᾽ ἦν ἲς ἔμπεδος οὐδέ τι κῖκυς,   393

οἵη περ πάρος ἔσκεν ἐνὶ γναμπτοῖσι μέλεσσι.   394

τὸν μὲν ἐγὼ δάκρυσα ἰδὼν ἐλέησά τε θυμῷ,   395

καί μιν φωνήσας ἔπεα πτερόεντα προσηύδων·   396

    Ἀτρεΐδη κύδιστε, ἄναξ ἀνδρῶν Ἀγάμεμνον,   397

τίς νύ σε κὴρ ἐδάμασσε τανηλεγέος θανάτοιο;   398

ἦε σέ γ᾽ ἐν νήεσσι Ποσειδάων ἐδάμασσεν   399

ὄρσας ἀργαλέων ἀνέμων ἀμέγαρτον ἀϋτμήν;   400

Ἀγαμέμνον, ὁ: Agamemnon, 4
ἀγείρω: to bring together, gather together, 3
ἁγνός, -ή, -όν: holy, pure, 1
ἀγορεύω: to speak in assembly, declare, 5
Αἴγισθος, ὁ: Aegisthus 2
ἄλλη: in another place; in another way, 4
ἄλλυδις to another place, 2
ἀ-μέγαρτος, -ον: unieviable; miserable, 2
ἄναξ, -ακτος, ὁ: a lord, master, 14
ἀπ-όλλυμι: to destroy, kill, slay; perish 8
ἀπο-σκεδάννυμι: to scatter, disperse, 1
ἀργαλέος, -η, -ον: painful, burdensome, 7
Ἀτρείδης, ὁ: son of Atreus, Atrides, 4
αὐτή, ἡ: call, cry, 1
αὐτμή, ἡ: breath; blast, fumes, 4
γιγνώσκω: to learn, note, realize, to know, 7
γναμπτός, -ή, -όν: bent, bending, 2
δάκρυον, τό: tear, 12
δακρύω: to weep, cry, 5
δαμάζω: to subdue, tame, overpower, 12
εἴβω: to shed, let fall, 1
ἐλεέω: to pity, have compassion for, 4
ἔμ-πεδος, -ον: steadfast; adv. continuously, 9
ἐφ-έπω: to drive, direct; pursue, 6
θαλερός, -ή, -όν: blooming, in their prime, 8
θῆλυς, -εια, -υ: female, feminine, 5
θνήσκω: to die, be dying, perish, 14
ἰότης, -ητος, ἡ: will, determination; desire, 3

ἴς, ἰνός, ἡ: force, strength; tendon, 5
κελαινός, -ή, -όν: dark, black, 4
κῆρ, τό : heart; soul, mind, 5
κῖκυς, ἡ: vigor, force, strength, 1
κλαίω: to weep, lament, wail, 13
κύδιστος, -η, -ον: most glorious, 1
λιγύς, -εια, -ύ: clear, resonant, whistling, 4
μέλος, -εος, τό: a limb, 10
μενεαίνω: to become angry, rage; be eager, 4
μετ-όπισθε : from behind, backwards, back, 3
νόστος, ὁ: return home, return homeward, 12
οἶκος, ὁ: a house, abode, dwelling, 11
οἰκτρός, -ή, -όν: pitable, pitiful, miserable, 3
οἷος, -α, -ον: of what sort, such, as, 13
ὀρέγω: to stretch out, reach, 3
ὄρνυμι: to stir, set in motion, rouse, 11
πάρος: before, formerly, in former time, 6
Περσεφόνεια, ἡ: Persephone, 11
πίτνυμι: to spread out, stretch out, 1
Ποσειδεων, -εωνος, ὁ: Poseidon, 9
πότμος, ὁ: fate, death, 5
πτερόεις, -εντος: feathered, winged, 14
στονόεις, -εσσα, -εν, τό: mournful, grievous 2
τανηλεγής, -ές: prostrating; long-lamented, 2
Τρῶες, Τρώων οἱ: Trojans, 6
ὑπ-εκ-φεύγω: to flee, escape, 5
φθονέω: begrudge (dat) to (inf.), be envious, 1
φωνέω: to utter, speak, 10

---

381 τούτων: *than these*; gen of comparison
ἄν...φθονέοιμι: *would...*; potential opt.,
by the infinitive ἔμεν below
οἰκτρότερα: comparative adj. οἰκτρός
ἄλλα: *other things*; obj. of ἀγορεῦσαι
ἀγορεῦσαι: aor. inf. ἀγορεύω
382 κήδεα: neuter acc. pl.
ὄλοντο: aor. mid. ὄλλυμι
383 ἀπόλοντο: aor. mid. ἀπ-όλλυμι
384 κακῆς ἰότητι γυναικός: *because of the will of a wicked woman*; dat. of cause
385 ἄλλυδις ἄλλη: *here and there*
386 γυναικῶν θηλυτεράων: *of the more womanly women*; an odd comparative
387 ἦλθε...ἐπί: *approached*; tmesis, "came to,"aor. ἔρχομαι
388 ἀχνυμένη: *being grieved*; pres. pass. pple ἀχεύω
περὶ δ : *and around (him)*
ἀγηγέρατο: *had been gathered*; 3rd pl. plpf. ἀγείρω

ἅμα αὐτῷ: *along with him*
389 οἴκῳ ἐν: ἐν οἴκῳ
390 ἔγνω: *recognized*; 3rd sg aor. γιγνώσκω
(ἐ)κεῖνος: *that one*
πίεν: 3rd sg aor. πίνω
λιγέως: *from which no one could*
391 κατά...εἴβων: tmesis, pres. pple
392 πιτνάς: nom. sg. aor. pple. πίτνυμι
ὀρέξασθαι: *to reach (me)*; aor. mid. inf.
391 οὐ...ἔτι: *no longer*
393 οἱ...ἦν: *he did have*; "to him was" dat. of possession, 3rd sg. impf. εἰμί
394 οἵη περ: *just as*; "the very sort which"
ἔσκεν: impf. εἰμί
395 δάκρυσα: *I wept for*; 1st sg. aor. δακρύω
ἰδών: aor. pple ὁράω
398 τίς...κήρ: *what fate*; interrogative adj.
ἐδάμασσε: aor. δαμάζω
400 ὄρσας: *rousing*; nom. aor. pple. ὄρνυμι

ἠέ σ᾽ ἀνάρσιοι ἄνδρες ἐδηλήσαντ᾽ ἐπὶ χέρσου   401
βοῦς περιταμνόμενον ἠδ᾽ οἰῶν πώεα καλά,   402
ἠὲ περὶ πτόλιος μαχεούμενον ἠδὲ γυναικῶν;   403
ὣς ἐφάμην, ὁ δέ μ᾽ αὐτίκ᾽ ἀμειβόμενος προσέειπε·   404
"διογενὲς Λαερτιάδη, πολυμήχαν᾽ Ὀδυσσεῦ,   405
οὔτ᾽ ἐμέ γ᾽ ἐν νήεσσι Ποσειδάων ἐδάμασσεν   406
ὄρσας ἀργαλέων ἀνέμων ἀμέγαρτον ἀϋτμήν,   407
οὔτε μ᾽ ἀνάρσιοι ἄνδρες ἐδηλήσαντ᾽ ἐπὶ χέρσου,   408
ἀλλά μοι Αἴγισθος τεύξας θάνατόν τε μόρον τε   409
ἔκτα σὺν οὐλομένῃ ἀλόχῳ, οἶκόνδε καλέσσας,   410
δειπνίσσας, ὥς τίς τε κατέκτανε βοῦν ἐπὶ φάτνῃ.   411
ὣς θάνον οἰκτίστῳ θανάτῳ· περὶ δ᾽ ἄλλοι ἑταῖροι   412
νωλεμέως κτείνοντο σύες ὣς ἀργιόδοντες,   413
οἵ ῥά τ᾽ ἐν ἀφνειοῦ ἀνδρὸς μέγα δυναμένοιο   414
ἢ γάμῳ ἢ ἐράνῳ ἢ εἰλαπίνῃ τεθαλυίῃ.   415
ἤδη μὲν πολέων φόνῳ ἀνδρῶν ἀντεβόλησας,   416
μουνάξ κτεινομένων καὶ ἐνὶ κρατερῇ ὑσμίνῃ·   417
ἀλλά κε κεῖνα μάλιστα ἰδὼν ὀλοφύραο θυμῷ,   418
ὡς ἀμφὶ κρητῆρα τραπέζας τε πληθούσας   419
κείμεθ᾽ ἐνὶ μεγάρῳ, δάπεδον δ᾽ ἅπαν αἵματι θῦεν.   420

Αἰγίσθος, ὁ: Aegisthus 2
ἄλοχος, ἡ: wife, spouse, 12
ἀ-μέγαρτος, -ον: unenviable; miserable, 2
ἀν-άρσιος, -η, -ον: terrible, hostile, unfitting 3
ἀντι-βολέω: to encounter, come in way of, 2
ἀργαλέος, -η, -ον: painful, burdensome, 7
ἀργι-όδους, -όδοντος: white-toothed, 1
ἀυτμή, ἡ: breath; blast, fumes, 4
ἅπας, ἅπασα, ἅπαν: every, quite all, 7
ἀφνειός, -όν: wealthy, rich in (gen.), 1
γάμος, ὁ: a wedding, wedding-feast, 1
δαμάζω: to subdue, tame, overpower, 12
δάπεδον, τό: ground, floor, pavement, 3
δειπνίζω: to entertain with a meal, 1
δηλέομαι: to hurt, do mischief to, 3
διο-γενής, -ές born: from Zeus, 9
δύναμαι: to be able, can, be capable, 10
εἰλαπίνη, ἡ: festal banquet, 1
ἔρανος, ὁ: shared meal, potluck meal, 1
θάλλω: to bloom, abound, be luxuriant, 3
θνήσκω: to die, be dying, perish, 14
κατα-κτείνω: to kill, slay, 1
κρατερός, -ή, -όν: strong, stout, mighty, 14
κρητήρ, ὁ: mixing vessel, krater, 5
Λαερτιάδης, ὁ: son of Laertes, 10

μάλιστα: most of all; certainly, especially, 4
μάχομαι: to fight, contend, 4
μόρος, ὁ: fate, lot, destiny; death, 6
μουνάξ: alone, by oneself, singly, 1
νωλεμές: continually, unceasingly, 3
οἶκον-δε: to home, homeward, 2
οἴκτιστος, -η, -ον: most pitiable, lamentable, 3
ὀλοφύρομαι: to lament, mourn, bewail, 9
ὄρνυμι: to stir, set in motion, rouse, 11
οὐλόμενος, -η, -ον: accursed, cursed
περι-τέμνω: to cut off, cut around, 1
πλήθω: to be full, be filled of + gen., 2
πόλις, ἡ: a city, 11
πολυ-μήχανος, -όν: much-contriving, resourceful, 8
Ποσειδεών, -εῶνος, ὁ: Poseidon, 9
πῶυ, -εος, τό: flock, 3
τράπεζα, ἡ: table, 3
ὑπ-εκ-φεύγω: to flee, escape, 5
ὗς, ὑός ὁ, ἡ: swine, pig, 8
ὑσμίνη, ἡ: battle, conflict, combat, 2
φάτνη, ἡ: crib, manger, 1
φόνος, ὁ: murder, homicide, slaughter, 4
χέρσος, ἡ: dry land, land, 6

---

401 ἠὲ...ἠὲ...ἠὲ: either...or....or
      ἐπὶ χέρσου: on the land
402 περιταμνόμενον: (while) cutting off; i.e.
      raiding, aor. pple περιτέμνω modifies σε
      ἠδὲ: and
      οἰῶν: gen. pl. ὄις
403 περὶ πτόλιος: about their city and
      women
405 διογενὲς...Ὀδυσσεῦ: vocative
406 ἐν νήεσσι: in ships; dat. pl.
      ἐδάμασσεν: aor δαμάζω
407 ὄρσας: rousing; nom. aor. pple. ὄρνυμι
      ἐπὶ χέρσου: on the land
409 μοι: for me; dat. of interest
      Αἴγιστθος: In Homer's version of events,
      Aegisthus kills Agamemnon at a banquet.
      τεύξας: nom. sg. aor. pple τεύχω
410 ἔκτα: 3rd sg. aor. κτείνω
      καλέσσας: inviting; aor. pple καλέω
411 δειπνίσσας: aor. pple δειπνίζω
      ὡς...ὡς: just as...so; simile
      κατέκτανε: kills; gnomic aor. used to
      express a general truth
412 θάνον: 1st sg. aor. θνήσκω

      οἰκτίστῳ θανάτῳ: dat. of manner
      περὶ δ: and around (me)
      κτείνοντο: 3rd sg. impf. pass. κτείνω
413 ὡς: just as
414 οἵ ῥα: which (are slaughtered); add verb
      ἐν...ἀνδρὸς: in (the house) of a....man
      μέγα δυναμένοιο: being very powerful;
      "being greatly capable" modifies ἀνδρός
415 ἤ...ἤ...ἤ: either...or...or
      γάμῳ, ἐράνῳ...: at...; dat. place where
      τεθαλυίη: flourishing; pf. pple θάλλω
416 πολέων: of many; modifies ἀνδρῶν
      ἀντεβόλησας: you have encountered; 2nd
      sg. aor. ἀντι-βολέω + dative obj.
417 μουνάξ...ἐνὶ ὑσμίνη: in single combat and
      in fiercer fighting
418 (ἐ)κεῖνα those (things); i.e. the slaughter
      of Agamemnon and his retinue
      ἰδὼν: aor. pple ὁράω
      κε...ὀλοφύρα(σ)ο: you would have
      mourned; κε + 2nd sg aor. mid. indicative
      expresses past (unrealized) potential
419 ὡς...κείμεθα: how...we lay; 1st pl. impf.
420 θῦεν: flowed; "raged," impf. θύω

οἰκτροτάτην δ' ἤκουσα ὄπα Πριάμοιο θυγατρός,   421

Κασσάνδρης, τὴν κτεῖνε Κλυταιμνήστρη δολόμητις   422

ἀμφ' ἐμοί, αὐτὰρ ἐγὼ ποτὶ γαίῃ χεῖρας ἀείρων   423

βάλλον ἀποθνήσκων περὶ φασγάνῳ· ἡ δὲ κυνῶπις   424

νοσφίσατ', οὐδέ μοι ἔτλη ἰόντι περ εἰς Ἀΐδαο   425

χερσὶ κατ' ὀφθαλμοὺς ἑλέειν σύν τε στόμ' ἐρεῖσαι.   426

ὣς οὐκ αἰνότερον καὶ κύντερον ἄλλο γυναικός,   427

ἥ τις δὴ τοιαῦτα μετὰ φρεσὶν ἔργα βάληται·   428

οἷον δὴ καὶ κείνη ἐμήσατο ἔργον ἀεικές,   429

κουριδίῳ τεύξασα πόσει φόνον. ἦ τοι ἔφην γε   430

ἀσπάσιος παίδεσσιν ἰδὲ δμώεσσιν ἐμοῖσιν   431

οἴκαδ' ἐλεύσεσθαι· ἡ δ' ἔξοχα λυγρὰ ἰδυῖα   432

οἷ τε κατ' αἶσχος ἔχευε καὶ ἐσσομένῃσιν ὀπίσσω   433

θηλυτέρῃσι γυναιξί, καὶ ἥ κ' ἐνεργὸς ἔῃσιν."   434

   ὣς ἔφατ', αὐτὰρ ἐγώ μιν ἀμειβόμενος προσέειπον·   435

"ὢ πόποι, ἦ μάλα δὴ γόνον Ἀτρέος εὐρύοπα Ζεὺς   436

ἐκπάγλως ἤχθηρε γυναικείας διὰ βουλὰς   437

ἐξ ἀρχῆς· Ἑλένης μὲν ἀπωλόμεθ' εἵνεκα πολλοί,   438

σοὶ δὲ Κλυταιμνήστρη δόλον ἤρτυε τηλόθ' ἐόντι."   439

   ὣς ἐφάμην, ὁ δέ μ' αὐτίκ' ἀμειβόμενος προσέειπε·   440

ἀ-εικής, -ές: unseemly, shameful, 3
ἀείρω: to lift, raise up, 8
αἰνός, -ή, -όν: terrible, dire, dread, grim, 9
αἶσχος, τό: shame, disgrace, 1
ἀπο-θνῄσκω: to die, be dying, perish, 2
ἀπ-όλλυμι: to destroy, kill, slay, 8
ἀρτύω: to prepare, devise, arrange, 1
ἀρχή, ἡ: beginning, origin, first cause, 1
ἀσπάσιος, -η, -ον: welcome, welcomed, 3
Ἀτρεύς, -έος, ὁ: Atreus, father of Agamem. 1
βουλή, ἡ: council, counsel, plan, resolve, 14
γόνος, ὁ: offspring, a child, 3
γυναικεῖος, -ον: of a woman, 1
δμώς, -ωός, ὁ: a male servant, 4
δολο-μῆτις, -ιδος: crafty, wily, 1
δόλος, ὁ: trap, trick, bait; cunning, 11
ἔκ-παγλος, -ον: violent, vehement, terrible, 3
ἐλεέω: to pity, have compassion for, 4
Ἑλένη, ἡ: Helen, 2
ἕνεκα: for the sake of, because of, 5
ἔξ-οχος, -ον: outstanding; adv. especially, 2
ἐρείδω: to lean, prop; press, 3
εὐ-εργός, -όν: doing right, upright, good, 1
εὐρύοπα, ὁ: far-seeing; wide-thundering, 1
ἐχθαίρω: to hate, 2

θῆλυς, -εια, -υ: female, feminine, 5
θυγάτηρ, ἡ: a daughter, 10
ἰ-δέ: and, 4
Κασσάνδρη, ἡ: Cassandra, 1
Κλυταιμνήστρη, ἡ: Clythemnestra, 2
κουρίδιος, -α, -ον: wedded, 1
κύντερος, -η, -ον: more dog-like, shameful, 1
κυν-ῶπις, -ιδος: dog-faced, shameless, 1
λυγρός, -ή, -όν: mournful, sad, miserable 5
μήδομαι: to devise, plan, contrive, 5
νοσφίζομαι: to depart, turn away from, 2
οἶκα-δε: to home, homeward, 9
οἰκτρός, -ή, -όν: pitable, pitiful, miserable, 3
οἷος, -α, -ον: of what sort, such, as, 13
ὀπίσω: backwards; in the future, later, 13
ὄψ, ὀπός, ἡ: voice, 9
πόποι: alas! Alack!, 3
πόσις, -εως, ὁ: husband, 3
Πρίαμος, ὁ: Priam (king of Troy), 2
στόμα, -ατος, τό: the mouth, 3
τηλό-θι: far away, 2
τλάω: to bear, endure, suffer, undergo, 11
τοιοῦτος, -αύτη, -οῦτο: such, 1
φάσγανον, τό: sword, 4
φόνος, ὁ: murder, homicide, slaughter, 4

---

421 οἰκτροτάτην: superlative οἰκτρός
ἤκουσα: 1ˢᵗ sg. aor. ἀκούω
ὄπα: acc. sg. ὄψ

422 τήν: whom; antecedent is Cassandra
κτεῖνε: 3ʳᵈ sg. aor. κτείνω
ἀμφ᾽ ἐμοί: along side me

423 ποτὶ γαίῃ: on the ground; πρός

424 βάλλον...περί: I tried to put (my hands)
around; + dat.; 1ˢᵗ sg. conative impf.,
perhaps to pull the sword from his body
ἡ δὲ: but she; δὲ is adversative

425 ἔτλη: she ventured; aor. τλάω
ἰόντι περ: though going; pple ἔρχομαι

426 χερσί: with her hands; dat. pl means χείρ
κατ᾽ ἐλέειν: to cover over; tmesis, aor.
inf. αἱρέω, i.e. draw down his eyelids
σύν...ἐρεῖσαι: to close up; tmesis, aor.
inf. ἐρείδω

427 ὥς: in this way, thus
οὐκ...ἄλλο: no other thing (is)...
αἰνότερον καὶ κύντερον: comparatives
γυναικός: than a woman; gen. sg. of
comparison

428 βάληται: puts; aor. mid. subj. βάλλω in
a relative clause of characteristic

429 οἷον δή: just this sort of; modifies ἔργον
ἐμήσατο: aor. μήδομαι

430 τεύξασα: fem. nom. sg. aor. pple. τεύχω
πόσει: for her husband; dat. of interest
ἦ τοι ἔφην γε: truly I thought at any rate

431 ἀσπάσιος: welcome to + dat.; predicate

432 ἐλεύσεσθαι: fut. inf. ἔρχομαι
ἡ δὲ: but she; adversative
ἰδυῖα: fem. sg. pf. pple οἶδα + neuter acc.

433 οἱ: her; dat. with compound καταχέω
κατ᾽..ἔχευε: poured upon; tmesis, aor.
ἐσσοιμένῃσιν: going to be; fut. pple εἰμί
modifies 2ⁿᵈ dat. of interest γυναιξί

434 θηλυτέρῃσι: more womanly; comparative
ἡ δ᾽: and (upon her) who; missing
antecedent

434 ἔῃσιν: 3ʳᵈ sg. pres. subj. εἰμί, relative
clause of characteristic

437 διὰ βουλάς: through plans of a woman
ἀπωλόμεθ᾽: we many perished; aor. mid.

439 ἐόντι: being; dat. pple εἰμί with μοι

"τῷ νῦν μή ποτε καὶ σὺ γυναικί περ ἤπιος εἶναι·　　　441

μή οἱ μῦθον ἅπαντα πιφαυσκέμεν, ὅν κ' εὖ εἰδῇς,　　　442

ἀλλὰ τὸ μὲν φάσθαι, τὸ δὲ καὶ κεκρυμμένον εἶναι.　　　443

ἀλλ' οὐ σοί γ', Ὀδυσεῦ, φόνος ἔσσεται ἔκ γε γυναικός·　　　444

λίην γὰρ πινυτή τε καὶ εὖ φρεσὶ μήδεα οἶδε　　　445

κούρη Ἰκαρίοιο, περίφρων Πηνελόπεια.　　　446

ἦ μέν μιν νύμφην γε νέην κατελείπομεν ἡμεῖς　　　447

ἐρχόμενοι πόλεμόνδε· πάϊς δέ οἱ ἦν ἐπὶ μαζῷ　　　448

νήπιος, ὅς που νῦν γε μετ' ἀνδρῶν ἵζει ἀριθμῷ,　　　449

ὄλβιος· ἦ γὰρ τόν γε πατὴρ φίλος ὄψεται ἐλθών,　　　450

καὶ κεῖνος πατέρα προσπτύξεται, ἦ θέμις ἐστίν.　　　451

ἡ δ' ἐμὴ οὐδέ περ υἷος ἐνιπλησθῆναι ἄκοιτις　　　452

ὀφθαλμοῖσιν ἔασε· πάρος δέ με πέφνε καὶ αὐτόν.　　　453

ἄλλο δέ τοι ἐρέω, σὺ δ' ἐνὶ φρεσὶ βάλλεο σῇσιν·　　　454

κρύβδην, μηδ' ἀναφανδά, φίλην ἐς πατρίδα γαῖαν　　　455

νῆα κατισχέμεναι· ἐπεὶ οὐκέτι πιστὰ γυναιξίν.　　　456

ἀλλ' ἄγε μοι τόδε εἰπὲ καὶ ἀτρεκέως κατάλεξον,　　　457

εἴ που ἔτι ζώοντος ἀκούετε παιδὸς ἐμοῖο,　　　458

ἤ που ἐν Ὀρχομενῷ ἢ ἐν Πύλῳ ἠμαθόεντι,　　　459

ἤ που πὰρ Μενελάῳ ἐνὶ Σπάρτῃ εὐρείῃ·　　　460

νέος, -α, -ον: young; new, novel, strange

ἄκοιτις, ἡ: wife, spouse, 3
ἀνα-φανδά: openly, publicly, 1
ἅπας, ἅπασα, ἅπαν: every, quite all, 7
ἀριθμός, ὁ: number, 1
ἀ-τρεκής, -ές: exactly, true, real, 4
ἐμ-πίπλημι: to fill, to fill quite full (gen), 6
εὖ: well, 5
εὐρύς, -εῖα, -ύ: wide, broad, spacious, 11
ζάω: to live, 6
ἠμαθόεις, -εσσα, -εν: sandy, full of sand, 2
ἤπιος, -α, -ον: mild, gentle, 2
θέμις, θέμιστος, ἡ: right, custom, law, 5
θείνω: to strike, wound, kill, 6
ἵζω: to make sit, place; sit, 13
Ἰκάριος, ὁ: Icarius, 1
κατα-ίσχω: to occupy, keep, retain, 2
κατα-λέγω: to recount, relate, tell in order, 12
κατα-λείπω: to leave behind, abandon, 6
κούρη, ἡ: girl, maiden, 6
κρύβδην: secretly, 1
κρύπτω: to conceal, hide, cover, 2
λίην: exceedingly, very much, 4

μαζός, ὁ: breast, 1
Μενέλαος, ὁ: Menelaus, 1
μη-δέ: and not, but not, nor, 6
μῆδος, -εος, τό: plan, counsel; private parts, 4
νέος, -η, -ον: young; new, novel, strange, 1
νήπιος, -α, -ον: young; childish, foolish, 6
νύμφη, ἡ: young wife, bride, married woman 6
ὄλβιος, -η, -ον: happy, blest, fortunate, 2
Ὀρχομενός, ὁ: Orchomenus, 2
οὐκ-έτι: no more, no longer, no further, 9
πάρος: before, formerly, in former time, 6
περί-φρων, -οντος: very thoughtful, shrewd 2
Πηνελόπεια, ἡ: Penelope, 1
πινυτός, -ή, -όν:: prudent, discreet, 2
πιστός, -ή, -όν:: trustworthy; credible, 3
πιφαύσκω: to make known, show, 2
πόλεμόνδε: to the war, into battle, 1
προσπτύσσω: to enfold, embrace, 1
Πύλος, ὁ: Pylos, 7
Σπάρτη, ἡ: Sparta, 2
φόνος, ὁ: murder, homicide, slaughter, 4

---

441 τῷ: wherefore; "for which reason"
    καὶ σύ: you also
    μὴ...εἶναι: infinitive as imperative
442 μηδ'...πιφαυσκέμεν: inf. as imperative
    οἱ: to her; i.e. to Penelope
443 μῦθον ἅπαντα: all your purposes
    ὅν κ' εὖ εἰδῇς: which you know well; κε +
    aor. subj. οἶδα in a relative clause of
    characteristic; antecedent μῦθον
    τὸ μὲν...τὸ δέ: somethings...other things
443 φάσθαι: infinitive as imperative φημί
    κεκρυμμένον: concealed; pf. pass. pple
    κρύπτω
445 πινυτή: (she is) prudent; supply a verb to
    maintain parallelism with οἶδε
    εὖ: good; modifies μήδεα
    φρεσί: in her mind; dat. place where
    οἶδε: knows; 3rd sg. οἶδα
446 νέην: new; modifies νύμφην
447 οἱ ἦν: dat. possession and impf. εἰμί
448 ἐπὶ μαζῷ: at her breast
449 που: I suppose
    ἵζει: sits; pres. ἵζω, Telemachus is subj.
    ἀριθμῷ: group; object of μετά, "with"
450 τόν γε: that one; i.e. Telemachus
    ὄψεται: will see; fut. dep. ὁράω

ἐλθών: aor. pple ἔρχομαι
451 προσπτύξεται: fut. mid. προσπτύσσω
    ἥ θέμις ἐστίν: which is right
452 ἥ δ' ἐμή...ἄκοιτις: my wife; i.e.
    Clytemnestra
    ἐνιπλησθῆναι: to be filled full + gen.; aor.
    pass. ἐμπίπλημι
453 ἔασε: 3rd sg. aor. ἐάω
    πέφνε: 3rd sg. aor. θείνω
454 ἄλλο: another thing; acc. direct object
    σύ...βάλλε(σ)ο: you, put; mid. imperative
    σῇσι: your; modifies dat. pl. φρεσί, σός
455 φίλην: your; often used as a possessive
456 κατισχέμεναι: infinitive as imperative
    πιστά: (there is) trustworthiness; neuter
    pl. adj. used as an substantive; add verb
457 ἄγε: come one; imperative ἄγω
    εἰπέ, κατάλεξον: aor. imperatives
458 ζώοντος: gen. sg. pres. pple ζάω
    ἀκούετε: you all hear + gen; Odysseus
    and his companions are the subject
458 ζώοντος: gen. sg. pres. pple ζάω
459 ἤ...ἤ...ἤ: either...or...or
460 πάρ: (is) beside; supply verb

οὐ γάρ πω τέθνηκεν ἐπὶ χθονὶ δῖος Ὀρέστης."   461

ὣς ἔφατ᾽, αὐτὰρ ἐγώ μιν ἀμειβόμενος προσέειπον·   462

" Ἀτρεΐδη, τί με ταῦτα διείρεαι; οὐδέ τι οἶδα,   463

ζώει ὅ γ᾽ ἦ τέθνηκε· κακὸν δ᾽ ἀνεμώλια βάζειν."   464

νῶϊ μὲν ὣς ἐπέεσσιν ἀμειβομένω στυγεροῖσιν   465

ἕσταμεν ἀχνύμενοι, θαλερὸν κατὰ δάκρυ χέοντες·   466

ἦλθε δ᾽ ἐπὶ ψυχὴ Πηληϊάδεω Ἀχιλῆος   467

καὶ Πατροκλῆος καὶ ἀμύμονος Ἀντιλόχοιο   468

Αἴαντός θ᾽, ὃς ἄριστος ἔην εἶδός τε δέμας τε   469

τῶν ἄλλων Δαναῶν μετ᾽ ἀμύμονα Πηλεΐωνα.   470

ἔγνω δὲ ψυχή με ποδώκεος Αἰακίδαο   471

καί ῥ᾽ ὀλοφυρομένη ἔπεα πτερόεντα προσηύδα·   472

"διογενὲς Λαερτιάδη, πολυμήχαν᾽ Ὀδυσσεῦ,   473

σχέτλιε, τίπτ᾽ ἔτι μεῖζον ἐνὶ φρεσὶ μήσεαι ἔργον;   474

πῶς ἔτλης Ἄϊδόσδε κατελθέμεν, ἔνθα τε νεκροὶ   475

ἀφραδέες ναίουσι, βροτῶν εἴδωλα καμόντων; "   476

ὣς ἔφατ᾽, αὐτὰρ ἐγώ μιν ἀμειβόμενος προσέειπον·   477

"ὦ Ἀχιλεῦ Πηλῆος υἱέ, μέγα φέρτατ᾽ Ἀχαιῶν,   478

ἦλθον Τειρεσίαο κατὰ χρέος, εἴ τινα βουλὴν   479

εἴποι, ὅπως Ἰθάκην ἐς παιπαλόεσσαν ἱκοίμην·   480

Αἰακίδης, ὁ: descendant of Aeacus, Achilles 2
Αἴας, -αντος, ὁ: Ajax, 5
ἀνεμώλιος, -ον: like the wind, windy, 1
Ἀντίλοχος, ὁ: Antilochus, a charioteer, 1
Ἀτρείδης, ὁ: son of Atreus, Atrides, 4
ἀ-φραδής, -ές: foolish, senseless, 1
Ἀχαιός, -α, -ον: Achaian, (Greek), 12
Ἀχιλλεύς, ὁ: Achilles, 6
βάζω: to talk, speak, 2
βουλή, ἡ: council, counsel, plan, resolve, 14
βροτός, ὁ, ἡ: a mortal, human, 10
γιγνώσκω: to learn, note, realize, to know, 7
δάκρυον, τό: tear, 12
Δαναοί, οἱ: Danaans (Greeks), 12
δέμας, τό: bodily frame, build, 2
δι-είρομαι: to ask, inquire about, question, 1
διο-γενής, -ές born: from Zeus, 9
εἶδος, -εος, τό: appearance, form, beauty, 3
εἴδωλον, τό: an image, likeness, phantom, 4
ζάω: to live, 6
θαλερός, -ή, -όν: blooming, in their prime, 8
θνῄσκω: to die, be dying, perish, 14
Ἰθάκη, ἡ: Ithaka, 13
κάμνω: to be tired, be ill, be grieved, 7

κατ-έρχομαι: to go down, come down, 9
Λαέρτιάδης, ὁ: son of Laertes, 10
μείζων, -ονος: better, stronger, 1
μήδομαι: to devise, plan, contrive, 5
νεκρός, ὁ: corpse, the dead, 12
ὅπως: as, in such a manner as, 4
Ὀρέστης, ὁ: Orestes, 2
παιπαλόεις, -εσσα, -εν, τό: rugged, rocky, 4
Πατροκλῆς, ὁ: Patroclus, 1
Πηλείων, -ωνος, ὁ: son of Peleus, Achilles, 4
Πηλεύς, ὁ: Peleus, 7
Πηληϊάδης, ὁ: son of Peleus, 2
ποδώκης, -ες: swift-footed, swift of foot, 2
πολυ-μήχανος, -όν: much-contriving, resourceful, 8
πτερόεις, -εντος: feathered, winged, 14
στυγερός, -ή, -όν: hateful, hated, lamented, 6
σχέτλιος, -η, -ον: hard-hearted, cruel, 9
Τειρεσίης, ὁ: Tiresias, 14
τίπτε: why in the world? What? (τί ποτε), 5
τλάω: to bear, endure, suffer, undergo, 11
φέρτατος -η, -ον: strongest, bravest, best, 2
χθών, -ονός, ἡ: the earth, ground, 7
χρέος, τό: want, need, 1

461 τέθνηκεν: is dead; 3ʳᵈ sg. pf. θνῄσκω
    Ἀτρείδη: son of Atreus; vocative
463 τί: why?
    διείρε(σ)αι: 2ⁿᵈ sg. pres. δι-είρομαι with
    a double accusative object
464 ὅ γε: (whether) he…or; i.e. Orestes
    τέθνηκε: see 461
    κακὸν: (it is) dishonorable; supply ἐστίν
    ἀνεμώλια: (words empty) as the winds;
    "windlike things," neuter pl. acc.
465 Νῶϊ: we two; dual nom.
    ἀμειβόμενω: conversing; dual. nom.
466 ἕσταμεν: we stood; 1ˢᵗ pl aor. ἵστημι
    ἀχνύμενοι: being grieved; pres. pass. pple
    ἀχεύω
    κατὰ χέοντες: pouring down; tmesis
467 ἦλθε..ἐπὶ: approached; tmesis, "came
    to,"aor. ἔρχομαι
    Πηληϊάδεω Ἀχιλῆος: of Achilles, son of
    Peleus; gen. sg.
468 Πατροκλῆος…Αἴαντος: and (the soul)
    of Patroclus and (the soul) of…; apply

    the word ψυχὴ to all of these genitives
469 ἔην: 3ʳᵈ sg. impf. εἰμί
    εἶδος, δέμας: in…and in…; acc. respect
470 τῶν..Δαναῶν: among…; partitive gen.
    μετὰ: after…; i.e. second to Achilles
471 ἔγνω: recognized; 3ʳᵈ sg. aor. γιγνώσκω
472 ἔπεα: words; acc. pl. ἔπος
473 Διογενὲς…σχέτλιε: vocative
474 μήσε(σ)αι: will you devise; fut. μήδομαι
475 ἔτλης: 2ⁿᵈ sg. aor. act. τλάω
    κατελθέμεν: aor. inf. κατ-έρχομαι
476 καμόντων: aor. pple κάμνω
477 υἱέ: son; vocative, direct address υἱός
    μέγα: by far; acc. of extent
478 ἦλθον: aor. ἔρχομαι
    Τειρεσίαο κατὰ χρέος: in need of
    Tiresias; i.e. on business with Tiresias
479 εἴ…εἴποι: in the hope that he might tell;
    aor. opt. of wish εἶπον
480 ὅπως…ἱκοίμην: that I might reach

οὐ γάρ πω σχεδὸν ἦλθον Ἀχαιΐδος, οὐδέ πω ἁμῆς   481

γῆς ἐπέβην, ἀλλ᾽ αἰὲν ἔχω κακά. σεῖο δ᾽, Ἀχιλλεῦ,   482

οὔ τις ἀνὴρ προπάροιθε μακάρτατος οὔτ᾽ ἄρ᾽ ὀπίσσω.   483

πρὶν μὲν γάρ σε ζωὸν ἐτίομεν ἶσα θεοῖσιν   484

Ἀργεῖοι, νῦν αὖτε μέγα κρατέεις νεκύεσσιν   485

ἐνθάδ᾽ ἐών· τῷ μή τι θανὼν ἀκαχίζευ, Ἀχιλλεῦ.”   486

ὣς ἐφάμην, ὁ δέ μ᾽ αὐτίκ᾽ ἀμειβόμενος προσέειπε·   487

“μὴ δή μοι θάνατόν γε παραύδα, φαίδιμ᾽ Ὀδυσσεῦ.   488

βουλοίμην κ᾽ ἐπάρουρος ἐὼν θητευέμεν ἄλλῳ,   489

ἀνδρὶ παρ᾽ ἀκλήρῳ, ᾧ μὴ βίοτος πολὺς εἴη,   490

ἢ πᾶσιν νεκύεσσι καταφθιμένοισιν ἀνάσσειν.   491

ἀλλ᾽ ἄγε μοι τοῦ παιδὸς ἀγαυοῦ μῦθον ἐνίσπες,   492

ἢ ἕπετ᾽ ἐς πόλεμον πρόμος ἔμμεναι, ἦε καὶ οὐκί.   493

εἰπὲ δέ μοι Πηλῆος ἀμύμονος, εἴ τι πέπυσσαι,   494

ἢ ἔτ᾽ ἔχει τιμὴν πολέσιν μετὰ Μυρμιδόνεσσιν,   495

ἦ μιν ἀτιμάζουσιν ἀν᾽ Ἑλλάδα τε Φθίην τε,   496

οὕνεκά μιν κατὰ γῆρας ἔχει χεῖράς τε πόδας τε.   497

οὐ γὰρ ἐγὼν ἐπαρωγὸς ὑπ᾽ αὐγὰς ἠελίοιο,   498

τοῖος ἐών, οἷός ποτ᾽ ἐνὶ Τροίῃ εὐρείῃ   499

πέφνον λαὸν ἄριστον, ἀμύνων Ἀργείοισιν·   500

ἀγαυός, -ή, -όν: illustrious, noble, 4
ἀκαχίζω: to distress, grieve, 2
ἄ-κληρος, -ον: portionless, landless, 1
ἁμός, -ά, -όν: our, ours, 11
ἀμύνω: to keep off, ward off, defend (dat), 2
ἀνάσσω: to be lord, master; to rule, 6
Ἀργεῖος, -α, -ον: Argive, (Greek), 8
ἀ-τιμάζω: to dishonor, insult, slight, 1
αὐγή, ἡ: sunlight, sun rays, glare, 3
Ἀχαιΐς, -ιδος, ἡ: Achaia (Greece), 2
Ἀχιλλεύς, ὁ: Achilles, 6
βίοτος, ὁ: life, livelihood, goods, 3
βούλομαι: to wish, want, prefer, 4
γῆ, ἡ: earth, 4
γῆρας, τό: old age, 3
Ἑλλάς, -άδος ἡ: Hellas, Greece, 2
ἐν-έπω: to relate, 5
ἐνθάδε: here, hither, there, thither, 6
ἐπ-άρουρος, -ον: attached to the soil; a serf, 1
ἐπ-αρωγός, ὁ: helper, aider, 1
εὑρίσκω: to find, discover, devise, invent, 10
ζωός, ή, όν: alive, living, 9
θείνω: to strike, wound, 6
θητεύω: be a day laborer, work for hire, 1

θνήσκω: to die, be dying, perish, 14
κατα-φθίω to destroy; mid. perish, die, 1
κρατέω: to be superior, rule, surpass, (gen), 1
λαός, ὁ: the people, 9
μάκαρ, -αρος: blessed, happy, 11
Μυρμιδόνες, οἱ: Myrmidons, 1
οἷος, -α, -ον: of what sort, such, as, 13
ὀπίσω: backwards; in the future, later, 13
οὕνεκα: since, because, seeing that, in that, 2
παρ-αυδάω: try to win over, persuade, urge, 1
Πηλεύς, ὁ: Peleus, 7
πόλεμος, ὁ: battle, fight, war, 4
πρίν: until, before, 14
πρόμος, ὁ: foremost man, chief, 1
προ-πάροιθε: before, in front, of, 4
πυνθάνομαι: to learn by inquiry, 12
σχεδόν: near, nearly, almost, just about (gen) 9
τιμή, ἡ: honor; value, price, 7
τίνω, τίω: value, pay honor; pay a price, 11
τοῖος, -α, -ον: of such kind, such sort, such, 4
Τροίη, ἡ: Troy, 8
φαίδιμος, -η, -ον: glistening, shining, bright, 6
Φθίη, ἡ: Phthia, 1

481 Ἀχαιΐδος: gen. obj. of σχεδόν
482 ἦλθον: aor. ἔρχομαι
ἐπέβην: 1st sg. aor. ἐπιβαίνω
κακά: troubles; neut. pl. acc. substantive
σεῖο: than you; gen. of comparison
483 προπάροιθε...ὀπίσσω: in time past...and in the future
μακάρτατος: (is) most blessed;. add ἐστί
484 ἐτίομεν ἶσα: we paid honors equal to; + dat., neuter pl. acc.
485 μέγα: greatly; adverbial acc.
νεκύεσσιν: among the dead; dat. place where; κρατέω does not govern a dative
486 ἐνθάδε ἐών: being here; pple εἰμί
τῷ: therefore; "for this (reason)"
θανών: nom. sg. aor. pple θνήσκω
487 μή..παραύδα: παραύδαε, imperative, perhaps with the sense "make light of"
488 βουλοίμην κ': I would wish; potential optative, pres. βούλομαι
ἐών: nom. sg. pple εἰμί
θητευέμεν: inf. θητεύω
ἄλλῳ: for (someone) else; dat. of interest
489 ἀνδρὶ παρ' ἀκλήρῳ: at a landless man's; παρά + dat. is "at the house or place of"
490 ᾧ...εἴη: to whom there is; "who has," dat.

of possession and pres. opt. εἰμί in a relative clause of characteristc
491 ἤ: (rather) than
καταφθιμένοισιν: having died; aor. pple.
492 ἄγε: come now; preceding an imperative
ἐνίσπες: tell!; imperative. ἐνέπω
493 ἤ..ᾖε: either...or
ἔπεται: pres. ἕπομαι, note aspiration
οὐκί: not
494 Πηλῆος ἀμύνονος: about blameless Peleus; partitive gen.: "(something) of...Peleus," Achilles' father is alive
πέπυσ(ε)σαι: 2nd sg. pf. mid.
πυνθάνομαι
495 ἤ...ἤ: either...or
πολέσιν: many; dat. pl. πολύς
496 ἀνά: throughout
497 κατα...ἔχει: binds; tmesis, "possesses,"
πόδας: feet; acc. pl. πούς
498 ἐγὼν: I (am); supply εἰμί
ὑπο αὐγὰς: under the rays of the sun
499 τοῖος ἐὼν οἷος: being the sort (I was) as I...; "being the sort such as" correlatives
500 πέφνον: I killed; 1st sg aor. θείνω
ἀμύνων: defending; nom. pple ἀμύνω

εἰ τοιόσδ᾽ ἔλθοιμι μίνυνθά περ ἐς πατέρος δῶ· 501

τῷ κέ τεῳ στύξαιμι μένος καὶ χεῖρας ἀάπτους, 502

οἳ κεῖνον βιόωνται ἐέργουσίν τ᾽ ἀπὸ τιμῆς." 503

ὣς ἔφατ᾽, αὐτὰρ ἐγώ μιν ἀμειβόμενος προσέειπον· 504

"ἦ τοι μὲν Πηλῆος ἀμύμονος οὔ τι πέπυσμαι, 505

αὐτάρ τοι παιδός γε Νεοπτολέμοιο φίλοιο 506

πᾶσαν ἀληθείην μυθήσομαι, ὥς με κελεύεις· 507

αὐτὸς γάρ μιν ἐγὼ κοίλης ἐπὶ νηὸς ἐΐσης 508

ἤγαγον ἐκ Σκύρου μετ᾽ ἐϋκνήμιδας Ἀχαιούς. 509

ἦ τοι ὅτ᾽ ἀμφὶ πόλιν Τροίην φραζοίμεθα βουλάς, 510

αἰεὶ πρῶτος ἔβαζε καὶ οὐχ ἡμάρτανε μύθων· 511

Νέστωρ ἀντίθεος καὶ ἐγὼ νικάσκομεν οἴω. 512

αὐτὰρ ὅτ᾽ ἐν πεδίῳ Τρώων μαρναίμεθ᾽ Ἀχαιοί, 513

οὔ ποτ᾽ ἐνὶ πληθυῖ μένεν ἀνδρῶν οὐδ᾽ ἐν ὁμίλῳ, 514

ἀλλὰ πολὺ προθέεσκε, τὸ ὃν μένος οὐδενὶ εἴκων, 515

πολλοὺς δ᾽ ἄνδρας ἔπεφνεν ἐν αἰνῇ δηϊοτῆτι. 516

πάντας δ᾽ οὐκ ἂν ἐγὼ μυθήσομαι οὐδ᾽ ὀνομήνω, 517

ὅσσον λαὸν ἔπεφνεν ἀμύνων Ἀργείοισιν, 518

ἀλλ᾽ οἷον τὸν Τηλεφίδην κατενήρατο χαλκῷ, 519

ἥρω᾽ Εὐρύπυλον, πολλοὶ δ᾽ ἀμφ᾽ αὐτὸν ἑταῖροι 520

ἄ-απτος, -ον untouchable, invincible, 1
αἰνός, -ή, -όν: terrible, dire, dread, grim, 9
ἀληθεία, ἡ: truth, 2
ἁμαρτάνω: to miss (the mark), fail (gen.) 4
ἀμύνω: to keep off, ward off, defend (dat), 2
ἀντι-θεος, -η, -ον: godlike, equal to the gods 7
Ἀργεῖος, -α, -ον: Argive, (Greek), 8
Ἀχαιός, -α, -ον: Achaian, (Greek), 12
βάζω: to talk, speak, 2
βιάω: to do violence to, force, overcome, 13
βουλή, ἡ: council, counsel, plan, resolve, 14
δηιοτής, -ῆτος, ἡ:, 1, battle, strife, warfare, 2
εἴκω: to be like, seem like, 1
ἔισος, -η, -ον: equal, like; balanced, 6
ἔργω: to shut up, shut in; shut out, bar, 7
ἐυ-κνήμις, -ῖδος: well-greaved, 4
Εὐρύπυλος, ὁ: Eurypylos, 11
ἥρως, ὁ: hero, warrior, 5
θείνω: to strike, wound, kill, 6
κατ-εναίρομαι to kill, slay, murder, 1
κοῖλος, -η, -ον: hollow, hollowed, 7
λαός, ὁ: the people, 9
μάρναμαι: to fight, contend, 2
μένος, τό: might, force, prowess, 12
μίνυνθα: for a short time, for a little while, 1

μυθέομαι: to say, speak of, mention, declare, 9
Νεοπτόλεμος, ὁ: Neoptolemus, son of Ach., 1
Νέστωρ, ὁ: Nestor, 2
νικάω: to defeat, beat, conquer, prevail, 7
οἴομαι: to suppose, think, imagine, 9
οἷος, -α, -ον: of what sort, such, as, 13
ὅμιλος, ὁ: crowd, 1
ὀνομαίνω: to call by name, mention, 3
οὐδ-είς, οὐδε-μία, οὐδ-έν: no one, nothing, 4
πεδίον, τό: a plain, 4
Πηλεύς, ὁ: Peleus, 7
πληθύς, -ύος, ἡ: mass, crowd, throng, 1
πόλις, ἡ: a city, 11
προ-θέω: to run ahead, run before, 1
πυνθάνομαι: to learn by inquiry, 12
Σκῦρος, ὁ: Scyros, 3
στυγέω: to hate, loathe, 2
τεός, -ή, -όν: your, 4
Τηλεφίδης, ὁ: son of Telephus, 1
τιμή, ἡ: honor; value, price, 7
τοιόσδε, -άδε, -όνδε: such, 3
Τροίη, ἡ: Troy, 8
Τρῶες, Τρώων οἱ: Trojans, 6
φράζω: to show, indicate, tell, think, 7

---

501 εἰ...ἔλθοιμι, στύξαιμι: *If I could…
I would…*; future less vivid condition,
aor. opt. ἔρχομα, στυγέω

502 μίνυνθα περ *though for a short time*;
περ is concessive in force
δῶ: *house*; δῶμα, acc. sg.
τῷ κέ τεῳ στύξαιμι: *I would make
anyone hate…*; τεῳ = τινός
μένος...ἀάπτους: *my…*; add possessive

503 οἵ: *who…* ; antecedent is sg. τῷ τεῳ
(ἐ)κεῖνον: *that one*;. i.e. Peleus
ἐέργουσίν: *bars (Peleus)*; i.e. dishonors
him

505 Πηλῆος ἀμύνονος: *about blameless
Peleus*; partitive gen.: "(something)
of…Peleus," Achilles' father is alive
πέπυσμαι: 1ˢᵗ sg. pf. mid. πυνθάνομαι

507 πᾶσαν: *entire*
μυθήσομαι: fut. μυθέομαι
ὥς: *as*

508 μιν: *him*; i.e. Neoptolemus

509 ἤγαγον: 1ˢᵗ sg. aor ἄγω

510 ὅτε...φραζοίμεθα: *whenever we talked*;
opt., general temporal in secondary seq.

511 μύθων: *the (right) words*; gen. pl. obj. of
impf. ἁμαρτάνω

512 νικάσκομεν: *used to surpass (him)*; 1ˢᵗ pl.
impf., -σκ suggests customary action
οἴω: *alone*; dual nom. οἴω

513 ὅτε...μαρναίμεθα: *whenever we fought*;
aor. opt., general temporal secondary seq.
general temporal clause, secondary seq.

515 προθέεσκε: *used to run ahead*; impf., -σκ
again suggests customary action
ὅν: *his own*;. possessive adjective ἑός
εἴκων: *making* (acc) *like* (dat)

516 ἔπεφνεν: aor θείνω

517 ἄν...μυθήσομαι...ὀνομήνω: *I will not
retell nor even name all*; ἄν + aor.
subj. here has the sense of the future ind.

518 ὅσσον λαόν: *which people…*;. "as many
people," relative adjective
ἀμύνων: *defending*; nom. pple ἀμύνω

519 οἷον...ἥρωα Εὐρύπυλον: *how capable a
warrior Eurypulos…*; "what sort…"
χαλκῷ: dat. of means

520 ἀμφ' αὐτὸν: *about him*

Κήτειοι κτείνοντο γυναίων εἵνεκα δώρων. 521

κεῖνον δὴ κάλλιστον ἴδον μετὰ Μέμνονα δῖον. 522

αὐτὰρ ὅτ' εἰς ἵππον κατεβαίνομεν, ὃν κάμ' Ἐπειός, 523

Ἀργείων οἱ ἄριστοι, ἐμοὶ δ' ἐπὶ πάντ' ἐτέταλτο, 524

ἠμὲν ἀνακλῖναι πυκινὸν λόχον ἠδ' ἐπιθεῖναι, 525

ἔνθ' ἄλλοι Δαναῶν ἡγήτορες ἠδὲ μέδοντες 526

δάκρυά τ' ὠμόργνυντο τρέμον θ' ὑπὸ γυῖα ἑκάστου· 527

κεῖνον δ' οὔ ποτε πάμπαν ἐγὼν ἴδον ὀφθαλμοῖσιν 528

οὔτ' ὠχρήσαντα χρόα κάλλιμον οὔτε παρειῶν 529

δάκρυ ὀμορξάμενον· ὁ δέ γε μάλα πόλλ' ἱκέτευεν 530

ἱππόθεν ἐξέμεναι, ξίφεος δ' ἐπεμαίετο κώπην 531

καὶ δόρυ χαλκοβαρές, κακὰ δὲ Τρώεσσι μενοίνα. 532

ἀλλ' ὅτε δὴ Πριάμοιο πόλιν διεπέρσαμεν αἰπήν, 533

μοῖραν καὶ γέρας ἐσθλὸν ἔχων ἐπὶ νηὸς ἔβαινεν 534

ἀσκηθής, οὔτ' ἄρ βεβλημένος ὀξέι χαλκῷ 535

οὔτ' αὐτοσχεδίην οὐτασμένος, οἷά τε πολλὰ 536

γίγνεται ἐν πολέμῳ· ἐπιμὶξ δέ τε μαίνεται Ἄρης." 537

ὣς ἐφάμην, ψυχὴ δὲ ποδώκεος Αἰακίδαο 538

φοίτα μακρὰ βιβᾶσα κατ' ἀσφοδελὸν λειμῶνα, 539

γηθοσύνη ὅ οἱ υἱὸν ἔφην ἀριδείκετον εἶναι. 540

Αἰακίδης, ὁ: descendant of Aeacus, 2

αἰπός, -ή, -όν: high, lofty, sheer, 1

ἀνα-κλίνω: to push back; recline, lie back, 2

Ἀργεῖος, -α, -ον: Argive, (Greek), 8

Ἄρης, ὁ: Ares, 1

ἀρι-δείκετος, -ον: renowned, much shown, 4

ἀ-σκηθής, -ές: unscathed, 2

ἀσφόδελος, ὁ: asphodel, 2

αὐτο-σχέδιος, -η, -ον: hand to hand (combat)1

βίβημι: to stride, 3

γέρας, τό: a gift of honor, prize, 3

γηθοσύνη, ἡ: joy, gladness, 2

γύναιος, -η, -ον: man for a woman, 1

γυῖα τά: limbs, joints, 5

δάκρυον, τό: tear, 12

Δαναοί, οἱ: Danaans, (Greeks), 12

δια-πέρθω: to sack, lay waste, destroy, 2

δόρυ, δουρός, τό: spear, three, stem, 8

δῶρον, τό: gift, present; reward, 5

ἕνεκα: for the sake of, because of, 5

ἐξ-ίημι: to send out, let out, 2

Ἐπειός, ὁ: Epeius, 1

ἐπι-μαίομαι: to handle, touch, feel; aim at, 5

ἐπι-μίξ: indiscriminately, 1

ἐπι-τίθημι: to put on, place upon, lay, 8

ἐσθλός, -ή, -όν: good, well-born, noble, 10

ἡγήτωρ, -ορος, ὁ: leader, chief, 1

ἠμέν: both, as well, as also, 3

ἱκετεύω: to beseech, beg, request, 1

ἱππό-θεν: from a horse, 1

ἵππος, ὁ: horse, 2

κάλλιμος, -η, -ον: beautiful, 3

κάμνω: to be tired, be ill, be grieved, 7

κατα-βαίνω: to go or come down, descend, 8

Κήτειοι, οἱ: Ceteians, 2

κώπη, ἡ: handle (of a oar or sword), 4

λειμών, -ῶνος, ὁ: meadow, lowland, 5

λόχος, ὁ: an ambush, 1

μαίνομαι: to mad, rage, be furious, 6

μέδων, -οντος, ὁ: ruler, lord , commander, 2

Μέμνων, ὁ: Memnon, 1

μενοινάω: to desire eagerly, have in mind, 1

μοῖρα, ἡ: due measure, portion, one's lot, 10

ξίφος, τό: a sword, 8

ὀμόργνυμι: to wipe, wipe away, 2

οἷος, -α, -ον: of what sort, such, as, 13

οὐτάω: to wound, stab, thrust, 4

πάμπαν: quite, wholly, altogether, 1`

παρειά, ἡ: cheek, 3

ποδ-ώκης, -ες: swift of foot, 2

πόλεμος, ὁ: battle, fight, war, 4

πόλις, ἡ: a city, 11

Πρίαμος, ὁ: Priam (king of Troy), 2

πυκινός, -ή, -όν: well fitted, close fitted, 8

τέλλω: to complete, accomplish, give rise, 1

τρέμω: to tremble, 1

Τρῶες, Τρώων οἱ: Trojans, 6

φοιτάω: to go to and fro, visit, 7

χαλκοβαρής, -ές: heavy with bronze, 1

χρώς, -ωτός, ὁ: skin, body (χροΐ: dat. sg.) 3

ὠχράω: to turn pale, 1

---

521 κτείνοντο: *were being killed*; impf. pass.

　　γυναίων...δώρων: *for the sake of a woman's gift*; Priam sent Eurypulus' mother a gift to persuade her to send her son and comrades to fight at Troy

522 (ἐ)κεῖνον: *that one*

　　κάλλιστον: superlative καλός

　　ἴδον: 1ˢᵗ sg. aor. ὁράω

　　μετά: *after...*; i.e. second to Memnon

523 εἰς ἵππον: *into the (wooden) horse*

　　κάμ᾽: *worked on*; κάμε, aor. κάμνω, which elsewhere means "to be wearied"

524 ἐπί...ἐτέταλτο: *had been assigned to* (dat); tmesis, plpf. pass. ἐπι-τέλλω

525 ἠμὲν...ἠδὲ: *both...and*

　　ἀνακλῖναι: *to open*; "push back," aor. inf.

　　ἐπιθεῖναι: *to shut*; "put to" aor. inf. ἐπι-τίθημι

526 ἔνθ᾽: *then*; i.e. while sitting in the horse waiting to exit with the ambush

ἠδὲ: *and*

527 ὠμόργνυντο: *were wiped*; impf. pass.

　　ὑπὸ ἑκάστου: *beneath each man*

528 ἴδον 1ˢᵗ sg. aor. ὁράω

　　ὀφθαλμοῖσιν: dat. pl. means, a pleonasm

529 ὠχρήσαντα: acc. sg. aor. pple ὠχράω

　　παρειῶν: *from cheeks*; gen. of separation

530 ὀμορξάμενον: *wiping*; aor. mid. pple

　　ὁ δὲ: *but he*; i.e. Neoptolemus

　　μάλα πόλλα: *very many times*; adv. acc.

531 ἐξέμεναι: *(me) to send out*; aor. in. ἐξ-ίημι

532 Τρώεσσι: *for the Trojans*; dat. interest

533 διεπέρσαμεν: 1ˢᵗ pl. saor. διαπέρθω

535 βεβλημένος: *struck*; pf. pass. pf. pple

539 φοίτα: *went*; ἐφοίτα; 3ʳᵈ sg. impf.

　　βιβάσα: *making long strides*; inner acc.

540 γηθοσύνῃ ὅ: *there is joy because I said*

αἱ δ᾽ ἄλλαι ψυχαὶ νεκύων κατατεθνηώτων 541

ἕστασαν ἀχνύμεναι, εἴροντο δὲ κήδε᾽ ἑκάστη. 542

οἴη δ᾽ Αἴαντος ψυχὴ Τελαμωνιάδαο 543

νόσφιν ἀφεστήκει, κεχολωμένη εἵνεκα νίκης, 544

τήν μιν ἐγὼ νίκησα δικαζόμενος παρὰ νηυσὶ 545

τεύχεσιν ἀμφ᾽ Ἀχιλῆος· ἔθηκε δὲ πότνια μήτηρ. 546

παῖδες δὲ Τρώων δίκασαν καὶ Παλλὰς Ἀθήνη. 547

ὡς δὴ μὴ ὄφελον νικᾶν τοιῷδ᾽ ἐπ᾽ ἀέθλῳ· 548

τοίην γὰρ κεφαλὴν ἕνεκ᾽ αὐτῶν γαῖα κατέσχεν, 549

Αἴανθ᾽, ὃς πέρι μὲν εἶδος, πέρι δ᾽ ἔργα τέτυκτο 550

τῶν ἄλλων Δαναῶν μετ᾽ ἀμύμονα Πηλεΐωνα. 551

τὸν μὲν ἐγὼν ἐπέεσσι προσηύδων μειλιχίοισιν· 552

" Αἶαν, παῖ Τελαμῶνος ἀμύμονος, οὐκ ἄρ᾽ ἔμελλες 553

οὐδὲ θανὼν λήσεσθαι ἐμοὶ χόλου εἵνεκα τευχέων 554

οὐλομένων; τὰ δὲ πῆμα θεοὶ θέσαν Ἀργείοισι, 555

τοῖος γάρ σφιν πύργος ἀπώλεο· σεῖο δ᾽ Ἀχαιοὶ 556

ἶσον Ἀχιλλῆος κεφαλῇ Πηληϊάδαο 557

ἀχνύμεθα φθιμένοιο διαμπερές· οὐδέ τις ἄλλος 558

αἴτιος, ἀλλὰ Ζεὺς Δαναῶν στρατὸν αἰχμητάων 559

ἐκπάγλως ἤχθηρε, τεῖν δ᾽ ἐπὶ μοῖραν ἔθηκεν. 560

ἄεθλος, ὁ: contest, competition, 5
Ἀθήνη, ἡ: Athena, 8
Αἴας, -αντος, ὁ: Ajax, 5
αἴτιος, -α, -ον: responsible, blameworthy, 1
αἰχμητής, ὁ: warrior, spearman, 1
ἀπ-όλλυμι: to destroy, kill, slay, 8
Ἀργεῖος, -α, -ον: Argive, (Greek), 8
Ἀχαιός, -α, -ον: Achaian, (Greek), 12
Ἀχιλλεύς, ὁ: Achilles, 6
ἀφ-ίστημι: to stand away, stand apart, 1
Δαναοί, οἱ: Danaans, (Greeks), 12
δια-μπερές: right through, continuously, 4
δικάζω: give judgment, pass judgment, 3
εἶδος, -εος, τό: appearance, form, beauty, 3
ἔκ-παγλος, -ον: violent, vehement, terrible, 3
ἕνεκα: for the sake of, because of, 5
ἐχθαίρω: to hate, 2
θνήσκω: to die, be dying, perish, 14
κατα-θνήσκω: to die, 9
κατ-έχω: to hold down; cover, shroud, 4
κεφαλή, ἡ: the head, 12
λανθάνω: escape notice, to be unnoticed, 13
μειλίχιος, -η, -ον: winning, soothing, mild, 7
μέλλω: to be going to, to intend to (fut. inf.) 8

μοῖρα, ἡ: due measure, portion, one's lot, 10
νικάω: to defeat, beat, conquer, prevail, 7
νίκη, ἡ: to go, go away, 1
νόσφιν: aloof, apart, afar, away, 2
οὐλόμενος, -η, -ον: accursed, cursed, 5
ὀφείλω: to owe, ought (+ inf.), 1
Παλλάς, ἡ: Pallas Athena, 1
Πηλείων, -ωνος, ὁ: son of Peleus, Achilles, 4
Πηλήϊαδης, ὁ: son of Peleus, 2
πῆμα, -ατος, τό: suffering, misery, woe, 8
πότνια, ἡ: mistress, queen, 7
πύργος, ὁ: wall, rampart, tower, 1
στρατός, ὁ: army, 1
Τελαμών, -ωνος, ὁ: Telemon, 2
Τελαμωνιάδης, ὁ: son of Telamon, 1
τεός, -ή, -όν: your, 4
τεῦχος, -εος, τό: tool; armor, arms, 7
τοῖος, -α, -ον: of such kind, such sort, such, 4
τοιόσδε, -άδε, -όνδε: such, 3
Τρῶες, Τρώων οἱ: Trojans, 6
φθίω: to decay, waste away, dwindle, 8
χόλος, ὁ: anger, wrath, 2
χολόω: to make angry; mid. to be angry, 6

541 κατατεθνηώτων: dead; gen. pl. pf. pple
    κατα-θνήσκω, pleonasm
542 ἔστασαν: 3ʳᵈ pl. aor. ἵστημι
    ἀχνύμενοι: being grieved; pres. pass. pple
    ἀχεύω
    εἴροντο: asked (about); impf. ἔρομαι
    κήδεα: concerns; neuter acc. pl. κῆδος
543 οἴη: alone
544 ἀφεστήκει: stood apart; pf. ἀφ-ίστημι
    κεχολωμένη: pf. mid. pple χολόω
    εἴνεκα νίκης: because of the victory...;
    Odyssey beat Ajax in a contest 545
    τήν: which
    δικαζόμενος: judged; pres. pass. pple
    πατὰ νηυσὶ: beside the ships; Greeks
    camped near their ships beached on shore
546 τεύχεσιν: for the armor; dat. of purpose
    ἔθηκε: set it up (as a prize); i.e. the armor,
    aor. τίθημι
    μήτηρ: i.e. Achilles' mother, Thetis, who
    gave divine armor to Achilles in Iliad 18
548 ὡς...νικᾶν: how I ought not to have won;
    an exclamation; impf. ὀφείλω expressed
    in the translation of the pres. inf. νικάω
    τοιῷδ᾽ ἐπ᾽ ἀέθλῳ: for such a prize; dat.
    of purpose

549 κεφαλὴν: life; "head"
    αὐτῶν: them; i.e. the armor, τεύσεσιν
    κατέσχεν: covered; aor. κατ-έχω
550 Αἴαντα: acc. apposition to κεφαλὴν
    περὶ: superior to (gen); "beyond"
    εἶδος, ἔργα: in....; both acc. of respect
    τέτυκτο: was; "had been made," plpf.
    pass. τεύχω
551 μετὰ: after...; i.e. second to Achilles
552 τὸν μὲν: him, that one; i.e. Ajax
    ἐπέεσσι μειλιχίοισιν: with winning words
553 Αἴαν, παῖ: vocative, direct address
554 οὐδὲ θανὼν: not even dying; aor. pple
    θνήσκω
    λήσεσθαι: forget (gen); fut. inf. λανθάνω
    ἐμοὶ: for me; dat. interest
    χόλου: gen. object of λήσεσθαι
555 θέσαν: 3ʳᵈ pl. aor. τίθημι
556 τοῖος...πύργος: as such a stronghold
    ἀπώλε(σ)ο: you perished; aor. mid.
    σεῖο...ἀχνύμεθα: we grieved for you; "we
    were made to grieve" impf. pass. ἀχεύω
    + gen. object
557 ἶσον...κεφαλῇ: equal to the life; adv. acc.
560 τεὶν δ᾽ ἐπὶ: but upon you; equal to σοι
    ἔθηκε: put; 3ʳᵈ pl. aor. τίθημι

ἀλλ᾽ ἄγε δεῦρο, ἄναξ, ἵν᾽ ἔπος καὶ μῦθον ἀκούσῃς 561
ἡμέτερον· δάμασον δὲ μένος καὶ ἀγήνορα θυμόν.· 562
ὣς ἐφάμην, ὁ δέ μ᾽ οὐδὲν ἀμείβετο, βῆ δὲ μετ᾽ ἄλλας 563
ψυχὰς εἰς Ἔρεβος νεκύων κατατεθνηώτων. 564
ἔνθα χ᾽ ὅμως προσέφη κεχολωμένος, ἤ κεν ἐγὼ τόν· 565
ἀλλά μοι ἤθελε θυμὸς ἐνὶ στήθεσσι φίλοισι 566
τῶν ἄλλων ψυχὰς ἰδέειν κατατεθνηώτων. 567

ἔνθ᾽ ἦ τοι Μίνωα ἴδον, Διὸς ἀγλαὸν υἱόν, 568
χρύσεον σκῆπτρον ἔχοντα, θεμιστεύοντα νέκυσσιν, 569
ἥμενον, οἱ δέ μιν ἀμφὶ δίκας εἴροντο ἄνακτα, 570
ἥμενοι ἑσταότες τε, κατ᾽ εὐρυπυλὲς Ἄϊδος δῶ. 571

τὸν δὲ μετ᾽ Ὠρίωνα πελώριον εἰσενόησα 572
θῆρας ὁμοῦ εἰλεῦντα κατ᾽ ἀσφοδελὸν λειμῶνα, 573
τοὺς αὐτὸς κατέπεφνεν ἐν οἰοπόλοισιν ὄρεσσι 574
χερσὶν ἔχων ῥόπαλον παγχάλκεον, αἰὲν ἀαγές. 575

καὶ Τιτυὸν εἶδον, Γαίης ἐρικυδέος υἱόν, 576
κείμενον ἐν δαπέδῳ· ὁ δ᾽ ἐπ᾽ ἐννέα κεῖτο πέλεθρα, 577
γῦπε δέ μιν ἑκάτερθε παρημένω ἧπαρ ἔκειρον, 578
δέρτρον ἔσω δύνοντες, ὁ δ᾽ οὐκ ἀπαμύνετο χερσί· 579
Λητὼ γὰρ ἕλκησε, Διὸς κυδρὴν παράκοιτιν, 580

ἀ-αγής, -ές: unbreakable, unbroken, hard, 1
ἀγ-ήνωρ, -ορος: very manly, valorous, 9
ἀγλαός, -ή, -όν: splendid, shining, bright, 7
ἄναξ, -ακτος, ὁ: a lord, master, 14
ἀπ-αμύνω: to ward off, keep away, 1
ἀσφόδελος, ὁ: asphodel, 2
γύψ, γύπος, ὁ: vulture, 1
δαμάζω: to subdue, tame, overpower, 12
δάπεδον, τό: ground, floor, pavement, 3
δέρτρον, τό: bowels, diaphragm, 1
δεῦρο: hither, here, 4
δίκη, ἡ: justice, right, law, custom, 3
εἴλω: to hem in, confine; stop, pin down, 5
εἰσ-νοέω: to perceive, notice, note, 2
ἑκάτ-ερθε: on either side, on either side of, 3
ἑλκέω: to drag, drag away, 1
ἐννέα: nine, 2
Ἔρεβος, τό: Erebus, 8
ἐρι-κυδής, -ές: glorious, famous, 3
ἔσω: within, 1
εὐρύ-πυλής, -ές: wide-gated, 1
ἡμέτερος, -α, -ον: our, 7
ἧπαρ, τό: liver, 2
θεμιστεύω: to be judge over, rule over, 2
θήρ, θήρος, ὁ: wild beast, 1
κατα-θνήσκω: to die, 9

κατ-έπεφνον: to kill, slay, 3
κείρω: to cut, sever, tear off, 1
κυδρός, ή, όν: glorious, illustrious, 1
λειμών, -ῶνος, ὁ: meadow, lowland, 5
Λητώ, ὁ: Leto, 2
μένος, τό: might, force, prowess, 12
Μίνως, ὁ: Minos, 2
ὁμοῦ: at the same place, together, 8
ὁμῶς: nevertheless; equally, likewise, 2
οἰο-πόλος, -ον: lonely, 1
οὐδ-είς, οὐδε-μία, οὐδ-έν: no one, nothing, 4
παγχάλκεος, -ον: all of bronze, 1
παράκοιτις, ἡ: wife, 3
πάρ-ημαι: to sit beside, 1
πέλεθρον, τό: plethron (a measure of land), 1
πελώριος, -ον: monstrous, huge, 4
πρόσ-φημι: to speak to, address, 10
ῥόπαλον, τό: club, cudgel, 2
σκῆπτρον, τό: scepter, staff, 2
σπελώριος, -ον: monstrous, huge, 4
στῆθος, τό: chest, breast, 6
Τιτυός, ὁ: Tityus, 1
χολόω: to make angry; mid. be angry, 6
χρύσεος, -η, -ον: golden, of gold, 11
Ὠρίων, ὁ: Orion, 2

---

561 ἄγε: come on;
    ἄναξ: lord; vocative direct address
    ἵνα...ἀκούσῃς: so that...; 2nd sg. aor.
    subj. ἀκούω in a purpose clause
562 δάμασον: imperative δαμάζω
    μένος: your...; supply possessive σόν
563 ὁ δὲ: and he; i.e. Ajax
    βῆ: 3rd sg. aor. βαίνω
    μετὰ: among
    κατατεθνηώτων: dead; gen. pl. pf. pple
    κατα-θνήσκω, pleonasm
565 χ᾽: κέ before an aspirated vowel
    κε...προσέφη: he would have spoken; ke
    + impf. ind. expressing past potential
    κεχολωμένος: though being angry; pf.
    pple χολόω, likely with concessive force
    ἤ κεν ἐγὼ τόν: or I would to him; supply
    προσεφη
566 ἰδέειν: aor. inf. εἶδον, complementary inf.
    of ἐθέλω
568 ἴδον: 1st sg. aor. ὁράω
    Διὸς: of Zeus
569 νέκυσσιν: dat. pl. object of θεμιστεύω

570 ἥμενον: sitting; ἧμαι
    μιν ἀμφὶ....ἄνακτα: around him, the king;
    ἄνακτα is an appositive
    δίκας εἴροντο: asked (about) their cases
    ἑσταότες: nom. pl. pf. ἵστημι
571 κατὰ...δῶ: throughout the house...;
    neuter acc. sg. δῶμα
572 τὸν δὲ μετ᾽: after him, behind him
    εἰσενόησα: 1st sg. aor. εἰσ-νοέω
573 εἰλεῦντα: acc. sg. pres. pple εἴλω,
    hunters would hem prey with nets before
    they struck them
    κατὰ: over..., throughout...
574 τοὺς: them; i.e. masc. θήρας
    ὄρεσσι: mountains; dat. pl. ὄρος
575 χερσὶν: with his hands; dat. means χείρ
577 ἐπὶ ἐννέα πέλεθρα: over 9 plethera;
    perhaps 900 ft. in length
    κεῖτο: lay; ἔκειτο, impf. κεῖμαι
578 γῦπε: two vultures; dual nom.
    παρημένω: sitting beside; dual pple
579 δύνοντες: plunging (beaks); "going"
580 ἕλκησε: dragged off; i.e. kidnapped

Πυθώδ᾽ ἐρχομένην διὰ καλλιχόρου Πανοπῆος. 581

"καὶ μὴν Τάνταλον ἐσεῖδον κρατέρ᾽ ἄλγε᾽ ἔχοντα 582

ἑστεῶτ᾽ ἐν λίμνῃ· ἡ δὲ προσέπλαζε γενείῳ· 583

στεῦτο δὲ διψάων, πιέειν δ᾽ οὐκ εἶχεν ἑλέσθαι· 584

ὁσσάκι γὰρ κύψει᾽ ὁ γέρων πιέειν μενεαίνων, 585

τοσσάχ᾽ ὕδωρ ἀπολέσκετ᾽ ἀναβροχέν, ἀμφὶ δὲ ποσσὶ 586

γαῖα μέλαινα φάνεσκε, καταζήνασκε δὲ δαίμων. 587

δένδρεα δ᾽ ὑψιπέτηλα κατὰ κρῆθεν χέε καρπόν, 588

ὄγχναι καὶ ῥοιαὶ καὶ μηλέαι ἀγλαόκαρποι 589

συκέαι τε γλυκεραὶ καὶ ἐλαῖαι τηλεθόωσαι· 590

τῶν ὁπότ᾽ ἰθύσει᾽ ὁ γέρων ἐπὶ χερσὶ μάσασθαι, 591

τὰς δ᾽ ἄνεμος ῥίπτασκε ποτὶ νέφεα σκιόεντα. 592

καὶ μὴν Σίσυφον εἰσεῖδον κρατέρ᾽ ἄλγε᾽ ἔχοντα 593

λᾶαν βαστάζοντα πελώριον ἀμφοτέρῃσιν. 594

ἦ τοι ὁ μὲν σκηριπτόμενος χερσίν τε ποσίν τε 595

λᾶαν ἄνω ὤθεσκε ποτὶ λόφον· ἀλλ᾽ ὅτε μέλλοι 596

ἄκρον ὑπερβαλέειν, τότ᾽ ἀποστρέψασκε κραταιΐς· 597

αὖτις ἔπειτα πέδονδε κυλίνδετο λᾶας ἀναιδής. 598

αὐτὰρ ὅ γ᾽ ἂψ ὤσασκε τιταινόμενος, κατὰ δ᾽ ἱδρὼς 599

ἔρρεεν ἐκ μελέων, κονίη δ᾽ ἐκ κρατὸς ὀρώρει. 600

ἀγλαό-καρπος, -ον: bearing splendid fruit, 1
ἄκρη, ἡ: summit, mountain-top, 3
ἄλγος, τό: pain, distress, grief, 12
ἀμφότερος, -η, -ον: each of two, both, 8
ἀνα-βρόχω: to swallow, swallow down, 2
ἀν-αιδής, -ές: shameless, ruthless, reckless, 1
ἀν-έρχομαι: to go up, approach, 3
ἄνω: to accomplish, complete, 3
ἀπ-όλλυμι: to destroy, kill, slay, 8
ἀπο-στρέφω: to turn back, turn away, 1
αὖτις: back, back again, backwards, 9
ἄψ: back, back again, backwards, 8
βαστάζω: to raise, 1
γένειον, τό: chin, 1
γέρων, -οντος, ὁ: elder, old man, 4
γλυκερός, -ή, -όν: sweet, pleasant, 6
δαίμων, -ονος, ὁ: divine being, god, 6
δένδρεον, τό: tree, 4
διψάω: to be thirsty, 1
ἐλαία, ἡ: the olive-tree, 5
εἰσ-οράω: to look upon, view, behold, 4
ἰθύω: to go straight, press on, 1
ἱδρώς, ὁ: sweat, 1
καλλί-χορος, -ον:: with fair dancing floors, 1
καρπός, ὁ: crop, fruit, benefit, 6
κατα-ζαίνω: to make dry, make dry up, 1
κόνιη, ἡ: dust, 3
κράς, κρατός, ἡ: the head, 8
κραταιίς, ἡ: mighty weight; strong force, 1
κρατερός, -ή, -όν: strong, stout, mighty, 14
κρῆ-θεν ἡ: from head (to foot), 2
κύπτω: to bend the head, bow down, 1
κυλίνδω: to roll, roll along, 3
λᾶας, -ος, ὁ: stone, 6

λίμνη, ἡ: lake, pond, pool, 1
λόφος, ὁ: crest (of a hill), plume (on helmet) 1
μάσσω: to handle, touch, 1
μέλλω: to be about to, to intend to, 8
μέλος, -εος, τό: a limb, 10
μενεαίνω: to become angry, rage; desire, 4
μηλέα, ἡ: an apple tree, 1
μήν: indeed, in truth, 3
νέφος, -εος, τό: a cloud, mass of clouds, 2
ὄγχνη, ἡ: a pear-tree, 1
ὄρνυμι: to stir, set in motion, rouse, 11
ὁπότε: when, by what time, 7
ὁσάκις: as many times as, as often as, 1
Πανοπεύς, ὁ: Panopeus, 1
πέδον-δε: to the ground, to the plain, 1
πελώριος, -ον: monstrous, huge, 4
προσ-πλάζω: to reach to, strike to (dat), 1
Πυθώ-δε: to Pytho, 1
ῥέω: to flow, run, stream, 12
ῥίπτω: to throw, cast, hurl, 3
ῥοιά, ἡ: mulberry, 1
Σίσυφος, ὁ: Sisyphus, 1
σκηρίπτομαι: to support oneself, 1
σκιόεις, -εντος: shady, shadowy, dim 3
στεῦμαι: make as if, make an effort; stand, 1
συκέα, ἡ: fig-tree, 1
Τάνταλος, ὁ: Tantalus, 1
τηλε-θάω: to flourish, bloom, 1
τιταίνω: to stretch, draw, extend, 2
τοσάκις: so many times, so often, 1
ὑπερ-βάλλω: to pass over, overthrow, 1
ὑψι-πέτηλος, -ον: with lofty leaves, 1
ὠθέω: to push, thrust, 3

581 ἐρχομένην: (while) going
582 ἐσεῖδον: 1ˢᵗ sg. aor. εἰσ-οράω
    ἔχοντα: enduring
583 ἑσταότα: acc. sg. pf pple ἵστημι
    στεῦτο:
584 πιέειν: to drink; aor. inf. of purpose
    εἶχεν: he was (again and again) not able;
    impf. for continuous or customary action
    ἑλέσθαι: aor. mid. inf. αἱρέω
    complement to εἶχεν
586 ἀπολέσκετο: used to disappear; 1ˢᵗ sg.
    aor. ἀπ-όλλυμι, -σκ for customary action
    ἀναβροχέν: having been swallowed up;
    neuter sg. aor. pass. pple modifies ὕδωρ
    ἀμφὶ δὲ ποσσὶ: about his feet; dat. pl.
587 φάνεσκε: appeared; aor. φαίνω, -σκ
    suggests customary action

588 κατά...χέε: was hanging down; tmesis,
    "was dropping down," impf. χέω
590 τηλεθόωσαι: fem. pres. pple τηλε-θάω
591 τῶν: them; partitive genitive with
    aor. inf. μάσασθαι "to handle"
    ὁπότε ἰθύσειε: whenever he went straight
    to...; aor. opt., general temporal clause
592 ῥίπτασκε: would cast; iterative impf.
593 ἀμφοτέρῃσιν: with both (hands); means
596 ὠθέσκε: would push; iterative impf.
    ὅτε μέλλοι: whenever he was about to
597 ἀποστρέψασκε: would...; iterative aor.
599 ὤσασκε: would push; iterative aor. ὠθέω
    κατά..ἔρρεεν: tmesis, aor. ῥέω
600 ὀρώρει: plpf. ὄρνυμι

τὸν δὲ μετ᾽ εἰσενόησα βίην Ἡρακληείην,   601
εἴδωλον· αὐτὸς δὲ μετ᾽ ἀθανάτοισι θεοῖσι   602
τέρπεται ἐν θαλίῃς καὶ ἔχει καλλίσφυρον Ἥβην,   603
παῖδα Διὸς μεγάλοιο καὶ Ἥρης χρυσοπεδίλου.   604
ἀμφὶ δέ μιν κλαγγὴ νεκύων ἦν οἰωνῶν ὥς,   605
πάντοσ᾽ ἀτυζομένων· ὁ δ᾽ ἐρεμνῇ νυκτὶ ἐοικώς,   606
γυμνὸν τόξον ἔχων καὶ ἐπὶ νευρῆφιν ὀϊστόν,   607
δεινὸν παπταίνων, αἰεὶ βαλέοντι ἐοικώς.   608
σμερδαλέος δέ οἱ ἀμφὶ περὶ στήθεσσιν ἀορτὴρ   609
χρύσεος ἦν τελαμών, ἵνα θέσκελα ἔργα τέτυκτο,   610
ἄρκτοι τ᾽ ἀγρότεροί τε σύες χαροποί τε λέοντες,   611
ὑσμῖναί τε μάχαι τε φόνοι τ᾽ ἀνδροκτασίαι τε.   612
μὴ τεχνησάμενος μηδ᾽ ἄλλο τι τεχνήσαιτο,   613
ὃς κεῖνον τελαμῶνα ἑῇ ἐγκάτθετο τέχνῃ.   614
ἔγνω δ᾽ αὖτ᾽ ἔμ᾽ ἐκεῖνος, ἐπεὶ ἴδεν ὀφθαλμοῖσιν,   615
καί μ᾽ ὀλοφυρόμενος ἔπεα πτερόεντα προσηύδα·   616
“διογενὲς Λαερτιάδη, πολυμήχαν᾽ Ὀδυσσεῦ,   617
ἆ δείλ᾽, ἦ τινὰ καὶ σὺ κακὸν μόρον ἡγηλάζεις,   618
ὅν περ ἐγὼν ὀχέεσκον ὑπ᾽ αὐγὰς ἠελίοιο.   619
Ζηνὸς μὲν πάϊς ἦα Κρονίονος, αὐτὰρ ὀιζὺν   620

ἆ: Ah! Alas! (exclamation of grief), 2
Ἥβη, ἡ: Hebe, 1
ἀγρότερος, -η, -ον: wild, untamed, 1
ἀ-θάνατος, -ον: undying, immortal, 13
ἀνδρο-κτασία, ἡ: slaughter of men, 1
ἀορτήρ, ὁ: belt, baldric, 1
Ἥρα, ἡ: Hera, 2
Ἡράκληϊος, -η, -ον: of Heracles, 2
ἄρκτος, ὁ: a bear, 1
ἀτύζω: to be distraught, bewildered, 1
αὐγή, ἡ: sunlight, sun rays, glare, 3
γιγνώσκω: to learn, note, realize, to know, 7
γυμνός, -ή, -όν: naked, unclad, unarmed, 1
δειλός, -η, -ον: cowardly, wretched 5
διο-γενής, -ές born: from Zeus, 9
ἐγ-κατα-τίθημι: put in, store up; devise, 1
ἔοικα: to be like, seem likely, 7
ἑός, -ή, -όν: his own, her own, its own, 5
εἴδωλον, τό: an image, likeness, phantom, 4
εἰσ-νοέω: to perceive, notice, note, 2
ἐρεμνός, -ή, -όν: black, dark, 1
ἡγηλάζω: to guide, lead, 1
θαλίη, ἡ: pl. festivities; sg abundance, plenty 1
θέσ-κελος, -ον: god-bidden, supernatural, 2
καλλί-σφυρος, -ον: fair-ankled, 1
κλαγγή, ἡ: scream, cry; twang, 1
Κρονίων, ὁ: son of Cronus, 10
Λαερτιάδης, ὁ: son of Laertes, 10

λέων, -ονος, ὁ: a lion, 5
μάχη, ἡ: battle, fight, combat, 2
μη-δέ: and not, but not, nor, 6
μόρος, ὁ: fate, lot, destiny; death, 6
νευρή, ἡ: bow-string, 1
ὀϊζύς, -ύος, ὁ: sorrow, grief, distress, woe, 2
ὀιστός, ὁ: an arrow, 1
οἰωνός, ὁ: bird, 1
ὀχέω: to uphold, endure, sustain, 1
πάντο-σε: to every direction, on every side, 1
παπταίνω: to peer around, look about, 2
πολυ-μήχανος, -ον: much-contriving, resourceful, 8
πτερόεις, -εντος: feathered, winged, 14
σμερδαλέος, -η, -ον: terrible, fearful, dread, 4
στῆθος, τό: chest, breast, 6
τελαμών, -ῶνος, ὁ: strap, leather belt, 2
τέρπω: to delight; mid. enjoy, feel joy, 5
τεχνάομαι: to devise, design, make by art, 2
τέχνη, ἡ: art, skill, craft, 1
τόξον, τό: bow, 4
ὗς, ὑός ὁ, ἡ: swine, pig, 8
ὑσμίνη, ἡ: battle, conflict, combat, 2
φόνος, ὁ: murder, homicide, slaughter, 4
χαρ-οπός, -ον: with glaring eyes, 1
χρύσεος, -η, -ον: golden, of gold, 11
χρυσο-πέδιλος, -ον: golden-sandalled, 1

601 εἰσενόησα: 1ˢᵗ sg. aor. εἰσ-νοέω
     Τὸν δὲ μέτ᾽: after him
602 εἴδωλον: his ghost; Odysseus contrasts
     the ghost with the actual Heracles, who
     dwells in Olympus
     αὐτὸς δὲ: but he himself
603 ἐν θαλίῃς: in the festivities
604 Διός: of Zeus
605 ἀμφὶ δέ μιν: and around him
     ἦν: 3ʳᵈ sg. impf. εἰμί
     οἰωνῶν ὥς: as if of birds
     ἐοικώς: being similar to; nom. sg. pf.
     pple ἔοικα governs a dative
607 ἐπὶ νευρῆφιν: on the bowstring
608 δεινὸν: terribly; adverb
     βαλέοντι: to one about to shoot; fut. pple
609 οἱ ἀμφὶ: around him
610 ἦν: 3ʳᵈ sg. impf. εἰμί

ἵνα: where
τέτυκτο: had been made; plpf. pass.
τεύχω
613 μὴ τεχνησάμενος...τεχνήσαιτο: May the
     one, who stored up that belt with his
     craft, having designed it not design
     another one; negative optative of wish
614 ἑῇ: his own; possessive adjective ἑός
615 ἔγνω: 3ʳᵈ sg. aor. γιγνώσκω
     ἰδών: 1ˢᵗ sg. aor. ὁράω
616 ἔπεα: words; neuter acc. pl. ἔπος
618 ἆ δείλε: Ah! poor wretch
     τινὰ...κακὸν μόρον: some evil fate
619 ὅν περ: which very (fate)...; i.e. just as
     ὀχέεσχον: iterative imperfect
620 Ζηνός: of Zeus; gen. sg
     ἦα: 1ˢᵗ sg. impf. εἰμί

εἶχον ἀπειρεσίην· μάλα γὰρ πολὺ χείρονι φωτὶ   621

δεδμήμην, ὁ δέ μοι χαλεποὺς ἐπετέλλετ' ἀέθλους.   622

καί ποτέ μ' ἐνθάδ' ἔπεμψε κύν' ἄξοντ'· οὐ γὰρ ἔτ' ἄλλον   623

φράζετο τοῦδέ γέ μοι κρατερώτερον εἶναι ἄεθλον·   624

τὸν μὲν ἐγὼν ἀνένεικα καὶ ἤγαγον ἐξ Ἀίδαο·   625

Ἑρμείας δέ μ' ἔπεμψεν ἰδὲ γλαυκῶπις Ἀθήνη.`   626

    ὣς εἰπὼν ὁ μὲν αὖτις ἔβη δόμον Ἄϊδος εἴσω,   627

αὐτὰρ ἐγὼν αὐτοῦ μένον ἔμπεδον, εἴ τις ἔτ' ἔλθοι   628

ἀνδρῶν ἡρώων, οἳ δὴ τὸ πρόσθεν ὄλοντο.   629

καί νύ κ' ἔτι προτέρους ἴδον ἀνέρας, οὓς ἔθελόν περ,   630

Θησέα Πειρίθοόν τε, θεῶν ἐρικυδέα τέκνα·   631

ἀλλὰ πρὶν ἐπὶ ἔθνε' ἀγείρετο μυρία νεκρῶν   632

ἠχῇ θεσπεσίῃ· ἐμὲ δὲ χλωρὸν δέος ᾕρει,   633

μή μοι Γοργείην κεφαλὴν δεινοῖο πελώρου   634

ἐξ Ἀΐδεω πέμψειεν ἀγαυὴ Περσεφόνεια.   635

"αὐτίκ' ἔπειτ' ἐπὶ νῆα κιὼν ἐκέλευον ἑταίρους   636

αὐτούς τ' ἀμβαίνειν ἀνά τε πρυμνήσια λῦσαι.   637

οἱ δ' αἶψ' εἴσβαινον καὶ ἐπὶ κληῖσι καθῖζον.   638

τὴν δὲ κατ' Ὠκεανὸν ποταμὸν φέρε κῦμα ῥόοιο,   639

πρῶτα μὲν εἰρεσίῃ, μετέπειτα δὲ κάλλιμος οὖρος.   640

ἀγαυός, -ή, -όν: illustrious, noble, 4
ἀγείρω: to bring together, gather together, 3
ἄεθλος, ὁ: contest, competition, challenge, 5
Ἀθήνη, ἡ: Athena, 7
ἀνα-βαίνω: to go up, climb, mount, spread, 7
ἀνα-φέρω: to carry off, bring up, recover, 1
ἀ-πειρέσιος, -η, -ον: boundless, endless, 2
αὖτις: back, back again, backwards, 9
γλαυκ-ῶπις, -ιδος: bright-eyed, -eyed, 1
Γόργειος, -η, -ον: of the Gorgon, 1
δαμάζω: to subdue, tame, overpower, 12
δέος, δείους, τό: fear, alarm, dread, awe, 3
δόμος, ὁ: house, abode, 9
εἰρεσίη, ἡ: rowing, row, 3
εἰσ-βαίνω: to board, go into, walk to, enter, 6
εἴσω: into, inwards, to within, into, in , 8
ἔθνος, -εος, τό: race, people, tribe, 3
ἔμ-πεδος, -ον: steadfast; adv. continuously, 9
ἐνθάδε: here, hither, there, thither, 6
ἐπι-τέλλομαι: to impose, enjoin, command, 4
ἐρι-κυδής, -ές: glorious, famous, 3
Ἑρμῆς, ὁ: Hermes, 4
ἥρως, ὁ: hero, warrior, 5
ἠχή, ἡ: noise, roar, 1
θεσπέσιος, -η, -ον: divinely sweet, profuse, 7
Θησεύς, ὁ: Theseus, 2
ἰ-δέ: and, 4
καθ-ίζω: to make sit down, station, 6

κάλλιμος, -η, -ον: beautiful, 3
κεφαλή, ἡ: the head, 12
κίω: to go, 10
κληΐς, -ιδος, ἡ: bar; rowlocks, thole-pins, 7
κρατερός, -ή, -όν: strong, stout, mighty, 14
κύων, κυνός, ὁ: a dog, 6
μένος, τό: might, force, prowess, 12
μετ-έπειτα: thereafter, 3
μυρίος, -η, -ον: countless, endless, infinite, 6
νεκρός, ὁ: corpse, the dead, 12
οὖρος, ὁ: fair wind, 13
Πειρίθοος, ὁ: Pirithous, 1
πέλωρον, τό: monster, prodigy, 4
πέμπω: to send, conduct, convey, dispatch, 9
Περσεφόνεια, ἡ: Persephone, wife of Hades 11
ποταμός, ὁ: river, stream, 10
πρίν: until, before, 14
πρόσθεν: before, 2
πρυμνήσια, τά: cables for mooring a ship, 6
ῥόος, ὁ: stream, current, flow, 9
τέκνον, τό: a child, 6
φράζω: to show, indicate, tell, think, 7
φώς, φωτός, ὁ: man, 10
χαλεπός, -ή, -όν: difficult, hard, harmful, 7
χείρων, ονος: inferior, worse, 1
χλωρός, -ή, -όν: greenish-yellow, green, 6
Ὠκεανός, ὁ: Oceanus, 8

621 εἶχον: 1ˢᵗ sg. impf. ἔχω
   φωτὶ: i.e. Eurystheus, who appointed
   Heracles to complete the twelve labors
622 δεδμήμην: *I had been made subject to*; +
   dat., plpf pass. δαμάζω
   ὁ δὲ: *and he...*
   μοι: *upon me*; dat. of compound verb
   ἐπετέλλετο:. aor. mid. ἐπιτέλλομαι
   ἄεθλον: i.e. labor, Heracles' labors
623 ἐνθάδε: *from here*; from the underworld
   κύνα: acc. sg. κύων
   ἄξοντα: *to bring*; fut. pple ἄγω, purpose
   οὐ ἄλλον...ἄεθλον: *no other labor*; acc.
   subject of inf. εἶναι
624 φράζετο: *(he) thought that*
   τοῦδε: *than this here (task)*; gen. of
   comparison
   χαλεπώτερον: comparative ofχαλεπός
   εἶναι: inf. εἰμί
625 τὸν: *it*; i.e Cerberus, κύνα in 623
   ἀνένεικα: 1ˢᵗ sg. aor. ἀνα-φέρω
   ἤγαγον: 1ˢᵗ sg. aor. ἄγω

626 ἔπεμψεν: *conducted me, guided me*
627 ὁ μὲν: *he*; i.e. Heracles
   ἔβη: 3ʳᵈ sg. aor βαίνω
628 αὐτοῦ: *there*
   μένον: 1ˢᵗ sg. impf. μένω
   εἰ...ἔλθοι: *in the hope that one....should
   come*; aor. opt. of wish ἔρχομαι
629 ἀνδρῶν ἡρώων: partitive gen. with τις
   οἵ δὴ: *who*
   τὸ πρόσθεν: *before, previously*; adverb
   ὄλοντο: aor. mid. ὄλλυμι
630 κὲ...ἴδον: *I would have seen*; κε + aor.
   indicative: past potential (unrealized)
   ἀνέρας: *men*; acc. pl. ἀνήρ
632 πρὶν: *beforehand*
   ἐπὶ...ἀγείρετο: *began gathering to me*
633 ᾕρει: *began to take*; impf. αἱρέω
634 μὴ...πέμψειεν: *lest...*; aor opt. of fearing
637 ἀνά..λῦσαι: *to loosen up*; aor. inf. λύω
639 τὴν: *which (ship) down the river Oceanus*

αὐτὰρ ἐπεὶ ποταμοῖο λίπεν ῥόον Ὠκεανοῖο   1

νηῦς, ἀπὸ δ' ἵκετο κῦμα θαλάσσης εὐρυπόροιο   2

νῆσόν τ' Αἰαίην, ὅθι τ' Ἠοῦς ἠριγενείης   3

οἰκία καὶ χοροί εἰσι καὶ ἀντολαὶ Ἠελίοιο,   4

νῆα μὲν ἔνθ' ἐλθόντες ἐκέλσαμεν ἐν ψαμάθοισιν,   5

ἐκ δὲ καὶ αὐτοὶ βῆμεν ἐπὶ ῥηγμῖνι θαλάσσης·   6

ἔνθα δ' ἀποβρίξαντες ἐμείναμεν Ἠῶ δῖαν.   7

    ἦμος δ' ἠριγένεια φάνη ῥοδοδάκτυλος Ἠώς,   8

δὴ τότ' ἐγὼν ἑτάρους προΐειν ἐς δώματα Κίρκης   9

οἰσέμεναι νεκρόν, Ἐλπήνορα τεθνηῶτα.   10

φιτροὺς δ' αἶψα ταμόντες, ὅθ' ἀκροτάτη πρόεχ' ἀκτή,   11

θάπτομεν ἀχνύμενοι θαλερὸν κατὰ δάκρυ χέοντες.   12

αὐτὰρ ἐπεὶ νεκρός τ' ἐκάη καὶ τεύχεα νεκροῦ,   13

τύμβον χεύαντες καὶ ἐπὶ στήλην ἐρύσαντες   14

πήξαμεν ἀκροτάτῳ τύμβῳ εὐῆρες ἐρετμόν.   15

    ἡμεῖς μὲν τὰ ἕκαστα διείπομεν· οὐδ' ἄρα Κίρκην   16

ἐξ Ἀΐδεω ἐλθόντες ἐλήθομεν, ἀλλὰ μάλ' ὦκα   17

ἦλθ' ἐντυναμένη· ἅμα δ' ἀμφίπολοι φέρον αὐτῇ   18

σῖτον καὶ κρέα πολλὰ καὶ αἴθοπα οἶνον ἐρυθρόν.   19

ἡ δ' ἐν μέσσῳ στᾶσα μετηύδα δῖα θεάων·   20

Αἰαίη, ἡ: Aeaea, 6
αἶθ-οψ, -οπος: fiery-looking, sparkling, 3
ἀκτή, ἡ: projecting shore, promontory, 5
ἀμφί-πολος, ἡ: handmaid, attendant, 4
ἀνατολή, ἡ: east; eastern, rise, rising, 1
ἀπο-βρίζω: to fall asleep, 2
δάκρυον, τό: tear, 12
δι-έπω: to attend to, carry through, arrange, 1
Ἐλπήνωρ, ὁ: Elpenor, 4
ἐν-τύνω: to arrange, make ready, 2
ἐρυθρός, -ή, -όν: red, 4
εὐ-ήρης, -ές: well-fitted, balanced, 4
εὐρύ-πορος, -ον: with wide ways, 1
θάπτω: to bury, inter, 2
θαλερός, -ή, -όν: blooming, in their prime, 8
θνήσκω: to die, be dying, perish, 14
καίω: to burn, kindle, 5
κέλλω: to beach, put to shore, 9
κρέας, τό: flesh, meat, piece of meat, 11
λανθάνω: to escape notice, be unnoticed, 13
μέσος, -η, -ον: the middle of, 11

μετ-αυδάω: to speak among, 4
νεκρός, ὁ: corpse, the dead, 12
οἰκία, ἡ: a house, home, dwelling, 6
πήγνυμι: to stick, fix, 3
ποταμός, ὁ: river, stream, 10
προ-έχω: to project, jut out, hold before, 2
προ-ίημι: to send forth, throw, launch, 8
ῥηγμίς, -ῖνος, ἡ: surf, breakers, 7
ῥοδο-δάκτυλος, -ον: rosy-fingered, 8
ῥόος, ὁ: stream, current, flow, 9
σῖτος, ὁ: grain, food, 11
στήλη, ἡ: a block of stone, slab, 1
τέμνω: to cut, cut up, 2
τεῦχος, -εος, τό: armor, arms; tools, 7
τύμβος, ὁ: tomb, a sepulchral mound, 3
χορός, ὁ: dancing grounds, 2
φιτρός, ὁ: slab of wood, 1
ψάμαθος, ὁ: sand, 2
ὦκα: quickly, swiftly, straightaway, 8
Ὠκεανός, ὁ: Oceanus, 8

1 λίπεν: 3rd sg. aor. λείπω
2 νηῦς: nom. sg. of λίπεν and ἵκετο
3 κῦμα...νῆσον : to...; acc. place to which
   Ἠοῦς: Dawn; gen. modifying οἰκία
4 ἀντολαὶ: ἀνατολαὶ
5 ἐκέλσαμεν: 1st pl. aor. κέλλω
   ἐκ...βῆμεν: stepped out; tmesis, ἐκ-βαίνω
   καὶ αὐτοὶ: (we) ourselves also
7 ἐμείναμεν: awaited, waited for;aor. μένω
   καὶ αὐτοὶ: (we) ourselves also
8 Ἦμος: when
   φάνη: appeared; 3rd sg. aor. pass. φαίνω
9 προίειν: sent forth; 1st sg. impf. προ-ίημι
   with a final -ν; governs ἑτάρους
10 οἰσέμεναι: to bring; fut. inf. φέρω
   τεθνηῶτα: acc. sg. pf. pple θνήσκω
11 ταμόντες: aor. pple τέμνω
   ὅθι: where
   ἀκρότατος: furthest (out to sea)
   προέχει: extends forth
12 ἀχνύμενοι: being grieved; pres. pple.

ἀχεύω
κατα...χέοντες: shedding down; tmesis
13 ἑκάη: 3rd sg. aor. καίω
14 χεύαντες: heaping up; aor. pple χέω
   ἐπὶ...ἐρύσαντες: dragging upon (it) a
   pillar
15 πήξαμεν: aor. πήγνυμι
   ἀκροτάτῳ τύμβῳ: dat. of place where
16 τὰ ἕκαστα: the details; "each things"
   διείπομεν: we attended; impf. δι-έπομαι
17 ἐξ Ἀίδεω: from Hades' (house)
   ἐλθόντες: aor. pple ἔρχομαι
   ἐλήθομεν: we escaped notice of Circe; 1st
   pl. aor. λανθάνω
   ὦκα: quickly; adverbial acc.
18 ἐντυναμένη: preparing herself; mid. pple
   ἅμα...αὐτῇ: along with her
20 ἐ μέσσῳ: in their midst; "in the middle"
   στᾶσα: fem. sg. aor. pple ἵστημι
   δῖα θεάων: brilliant among goddesses

" Σχέτλιοι, οἳ ζώοντες ὑπήλθετε δῶμ᾽ Ἀΐδαο, 21

δισθανέες, ὅτε τ᾽ ἄλλοι ἅπαξ θνῄσκουσ᾽ ἄνθρωποι. 22

ἀλλ᾽ ἄγετ᾽ ἐσθίετε βρώμην καὶ πίνετε οἶνον 23

αὖθι πανημέριοι· ἅμα δ᾽ ἠοῖ φαινομένηφι 24

πλεύσεσθ᾽· αὐτὰρ ἐγὼ δείξω ὁδὸν ἠδὲ ἕκαστα 25

σημανέω, ἵνα μή τι κακορραφίῃ ἀλεγεινῇ 26

ἢ ἁλὸς ἢ ἐπὶ γῆς ἀλγήσετε πῆμα παθόντες." 27

ὣς ἔφαθ᾽, ἡμῖν δ᾽ αὖτ᾽ ἐπεπείθετο θυμὸς ἀγήνωρ. 28

ὣς τότε μὲν πρόπαν ἦμαρ ἐς ἠέλιον καταδύντα 29

ἥμεθα δαινύμενοι κρέα τ᾽ ἄσπετα καὶ μέθυ ἡδύ· 30

ἦμος δ᾽ ἠέλιος κατέδυ καὶ ἐπὶ κνέφας ἦλθεν, 31

οἱ μὲν κοιμήσαντο παρὰ πρυμνήσια νηός, 32

ἡ δ᾽ ἐμὲ χειρὸς ἑλοῦσα φίλων ἀπονόσφιν ἑταίρων 33

εἷσέ τε καὶ προσέλεκτο καὶ ἐξερέεινεν ἕκαστα· 34

αὐτὰρ ἐγὼ τῇ πάντα κατὰ μοῖραν κατέλεξα. 35

καὶ τότε δή μ᾽ ἐπέεσσι προσηύδα πότνια Κίρκη· 36

"ταῦτα μὲν οὕτω πάντα πεπείρανται, σὺ δ᾽ ἄκουσον, 37

ὥς τοι ἐγὼν ἐρέω, μνήσει δέ σε καὶ θεὸς αὐτός. 38

Σειρῆνας μὲν πρῶτον ἀφίξεαι, αἵ ῥά τε πάντας 39

ἀνθρώπους θέλγουσιν, ὅτις σφεας εἰσαφίκηται. 40

ἀγ-ήνωρ, -ορος: very manly, valorous, 9
ἀλεγεινός, -ή, -όν: pain-causing, 3
ἀλγέω: to feel pain, suffer, 1
ἀπ-νόσφι: aloof, apart, aside, 2
ἄ-σπετος, -ον: unspeakable, boundless, 6
ἄνθρωπος, ὁ: human being, 11
ἅπαξ: once, 2
αὖ-θι: on the spot, here, here, there, 9
ἀφ-ικνέομαι: to come, arrive, 13
βρῶμη, ἡ: food, 5
γῆ, ἡ: earth, 4
δαίνυμι: to give a meal; take a meal, 11
δείκνυμι: to point out, display, show, 4
δισ-θανής, -ές: twice-dying, 1
ἐξ-ερεείνω: to make inquiry, 3
εἰσ-αφ-ικνέομαι: to arrive at, reach, 2
ἐπι-πείθομαι: be persuaded, prevailed upon 6
ἐσθίω: to eat, 6
ζάω: to live, 6
ἡδύς, -υῖα, ύ: sweet, pleasant, agreeable, 14
θέλγω: bewitch, charm, enchant, 5
θνήσκω: to die, be dying, perish, 14
κατα-δύω: to set, go down, enter, 12

κατα-λέγω: to recount, relate, tell in order 12
κακορραφίη, ἡ: mischievousness, contriving1
κνέφας, -αος, τό: dusk, darkness, 5
κοιμάω: to put to sleep; mid. to fall asleep, 7
κρέας, τό: flesh, meat, piece of meat, 11
μέθυ, τό: wine, 9
μιμνήσκω: to remind, recall, recollect, 8
μοῖρα, ἡ: due measure, portion, one's lot, 10
οὕτως: in this way, thus, so, 7
παν-ημέριος, -α, -ον: all day long, 2
πάσχω: to suffer, experience, 14
πειράω: to try, attempt, test, make trial of, 2
πῆμα, -ατος, τό: suffering, misery, woe, 8
πλέω: to sail, go by sea, 8
πότνια, ἡ: mistress, queen, 7
πρό-πας, -πασα, -παν: all the, whole, entire5
προσ-λέγομαι: to recline, lay down beside, 1
πρυμνήσια, τά: cables for mooring a ship, 6
Σειρήν, -ῆνος, ἡ: Siren, 7
σημαίνω: to indicate, tell, point out, 1
σχέτλιος, -η, -ον: hard-hearted, cruel, 9
ὑπ-έρχομαι: to go under, go up to, 1

---

21 ὑπήλθετε: 2nd pl. aor. ὑπ-έρχομαι
23 ἄγετε: *come now*; precedes an imperative
   ἐσθίετε, πίνετε : imperatives
24 ἅμ' ἠοῖ φαινομένηφιν: *with dawn
   appearing*; dat. of ἠώς, -φι infix with
   dative sense
25 πλεύσεσθαι: fut. inf. πλέω
   δείξω: 1st sg. fut. δείκνυμι
   ἠδὲ: *and*
   ἕκαστα: *the details*; neuter pl. acc.
26 σημανέω: fut. σημαίνω
   ἵνα μή...ἀλγήσετε: *so that you may feel
   pain*; negative purpose, aor. subj. ἀλγέω
   κακορραφίῃ ἀλεγεινῇ: dat of means
27 ἢ ἁλὸς ἢ ἐπὶ γῆς: *either on sea or on
   land*
   παθόντες: aor. pple. πάσχω
28 ἐπεπείθετο: 3rd sg. impf. ἐπι-πείθομαι
29 πρόπαν ἦμαρ: *for...*; acc. of duration
   ἐς: *until...*; "up to"
30 ἥμεθα: *we sat*; impf. ἧμαι
31 ἦμος: *when*

33 ἡ δ᾽: *she*; i.e. Circe
   χειρός: *by the hand*; partitive gen.
   ἑλοῦσα: fem. sg. nom. aor. pple. αἱρέω
34 εἶσε: *she made (me) sit*; aor. ἵζω
   προσέλεκτο: lay herself; aor. mid.
   ἕκαστα: *the details*; "each things," neuter
35 τῇ: *to her*; dat. indirect object
   κατὰ μοῖραν: *in due measure, duly*
36 ἔπεσσει: *with words*; dat. pl. ἔπος
   προσηύδα: 1st sg. impf. προσ-αυδάω
37 πεπείρανται: *have been attempted, have
   been experienced*; pf. πειράω
   ἄκουσον: *heed!*; aor. imperative ἀκούω,
   the sense here is "to hear and carry out"
38 ὥς: *in what what*
   ἐρέω: *I will tell*
   μνήσει: *will remind*; fut. μιμνήσκω
39 ἀφίξε(σ)αι: 2nd sg. fut. ἀφ-ικνέομαι
40 ὅτις: *whoever...*; relative clause of
   characteristic with aor. subjunctive
   εἰσαφίκηται: 3rd sg. aor. subjunctive
   εἰσ-αφ-ικνέομαι

ὅς τις ἀϊδρείῃ πελάσῃ καὶ φθόγγον ἀκούσῃ   41

Σειρήνων, τῷ δ᾽ οὔ τι γυνὴ καὶ νήπια τέκνα   42

οἴκαδε νοστήσαντι παρίσταται οὐδὲ γάνυνται,   43

ἀλλά τε Σειρῆνες λιγυρῇ θέλγουσιν ἀοιδῇ   44

ἥμεναι ἐν λειμῶνι, πολὺς δ᾽ ἀμφ᾽ ὀστεόφιν θὶς   45

ἀνδρῶν πυθομένων, περὶ δὲ ῥινοὶ μινύθουσι.   46

ἀλλὰ παρεξελάαν, ἐπὶ δ᾽ οὔατ᾽ ἀλεῖψαι ἑταίρων   47

κηρὸν δεψήσας μελιηδέα, μή τις ἀκούσῃ   48

τῶν ἄλλων· ἀτὰρ αὐτὸς ἀκουέμεν αἴ κ᾽ ἐθέλῃσθα,   49

δησάντων σ᾽ ἐν νηῒ θοῇ χεῖράς τε πόδας τε   50

ὀρθὸν ἐν ἱστοπέδῃ, ἐκ δ᾽ αὐτοῦ πείρατ᾽ ἀνήφθω,   51

ὄφρα κε τερπόμενος ὄπ᾽ ἀκούσῃς Σειρήνοιϊν.   52

εἰ δέ κε λίσσηαι ἑτάρους λῦσαί τε κελεύῃς,   53

οἱ δέ σ᾽ ἔτι πλεόνεσσι τότ᾽ ἐν δεσμοῖσι διδέντων.   54

    αὐτὰρ ἐπὴν δὴ τάς γε παρὲξ ἐλάσωσιν ἑταῖροι,   55

ἔνθα τοι οὐκέτ᾽ ἔπειτα διηνεκέως ἀγορεύσω,   56

ὁπποτέρη δή τοι ὁδὸς ἔσσεται, ἀλλὰ καὶ αὐτὸς   57

θυμῷ βουλεύειν· ἐρέω δέ τοι ἀμφοτέρωθεν.   58

ἔνθεν μὲν γὰρ πέτραι ἐπηρεφέες, προτὶ δ᾽ αὐτὰς   59

κῦμα μέγα ῥοχθεῖ κυανώπιδος Ἀμφιτρίτης·   60

ἀγορεύω: to speak in assembly, declare, 5
ἀ-ιδρείη, ἡ: ignorance, 4
ἀλείφω: to anoint with oil, oil, 4
Ἀμφιτρίτη, ἡ: Amphitrite, 2
ἀμφοτέρω-θεν: from or on both sides, 3
ἀν-άπτω: to fasten, tie, attach, 4
ἀοιδή, ἡ: song, lay, 3
βουλεύω: to deliberate, take counsel, plan, 6
γάνυμαι: to be glad, rejoice, 1
δεσμός, ὁ: chains, bindings, bonds, 12
δέψω: to knead, 1
διηνεκής, -ές: continous, unbroken, 1
ἐπ-ηρεφής, -ές: overhanging, 2
ἐπήν: ἐπεὶ ἄν, when, whenever, 5
θέλγω: charm, enchant, 5
θίς, θινός, ὁ: heap, sandheap, shore, beach 10
ἱστοπέδη, ἡ: mast-stay, mast-block, 3
κηρός, ὁ: wax, 6
κυαν-ῶπις, -πιδος: dark-eyed, 1
λειμών, -ῶνος, ὁ: meadow, lowland, 5
λιγυρός, -ή, -όν: clear-sounding, whistling, 2
λίσσομαι: to beg, pray, entreat, supplicate, 5
μελι-ηδής, -ές: honey-sweet, 5

μινύθω: to lessen, diminish, 1
νήπιος, -α, -ον: young; childish, foolish, 6
νοστέω: to return, to come back, 4
οἴκα-δε: to home, homeward, 9
ὀρθός, -ή, -όν: straight, upright, right, 5
ὀστέον, τό: bone, 6
ὁπότερος, -η, -ον: which of two, 1
οὐκ-έτι: no more, no longer, no further, 9
οὖς, οὔατος, τό: ear, 3
ὄψ, ὀπός, ἡ: voice, 9
παρ-έκ: out along or beside, outside, before 6
παρ-εξ-ελαύνω: to drive pass, pass by, 1
παρ-ίστημι: to stand beside, approach, 10
πεῖραρ, πείρατος, τό: end, limit, 5
πελάζω: bring, carry, conduct, (+ dat), 11
πλείων, πλεῖον (-οντος): more, greater, 6
πύθω: to make rot; mid. to rot, 1
ῥινός, ἡ: hide, leather; skin, 3
ῥοχθέω: to roar, 1
Σειρήν, -ηνος, ἡ: Siren, 7
τέκνον, τό: a child, 6
τέρπω: to delight; mid. enjoy, feel joy, 5
φθόγγος, ὁ: voice, 3

---

41 ὅς τις...τῷ: whoever....that one; relative precedes the antecedent τῷ
42 ἀϊδρείη: in ignorance; dat. of manner
    πελάσῃ...ἀκούσῃ: 3rd sg. aor. subj. πελάζω, ἀκούω
43 νοστήσαντι: dat. aor. pple. with τῷ
    παρίσταται: stand beside; + dat., pres. παρ-ίστημι sg. with a plural subject
45 ἥμεναι: sitting; pple. ἧμαι
    πολὺς...θὶς: (there is) a great heap
    ἀμφὶ: and around (the Sirens)
    ὀστεόφιν: φιν is dat. pl. but gen. pl. is preferable "of bones"
46 πυθομένον: rotting; not from πυνθάνομαι
    περὶ δὲ: and around (them)
47 παρεξελάαν: aor. inf. παρεξελαύνω as imperative
    οὔατα: neuter pl. οὖς
    ἀλεῖψαι: aor. inf. ἀλείφω as imperative
48 μή...ἀκούσῃ: so that...not; negative purpose; 3rd sg. aor. subj.
49 αὐτός: you yourself
    ἀκουέμεν...ἐθέλῃσθα: if you wish to hear (the Sirens); κε + pres. subj. in a future more vivid condition; pres. inf. ἀκούω
50 δησάντων: let them bind; 3rd pl. aor.

imperative δέω
    χεῖρας τε πόδας: hand and food; acc. of respect or simply apposition
51 ὀρθὸν: (standing) upright
    ἐκ δ᾽ αὐτοῦ: from there; from the mast
    πείρατα ἀνήφθω: let the ends (of the rope) be fastened; 3rd sg. pf. pass. imperative ἀν-άπτω
52 ὄφρα: so that...; + pres. subj., purpose
    ὄπα: acc. sg. ὄψ
    Σειρήνοϊιν: of two Sirens; dual gen.
53 εἰ...λίσσῃ(σ)αι: if you beg; κε + pres. subj. in a future more vivid condition
54 οἱ...διδέντων: let them put you; 3rd pl. pres. imperative δίδωμι
55 ἐπὴν...ἐλάσωσιν: when your comrades drive; ἄν + aor. subj. ἐλαύνω
57 ὁππότερη...ὁδός: which (of the two) route(s)
    τοι: for you
    ἔσσεται: will be; fut. dep. εἰμί
58 θυμῷ: in your heart
    βουλεύειν: inf. as imperative
    ἐρέω: I will tell
59 προτὶ...αὐτὰς: against them; i.e. πέτραι

Πλαγκτὰς δ' ἦ τοι τάς γε θεοὶ μάκαρες καλέουσι.   61

τῇ μέν τ' οὐδὲ ποτητὰ παρέρχεται οὐδὲ πέλειαι   62

τρήρωνες, ταί τ' ἀμβροσίην Διὶ πατρὶ φέρουσιν,   63

ἀλλά τε καὶ τῶν αἰὲν ἀφαιρεῖται λὶς πέτρη·   64

ἀλλ' ἄλλην ἐνίησι πατὴρ ἐναρίθμιον εἶναι.   65

τῇ δ' οὔ πώ τις νηῦς φύγεν ἀνδρῶν, ἥ τις ἵκηται,   66

ἀλλά θ' ὁμοῦ πίνακάς τε νεῶν καὶ σώματα φωτῶν   67

κύμαθ' ἁλὸς φορέουσι πυρός τ' ὀλοοῖο θύελλαι.   68

οἴη δὴ κείνη γε παρέπλω ποντοπόρος νηῦς,   69

Ἀργὼ πασιμέλουσα, παρ' Αἰήταο πλέουσα.   70

καὶ νύ κε τὴν ἔνθ' ὦκα βάλεν μεγάλας ποτὶ πέτρας,   71

ἀλλ' Ἥρη παρέπεμψεν, ἐπεὶ φίλος ἦεν Ἰήσων.   72

    οἱ δὲ δύω σκόπελοι ὁ μὲν οὐρανὸν εὐρὺν ἱκάνει   73

ὀξείῃ κορυφῇ, νεφέλη δέ μιν ἀμφιβέβηκε   74

κυανέη· τὸ μὲν οὔ ποτ' ἐρωεῖ, οὐδέ ποτ' αἴθρη   75

κείνου ἔχει κορυφὴν οὔτ' ἐν θέρει οὔτ' ἐν ὀπώρῃ.   76

οὐδέ κεν ἀμβαίη βροτὸς ἀνὴρ οὐδ' ἐπιβαίη,   77

οὐδ' εἴ οἱ χεῖρές τε ἐείκοσι καὶ πόδες εἶεν·   78

πέτρη γὰρ λίς ἐστι, περιξεστῇ ἐϊκυῖα.   79

μέσσῳ δ' ἐν σκοπέλῳ ἔστι σπέος ἠεροειδές,   80

Αἰήτης, ὁ: Aeëtes, 2
ἀμ-βροσίη, ἡ: ambrosia (food of the gods) 2
ἀμφι-βαίνω: to go about or around, 2
ἀνα-βαίνω: to go up, climb, mount, spread, 7
αἴθρη, ἡ: clear sky, fair weather, 1
Ἀργώ, ἡ: the Argo (a boat), 1
ἀφ-αιρέω: to take away from, remove, 2
βροτός, ὁ, ἡ: a mortal, human, 10
ἐναρίθμιος, -ον: filling up the count, 1
ἐν-ίημι: to send in, put in, implant, inspire, 6
εἴκοσι: twenty, 4
ἔοικα: to be like, seem likely, 11
ἐρωέω: to flow, draw back, draw away, 1
εὐρύς, -εῖα, -ύ: wide, broad, spacious, 11
ἠερο-ειδής, -ες: misty, murky, mist-looking 3
Ἥρη, ἡ: Hera, 2
θέρος, τό: summer, summertime, 5
θύελλα, ἡ: violent wind, storm, squal, 5
Ἰήσων, ὁ: Jason, 1
ἱκάνω: to approach, come, arrive, reach, 7
κορυφή, ἡ: peak, summit, crest, 7
κυάνεος, -η, -ον: blue, dark-blue, 3
λίς, λῖτος, ὁ, ἡ: smooth, sheer (=λισσός) 2
μάκαρ, -αρος: blessed, happy, 11

μέλω: imper. there is a care for (dat, gen), 8
μέσος, -η, -ον: the middle of, 11
νεφέλη, ἡ: a cloud, 3
ὀλοός, -ή, -όν: destructive, deadly, 7
ὁμοῦ: at the same place, together, 8
ὀπώρη, ἡ: late summer, autumn, 2
οὐρανός, ὁ: sky, heavens, 9
παρα-πέμπω: to send past, guide by, 1
παρα-πλέω: to sail by or past, 1
παρ-έρχομαι: to go by, pass by, pass, 1
πέλεια, ἡ: dove, pigeon, 1
περι-ξεστός, -ή: -όν: highly polished, 1
πίναξ, -ακος, ὁ: board, plank, 1
Πλαγκταί, αἱ: Planctae, 1
πλέω: to sail, go by sea, 8
ποντο-πόρος, -ον: sea-traversing, 1
ποτητός, -ή, -όν: flying, 1
σκόπελος, ὁ: cliff, 8
σῶμα, -ατος, τό: the body, 2
τρήρων, -ωνος, ὁ, ἡ: timid, 1
φεύγω: to flee, escape; defend in court, 13
φορέω: to carry, wear, 5
φώς, φῶτος, ὁ: man, 10
ὦκα: quickly, swiftly, straightaway, 8

61 Πλαγκτὰς…τάς…καλέουσι: call these (rocks) the Planctae; double accusative, the Planctae must be the wandering rocks
62 τῇ: beside it; dat. with compound verb
ποτητά: flying (creatures); neut. pl. subj.
63 ταί who…; relative pronoun
Διι: to Zeus; dat. sg.
64 ἀλλά τε καὶ: but even; adverbial
τῶν: (one) of them; i.e. kills the flittering doves
65 ἄλλην: another (dove)
ἐνίησι; 3rd sg. pres ἐν-ίημι
πατὴρ: father (Zeus)
ἐναρίθμιον εἶναι: to be filling up the count; i.e. to serve as a replacement
66 τῇ: on it
ἥ τις ἵκηται: whatever (ship) reaches (it); aor. subj. ἱκνέομαι, relative of charateristic
68 κύματα ἁλὸς: waves of the sea; subject with θύελλαι
πυρός τ' ὀλοοῖο: of destructive fire; an unexpected feature
69 οἴη..νηῦς: only one ship; nom. subj.
(ἐ)κείνη: beside that one; dat. compound
παρέπλω: 3rd sg. aor.

70 πασιμέλουσα: being a care for all; πᾶσι μέλουσα, fem. nom. pple + dat. pl. πᾶς
παρ' Αἰήταο: from Aeetes
71 κε τὴν..βάλεν: (the wave) would have struck it; i.e. the ship, κε + aor. ind. expresses past potential (unrealized)
72 παρέπεμψεν: sent (the ship) past
ἐπεί: since
ἦεν: impf. εἰμί
73 οἱ...σκόπελοι: there are…; supply a verb
ὁ μὲν: one (rock)
74 ὀξείῃ κορυφῇ: with a sharp peak
ἀμφιβέβηκε: perf. ἀμφι-βαίνω
75 τὸ μὲν: and it; the rock
ἐρωεῖ: (the cloud) draws away from; pres.
αἴθρη: a clear sky
77 κεν ἀμβαίη…ἐπιβαίη: could climb… surmount; aor. potential ἀνα-βαίνω, ἐπι-βαίνω the apodosis in a future less vivid condition through line 78
78 εἴ οἱ...εἶεν: if he had; "to him there were," dat. of possession, 3rd pl. pres. opt. εἰμί
79 ἐϊκυῖα: appearing like (dat); pf. pple ἔοικα

πρὸς ζόφον εἰς Ἔρεβος τετραμμένον, ᾗ περ ἂν ὑμεῖς   81

νῆα παρὰ γλαφυρὴν ἰθύνετε, φαίδιμ᾽ Ὀδυσσεῦ.   82

οὐδέ κεν ἐκ νηὸς γλαφυρῆς αἰζήϊος ἀνὴρ   83

τόξῳ ὀϊστεύσας κοῖλον σπέος εἰσαφίκοιτο.   84

ἔνθα δ᾽ ἐνὶ Σκύλλη ναίει δεινὸν λελακυῖα.   85

τῆς ἦ τοι φωνὴ μὲν ὅση σκύλακος νεογιλῆς   86

γίγνεται, αὐτὴ δ᾽ αὖτε πέλωρ κακόν· οὐδέ κέ τίς μιν   87

γηθήσειεν ἰδών, οὐδ᾽ εἰ θεὸς ἀντιάσειεν.   88

τῆς ἦ τοι πόδες εἰσὶ δυώδεκα πάντες ἄωροι,   89

ἐξ δέ τέ οἱ δειραὶ περιμήκεες, ἐν δὲ ἑκάστῃ   90

σμερδαλέη κεφαλή, ἐν δὲ τρίστοιχοι ὀδόντες   91

πυκνοὶ καὶ θαμέες, πλεῖοι μέλανος θανάτοιο.   92

μέσση μέν τε κατὰ σπείους κοίλοιο δέδυκεν,   93

ἔξω δ᾽ ἐξίσχει κεφαλὰς δεινοῖο βερέθρου,   94

αὐτοῦ δ᾽ ἰχθυάᾳ, σκόπελον περιμαιμώωσα,   95

δελφῖνάς τε κύνας τε, καὶ εἴ ποθι μεῖζον ἕλῃσι   96

κῆτος, ἃ μυρία βόσκει ἀγάστονος Ἀμφιτρίτη.   97

τῇ δ᾽ οὔ πώ ποτε ναῦται ἀκήριοι εὐχετόωνται   98

παρφυγέειν σὺν νηΐ· φέρει δέ τε κρατὶ ἑκάστῳ   99

φῶτ᾽ ἐξαρπάξασα νεὸς κυανοπρώροιο.   100

Σκύλλη, ἡ: Scylla

ἀγά-στονος, -ον: much-groaning, moaning, 1
αἰζήιος, -ον, ὁ: strong, lusty, vigorous, 1
ἀ-κήριος, -ον: unharmed, 1
Ἀμφιτρίτη, ἡ: Amphitrite, 2
ἀντιάω: to meet, encounter, 2
ἄ-ωρος, -ον: misshapen, immature, not ripe, 1
βέρεθρον, τό: gulf, pit, 1
βόσκω: to feed, pasture, 6
γηθέω: to rejoice, 1
δειρή, ἡ: the neck, throat, 1
δελφίς, -φῖνος, ὁ: dolphin, 1
δυώδεκα: twelve, 4
εἰσ-άφ-ικνέομαι: to arrive at, reach, 2
ἐξ-αρπάζω: to snatch away or off, 1
ἐξ-ίσχω: to hold out, protrude, 1
ἕξ: six, 6
ἔξω: out of (+ gen.); adv. outside, 2
Ἔρεβος, τό: Erebus, 8
εὐχετάομαι: to pray; boast, brag, 2
ζόφος, ὁ: darkness, gloom, 5
θαμέες, θαμειαί: thick and fast, set together, 1
ἰθύνω: to make straight, steer, 4
ἰχθυάω: to fish, 2
κατα-δύω: to go down, enter, 12
κεφαλή, ἡ: the head, 12
κῆτος, -εος, τό: sea-monster, 1
κοῖλος, -η, -ον: hollow, hollowed, 7
κράς, κρατός, ἡ: the head, 8

κύων, κυνός, ὁ: a dog, 6
κυανό-πρωρος, -η, -ον: dark-blue prowed, 7
λάσκω: to scream; bay, howl, 1
μείζων, -ονος: better, stronger, 1
μέσος, -η, -ον: the middle of, 11
μυρίος, -η, -ον: countless, endless, infinite, 6
ναύτης, ὁ: sailor, seaman, 2
νεο-γιλός, -ή, -όν: newly-born, young, 1
ὀδούς, ὀδόντος, ὁ: tooth, 4
ὀιστεύω: to shoot arrows, 1
παρα-φεύγω: to flee past, slip by, 1
πέλωρ, τό: monster, prodigy, 2
περι-μαιμάω: to gaze or peep around, 1
περι-μήκης, -ες: very tall, very long, 5
πλεῖος, -η, -ον: full, 2
πό-θι: where?, πο-θι: somewhere, 4
πυκινός, -ή, -όν: close fitted, dense, thick, 8
σκόπελος, ὁ: cliff, 8
σκύλαξ, -ακος ὁ: puppy, 2
σμερδαλέος, -η, -ον: terrible, fearful, dread, 4
τῇ: here, there, 10
τόξον, τό: bow, 4
τρέπω: to turn, change 4
τρί-στοιχος, -ον: in three rows, 1
φαίδιμος, -η, -ον: glistening, shining, bright, 6
φωνή, ἡ: speech, voice, 3
φώς, φωτός, ὁ: man, 10

81 πεπτραμμένον: *turned*; neuter sg. pf. mid.
   pple τρέπω
   ᾗ περ: *just where*
83 οὐδέ κεν...εἰσαφίκοιτο: *not even...could
   reach*; κεν + aor. potential opt.
   here is future in sense
84 τόξῳ: *with his bow*; dat. means
   ὀιστεύσας: nom. sg. aor. pple ὀιστεύω
85 εὔθα δ᾽ ἐνὶ: *therein*
   δεινὸν: *terribly*; adverbial acc.
   λελακυῖα: nom. sg. fem. pf. pple λάσκω
86 τῆς...φωνὴ: *the cry of that one (was)*
   ὄση: *as loud as (the cry)*; in this case the
   cry must have been rather soft
87 αὐτὴ: *but she herself*; intensive pronoun
   κέ γηθήσειεν: *would one feel joy*; 3ʳᵈ sg.
   aor. potential opt.
88 εἰ...ἀντιάσειε: *if...should encounter (it)*;
   aor. opt. of wish, the protasis in a future
   less vivid

89 τῆς πόδες: *the feet of that one*; acc.s πούς
   εἰσι: 3ʳᵈ pl. pres. εἰμί
91 ἐν δὲ: *there in*; in the head
92 πλεῖοι: *full of*; + gen.
93 μέσση: *waist-down, (up to) the waist*;
   "middle"
   κατὰ σπείους: *within the cave*; "down
   through the cave"
   δέδυκεν: *she went*; i.e. lay, pf. δύνω
94 ἔξω: governs the gen. δεινοῖο βερέθρου
95 αὐτοῦ: *there*
96 κύνας: sea-dogs
   εἴ..ἕλῃσι: *if...she catches*; equivalent to
   "whatever...she catches," aor. subj. αἱρέω
97 ἅ: *which*; pl. relative with sg. antecedent
98 τῇ: *there*
   ἀκήριοι: *unharmed*; predicative adj.
   εὐχετόωνται: *boast*
99 κρατὶ ἑκάστῳ: dat. of means
100 νεὸς κυανοπρώροιο: *from*; gen separation

τὸν δ᾽ ἕτερον σκόπελον χθαμαλώτερον ὄψει, Ὀδυσσεῦ.   101

πλησίον ἀλλήλων· καί κεν διοϊστεύσειας.   102

τῷ δ᾽ ἐν ἐρινεὸς ἔστι μέγας, φύλλοισι τεθηλώς·   103

τῷ δ᾽ ὑπὸ δῖα Χάρυβδις ἀναρροιβδεῖ μέλαν ὕδωρ.   104

τρὶς μὲν γάρ τ᾽ ἀνίησιν ἐπ᾽ ἤματι, τρὶς δ᾽ ἀναροιβδεῖ   105

δεινόν· μὴ σύ γε κεῖθι τύχοις, ὅτε ῥοιβδήσειεν·   106

οὐ γάρ κεν ῥύσαιτό σ᾽ ὑπὲκ κακοῦ οὐδ᾽ ἐνοσίχθων.   107

ἀλλὰ μάλα Σκύλλης σκοπέλῳ πεπλημένος ὦκα   108

νῆα παρὲξ ἐλάαν, ἐπεὶ ἦ πολὺ φέρτερόν ἐστιν   109

ἓξ ἑτάρους ἐν νηῒ ποθήμεναι ἢ ἅμα πάντας."   110

ὣς ἔφατ᾽, αὐτὰρ ἐγώ μιν ἀμειβόμενος προσέειπον·   111

εἰ δ᾽ ἄγε δή μοι τοῦτο, θεά, νημερτὲς ἐνίσπες,   112

εἴ πως τὴν ὀλοὴν μὲν ὑπεκπροφύγοιμι Χάρυβδιν,   113

τὴν δέ κ᾽ ἀμυναίμην, ὅτε μοι σίνοιτό γ᾽ ἑταίρους."   114

ὣς ἐφάμην, ἡ δ᾽ αὐτίκ᾽ ἀμείβετο δῖα θεάων·   115

"Σχέτλιε, καὶ δὴ αὖ τοι πολεμήϊα ἔργα μέμηλε   116

καὶ πόνος· οὐδὲ θεοῖσιν ὑπείξεαι ἀθανάτοισιν;   117

ἡ δέ τοι οὐ θνητή, ἀλλ᾽ ἀθάνατον κακόν ἐστι,   118

δεινόν τ᾽ ἀργαλέον τε καὶ ἄγριον οὐδὲ μαχητόν·   119

οὐδέ τις ἔστ᾽ ἀλκή· φυγέειν κάρτιστον ἀπ᾽ αὐτῆς.   120

Χάρυβδις, ἡ: Charybdis

ἄγριος, -α, -ον: wild, fierce, 11

ἀ-θάνατος, -ον: undying, immortal, 13

ἀλκή, ἡ: defence, defensive strength (ἀλκί), 3

ἀλλήλων, -λοις, -λους: one another, 9

ἀμύνω: to keep off, ward off, defend, 2

ἀνα-ρροιβδέω: to swallow up, 4

ἀν-ίημι: to send up, let go, give up, 4

ἀργαλέος, -η, -ον: painful, burdensome, 7

αὖ: again, in turn; further, moreover, 8

δι-οιστεύω: to shoot an arrow across, 1

ἐκεῖ-θι: there, in that place, 1

ἐν-έπω: to relate, 5

Ἐνοσίχθων, -ονος: Earth-shaker, Poseidon 4

ἕξ: six, 6

ἐρινεός, ὁ: wild fig-tree, 2

ἕτερος, -η, -ον: one of two, one…the other, 6

θάλλω: to bloom, abound, be luxuriant, 3

θνητός, -ή: mortal, liable to die, 5

κάρτιστος, -η, -ον: strongest, mightiest, 1

μαχητός, -η, -ον: fightable conquerable, 1

μέλω: imper. there is a care for (dat, gen), 8

νημερτής, -ες: unerring, infallible, 4

ὀλοός, -ή, -όν: destructive, deadly, 7

ὄψις, -εως, ἡ: dream, vision, sight, 6

παρ-έκ: out along, out beside, outside, 6

πελάζω: to bring, carry, come near, 11

πλησίος, -η, -ον: near, close, 2

ποθέω: to long for, yearn, miss, 5

πολεμήιος, -ον: warlike, of war, 1

πόνος, ὁ: work, labor, toil, 2

ῥύομαι: to cover, guard, protect, 1

ῥοιβδέω: to gulp, suck in, 1

σίνομαι: to harm, do mischief; rob, 3

σκόπελος, ὁ: cliff, 8

σχέτλιος, -η, -ον: hard-hearted, cruel, 9

τρίς: thrice, three times, 7

τυγχάνω: chance upon, get; meet; happen, 8

ὑπ-είκω: to retire, withdraw from, 1

ὑπ-έκ: from, out from under, 4

ὑπ-εκ-προ-φεύγω: to escape unnoticed, 1

φέρτερος, -η, -ον: stronger, more powerful, 4

φεύγω: to flee, escape; defend in court, 13

φύλλον, τό: leaf, 4

χθαμαλός, -ή, -όν: low-lying, low, 4

ὦκα: quickly, swiftly, straightaway, 8

---

101 τὸν..σκόπελον: the other rock (is); cf. l. 73, supply ἐστίν

χθαμαλώτερον: comparative adjective

ὄψει: at sight

102 κεν διοϊστεύσειας: you could; 2nd sg. aor. potential opt. διοστεύω

103 τῷ δ᾽ ἐν: and on it

104 τῷ δ᾽ ὑπό: but under it

δῖα: divine; from adj. δῖος

105 ἀνίησιν: throws up; 3rd sg. pres.

ἐπ᾽ ἤματι: in a day

δεινὸν: terribly; adverbial acc.

106 μὴ...τύχοις: may you not happen (to be); negative aor. opt. of wish τυγχάνω, add the complementary inf. εἶναι

ὅτε ῥοιβδήσειεν: whenever; aor. opt. in a general temporal clause, secondary seq.

107 κειν ῥύσαιτο: could protect; potential opt.

108 ἀλλὰ μάλα..ἐλάαν: but rather drive...; aor. inf. as imperative ἐλαύνω

πεπλημένος: coming near; pf. πελάζω

109 ἐπεὶ: since

πολὺ φέρτερον...ἢ: much better...than

predicate

110 ποθήμεναι: to mourn; i.e. lose

112 εἰ δ᾽: do not translate, predictive of l. 113, Odysseus interrupts the condition to express some commands

ἄγε: come now; preceding an imperative

ἐνίσπες: tell...!; imperative. ἐνέπω

ὑπεκπροφύγοιμι: I might...; aor. opt. of wish

114 τὴν δὲ: and I could fend off that one

μοι: my; perhaps an ethical dat.

115 δῖα θεάων: brilliant among goddesses

116 σχέτλιε: vocative direct address

τοι..μέμηλε: have become a concern for you, pf. μέλω

117 θεοῖσιν: dat. pl. with compound verb

ὑπείξε(σ)αι: will you yield; fut. ὑπείκω

118 ἡ δὲ: she (is); i.e. Scylla, supply ἐστίν

120 οὐδέ τίς ἐστ᾽ ἀλκή: nor is there any defense

φυγέειν: aor. inf φεύγω

κάρτιστον: (it is) bravest; supply ἐστίν

ἢν γὰρ δηθύνῃσθα κορυσσόμενος παρὰ πέτρῃ,   121

δείδω, μή σ᾽ ἐξαῦτις ἐφορμηθεῖσα κίχῃσι   122

τόσσῃσιν κεφαλῇσι, τόσους δ᾽ ἐκ φῶτας ἕληται.   123

ἀλλὰ μάλα σφοδρῶς ἐλάαν, βωστρεῖν δὲ Κράταιϊν,   124

μητέρα τῆς Σκύλλης, ἥ μιν τέκε πῆμα βροτοῖσιν·   125

ἥ μιν ἔπειτ᾽ ἀποπαύσει ἐς ὕστερον ὁρμηθῆναι.   126

   Θρινακίην δ᾽ ἐς νῆσον ἀφίξεαι· ἔνθα δὲ πολλαὶ   127

βόσκοντ᾽ Ἠελίοιο βόες καὶ ἴφια μῆλα,   128

ἑπτὰ βοῶν ἀγέλαι, τόσα δ᾽ οἰῶν πώεα καλά,   129

πεντήκοντα δ᾽ ἕκαστα. γόνος δ᾽ οὐ γίγνεται αὐτῶν,   130

οὐδέ ποτε φθινύθουσι. θεαὶ δ᾽ ἐπιποιμένες εἰσί,   131

νύμφαι ἐϋπλόκαμοι, Φαέθουσά τε Λαμπετίη τε,   132

ἃς τέκεν Ἠελίῳ Ὑπερίονι δῖα Νέαιρα.   133

τὰς μὲν ἄρα θρέψασα τεκοῦσά τε πότνια μήτηρ   134

Θρινακίην ἐς νῆσον ἀπῴκισε τηλόθι ναίειν,   135

μῆλα φυλασσέμεναι πατρώϊα καὶ ἕλικας βοῦς.   136

τὰς εἰ μέν κ᾽ ἀσινέας ἐάᾳς νόστου τε μέδηαι,   137

ἦ τ᾽ ἂν ἔτ᾽ εἰς Ἰθάκην κακά περ πάσχοντες ἵκοισθε·   138

εἰ δέ κε σίνηαι, τότε τοι τεκμαίρομ᾽ ὄλεθρον,   139

νηΐ τε καὶ ἑτάροις· αὐτὸς δ᾽ εἴ πέρ κεν ἀλύξῃς,   140

ἀγέλη, ἡ: group, herd, 2
ἀλύσκω: to escape, evade, avoid, forsake, 10
ἀπ-οικίζω: to send from home, banish, 1
ἀπο-παύω: to make stop from, cease from, 2
ἀ-σινής, -ές: unharmed, 2
ἀφ-ικνέομαι: to come, arrive, 13
βόσκω: to feed, pasture, 6
βροτός, ὁ, ἡ: a mortal, human, 10
βωστρέω: to call out loudly, 1
γόνος, ὁ: offspring, a child, 3
δείδω: fear, dread, shrink from, feel awe, 13
δηθύνω: to delay, linger, be long, 1
ἕλιξ, ἕλικος: of twisted or spiraling horn, 8
ἐξ-αῦτις: over again, once more, 2
ἐπι-ποιμήν, ἡ: shepherdness, 1
ἑπτά: seven, 4
ἐϋ-πλόκαμος, -ον: fair-locked, fair-tressed, 7
ἐφ-ορμάω: to stir up, rouse, incite, 1
Θρινακίη, ἡ: Thrinakia, an island 3
Ἰθάκη, ἡ: Ithaka, 13
ἴφιος, -α, -ον: strong, fat, 3
κεφαλή, ἡ: the head, 12
κιχάνω: to reach, come upon, find, 4
κορύσσω: to arm, fit out, equip, 1
Κραταιΐς, ἡ: Crataiis, mother of Scylla, 1
Λαμπετίη, ἡ: Lampetia, daughter of Helius, 2

μέδομαι: be mindful of, provide for, 2
μῆλον, τό: flock, herd; apple, 7
Νέαιρα, ἡ: Neaera, 1
νόστος, ὁ: return home, return homeward, 12
νύμφη, ἡ: young wife, bride, married woman 6
ὁρμέω: to lie at anchor, 4
πάσχω: to suffer, experience, 14
πατρῷος, -η, -ον: of one's father, inherited, 2
πεντήκοντα: fifty, 1
πῆμα, -ατος, τό: suffering, misery, woe, 8
πότνια, ἡ: mistress, queen, 7
πῶυ, -εος, τό: flock, 3
σίνομαι: to harm, do mischief; rob, 3
σφοδρῶς: vehemently, violently, 1
τεκμαίρομαι: to judge by signs, conjecture, 3
τηλό-θι: far away, 2
τίκτω: to beget, conceive, bring forth, 13
τόσος, -η, -ον: so much, so many, so great, 12
τρέφω: to raise (a child), rear, 5
Ὑπερίων, ὁ: Hyperion, the sun-god, 4
ὕστερος, -α, -ον: later, last, 10
Φαέθουσα, ἡ: Phaethousa, 1
φθινύθω: to waste (away), consume, 2
φυλάσσω: to guard, keep watch, protect, 6
φώς, φῶτος, ὁ: man, 10

121 ἤν...διθύνῃσθα: *if you linger*; 2nd sg. pres. mid. subj.
παρὰ πέτρῃ: *beside the rock*; i.e. where Scylla lives
122 μὴ...κίχῃσι: *lest she light upon*; pres. subj. in a clause of fearing
ἐφορμηθεῖσα: *setting out upon*; fem. nom. sg. aor. pass. dep. pple ἐφ-ορμάω
123 τοσσῆσιν κεφαλῇσι: dat. pl. of means
ἐκ...ἕληται: *take away*; aor. subj. αἱρέω, still in the clause of fearing
124 ἐλάαν: aor inf. ἐλαύνω as imperative
βωστεεῖν: *call upon*; inf. as imperative
125 τέκε: 3rd sg. aor. τίκτω
βροτοῖσιν: dat. of interest
126 ἀποπαύσει: *will make (acc) stop*; future active, Scylla is the object
ἐς ὕστερον: *until later*
ὁρμηθῆναι: aor. pass. dep. inf.
127 ἀφίξε(σ)αι: 2nd sg. fut. ἀφ-ικνέομαι
128 βόσκονται: *feed, pasture*
130 αὐτῶν: *from them*; gen. of source
εἰσί: *are*; 3rd pl. εἰμί

133 Ἡελίῳ Ὑπερίονι: *for Helius Hyperion*; dat. of interest, Helius is the father
134 τάς: *them*; the daughters
θρέψασα: nom. sg. aor. pple τρέφω
τεκοῦσα: nom. sg. aor. pple τίκτω
135 ἀπῴκισε: aor. ἀπ-οικίζω
ναίειν: *to dwell*; inf. of purpose
136 φυλασσέμεναι: aor. inf. of purpose
137 τάς: *them*; i.e. the cattle, βοάς
κε...ἐάᾳς: *you leave*; "let be," pres. ἐάω, in a similar mixed condition as above
μέδη(σ)αι: 2nd sg. pres. subj. μέδομαι with future sense + gen.
138 ἄν...ἵκοισθε: *you may arrive*, κε + aor. potential opt. ἱκνέομαι
περ πάσχοντες: *although...*; concessive
139 κε σίνη(σ)αι: *you harm (them)*; 2nd sg. pres. subj. σίνομαι
τεκμαίρομαι: I foresee: "judge"
140 νηΐ τε καὶ ἑτάροις: *with...*; dat. of means
κεν ἀλύξης, νεῖ(σ)αι: *if you avoid, you will return*; future more vivid condition

ὀψὲ κακῶς νεῖαι, ὀλέσας ἄπο πάντας ἑταίρους.΄   141

ὣς ἔφατ᾽, αὐτίκα δὲ χρυσόθρονος ἤλυθεν Ἠώς.   142

ἡ μὲν ἔπειτ᾽ ἀνὰ νῆσον ἀπέστιχε δῖα θεάων·   143

αὐτὰρ ἐγὼν ἐπὶ νῆα κιὼν ὤτρυνον ἑταίρους   144

αὐτούς τ᾽ ἀμβαίνειν ἀνά τε πρυμνήσια λῦσαι·   145

οἱ δ᾽ αἶψ᾽ εἴσβαινον καὶ ἐπὶ κληῖσι καθῖζον.   146

ἑξῆς δ᾽ ἑζόμενοι πολιὴν ἅλα τύπτον ἐρετμοῖς.   147

ἡμῖν δ᾽ αὖ κατόπισθε νεὸς κυανοπρῴροιο   148

ἴκμενον οὖρον ἵει πλησίστιον, ἐσθλὸν ἑταῖρον,   149

Κίρκη ἐϋπλόκαμος, δεινὴ θεὸς αὐδήεσσα.   150

αὐτίκα δ᾽ ὅπλα ἕκαστα πονησάμενοι κατὰ νῆα   151

ἥμεθα· τὴν δ᾽ ἄνεμός τε κυβερνήτης τ᾽ ἴθυνε.   152

δὴ τότ᾽ ἐγὼν ἑτάροισι μετηύδων ἀχνύμενος κῆρ·   153

    "ὦ φίλοι, οὐ γὰρ χρὴ ἕνα ἴδμεναι οὐδὲ δύ᾽ οἴους   154

θέσφαθ᾽ ἅ μοι Κίρκη μυθήσατο, δῖα θεάων·   155

ἀλλ᾽ ἐρέω μὲν ἐγών, ἵνα εἰδότες ἤ κε θάνωμεν   156

ἤ κεν ἀλευάμενοι θάνατον καὶ κῆρα φύγοιμεν.   157

Σειρήνων μὲν πρῶτον ἀνώγει θεσπεσιάων   158

φθόγγον ἀλεύασθαι καὶ λειμῶν᾽ ἀνθεμόεντα.   159

οἶον ἔμ᾽ ἠνώγει ὄπ᾽ ἀκουέμεν· ἀλλά με δεσμῷ   160

ἀλέομαι: to avoid, escape, flee from, 5
ἀνα-βαίνω: to go up, climb, mount, spread, 7
ἀνθεμ-όεις, -εσσα, -εν: flowery, 1
ἄνωγα: to command, order, bid, 10
ἀπο-στείχω: to go away, depart, 3
αὖ: again, in turn; further, moreover, 8
αὐδήεις, -εσσα: speaking with human voice, 4
δεσμός, ὁ: chains, bindings, bonds, 12
εἷς, μία, ἕν: one, single, alone, 11
εἰσ-βαίνω: to go into, walk to, enter, 6
ἑξῆς: in a row, in order, in sequence, 16
ἐσθλός, -ή, -όν: good, well-born, noble, 10
ἐϋ-πλόκαμος, -ον: fair-locked, fair-tressed, 7
θέσ-φατος, -ον: god-decreed, god-ordained, 5
θεσπέσιος, -η, -ον: divinely sweet, profuse, 7
θνήσκω: to die, be dying, perish, 14
ἰθύνω: to make straight, steer, 4
ἴκμενος, -η, -ον: fair, favorable, 2
κατ-όπισθεν: behind, after, in the rear (gen) 2
καθ-ίζω: to make sit down, station, 6
κῆρ, τό : heart; soul, mind, 5

κίω: to go, 10
κληΐς, -ῖδος, ἡ: bar; rowlocks, thole-pins, 7
κυανό-πρῳρος, -η, -ον: dark-blue prowed, 7
κυβερνήτης, ὁ: helmsman, pilot, 4
λειμών, -ῶνος, ὁ: meadow, lowland, 5
μετ-αυδάω: to speak among, 4
μυθέομαι: to say, speak of, mention, declare, 9
ὅπλον, τό: arms, equipment, tools; 5
ὀτρύνω: to stir up, rouse, encourage, 8
οὖρος, ὁ: fair wind, 13
ὄψ, ὀπός, ἡ: voice, 9
ὀψέ: late, after a long time, 3
πλησίστιος, -ον: filling the sail, 2
πονέω: to work, 5
πρυμνήσια, τά: cables for mooring a ship, 6
Σειρήν, -ῆνος, ἡ: Siren, 7
τύπτω: to beat, strike, smite, 7
φεύγω: to flee, escape; defend in court, 13
φθόγγος, ὁ: voice, 3
χρή: it is necessary, it is fitting; must, ought, 4
χρυσό-θρονος, -ον: golden-throned, 2

141 νεῖ(σ)αι: *you will return*; fut. νέομαι
    ὀλέσας ἄπο: *losing*; aor. pple. ἀπόλλυμι
142 ἤλυθεν: aor. ἔρχομαι
143 διὰ θεάων: *brilliant among goddesses*
144 ὄτρυνον: *I roused*; 1ˢᵗ sg. impf. ὀτρύνω
145 ἀμβαίνειν: ἀναβαίνειν i.e. the ship
    ἀνά..λῦσαι: *loosened up*; aor. inf. λύω
    likely formulaic: the boat was beached so
    loosening cables would not help set sail
146 εἴσβαινον: *boarded (the ship)*; impf.
    still in the clause of fearing
147 πολιήν: *grey*; modifies acc. sg. ἅλα
    τύπτον: 3ʳᵈ pl. impf. τύπτω
    ἐρετμοῖς: *with oars*; dat. of means
148 ἡμῖν: *for us*; dat. of interest
    νεὸς κυανοπρῴροιο: obj. of κατόπισθε
149 ἵει: *sends*; 3ʳᵈ sg. pres. ἵημι
    ἐσθλὸν ἑταῖρον: apposition to οὖρον
151 κατὰ νῆα: *throughout the ship*
152 ἥμεθα: *we sat*; 1ˢᵗ pl. pres. ἧμαι
    τὴν δ΄: *it*; i.e the ship

153 ἀχνύμενοι: *being grieved*; pres. pple.
    ἀχεύω
    κῆρ: *in my heart*; acc. respect
154 οὐ χρή...ἴδμεναι: *it is not right that...*
    know; aor. inf. οἶδα
    ἕνα: *one*
    οἴους *alone*
155 θέσφατα: *prophecies*; neuter pl.
    διὰ θεάων: *brilliant among goddesses*
156 ἐρέω: *I will tell (you)*
    ἵνα..κε θάνωμεν...ἢ κεν...φύγοιμεν: *so*
    that we may....we might; purpose clause
    with aor. subj. θνῄσκω and opt. φεύγω ;
    purpuse clauses do not usually have κε
    εἰδότες: *knowing*; nom. pl. pple. οἶδα
157 ἀλευάμενοι: aor. pple ἀλέομαι
158 ἀνώγει: *(Circe) bids*
159 ἀλεύασθαι: aor. inf. ἀλέομαι
160 οἶον ἔμε: *that I alone*
    ὄπα: acc. sg. ὄψ
    ἀκούεμεν: inf. ἀκούω

δῆσατ᾽ ἐν ἀργαλέῳ, ὄφρ᾽ ἔμπεδον αὐτόθι μίμνω,   161

ὀρθὸν ἐν ἱστοπέδῃ, ἐκ δ᾽ αὐτοῦ πείρατ᾽ ἀνήφθω.   162

εἰ δέ κε λίσσωμαι ὑμέας λῦσαί τε κελεύω,   163

ὑμεῖς δὲ πλεόνεσσι τότ᾽ ἐν δεσμοῖσι πιέζειν.᾽᾽   164

    ἦ τοι ἐγὼ τὰ ἕκαστα λέγων ἑτάροισι πίφαυσκον·   165

τόφρα δὲ καρπαλίμως ἐξίκετο νηῦς ἐυεργὴς   166

νῆσον Σειρήνοιϊν· ἔπειγε γὰρ οὖρος ἀπήμων.   167

αὐτίκ᾽ ἔπειτ᾽ ἄνεμος μὲν ἐπαύσατο ἠδὲ γαλήνη   168

ἔπλετο νηνεμίη, κοίμησε δὲ κύματα δαίμων.   169

ἀνστάντες δ᾽ ἕταροι νεὸς ἱστία μηρύσαντο   170

καὶ τὰ μὲν ἐν νηῒ γλαφυρῇ βάλον, οἱ δ᾽ ἐπ᾽ ἐρετμὰ   171

ἑζόμενοι λεύκαινον ὕδωρ ξεστῇς ἐλάτῃσιν.   172

αὐτὰρ ἐγὼ κηροῖο μέγαν τροχὸν ὀξέι χαλκῷ   173

τυτθὰ διατμήξας χερσὶ στιβαρῇσι πίεζον·   174

αἶψα δ᾽ ἰαίνετο κηρός, ἐπεὶ κέλετο μεγάλη ἲς   175

Ἠελίου τ᾽ αὐγὴ Ὑπεριονίδαο ἄνακτος·   176

ἑξείης δ᾽ ἑτάροισιν ἐπ᾽ οὔατα πᾶσιν ἄλειψα.   177

οἱ δ᾽ ἐν νηῒ μ᾽ ἔδησαν ὁμοῦ χεῖράς τε πόδας τε   178

ὀρθὸν ἐν ἱστοπέδῃ, ἐκ δ᾽ αὐτοῦ πείρατ᾽ ἀνῆπτον·   179

αὐτοὶ δ᾽ ἑζόμενοι πολιὴν ἅλα τύπτον ἐρετμοῖς.   180

ἀλείφω: to anoint with oil, oil, 4
ἄναξ, -ακτος, ὁ: a lord, master, 14
ἀν-άπτω: to fasten, tie, attach, 4
ἀν-ίστημι: to make stand up, raise up, 4
ἀ-πήμων, -ον: unharmed; harmless, 2
ἀργαλέος, -η, -ον: painful, burdensome, 7
αὐγή, ἡ: sunlight, sun rays, glare, 3
αὐτό-θι: on the very spot, here, there, 9
γαλήνη, ἡ: stillness of the sea, calm, 2
δαίμων, -ονος, ὁ: divine being, god, 6
δεσμός, ὁ: chains, bindings, bonds, 12
δια-τμήγω: to cut apart, cleave, separate, 1
ἐλάτη, ἡ: pine, 2
ἔμ-πεδος, -ον: steadfast; adv. continuously, 9
ἐξ-είης: in a row, in order, in sequence, 6
ἐξ-ικνέομαι: to reach, arrive at, 1
ἐπείγω: to press hard, impel, urge on, 4
εὐ-εργής, -ές: well-built, well-made, 7
ἰαίνω: to warm, heat; gladden, cheer, 2
ἴς, ἰνος, ἡ: force, strength; tendon, 5
ἰστοπέδη, ἡ: mast-stay, mast-block, 3
καρπαλίμως: swiftly, quickly, 5
κέλομαι: to command, bid, exhort, 10
κηρός, ὁ: wax, 6
κοιμάω: to put to sleep; mid. to fall asleep, 7

λευκαίνω: to make white, 1
λίσσομαι: to beg, pray, entreat, supplicate, 5
μηρύομαι: to draw up, furl (a sail), 1
μίμνω: to stay, remain, abide; await, 6
νηνεμίη, ἡ: stillness in the air, a calm, 1
ξεστός, -ή, -όν: smooth, smoothed, polished, 4
ὁμοῦ: at the same place, together, 8
ὀρθός, -ή, -όν: straight, upright, right, 5
οὖρος, ὁ: fair wind, 13
οὖς, οὔατος, τό: ear, 3
παύω: to stop, make cease, 7
πεῖραρ, πείρατος, τό: end, limit, 5
πιέζω: to squeeze, pinch, press tight, 3
πιφαύσκω: to declare, make known, show, 2
πλείων, πλεῖον (-οντος): more, greater, 6
πλέω: to sail, go by sea, 8
Σειρήν, -ῆνος, ἡ: Siren, 7
στιβαρός, -ά, -όν: strong, stout, sturdy, 1
τόφρα: during that time, meanwhile, 8
τροχός, ὁ: wheel, 1
τρύπανον, τό: drill, auger, 1
τύπτω: to beat, strike, smite, 7
τυτθός, -όν: little, small, 5
Ὑπεριονίδης, ὁ: son of Hyperion, sun-god, 1

161 δήσατε: bind...!; aor. imp.. δέω
    μίμνω: pres. subj. purpose clause
162 ὀρθὸν: (standing) upright
    ἐκ δ᾽ αὐτοῦ: from there; from the mast
    πείρατα ἀνήφθω: let the ends (of the
    rope) be fastened; 3rd sg. pf. pass.
    imperative ἀν-άπτω
163 εἰ...λίσσωμαι: if I beg; κε + pres.
    subj. in a future more vivid condition
    λῦσαι: aor. inf. λύωσ
164 πλεόνεσσί: more; dat. pl.
    πιέζειν: inf. as imperative
165 τὰ ἕκαστα: the details; "each things"
166 ἐξίκετο: aor. ἐξ-ικνέομαι
    νηῦς: nom. subject
167 νῆσον: to the island; acc. place to which
    Σειρήνοιϊν: dual gen.
    οὖρος ἀπήμων: fair wind
168 ἐπαύσατο: aor. mid. παύω
169 ἔπλετο: there was; impf. πέλομαι
170 ἀνστάντες: standing up; aor. pple
    νεὸς: of the ship
171 τὰ μὲν: them

βάλον: put
    ἐπὶ ἐρετμὰ: near their oars
172 ξεστῆς ἐλάτῃσιν: with polished, pine
    oars; dat. means
173 κηροῖο...τροχὸν: large wheel of wax
174 τυτθὰ: small pieces (of wax)
    διατμήξας: nom. sg. aor. pple ὀτρύνω
    χερσὶ: dat. pl. of means χείρ
175 ἐπεὶ: since
    κέλετο: compelled (the wax); pl. subject
177 ἑτάροισιν...πᾶσιν: of all my comrades;
    "for all my comrades," dat. pl.
    ἄλειψα: 1st sg. aor. ἀλείφω
178 ἔδησαν: bound; 3rd pl. aor. δέω
    χεῖρας τε πόδας τε: hand and foot; in
    apposition or acc. of respect
179 ὀρθὸν: (standing) upright
    ἐκ δ᾽ αὐτοῦ: from there; from the mast
    ἀνῆπτον: 3rd pl. impf. ἀν-άπτω
180 πολιὴν: grey; modifies acc. sg. ἅλα
    τύπτον: 3rd pl. impf. τύπτω
    ἐρετμοῖς: with oars; dat. of means

ἀλλ' ὅτε τόσσον ἀπῆμεν ὅσον τε γέγωνε βοήσας,   181

ῥίμφα διώκοντες, τὰς δ' οὐ λάθεν ὠκύαλος νηῦς   182

ἐγγύθεν ὀρνυμένη, λιγυρὴν δ' ἔντυνον ἀοιδήν·   183

"δεῦρ' ἄγ' ἰών, πολύαιν' Ὀδυσεῦ, μέγα κῦδος Ἀχαιῶν,   184

νῆα κατάστησον, ἵνα νωϊτέρην ὄπ ἀκούσῃς.   185

οὐ γάρ πώ τις τῇδε παρήλασε νηῒ μελαίνῃ,   186

πρίν γ' ἡμέων μελίγηρυν ἀπὸ στομάτων ὄπ' ἀκοῦσαι,   187

ἀλλ' ὅ γε τερψάμενος νεῖται καὶ πλείονα εἰδώς.   188

ἴδμεν γάρ τοι πάνθ' ὅσ' ἐνὶ Τροίῃ εὐρείῃ   189

Ἀργεῖοι Τρῶές τε θεῶν ἰότητι μόγησαν,   190

ἴδμεν δ', ὅσσα γένηται ἐπὶ χθονὶ πουλυβοτείρῃ."   191

   ὣς φάσαν ἱεῖσαι ὄπα κάλλιμον· αὐτὰρ ἐμὸν κῆρ   192

ἤθελ' ἀκουέμεναι, λῦσαί τ' ἐκέλευον ἑταίρους   193

ὀφρύσι νευστάζων· οἱ δὲ προπεσόντες ἔρεσσον.   194

αὐτίκα δ' ἀνστάντες Περιμήδης Εὐρύλοχός τε   195

πλείοσί μ' ἐν δεσμοῖσι δέον μᾶλλόν τε πίεζον.   196

αὐτὰρ ἐπεὶ δὴ τάς γε παρήλασαν, οὐδ' ἔτ' ἔπειτα   197

φθογγόν Σειρήνων ἠκούομεν οὐδέ τ' ἀοιδήν,   198

αἶψ' ἀπὸ κηρὸν ἕλοντο ἐμοὶ ἐρίηρες ἑταῖροι,   199

ὅν σφιν ἐπ' ὠσὶν ἄλειψ', ἐμέ τ' ἐκ δεσμῶν ἀνέλυσαν.   200

ἀλείφω: to anoint with oil, oil, 4
ἀνα-λύω: to loosen up, unloosen, 1
ἀν-ίστημι: to make stand up, raise up, 4
ἀοιδή, ἡ: song, lay, 3
ἄπ-ειμι: to be away, absent, distant, 5
Ἀργεῖος, -α, -ον: Argive, (Greek), 8
Ἀχαιός, -α, -ον: Achaian, (Greek), 12
βοάω: to shout, 3
γέγωνα: to make one's voice heard, shout, 2
δεσμός, ὁ: chains, bindings, bonds, 12
δεῦρο: hither, here, 4
διώκω: to pursue, follow; prosecute, 1
ἐγγύ-θεν: from near, from close at hand, 3
ἐν-τύνω: to arrange, make ready, 2
ἐρέσσω: to row, 7
ἐρίηρος, -όν: faithful, trusty; fitting exactly 10
Εὐρύλοχος, ὁ: Eurylochus, 14
εὐρύς, -εῖα, -ύ: wide, broad, spacious, 11
ἰότης, -ητος, ἡ: will, determination; desire, 3
καθ-ίστημι: to set down; appoint, establish, 1
κάλλιμος, -η, -ον: beautiful, 3
κῆρ, τό : heart; soul, mind, 5
κηρός, ὁ: wax, 6
κῦδος, -εος, ὁ: glory, majesty, 1
λανθάνω: to escape notice, be unnoticed, 13
λιγυρός, -ή, -όν: clear-sounding, whistling, 2
μᾶλλον: more, rather, much, 5

μελί-γηρυς, -υος, ὁ, ἡ: honey-voiced, 1
μογέω: to toil, labor, suffer, 2
νευστάζω: nod, keep nodding, 1
νωίτερος, -η, -ον: of or from us two, 1
ὄρνυμι: to stir, set in motion, rouse, 11
οὖς, οὔατος, τό: ear, 3
ὀφρύς, ἡ: eyebrow, brow, 5
ὄψ, ὀπός, ἡ: voice, 9
παρ-ελαύνω: to drive past, sail by, 2
πλείων, πλεῖον (-οντος): more, greater, 6
Περιμήδης, ὁ: Perimedes, 1
πιέζω: to squeeze, pinch, press tight, 3
πολύ-αινος, -όν: many-praised, illustrious, 1
πουλυ-βότειρα, -ης: that feeds many, 2
προ-πίπτω: to fall forward, 2
ῥίμφα: swiftly, 1
Σειρήν, -ῆνος, ἡ: Siren, 7
στόμα, -ατος, τό: the mouth, 3
τέρπω: to delight; mid. enjoy, feel joy, 5
τῇδε: here; in this way, thus, 2
τόσος, -η, -ον: so much, so many, so great, 12
Τροίη, ἡ: Troy, 8
Τρῶες, Τρώων οἱ: Trojans, 6
φθόγγη, ἡ: voice, cry, 1
χθών, -ονός, ἡ: the earth, ground, 7
ὠκύ-αλος, -ον: swift-sailing, sea-swift, 1

---

181 τόσσον ἀπῆν ὅσσον: *I was so far away as…*; impf. ἀπ-ειμι, acc. of extent
γέγωνε βοήσας: *one can be heard when shouting*; practical unit of measurement
182 τὰς…λάθεν: *did not escape the notice of them*; i.e. the two Sirens
183 ὀρνυμένη: *rushing*; "setting out"
ἔντυνον: 3rd pl. ἐντύνω
184 ἄγε: *come*; precedes imperatives
ἰών: nom. sg. pple ἔρχομαι
μέγα κῦδος: in apposition to vocative Ὀδυσεῦ
185 κατάστησον: *stop*; 2nd sg. aor. imperative
ἵνα…ἀκούσῃς: *so that…*; aor. subj. in a purpose clause
186 παρήλασε: 3rd sg. aor. παρ-ελαύνω
187 πρίν…ἀκοῦσαι: *until…he heard*; πρίν + aor. inf. ἀκούω
ὄπα: *voice*; acc. sg. ὄψ
188 ὅ γε: *he*; the τις in line 186
τερψάμενος: aor. pple τέρπομαι
νεῖται: 3rd sg. pres. νέομαι

πλείονα: *more things*; neuter pl.
εἰδώς: nom. sg. pple οἶδα
189 ἴδμεν: *we know*; 1st pl. pres. οἶδα
πάντα ὅσα: *all that*; neuter pl.
191 ὅσσα γένηται: *as much as happens*; neuter pl. with sg. aor. verb
192 ἰεῖσαι: *sending forth*. fem. pl. pple ἵημι
ἐμὸν κῆρ: *my heart*; nom. subject
193 ἤθελ': 3rd sg. impf. ἐθέλω
ἀκουέμεναι: inf. ἀκούω
λῦσαι: aor. inf. λύω
194 ὀφρύσι: *with my brows*
195 ἀνστάντες: *standing*; pl. aor. pple
196 πλείοσι: *more*
δέον: *bound*; 3rd pl. impf. δέω
196 πίεζον: *drew tighter*; impf.
197 τὰς: *them*. the Sirens
παρήλασαν: 3rd pl. aor. παρ-ελαύνω
199 ἀπό…ἕλοντο: *took out*; aor. αἱρέω
200 σφιν ἐπ' ὠσίν: *in their ears*; dat. pl.
ἄλειψα: 1st sg. aor.. ἀλείφω

ἀλλ' ὅτε δὴ τὴν νῆσον ἐλείπομεν, αὐτίκ' ἔπειτα   201

καπνὸν καὶ μέγα κῦμα ἴδον καὶ δοῦπον ἄκουσα.   202

τῶν δ' ἄρα δεισάντων ἐκ χειρῶν ἔπτατ' ἐρετμά,   203

βόμβησαν δ' ἄρα πάντα κατὰ ῥόον· ἔσχετο δ' αὐτοῦ   204

νηῦς, ἐπεὶ οὐκέτ' ἐρετμὰ προήκεα χερσὶν ἔπειγον.   205

αὐτὰρ ἐγὼ διὰ νηὸς ἰὼν ὄτρυνον ἑταίρους   206

μειλιχίοις ἐπέεσσι παρασταδὸν ἄνδρα ἕκαστον·   207

   "ὦ φίλοι, οὐ γάρ πώ τι κακῶν ἀδαήμονές εἰμεν·   208

οὐ μὲν δὴ τόδε μεῖζον ἔπι κακόν, ἢ ὅτε Κύκλωψ   209

εἵλει ἐνὶ σπῆϊ γλαφυρῷ κρατερῆφι βίηφιν·   210

ἀλλὰ καὶ ἔνθεν ἐμῇ ἀρετῇ βουλῇ τε νόῳ τε,   211

ἐκφύγομεν, καί που τῶνδε μνήσεσθαι ὀΐω.   212

νῦν δ' ἄγεθ', ὡς ἂν ἐγὼ εἴπω, πειθώμεθα πάντες.   213

ὑμεῖς μὲν κώπῃσιν ἁλὸς ῥηγμῖνα βαθεῖαν   214

τύπτετε κληΐδεσσιν ἐφήμενοι, αἴ κέ ποθι Ζεὺς   215

δώῃ τόνδε γ' ὄλεθρον ὑπεκφυγέειν καὶ ἀλύξαι·   216

σοὶ δέ, κυβερνῆθ', ὧδ' ἐπιτέλλομαι· ἀλλ' ἐνὶ θυμῷ   217

βάλλευ, ἐπεὶ νηὸς γλαφυρῆς οἰήϊα νωμᾷς.   218

τούτου μὲν καπνοῦ καὶ κύματος ἐκτὸς ἔεργε   219

νῆα, σὺ δὲ σκοπέλου ἐπιμαίεο, μή σε λάθῃσι   220

ἀ-δαήμων, -ον: ignorant, unknowing, 1
ἀλύσκω: to escape, evade, avoid, forsake, 10
ἀρετή, ἡ: excellence; virtue, 2
βαθύς, -εῖα, -ύ: deep, thick, 5
βομβέω: to hum, boom, 1
βουλή, ἡ: council, counsel, plan, resolve, 14
δείδω: fear, dread, shrink from, feel awe, 13
δοῦπος, ὁ: thunder, din, 2
εἴλω: to hem in, confine; stop, pin down, 5
ἐκτός: outside; out of, far from (+ gen.), 1
ἐκ-φεύγω: to flee out away, escape, 1
ἐπείγω: to press hard, impel, urge on, 4
ἐπι-μαίομαι: to feel, handle; strive for; aim, 5
ἐπι-τέλλομαι: to bid, order, command (dat) 4
ἔργω: to shut up, shut in; shut out, bar, 7
ἐφ-έζομαι: to sit, seat, set, 11
καπνός, ὁ: smoke, 8
κληΐς, -ῖδος, ἡ: bar; rowlocks, thole-pins, 7
κρατερός, -ή, -όν: strong, stout, mighty, 14
κυβερνήτης, ὁ: helmsman, pilot, 4
κώπη, ἡ: handle (of a oar or sword), 4

λανθάνω: to escape notice, be unnoticed, 13
μείζων, -ονος: better, stronger, 1
μειλίχιος, -η, -ον: winning, soothing, mild, 7
μιμνήσκω: to remind, recall, recollect, 8
νωμάω: to distribute, deal out; handle, 3
οἰήιον, τό: tiller, steering paddle, 3
οἴομαι: to suppose, think, imagine, 9
ὀτρύνω: to stir up, rouse, encourage, 8
οὐκ-έτι: no more, no longer, no further, 9
παρα-σταδόν: at one's side, standing by, 3
πέτομαι: to fly, 3
πό-θι: where?, πο-θι: somewhere, 4
προ-ήκης, -ες: with tampered oars, 1
ῥηγμίς, -ῖνος, ἡ: surf, breakers, 7
ῥόος, ὁ: stream, current, flow, 9
σκόπελος, ὁ: cliff, 8
τύπτω: to beat, strike, smite, 7
ὑπ-εκ-φεύγω: to flee, escape, 5
ὧδε: in this way, so, thus, 5

201 ἴδον: 1st pl. aor. ὁράω
203 τῶν...δεισάντων: of those fearing; pple
    δείδω modifying χειρῶν
    ἔπτατο: flew; 3rd sg. aor. πέτομαι, sg.
    verb. with neuter pl. subject
204 κατὰ ῥόον: down the stream
    ἔσχετο αὐτοῦ: stopped there; "held," aor.
    ἔχω
205 χερσὶν: with their hands;. dat. pl χείρ
    ἰών: nom. sg. pple ἔρχομαι
206 ὄτρυνον: 1st sg. impf.
207 μειλιχίοις ἐπέεσσι: with winning words
208 τι: in any way
    εἶμεν: we are; 1st pl. pres. εἰμί
209 τόδε μεῖζον ἔπι κακὸν ἤ: this evil upon
    (us) is greater than (when); ἔπι is
    equivalent to ἔπ-εστι
210 ἐν σπῆι: in the cave, dat. sg. σπέος
    κρατερῆφι βίηφι: by strength and force;
    -φι suffix used with instrumental force
211 ἀρετῆ, νόῳ: because of...; dat. of cause
    ἐκφύγομεν: aor. ἐκ-φεύγω
212 τῶνδε: gen. object of μνήσεσθαι
    μνήσεσθαι: fut. inf. μιμνήσκω + gen.
    ὀίω: I imagine (that you); 1st sg. pres.
    οἴομαι, supply an acc. subject
213 ἄγετε: imp. ἄγω before aspiration
    τῶνδε: gen. object of μνήσεσθαι

ὥς...εἴπω: just as I have said; "in
whatever way" ἄν + aor. subj. in a
general clause
πειθώμεθα: let us...; hortatory subj.
πείθω
214 κώπῃσιν: with your oars; dat. means
215 κλήδεσσιν: on the rowlocks; dat. with
    compound partciple
    ἐφήμεναι: sitting; pres. mid. pple ἐφ-ημαι
    αἴ κέ...δώῃ: in the hope...may allow (us
    to); 3rd sg. aor. subj. δίδωμι with the
    meaning of "grant" or "allow"
216 ἐπεκφυγέειν: aor. inf. ἐπι-εκ-φεύγω
    ἀλύξαι: aor in.. ἀλύσκω
217 κυβερνῆθ: O helmsman; vocative d.a.
218 βάλλευ: cast (it); i.e. the command,
    2nd sg. imperative,s βάλλε(σ)ο
    νωμᾷς: you handle; pres.. νωμάεις
219 τούτου...κύματος: objects of ἐκτός
    ἔεργε: keep the ship; sg. imperative "bar
    the ship"
220 ἐπιμαίε(σ)ο: strive for; + gen., sg. mid.
    imperative
    μη..λάθησι: let you forget; "let it escape
    you," clause of fearing, aor. subj..
    λανθάνω

κεῖσ᾽ ἐξορμήσασα καὶ ἐς κακὸν ἄμμε βάλῃσθα.᾽   221

ὣς ἐφάμην, οἱ δ᾽ ὦκα ἐμοῖς ἐπέεσσι πίθοντο.   222

Σκύλλην δ᾽ οὐκέτ᾽ ἐμυθεόμην, ἄπρηκτον ἀνίην,   223

μή πώς μοι δείσαντες ἀπολλήξειαν ἑταῖροι   224

εἰρεσίης, ἐντὸς δὲ πυκάζοιεν σφέας αὐτούς.   225

καὶ τότε δὴ Κίρκης μὲν ἐφημοσύνης ἀλεγεινῆς   226

λανθανόμην, ἐπεὶ οὔ τί μ᾽ ἀνώγει θωρήσσεσθαι·   227

αὐτὰρ ἐγὼ καταδὺς κλυτὰ τεύχεα καὶ δύο δοῦρε   228

μάκρ᾽ ἐν χερσὶν ἑλὼν εἰς ἴκρια νηὸς ἔβαινον   229

πρῴρης· ἔνθεν γάρ μιν ἐδέγμην πρῶτα φανεῖσθαι   230

Σκύλλην πετραίην, ἥ μοι φέρε πῆμ᾽ ἑτάροισιν.   231

οὐδέ πῃ ἀθρῆσαι δυνάμην, ἔκαμον δέ μοι ὄσσε   232

πάντῃ παπταίνοντι πρὸς ἠεροειδέα πέτρην.   233

ἡμεῖς μὲν στεινωπὸν ἀνεπλέομεν γοόωντες·   234

ἔνθεν μὲν Σκύλλη, ἑτέρωθι δὲ δῖα Χάρυβδις   235

δεινὸν ἀνερροίβδησε θαλάσσης ἁλμυρὸν ὕδωρ.   236

ἦ τοι ὅτ᾽ ἐξεμέσειε, λέβης ὣς ἐν πυρὶ πολλῷ   237

πᾶσ᾽ ἀναμορμύρεσκε κυκωμένη, ὑψόσε δ᾽ ἄχνη   238

ἄκροισι σκοπέλοισιν ἐπ᾽ ἀμφοτέροισιν ἔπιπτεν·   239

ἀλλ᾽ ὅτ᾽ ἀναβρόξειε θαλάσσης ἁλμυρὸν ὕδωρ,   240

ἀθρέω: to gaze at, observe, 1
ἀλεγεινός, -ή, -όν: apt to or causing pain, 3
ἁλμυρός, -ά, -όν: salt, briny, 5
ἀμφότερος, -η, -ον: each of two, both, 8
ἀνα-βρόχω: to swallow, swallow down, 2
ἀνα-μορμύρω: to seethe up, boil up, 1
ἀνα-πλέω: to sail up, 1
ἀνα-ρροιβδέω: to swallow up, 4
ἀνίη, ἡ: trouble, source of danger, 1
ἄνωγα: to command, order, bid, 10
ἀπο-λήγω: to cease from, desist, 1
ἄ-πρηκτος, -ον: unworkable, unmanageable, 1
ἄχνη, ἡ: foam, froth, 1
γοάω: to wail, groan, weep, 9
δέχομαι: to accept, receive; wait for, expect, 5
δείδω: fear, dread, shrink from, feel awe, 13
δόρυ, δουρός, τό: spear, three, stem, 8
δύναμαι: to be able, can, be capable, 10
εἰρεσία, ἡ: rowing, row, 3
ἐκεῖ-σε: thither, to that place, 6
ἐξ-εμέω: to belch out, vomit out, 2
ἐφ-ημοσύνη, ἡ: command, behest, 1
ἐξ-ορμάω: to stir up from, rouse from, 2
ἐντός: within, inside, 2
ἑτέρω-θι: on the other side, 1

ἠερο-ειδής, -ες: misty, murky, mist-looking, 3
θωρήσσω: to arm with a cuirass, 1
ἴκρια, τά: deck-beams, deck, 2
κάμνω: to be tired, be ill, be grieved, 7
κατα-δύω: to go down, enter, 12
κλυτός, -ή, -όν: famous, renowned, 12
κυκάω: to stir up, stir in, 3
λανθάνω: to escape notice, be unnoticed, 13
λέβης, ὁ: caldron, kettle, 2
μυθέομαι: to say, speak of, mention, declare, 9
ὄσσε: two eyes, 1
οὐκ-έτι: no more, no longer, no further, 9
παπταίνω: to peer around, look about, 2
πετραῖος, -η, -ον: from a rock, 2
πῇ: in what way? How? 4
πῆμα, -ατος, τό: suffering, misery, woe, 8
πίπτω: to fall, fall down, drop, 12
πρῴρη, ἡ: prow, 1
πυκάζω: to huddle, cover closely, 2
σκόπελος, ὁ: cliff, 8
στεν-ωπός, -όν: narrow-looking, narrow, 1
τεῦχος, -εος, τό: tool; armor, arms, 7
ὑψόσε: upward, aloft, on high, 5
ὦκα: quickly, swiftly, straightaway, 8

---

221 (ἐ)κεῖσε: to there
ἐξορμήσασα: (the ship) setting out; aor.
pple modifies fem. sg. νηῦς
ἄμμε: us; acc. pl.
βάλησθα: cast; 2nd sg. aor. subj. βάλλω
in the same clause of fearing
222 πίθοντο: obey; aor. mid. πείθω
223 οὐκέτι ἐμυθεόμην: I did not go on to talk
more; "no longer began to talk about"
224 μή...ἀπολλήξειαν: let they cease from;
clause of fearing with aor. opt. ἀπολήγω
in secondary sequence
225 πυκάζοιεν: 3rd pl. opt., fearing clause
227 λανθανόμην: I forgot; + gen. mid. voice
ἐπεὶ: since; causal
ἀνώγει: (Circe) ordered
228 καταδὺς: putting on; elsewhere "going
down," nom. sg. aor. pple καταδύνω
δοῦρε μάκρε: dual nom.
229 χερσὶν: dat. pl χείρ
ἐλὼν: nom. sg. aor. pple. αἱρέω
230 ἔνθεν: from where
ἐδέγμην: I expected; 3rd sg, aor. δέχομαι

φανεῖσθαι: to appear; aor. inf. φαίνω
231 ἥ: who; i.e Scylla
μοι: my
232 οὐδ πῃ: and in no way
ἀθρῆσαι: aor. inf. ἀθρέω
ἔκαμον: become tired; dual impf. κάμνω
ὄσσε: my two eyes; dual nom.
233 παπταίνοντι: dat. pple modifying μοι
234 στενωπὸν: the narrow strait; substantive
235 ἔνθεν...ἐτέρθει: on one side...on the other
δῖα: divine; adjective δῖος
237 ὅτε ἐξεμέσειε: whenever...; 3rd sg.
aor. opt. ἐξ-εμέω in a general temporal
clause, secondary sequence
λέβης ὡς: just as a caldron; simile
238 ἀναμορμύρεσκε: would boil up; impf. -σκ
suggests customary action
239 ἄκροισι...ἀμφοτέροισιν: obj. of ἐπί
240 ὅτε ἀναβρόξειε: whenever...; 3rd sg.
aor. opt. ἀνα-βρόχω in a general
temporal clause, secondary sequence

πᾶσ᾽ ἔντοσθε φάνεσκε κυκωμένη, ἀμφὶ δὲ πέτρη   241

δεινὸν βεβρύχει, ὑπένερθε δὲ γαῖα φάνεσκε   242

ψάμμῳ κυανέη· τοὺς δὲ χλωρὸν δέος ᾕρει.   243

ἡμεῖς μὲν πρὸς τὴν ἴδομεν δείσαντες ὄλεθρον·   244

τόφρα δέ μοι Σκύλλη κοίλης ἐκ νηὸς ἑταίρους   245

ἐξ ἕλεθ᾽, οἳ χερσίν τε βίηφί τε φέρτατοι ἦσαν.   246

σκεψάμενος δ᾽ ἐς νῆα θοὴν ἅμα καὶ μεθ᾽ ἑταίρους   247

ἤδη τῶν ἐνόησα πόδας καὶ χεῖρας ὕπερθεν   248

ὑψόσ᾽ ἀειρομένων· ἐμὲ δὲ φθέγγοντο καλεῦντες   249

ἐξονομακλήδην, τότε γ᾽ ὕστατον, ἀχνύμενοι κῆρ.   250

ὡς δ᾽ ὅτ᾽ ἐπὶ προβόλῳ ἁλιεὺς περιμήκεϊ ῥάβδῳ   251

ἰχθύσι τοῖς ὀλίγοισι δόλον κατὰ εἴδατα βάλλων   252

ἐς πόντον προΐησι βοὸς κέρας ἀγραύλοιο,   253

ἀσπαίροντα δ᾽ ἔπειτα λαβὼν ἔρριψε θύραζε,   254

ὣς οἵ γ᾽ ἀσπαίροντες ἀείροντο προτὶ πέτρας·   255

αὐτοῦ δ᾽ εἰνὶ θύρῃσι κατήσθιε κεκληγῶτας   256

χεῖρας ἐμοὶ ὀρέγοντας ἐν αἰνῇ δηϊοτῆτι·   257

οἴκτιστον δὴ κεῖνο ἐμοῖς ἴδον ὀφθαλμοῖσι   258

πάντων ὅσσ᾽ ἐμόγησα πόρους ἁλὸς ἐξερεείνων.   259

    αὐτὰρ ἐπεὶ πέτρας φύγομεν δεινήν τε Χάρυβδιν   260

ἄγραυλος, -ον: dwelling in the fields, 2
ἀείρω: to lift, raise up, 8
αἰνός, -ή, -όν: terrible, dire, dread, grim, 9
ἀλιεύς, ὁ: fisherman; seaman, 1
ἀσπαίρω: to make a struggle, writhe, gasp, 2
βρυχάομαι: to bellow, roar, moan, 1
δείδω: fear, dread, shrink from, feel awe, 13
δέος, δείους, τό: fear, alarm, dread, awe, 3
δηιόω: to cut down, slay, 1
δόλος, ὁ: trap, trick, bait; cunning, 11
εἶδαρ, -ατος, τό: food, meat, 4
ἔντοσ-θεν: within, inside, 4
ἕξ: six, 6
ἐξ-ερεείνω: to make inquiry, 3
ἐξ-ονομα-κλήδην: calling out by name, 1
θύρα-ζε: through the door, out the door, 4
θύρη, ἡ: door, 11
ἰχθύς, ὁ: a fish, 3
κατ-εσθίω: to eat up, devour, 5
κέρας, τό: horn, 1
κῆρ, τό : heart; soul, mind, 5
κλάζω: to scream, 2
κυάνεος, -η, -ον: blue, dark-blue, 3
κυκάω: to stir up, stir in, 3

λαμβάνω: to take, receive, catch, grasp, 13
μογέω: to toil, labor, suffer, 2
νοέω: to think, have in mind, suppose, 4
οἴκτιστος, -η, -ον: most pitiable, lamentable, 3
ὀλίγος, -η, -ον: few, little, small, 4
ὀρέγω: to stretch out, reach for, 3
περι-μήκης, -ες: very tall, very long, 5
προ-ίημι: to send forth, throw, launch, 8
πρό-βολος, ὁ: a jutting rock, 1
ῥάβδος, ἡ: wand, rod, staff, stick, 5
ῥίπτω: to throw, cast, hurl, 3
σκέπτομαι: to look about, examine, inspect, 1
τόφρα: during that time, meanwhile, 8
ὑπ-ένερθε: beneath, below; underneath, 2
ὕπερ-θεν: above, from above, 1
ὕστατος, -η, -ον: last, latter, 6
ὑψόσε: upward, aloft, on high, 5
φέρτατος -η, -ον: strongest, bravest, best, 2
φεύγω: to flee, escape; defend in court, 13
φθέγγομαι: to utter a sound or voice, 5
χλωρός, -ή, -όν: greenish-yellow, pale, 6
ψάμμος, ὁ: sand, 1

---

241 φάνεσκε: appeared; aor. φαίνω, -σκ
suggests customary action
ἀμφὶ...βεβρύχει: roared around; plpf.
βρύχω
242 δεινὸν: terribly; adverbial acc.
243 ψάμμῳ: with sand
χλωρὸν δέος: pale fear; subject
ᾕρει: began to take; 3rd sg. imp. αἱρέω
244 πρὸς τὴν: toward her; i.e. Scylla
ἴδμεν: we looked; 1st pl. aor. ὁράω
246 ἕξ: six; modifies ἑταίρους
ἕλετο: 3rd sg. aor. αἱρέω
χερσίν τε βίηφί: in...; dat. of respect
ἦσαν: 3rd pl. pres. εἰμί
248 τῶν: their; i.e. the captured comrades'
249 ἀειρομένων: being lifted; pass. pple
modifying τῶν
250 ὕστατον: finally; "lastly" adverbial acc.
ἀχνύμενοι: being grieved; pres. pple.
ἀχεύω
κῆρ: in my heart; acc. respect
251 ὡς δ᾽ ὅτε: just as when

ῥάβδῳ: with a (fishing) rod; dat. means
252 ἰχθύσι: for...; dat. pl. of interest.
κατὰ...βάλλων: tmesis, pres. pple
253 προίησι: sends down; 3rd sg. προίημι
254 ἀσπαίροντα: a writhing (fish); pple
λαβὼν: catching; aor. pple. λαμβάνω
254 ἔρριψε: aor. ῥίπτω
255 ὡς οἵ γ᾽: so they; i.e. the men
ἀείροντο: impf. pass. ἀείρω
προτὶ: πρός
256 εἰνὶ: ἐν + dat. pl.
κεκλήγοντας: acc. pl. pf. pple. κλάζω
257 ἐμοὶ: to me; dat governed by ὀρέγοντας
ἴδον: 1st sg. aor. ὁράω
258 ἐμοῖς ὀφθαλμοῖσι: dat. means, pleonasm
πάντων ὅσσα: of all the things that; "of
all as many as" partitive gen. governed
by the superlative οἴκτιστον
259 πόρους ἁλός: passages over the sea
260 φύγομεν: 1st pl. aor. φεύγω

Σκύλλην τ', αὐτίκ' ἔπειτα θεοῦ ἐς ἀμύμονα νῆσον   261
ἱκόμεθ'· ἔνθα δ' ἔσαν καλαὶ βόες εὐρυμέτωποι,   262
πολλὰ δὲ ἴφια μῆλ' Ὑπερίονος Ἠελίοιο.   263
δὴ τότ' ἐγὼν ἔτι πόντῳ ἐὼν ἐν νηῒ μελαίνῃ   264
μυκηθμοῦ τ' ἤκουσα βοῶν αὐλιζομενάων   265
οἰῶν τε βληχήν· καί μοι ἔπος ἔμπεσε θυμῷ   266
μάντηος ἀλαοῦ, Θηβαίου Τειρεσίαο,   267
Κίρκης τ' Αἰαίης, οἵ μοι μάλα πόλλ' ἐπέτελλον   268
νῆσον ἀλεύασθαι τερψιμβρότου Ἠελίοιο.   269
δὴ τότ' ἐγὼν ἑτάροισι μετηύδων, ἀχνύμενος κῆρ·   270
"κέκλυτέ μευ μύθων, κακά περ πάσχοντες ἑταῖροι,   271
ὄφρ' ὑμῖν εἴπω μαντήϊα Τειρεσίαο   272
Κίρκης τ' Αἰαίης, οἵ μοι μάλα πόλλ' ἐπέτελλον   273
νῆσον ἀλεύασθαι τερψιμβρότου Ἠελίοιο·   274
ἔνθα γὰρ αἰνότατον κακὸν ἔμμεναι ἄμμιν ἔφασκεν.   275
ἀλλὰ παρὲξ τὴν νῆσον ἐλαύνετε νῆα μέλαιναν."   276
ὣς ἐφάμην, τοῖσιν δὲ κατεκλάσθη φίλον ἦτορ.   277
αὐτίκα δ' Εὐρύλοχος στυγερῷ μ' ἠμείβετο μύθῳ·   278
"σχέτλιός εἰς, Ὀδυσεῦ· περί τοι μένος, οὐδέ τι γυῖα   279
κάμνεις· ἦ ῥά νυ σοί γε σιδήρεα πάντα τέτυκται,   280

Αἰαίη, ἡ: Aeaea, 6
αἰνός, -ή, -όν: terrible, dire, dread, grim, 9
ἀλαός, -ον: blind, 2
ἀλέομαι: to escape, avoid, flee from, 5
αὐλίζομαι: to be penned in, 1
βληχή, ἡ: bleating, 1
γυῖα τά: limbs, joints, 5
ἐμ-πίπτω: to fall on, fall upon, 1
ἐπι-τέλλομαι: to bid, order, command, 4
Εὐρύλοχος, ὁ: Eurylochus, 14
εὐρύ-μέτωπος, -ον: broad-browed, -fronted, 3
ἦτορ, τό: heart, soul, mind, spirit, 11
Θηβαῖος, -η, -ον: Theban, 5
ἴφιος, -α, -ον: strong, fat, 3
κάμνω: to be tired, be ill, be grieved, 7
κατα-κλάω: to shatter, break off, snap off, 5
κῆρ, τό : heart; soul, mind, 5

κλύω: to hear, 10
μαντήιον, τό: (1) seat of oracle, (2) oracle, 1
μάντις, ἡ: seer, prophet, 6
μένος, τό: might, force, prowess, 12
μετ-αυδάω: to speak among, 4
μῆλον, τό: flock, herd; apple, 7
μυκηθμός, ὁ: lowing, bellowing, 1
παρ-έκ: out along, out beside, beyond, 6
πάσχω: to suffer, experience, 14
σιδήρεος, -η, -ον: made of iron, iron, 1
στυγερός, -ή, -όν: hateful, hated, lamented, 6
σχέτλιος, -η, -ον: hard-hearted, cruel, 9
Τειρεσίης, ὁ: Tiresias, 14
τερψίμ-βροτος, -ον: delighting mortals, 2
Ὑπερίων, ὁ: Hyperion, the sun-god, 4
φάσκω: to say, assert, declare, affirm, 3

---

262 ἱκόμεθα: aor. ἱκνέομαι
    ἔσαν: *there were*; 3rd pl. impf. εἰμί
263 πόντῳ: *on the sea*; dat. place where
    ἐὼν: nom. sg. pple. εἰμί
    χλωρὸν δέος: *pale fear*; subject
264 μυκηθμοῦ: gen. object of aor. ἀκούω
266 οἰῶν: *of sheep*; gen. pl. ὄις
    μοι: *my*
    ἔμπεσε: *fell upon*; aor. ἐμπίπτω, ἔπος is
    acc. object
    θυμῷ: dat. object of compound verb
267 Κίρκης…Αἰαίης: *and of Circe of Aeaea*;
    modifies ἔπος
    οἵ: *who*; i.e. both Tiresias and Circe
    μοι: dat. obj. of compound verb
    μάλα πόλλα: *very many times*; adverb
268 ἀλεύασθαι: aor. inf. ἀλέομαι
270 ἀχνύμενος: *being grieved*; pres. pass.
    pple ἀχεύω; concessive
    κῆρ: *in his heart*; acc. of respect
271 Κέκλυτε: *hear*; reduplicated aor.
    imperative κλύω + gen. of source
    μύθων: *words*; gen. pl. object

περ πάσχοντες: *though suffering*; pple.
πάσχω, περ is concessive in force
272 ὄφρα…εἴπω: *that I may tell you of*; +
    acc. aor. subj. εἶπον, purpose clause
273 μάλα πόλλα: *very many times*; adverb
274 ἀλεύασθαι: aor. inf. ἀλέομαι
275 αἰνότατον: *most grim*; superlative
    ἔμμεναι: inf. εἰμί
    ἄμμιν: *to us*; i.e. "we have" dat.
    possession
    ἔφασκον: σκ suggests iterative impf. φημί
276 ἐλαύνετε: pl. imperative
277 τοῖσι φίλον ἦτορ: *their own (hearts)*; dat.
    of possession
    κατεκλάσθη: *were shattered*; 3rd sg. (pl.
    sense) aor. pass. κατα-κλάω
279 εἶς: *you are*; 2nd sg. pres. εἰμί
    περί τοι μένος: *beyond (all men) (is)
    your might*; supply a verb
280 ἦ ῥά νυ: *indeed as it seems now*
    πάντα: *all your (limbs)*; see γυῖα above
    τέτυκται: 3rd sg. perf. pass. τεύχω with a
    neuter pl. subject

ὅς ῥ᾽ ἑτάρους καμάτῳ ἀδηκότας ἠδὲ καὶ ὕπνῳ					281
οὐκ ἐᾷς γαίης ἐπιβήμεναι, ἔνθα κεν αὖτε					282
νήσῳ ἐν ἀμφιρύτῃ λαρὸν τετυκοίμεθα δόρπον,					283
ἀλλ᾽ αὔτως διὰ νύκτα θοὴν ἀλάλησθαι ἄνωγας					284
νήσου ἀποπλαγχθέντας, ἐν ἠεροειδέϊ πόντῳ.					285
ἐκ νυκτῶν δ᾽ ἄνεμοι χαλεποί, δηλήματα νηῶν,					286
γίγνονται· πῇ κέν τις ὑπεκφύγοι αἰπὺν ὄλεθρον,					287
ἤν πως ἐξαπίνης ἔλθῃ ἀνέμοιο θύελλα,					288
ἢ Νότου ἢ Ζεφύροιο δυσαέος, οἵ τε μάλιστα					289
νῆα διαρραίουσι θεῶν ἀέκητι ἀνάκτων.					290
ἀλλ᾽ ἦ τοι νῦν μὲν πειθώμεθα νυκτὶ μελαίνῃ					291
δόρπον θ᾽ ὁπλισόμεσθα θοῇ παρὰ νηῒ μένοντες,					292
ἠῶθεν δ᾽ ἀναβάντες ἐνήσομεν εὐρέϊ πόντῳ.᾽					293
    ὣς ἔφατ᾽ Εὐρύλοχος, ἐπὶ δ᾽ ᾔνεον ἄλλοι ἑταῖροι.					294
καὶ τότε δὴ γίγνωσκον ὃ δὴ κακὰ μήδετο δαίμων,					295
καί μιν φωνήσας ἔπεα πτερόεντα προσηύδων·					296
    ᾽Εὐρύλοχ᾽, ἦ μάλα δή με βιάζετε μοῦνον ἐόντα.					297
ἀλλ᾽ ἄγε νῦν μοι πάντες ὀμόσσατε καρτερὸν ὅρκον·					298
εἴ κέ τιν᾽ ἠὲ βοῶν ἀγέλην ἢ πῶϊ μέγ᾽ οἰῶν					299
εὕρωμεν, μή πού τις ἀτασθαλίῃσι κακῇσιν					300

ἀγέλη, ἡ: group, herd, 2
ἀ-έκητι: against the will of (+ gen.), 1
αἰνέω: to tell or speak of, 6
αἰπύς, -εῖα, -ύ: steep, utter; hard, 6
ἀλάλημαι: to wander, stray, roam, 3
ἀμφί-ρυτος, -η, -ον: sea-girt, flowed around, 2
ἀνα-βαίνω: to go up, climb, mount, spread, 7
ἄναξ, -ακτος, ὁ: a lord, master, 14
ἀνδάνω: to please, delight, gratify, 2
ἄνωγα: to command, order, bid, 10
ἀπο-πλάζομαι: to wander off, 1
ἀ-τασθαλίη, ἡ: folly, recklessness, 2
αὔτως: in the same manner, just, as it is, 2
βιάζω: to overpower, use force, constrain, 5
γιγνώσκω: to learn, note, realize, to know, 7
δαίμων, -ονος, ὁ: divine being, god, 6
δήλημα, -ματος, τό: mischief, bane
δια-ρραίω: to shatter completely, destroy, 1
δόρπον, τό: dinner, the evening meal, 12
δυσ-αής, -ές: ill-blowing, 1
ἐν-ίημι: to send in, put in, implant, inspire, 6
ἐξ-απίνης: suddenly, on the sudden, 2
εὑρίσκω: to find, discover, devise, invent, 10

Εὐρύλοχος, ὁ: Eurylochus, 14
εὐρύς, -εῖα, -ύ: wide, broad, spacious, 11
Ζέφυρος, ὁ: Zephyrus, the west wind, 4
ἠερο-ειδής, -ές: misty, murky, mist-looking, 3
ἠῶ-θεν: from morn, at dawn, in the morning, 2
θύελλα, ἡ: violent wind, storm, squall, 5
κάματος, ὁ: weariness, fatigue, toil, labor 4
καρτερός, -ή, -όν: strong, mighty, powerful, 2
λαρός, -όν: pleasant to taste, sweet, dainty, 1
μάλιστα: most of all; certainly, especially, 4
μήδομαι: to devise, plan, contrive, 5
μόνος, -η, -ον: alone, 3
Νότος, ὁ: south wind, south, 8
ὄμνυμι: to swear, take an oath, 5
ὅρκος, ὁ: oath, 6
ὁπλίζω: to make ready, prepare, arm, 5
πῇ: in what way? How? 4
πτερόεις, -εντος: feathered, winged, 14
πῶυ, -εος, τό: flock, 3
ὑπ-εκ-φεύγω: to flee, escape, 5
ὕπνος, ὁ: sleep, slumber, 9
φωνέω: to utter, speak, 10
χαλεπός, -ή, -όν: difficult, hard, harmful, 7

---

281 κατάτω...ὕπνῳ: dat. of means
ἀδηκότας: being exhausted; "being
pleased" acc. pl. pf. pple. ἀνδάνω
ἠδὲ καί: and...too; καί is adverbial
282 ἐάᾳς: you allow; 2ⁿᵈ sg. pres. ἐάω
ἐπιβήμεναι: aor. inf. ἐπι-βαίνω + gen.
283 ἔνθα κεν: where we could...; pf. mid.
τεύχω, potential opt.
284 ἄνωγας: you bid (us)
285 νήσου: from...; gen. of separation
ἀποπλαγχθέντας: made to wander; aor.
pass. pple., modifying understood acc.
obj. (us)
287 Πῇ: How...?
κέν ὑπεκφύγοι: potential opt. ὑπεκφεύγω
288 ἤν...ἔλθῃ: if...comes; 3ʳᵈ sg. aor. ἔρχομαι
289 ἤ...ἤ: either...or
291 πειθώμεθα: let us heed; hortatory subj.

292 θοῇ παρὰ νηΐ: beside the swift ship
293 ἀναβάντες: boarding; aor. ἀναβαίνω
ἐνήσομεν: we will put out; fut. ἐν-ίημι
εὐρέι πόντῳ: dat. with compound verb
294 ἐπὶ δ᾽ ᾔνεον: assented; tmesis, 3ʳᵈ pl.
impf. αἰνέω (ἐπαινέω)
295 γίγνωσκον: 1ˢᵗ sg. impf.
ὁ δή:
296 μιν: him; i.e. Eurylochus
ἔπεα: words; neuter acc. pl. ἔπος
297 βιάζετε: you all constrain; 2ⁿᵈ pl.
ἐόντα: being; acc. sg. pple εἰμί
298 ἄγε: come now; preceding an imperative
ὀμόσσατε: aor. pl. imperative ὄμνυμι
299 εἰ...εὕωμεν: if we find; aor. subj. εὑρίσκω
300 μή...ἀποκτάνῃ: do not kill; "you should
not kill," aor. prohibitive subj.
ἀποκτείνω

ἢ βοῦν ἠέ τι μῆλον ἀποκτάνῃ· ἀλλὰ ἔκηλοι   301

ἐσθίετε βρώμην, τὴν ἀθανάτη πόρε Κίρκη."   302

   ὣς ἐφάμην, οἱ δ᾿ αὐτίκ᾿ ἀπόμνυον, ὡς ἐκέλευον.   303

αὐτὰρ ἐπεί ῥ᾿ ὄμοσάν τε τελεύτησάν τε τὸν ὅρκον,   304

στῆσαμεν ἐν λιμένι γλαφυρῷ ἐυεργέα νῆα   305

ἄγχ᾿ ὕδατος γλυκεροῖο, καὶ ἐξαπέβησαν ἑταῖροι   306

νηός, ἔπειτα δὲ δόρπον ἐπισταμένως τετύκοντο.   307

αὐτὰρ ἐπεὶ πόσιος καὶ ἐδητύος ἐξ ἔρον ἔντο,   308

μνησάμενοι δὴ ἔπειτα φίλους ἔκλαιον ἑταίρους,   309

οὓς ἔφαγε Σκύλλη γλαφυρῆς ἐκ νηὸς ἑλοῦσα·   310

κλαιόντεσσι δὲ τοῖσιν ἐπήλυθε νήδυμος ὕπνος.   311

ἦμος δὲ τρίχα νυκτὸς ἔην, μετὰ δ᾿ ἄστρα βεβήκει,   312

ὦρσεν ἔπι ζαῆν ἄνεμον νεφεληγερέτα Ζεὺς   313

λαίλαπι θεσπεσίῃ, σὺν δὲ νεφέεσσι κάλυψε   314

γαῖαν ὁμοῦ καὶ πόντον· ὀρώρει δ᾿ οὐρανόθεν νύξ.   315

ἦμος δ᾿ ἠριγένεια φάνη ῥοδοδάκτυλος Ἠώς,   316

νῆα μὲν ὁρμίσαμεν κοῖλον σπέος εἰσερύσαντες.   317

ἔνθα δ᾿ ἔσαν Νυμφέων καλοὶ χοροὶ ἠδὲ θόωκοι·   318

καὶ τότ᾿ ἐγὼν ἀγορὴν θέμενος μετὰ μῦθον ἔειπον   319

   "ὦ φίλοι, ἐν γὰρ νηῒ θοῇ βρῶσίς τε πόσις τε   320

ἀγορή, ἡ: an assembly; marketplace, 6
ἀ-θάνατος, -ον: undying, immortal, 13
ἀπο-κτείνω: to kill, slay, 1
ἀπ-όμνυμι, ὁ: to foreswear, swear that…not, 3
ἄστρον, τό: constellation, star, 1
βρώμη, ἡ: food, 5
βρῶσις, ἡ: eating, food, meat, 2
γλυκερός, -ή, -όν: sweet, pleasant, 6
δόρπον, τό: dinner, the evening meal, 12
ἐδητύς, -ύος, ἡ: meat, food, 2
εἰσ-ερύω: to drag into, drag to, 1
ἔκηλος, -η, -ον: free from care, at ease, 2
ἐξ-απο-βαίνω: to disembark from, 1
ἐπ-έρχομαι: to come to, arrive at, reach, 7
ἐπι-σταμένως: skilfully, knowingly, 2
ἔρος, ὁ: desire, love, 1
ἐσθίω: to eat, 6
εὐ-εργής, -ές: well-wrought, well-made, 7
ἔφαγον: ate, eat; (aorist ἔδω), 7
ζα-ής, -ές: strongly-blowing, 1
θεσπέσιος, -η, -ον: divinely sweet, profuse, 7
θόωκος, ὁ: chair, seat, 2
καλύπτω: to conceal, cover, 6
κλαίω: to weep, lament, wail, 13

κοῖλος, -η, -ον: hollow, hollowed, 7
λαῖλαψ, -πος ἡ: tempest, storm, great wind, 5
λιμήν, -ένος, ὁ: harbor, haven, 8
μιμνήσκω: to remind, recall, recollect, 8
μῆλον, τό: flock, herd; apple, 7
νεφεληγερέτα: cloud-gatherer, -gathering, 3
νέφος, -εος, τό: a cloud, mass of clouds, 2
νήδυμος, -ον: sweet, balmy, 2
νύμφη, ἡ: young wife, bride, married woman 6
ὄμνυμι: to swear, take an oath, 5
ὁμοῦ: at the same place, together, 8
ὅρκος, ὁ: oath, 6
ὁρμίζω: to moor, bring to anchor, 1
ὄρνυμι: to stir, set in motion, rouse, 11
οὐρανό-θεν: from the sky, heavens, 5
πόρω: to give, furnish, offer, supply, 17
πόσις, -ιος, ὁ: drink, 2
ῥοδο-δάκτυλος, -ον: rosy-fingered, 8
τελευτάω: to finish, accomplish, perform, 4
τρίχα: threefold, in three parts, 4
ὕπνος, ὁ: sleep, slumber, 9
χορός, ὁ: dancing place, 2

301 ἤ…ἠέ: either…or
ἀποκτάνῃ: 3rd sg. aor. subj. ἀποκτείνω
302 πόρε: 3rd sg. impf. πόρω
303 ἀπόμνυον: swore (that they would) not; 3rd pl. impf.
ὡς: as, just as
304 ὄμοσεν: 3rd sg. aor. ὄμνυμι
305 στήσαμεν: we stopped; aor. ἵστημι
307 τετύκοντο: had been made; pf. pass. τεύχω
308 πόσιος, ἐδητύος: for…; objective gen. following ἔρον
ἐξ..ἕντο: sent away; 3rd pl. aor. mid. ἵημι likely tmesis with ἐξ
308 μνησάμενοι: aor. mid. pple μιμνήσκω
οὕς: whom; acc. pl.
310 ἐλοῦσα: fem. nom. sg. aor. αἱρέω
311 κλαιόντεσσι…τοῖσιν: to those weeping;

dat. pl. pres. pple κλαίω
ἐπήλυθε: aor. ἐπ-έρχομαι
312 ἦμος τρίχα νυκτὸς ἔην: when it was the third part of the night; partitive gen. 3rd sg. impf. εἰμί
μετὰ…βεβήκει: had crossed over (the sky); tmesis, plpf. βαίνω
313 ὦρσεν: aor. ὄρνυμι
314 λαίλαπι θεσπεσίῃ: with a…; dat. means
κάλυψε: aor. καλύπτω
315 ὀρώρει: had arisen; plpf. ὄρνυμι
316 ἦμος: when
φάνη: appeared; 3rd sg. aor. pass. φαίνω
317 κοῖλον σπέος: neuter acc. sg
318 ἔσαν: were; 3rd pl. impf. εἰμί
319 θέμενος: setting up; aor. mid. τίθημι
μετὰ πᾶσιν ἔειπον: spoke among them all

ἔστιν, τῶν δὲ βοῶν ἀπεχώμεθα, μή τι πάθωμεν· 321

δεινοῦ γὰρ θεοῦ αἵδε βόες καὶ ἴφια μῆλα, 322

Ἠελίου, ὃς πάντ᾽ ἐφορᾷ καὶ πάντ᾽ ἐπακούει.᾽᾽ 323

ὣς ἐφάμην, τοῖσιν δ᾽ ἐπεπείθετο θυμὸς ἀγήνωρ. 324

μῆνα δὲ πάντ᾽ ἄλληκτος ἄη Νότος, οὐδέ τις ἄλλος 325

γίγνετ᾽ ἔπειτ᾽ ἀνέμων, εἰ μὴ Εὗρός τε Νότος τε. 326

οἱ δ᾽ ἧος μὲν σῖτον ἔχον καὶ οἶνον ἐρυθρόν, 327

τόφρα βοῶν ἀπέχοντο λιλαιόμενοι βιότοιο. 328

ἀλλ᾽ ὅτε δὴ νηὸς ἐξέφθιτο ἤϊα πάντα, 329

καὶ δὴ ἄγρην ἐφέπεσκον ἀλητεύοντες ἀνάγκῃ, 330

ἰχθῦς ὄρνιθάς τε, φίλας ὅ τι χεῖρας ἵκοιτο, 331

γναμπτοῖς ἀγκίστροισιν, ἔτειρε δὲ γαστέρα λιμός· 332

δὴ τότ᾽ ἐγὼν ἀνὰ νῆσον ἀπέστιχον, ὄφρα θεοῖσιν 333

εὐξαίμην, εἴ τίς μοι ὁδὸν φήνειε νέεσθαι. 334

ἀλλ᾽ ὅτε δὴ διὰ νήσου ἰὼν ἤλυξα ἑταίρους, 335

χεῖρας νιψάμενος, ὅθ᾽ ἐπὶ σκέπας ἦν ἀνέμοιο, 336

ἠρώμην πάντεσσι θεοῖς οἳ Ὄλυμπον ἔχουσιν· 337

οἱ δ᾽ ἄρα μοι γλυκὺν ὕπνον ἐπὶ βλεφάροισιν ἔχευαν. 338

Εὐρύλοχος δ᾽ ἑτάροισι κακῆς ἐξήρχετο βουλῆς· 339

"κέκλυτέ μευ μύθων κακά περ πάσχοντες ἑταῖροι. 340

ἀγ-ήνωρ, -ορος: very manly, valorous, 9
ἄγκιστρον, τό: fish-hook, 1
ἄγρη, ἡ: game, prey; hunting, chase, 1
ἄημι: to blow; breathe hard, 2
ἀλητεύω: to roam about, 1
ἄλληκτος, -ον: unceasing, ceaseless, 1
ἀλύσκω: to escape, evade, avoid, forsake, 10
ἀνάγκη, ἡ: necessity, force, constraint, 4
ἀπ-έχω: to hold from, keep away, 4
ἀπο-στείχω: to go away, depart, 3
ἀράομαι: to pray, invoke, vow, 4
βίοτος, ὁ: life, livelihood, goods, 3
βλέφαρον, τό: pl. eyelids, 3
βουλή, ἡ: council, counsel, plan, resolve, 14
γαστήρ, -έρος, ἡ: belly, stomach, 2
γλυκύς, ύ: sweet, pleasant, 12
γναμπτός, -ή, -όν: bent, bending, 2
ἐκ-φθίνω: be consumed from, perish from, 2
ἐξ-άρχω: to begin, lead off, 2
ἐπ-ακούω: to heed, hear, 2
ἐπι-πείθομαι: be persuaded, prevailed upon, 6
ἐρυθρός, -ή, -όν: red, 4
ἐφ-έπω: to drive, direct; pursue, 6

ἐφ-οράω: to look upon, observe, survey, 4
εὔχομαι: pray; boast, vaunt, exult, 9
Εὖρος, ὁ: Eurus, the eastern wind, 2
Εὐρύλοχος, ὁ: Eurylochus, 14
ἕως: until, as long as, 3
ἦια, τά: provisions, food, 1
ἴφιος, -α, -ον: strong, fat, 3
ἰχθύς, ὁ: a fish, 3
κλύω: to hear, 10
λιλαίομαι: to desire, 6
λιμός, ὁ, ἡ: hunger, famine, 3
μείς, μηνός, ὁ: a month, 13
μῆλον, τό: flock, herd; apple, 7
νίζω: to wash, cleanse, 8
νότος, ὁ: south wind, south, 8
Ὄλυμπος, ὁ: Olympus, 4
ὄρνις, ὄρνιδος, ὁ, ἡ: a bird, 1
πάσχω: to suffer, experience, 14
σῖτος, ὁ: grain, food, 11
σκέπας, τό: shelter, protection, cover, 3
τείρω: to wear out, distress, afflict, 3
τόφρα: during that time, meanwhile, 8
ὕπνος, ὁ: sleep, slumber, 9

---

321 ἔστιν: sg. verb but pl. subject.
τῶν βοῶν: from…; gen. separation
ἀπεχώμεθα: let us…; hortatory aor.
μή…πάθωμεν: aor. subj. πάσχω, clause
of fearing
322 αἵδε: these (are)
323 πάντα: neuter pl. acc.
324 τοῖσιν: their; dat. possession with θυμός
ἐπεπείθετο: 3rd sg. impf. ἐπι-πείθομαι
325 μῆνα πάντα: for…; acc. duration of time
ἄη: blows; 3rd sg. pres. ἄημι
327 οἱ δ᾽ ἦμος: when they…
328 βοῶν: from…; gen. separation
ἀπέχοντο: impf. ἀπ-έχω
λιλαιόμενοι βιότοιο: desiring (to
preserve) life
329 ἐξέφθιτο: had been consumed; plpf. pass.
ἐξ-φθίνω
330 ἐφέπεσκον: they tried to pursue game;
impf. ἐφ-έπομαι
ἀνάγκη: by necessity
331 φίλας: their
ὅ τι…ἵκοιτο: whatever reached; general

relative clause, aor. opt. ἱκνέομαι
332 γναμπτοῖς ἀγκίστροισιν: dat. means
333 ἀνὰ νῆσον: up the island; i.e. away from
the coastline
ὄφρα…εὐξαίμην: so that…; aor. opt.
334 εἴ…φήνειε: in the hope that someone
might show, aor. opt of wish φαίνω
335 ἰων: nom. sg. pres. pple ἔρχομαι
ἤλυξα: I avoided; 1st sg. aor. ἀλύσκω
336 νιψάμενος: aor. mid. pple νίζω
337 ὅθι: (there) where
ἐπὶ σκέπας: under shelter
ἦν: it was; 3rd sg. impf. εἰμί
338 ἠρώμην: 1st sg. impf. ἀράομαι + dat.
οἱ δ᾽: they; i.e. the gods
ἔχευαν: 3rd pl. aor. χέω
339 ἐξάρχετο: initiated; "began" + gen.
340 Κέκλυτε: hear; reduplicated aor.
imperative κλύω + gen. of source
μύθων: words; gen. pl. object
περ πάσχοντες: though suffering; pple.
πάσχω, περ is concessive in force

πάντες μὲν στυγεροὶ θάνατοι δειλοῖσι βροτοῖσι,   341
λιμῷ δ' οἴκτιστον θανέειν καὶ πότμον ἐπισπεῖν.   342
ἀλλ' ἄγετ', Ἠελίοιο βοῶν ἐλάσαντες ἀρίστας   343
ῥέξομεν ἀθανάτοισι, τοὶ οὐρανὸν εὐρὺν ἔχουσιν.   344
εἰ δέ κεν εἰς Ἰθάκην ἀφικοίμεθα, πατρίδα γαῖαν,   345
αἶψά κεν Ἡελίῳ Ὑπερίονι πίονα νηὸν   346
τεύξομεν, ἐν δέ κε θεῖμεν ἀγάλματα πολλὰ καὶ ἐσθλά.   347
εἰ δὲ χολωσάμενός τι βοῶν ὀρθοκραιράων   348
νῆ' ἐθέλῃ ὀλέσαι, ἐπὶ δ' ἔσπωνται θεοὶ ἄλλοι,   349
βούλομ' ἅπαξ πρὸς κῦμα χανὼν ἀπὸ θυμὸν ὀλέσσαι,   350
ἢ δηθὰ στρεύγεσθαι ἐὼν ἐν νήσῳ ἐρήμῃ.'   351
   "ὣς ἔφατ' Εὐρύλοχος, ἐπὶ δ' ᾔνεον ἄλλοι ἑταῖροι.   352
αὐτίκα δ' Ἠελίοιο βοῶν ἐλάσαντες ἀρίστας   353
ἐγγύθεν, οὐ γὰρ τῆλε νεὸς κυανοπρῴροιο   354
βοσκέσκονθ' ἕλικες καλαὶ βόες εὐρυμέτωποι·   355
τὰς δὲ περίστησάντο καὶ εὐχετόωντο θεοῖσιν,   356
φύλλα δρεψάμενοι τέρενα δρυὸς ὑψικόμοιο·   357
οὐ γὰρ ἔχον κρῖ λευκὸν ἐϋσσέλμου ἐπὶ νηός.   358
αὐτὰρ ἐπεί ῥ' εὔξαντο καὶ ἔσφαξαν καὶ ἔδειραν,   359
μηρούς τ' ἐξέταμον κατά τε κνίσῃ ἐκάλυψαν   360

ἄγαλμα, τό: delight, glory, honor, 1
ἀ-θάνατος, -ον: undying, immortal, 13
αἰνέω: to tell or speak of, 6
ἅπας, ἅπασα, ἅπαν: every, quite all, 7
ἀφ-ικνέομαι: to come, arrive, 13
βόσκω: to feed, pasture, 6
βούλομαι: to wish, want, prefer, 4
βροτός, ὁ, ἡ: a mortal, human, 10
δειλός, -η, -ον: cowardly, wretched 5
δέρω: to skin, flay, 3
δηθά: for a long time, for long, long, 1
δρέπω: to pluck, cull
δρῦς, δρυός, ἡ: oak tree, 2
ἐγγύ-θεν: from near, from close at hand, 3
ἐκ-τέμνω: to cut out, 3
ἕλιξ, ἕλικος: of twisted or spiraling horn, 8
ἐρῆμος, -ον: deserted, desolate, 1
ἐσθλός, -ή, -όν: good, well-born, noble, 10
Εὐρύλοχος, ὁ: Eurylochus, 14
εὐρύ-μέτωπος, -ον: broad-browed, -fronted, 3
εὐρύς, -εῖα, -ύ: wide, broad, spacious, 11
ἐύ-σσελμος, -ον: with good rowing benches 5
εὐχετάομαι: to pray; boast, brag, 2
εὔχομαι: boast, vaunt, exult; pray, 9
ἐφ-έπω: to drive, direct; pursue, 6
θνήσκω: to die, be dying, perish, 14

Ἰθάκη, ἡ: Ithaka, 13
καλύπτω: to conceal, cover, 6
κνῖση, ἡ: odor of fat, savor of burnt sacrifice, 2
κρῖ, τό: barley, 1
κυανό-πρῳρος, -η, -ον: dark-blue prowed, 7
λιμός, ὁ, ἡ: hunger, famine, 3
μηρός, ὁ: thigh, 10
νηός, ὁ: a temple
οἴκτιστος, -η, -ον: most pitiable, lamentable, 3
οὐρανός, ὁ: sky, heavens, 9
ὀρθό-κραιρος, -α, -ον: straight-horned, 1
περι-ίστημι: to stand around, 2
πίων, -ον: rich, fertile, plentiful, 8
πότμος, ὁ: fate, death, 5
ῥέζω: to do accomplish, make, perform, 10
στρεύγομαι: to be drained, be exhausted, 1
στυγερός, -ή, -όν: hateful, hated, lamented, 6
σφάζω: to slay, slaughter, kill, 4
τέρην, -εν: tender, soft, delicate, 2
τῆλε: far, far away from (gen) 1
Ὑπερίων, ὁ: Hyperion, the sun-god, 4
ὑψι-κομος, -η, -ον: with lofty foliage, 2
φύλλον, τό: leaf, 4
χάσκω: to yawn, gape, open, 1
χολόω: to make angry; mid. become angry, 6

341 στυγεροι: (are) hateful; + dat. reference, supply a main verb
342 οἴκτιστον: (it is) most pitiable
    θανέειν: aor. inf. θνήσκω
    ἐπισπεῖν: aor. inf. ἐφ-έπω
343 ἄγετε: come now
    ἐλάσαντες: aor. pple. ἐλαύνω
344 ῥέξομεν: let us sacrifice; hortatory subj. ῥέζω, the comrades would then eat parts of the animals not burned in sacrifice
    τοὶ: who; relative pronoun
345 εἰ κεν...ἀφικοίμεθα: if we should arrive; aor. potential opt., mixed condition
346 κεν...τεύξομεν: we will in any case build; κε + fut. indicative τεύχω is a little less probable than an actual future indicative.
347 νηὸν: a temple
    ἐν δ᾿: and therein, and in it; the temple
    κε θεῖμεν: we would dedicate; "set up" aor. potential opt. τίθημι
348 χολωσάμενος τι: having been angry at all; the understood subject is Helius
    βοῶν: for...; i.e. "because of," χολόω governs a gen. for the cause of the anger

349 νῆα: ship
    ἐθέλῃ: he wishes; 3rd sg. pres. subj.
    ὄλεσαι: aor. inf. ὄλλυμι
    ἐπὶ δ᾿: on it; i.e. the destruction
    ἕσπωνται: follow (him); i.e. agree, aor. subj. ἕπομαι
350 βούλομαι...ἤ: I am willing...rather than
    χανὼν: aor. pple. χάσκω
    ἀπό...ὀλέσαι: tmesis, aor. inf. ὄλλυμι
    ἐὼν: nom. sg. pres. pple εἰμί
352 ἐπὶ δ᾿ ᾔνεον: assented; tmesis, 3rd pl. impf. αἰνέω (ἐπαινέω)
353 ἐλάσαντες: aor. pple. ἐλαύνω
354 βοσκέσκοντο: were accusomted to feed;
355 τὰς δὲ: them; i.e the oxen
357 δρεψάμενοι: (after) having plucked; line 358 explains that the leaves are a substitute during the ritual
358 ἐπὶ: on
360 ἐξέταμον: 3rd pl. aor. ἐκ-τέμνω
    κατά...ἐκάλυψαν: covered (them) over; tmesis

δίπτυχα ποιήσαντες, ἐπ' αὐτῶν δ' ὠμοθέτησαν.   361

οὐδ' εἶχον μέθυ λεῖψαι ἐπ' αἰθομένοις ἱεροῖσιν,   362

ἀλλ' ὕδατι σπένδοντες ἐπώπτων ἔγκατα πάντα.   363

αὐτὰρ ἐπεὶ κατὰ μῆρ' ἐκάη καὶ σπλάγχνα πάσαντο,   364

μίστυλλόν τ' ἄρα τἆλλα καὶ ἀμφ' ὀβελοῖσιν ἔπειραν.   365

καὶ τότε μοι βλεφάρων ἐξέσσυτο νήδυμος ὕπνος·   366

βῆν δ' ἰέναι ἐπὶ νῆα θοὴν καὶ θῖνα θαλάσσης.   367

ἀλλ' ὅτε δὴ σχεδὸν ἦα κιὼν νεὸς ἀμφιελίσσης,   368

καὶ τότε με κνίσης ἀμφήλυθεν ἡδὺς ἀϋτμή.   369

οἰμώξας δὲ θεοῖσι μέγ' ἀθανάτοισι γεγώνευν·   370

   "Ζεῦ πάτερ ἠδ' ἄλλοι μάκαρες θεοὶ αἰὲν ἐόντες,   371

ἦ με μάλ' εἰς ἄτην κοιμήσατε νηλέϊ ὕπνῳ.   372

οἱ δ' ἕταροι μέγα ἔργον ἐμητίσαντο μένοντες."   373

   "ὠκέα δ' Ἠελίῳ Ὑπερίονι ἄγγελος ἦλθε   374

Λαμπετίη τανύπεπλος, ὅ οἱ βόας ἔκταμεν ἡμεῖς.   375

αὐτίκα δ' ἀθανάτοισι μετηύδα χωόμενος κῆρ·   376

   "Ζεῦ πάτερ ἠδ' ἄλλοι μάκαρες θεοὶ αἰὲν ἐόντες,   377

τῖσαι δὴ ἑτάρους Λαερτιάδεω Ὀδυσῆος,   378

οἵ μευ βοῦς ἔκτειναν ὑπέρβιον, ᾗσιν ἐγώ γε   379

χαίρεσκον μὲν ἰὼν εἰς οὐρανὸν ἀστερόεντα,   380

ἄγγελος, ὁ: a messenger, envoy, 1
ἀ-θάνατος, -ον: undying, immortal, 13
αἴθω: to light on fire, kindle, 2
ἀμφ-έρχομαι: to come round, surround, 1
ἀμφι-έλισσα: curved at both ends, curving, 5
ἀστερόεις, -εσσα, -εν: starry, 3
ἄτη, ἡ: ruin; bewilderment, mischief, 2
ἀϋτμή, ἡ: breath; blast, fumes, 4
βλέφαρον, τό: pl. eyelids, 3
βοή, ἡ: shout, 2
γέγωνα: to make one's voice heard, shout, 2
δίπτυχος, -ον: double-folded, 1
ἔγκατα, τά: entrails, 2
ἐκ-σεύομαι: to rush out, hasten away, flee 3
ἐκ-τέμνω: to cut out, 3
ἐπ-οπτάω: to roast over, 1
ἡδύς, -ῦια, ύ: sweet, pleasant, agreeable, 14
θίς, θινός, ὁ: shore, beach, 10
καίω: to burn, kindle, 5
κῆρ, τό : heart; soul, mind, 5
κίω: to go, 10
κνίση, ἡ: odor of fat, savor of burnt sacrifice, 2
κοιμάω: to put to sleep; mid. to fall asleep, 7
Λαερτιάδης, ὁ: son of Laertes, 10
Λαμπετίη, ἡ: Lampetia, daughter of Helius, 2
λείβω: to pour a libation, pour, 1

μάκαρ, -αρος: blessed, happy, 11
μέθυ, τό: wine, 9
μετ-αυδάω: to speak among, 4
μηρός, ὁ: thigh, 10
μητίομαι: to devise, plan, contrive, 2
μίστυλλω, τό: to cut to pieces, 1
νήδυμος, -ον: sweet, balmy, 2
νηλής, -ές: pitiless, ruthless, 10
ὀβελός, ὁ: spit (for piercing meat), 2
οἰμώζω: to cry out in grief, 4
οὐρανός, ὁ: sky, heavens, 9
πατέομαι: to eat, partake of, taste, 8
πείρω: to pierce or drive through, fix, 2
ποιέω: to do, make, create, compose, 8
σπένδω: to pour a drink-offering, libation, 1
σπλάγχνον, τό: innards, 1
σχεδόν: near, nearly, almost, just about (gen) 9
τανύπεπλος, -ον: with trailing robes, 1
τίνω, τίω: value, pay honor; pay a price, 11
ὕπνος, ὁ: sleep, slumber, 9
ὑπέρ-βιος, -ον: violent, insolent, lawless, 1
Ὑπερίων, ὁ: Hyperion, the sun-god, 4
χαίρω: to rejoice, be glad; fare well, 4
χώομαι: to be angry, become angry, 2
ὠκύς, -εῖα, -ύ: quick, swift, fleet, 2
ὠμο-θετέω: to sacrifice, place raw meat on, 1

---

361 ἐπ' αὐτῶν: on top of them; i.e. the thigh
pieces
362 εἶχον: were able; "had the capability"
impf. + complementary inf.
λεῖψαι: aor. inf. λείβω
ἐπ αἰθομένοις ἱεροῖσιν: over the blazing
sacrifices
363 ὕδατι: dat. of means ὕδωρ
ἐπώπτων: 3rd pl impf. ἐπ-οπτάω
364 κατά...κάη: were burned completely;
tmesis, 3rd sg. aor. pass. καίω with a dual
subject
μῆρε: dual nom.
πάσαντο: they tasted; the men are the
subject, aor. mid. πατέομαι
365 μίστυλλόν: 3rd pl. impf.
τἆλλα: the rest; τὰ ἄλλα
366 βλεφάρων: from...;gen. of separation
ἐξέσσυτο: fled; 3rd sg. impf. ἐκ-σεύομαι
367 βῆν: I set out; 1st sg. aor. βαίνω
ἰέναι: inf. ἔρχομαι
368 ἦα: 1st sg. impf. εἰμί

369 ἀμφήλυθεν: 3rd sg. aor. ἀμφ-έρχομαι
370 γεγώνευν: 3rd sg. impf. γεγωνέω
371 Ζεῦ πάτερ...: vocative direct address
ἐόντες: being; i.e. living, pple εἰμί
372 με...κοιμήσατε: you made me sleep; aor.
active
373 μέγα ἔργον: a monstrous deed
374 Ὤκεα: quickly
ἄγγελος: a messenger
ἦλθε: aor. ἔρχομαι
375 ὅ: namely that...; clarifying
οἱ: his; pronoun, dat. of possession
ἔκταμεν: 1st pl. aor. κτείνω
376 κῆρ: in his heart; acc. of respect
378 τῖσαι: punish; aor. inf. as imperative
379 οἵ: who...; relative pronoun
μευ: my; gen. sg.
ὑπέρβιον: insolently; adverbial acc.
380 ἧσιν: in which; dat. pl. obj. of χαίρεσκον
χαίρεσκον: I delighted; iterative impf.
ἰών: nom. sg. impf. ἔρχομαι

ἠδ᾽ ὁπότ᾽ ἂψ ἐπὶ γαῖαν ἀπ᾽ οὐρανόθεν προτραποίμην. 381

εἰ δέ μοι οὐ τίσουσι βοῶν ἐπιεικέ᾽ ἀμοιβήν, 382

δύσομαι εἰς Ἀίδαο καὶ ἐν νεκύεσσι φαείνω.” 383

τὸν δ᾽ ἀπαμειβόμενος προσέφη νεφεληγερέτα Ζεύς· 384

“ Ἠέλι᾽, ἦ τοι μὲν σὺ μετ᾽ ἀθανάτοισι φάεινε 385

καὶ θνητοῖσι βροτοῖσιν ἐπὶ ζείδωρον ἄρουραν· 386

τῶν δέ κ᾽ ἐγὼ τάχα νῆα θοὴν ἀργῆτι κεραυνῷ 387

τυτθὰ βαλὼν κεάσαιμι μέσῳ ἐνὶ οἴνοπι πόντῳ.” 388

ταῦτα δ᾽ ἐγὼν ἤκουσα Καλυψοῦς ἠυκόμοιο· 389

ἡ δ᾽ ἔφη Ἑρμείαο διακτόρου αὐτὴ ἀκοῦσαι. 390

αὐτὰρ ἐπεί ῥ᾽ ἐπὶ νῆα κατήλυθον ἠδὲ θάλασσαν, 391

νείκεον ἄλλοθεν ἄλλον ἐπισταδόν, οὐδέ τι μῆχος 392

εὑρέμεναι δυνάμεσθα, βόες δ᾽ ἀποτέθνασαν ἤδη. 393

τοῖσιν δ᾽ αὐτίκ᾽ ἔπειτα θεοὶ τέραα προὔφαινον· 394

ἕρπον μὲν ῥινοί, κρέα δ᾽ ἀμφ᾽ ὀβελοῖσι μεμύκει, 395

ὀπταλέα τε καὶ ὠμά, βοῶν δ᾽ ὣς γίγνετο φωνή. 396

ἑξῆμαρ μὲν ἔπειτα ἐμοὶ ἐρίηρες ἑταῖροι 397

δαίνυντ᾽ Ἡελίοιο βοῶν ἐλάσαντες ἀρίστας· 398

ἀλλ᾽ ὅτε δὴ ἕβδομον ἦμαρ ἐπὶ Ζεὺς θῆκε Κρονίων, 399

καὶ τότ᾽ ἔπειτ᾽ ἄνεμος μὲν ἐπαύσατο λαίλαπι θύων, 400

ἀ-θάνατος, -ον: undying, immortal, 13
ἄλλο-θεν: from another place, elsewhere, 6
ἀμοιβή, ἡ: recompense, requital, 1
ἀπ-αμείβομαι: to reply, answer, 7
ἀπο-θνήσκω: to die, be dying, perish, 2
ἀργής, -ῆτος: bright, dazzling white, vivid, 1
ἄρουρα, ἡ: tilled land, field, earth, soil, 4
ἄψ: back, back again, backwards, 8
βροτός, ὁ, ἡ: a mortal, human, 10
δαίνυμι: to divide; partake in a meal, 11
διάκτορος, ὁ: runner, "messenger," 1
δύναμαι: to be able, can, be capable, 10
ἕβδομος, -ον: seventh, 1
ἐξ-ῆμαρ: for six days, 2
ἐπιεικής, ές: suitable, becoming, 1
ἐπι-σταδόν: standing over, standing beside, 1
ἐρίηρος, -όν: faithful, trusty; fitting, 10
Ἑρμῆς, ὁ: Hermes, 4
ἕρπω: to creep, crawl, 1
εὑρίσκω: to find, discover, devise, invent, 10
ζείδωρος, -ον: grain-giving, 3
ἠΰ-κομος, -η, -ον: fair-haired, 2
θνητός, -ή: mortal, liable to die, 5
Καλυψώ, -οος, ἡ: Calypso, 3
κατ-έρχομαι: to go down, come down, 9
κεάζω: to split, cleave, 1

κεραυνός, ὁ: thunderbolt, 3
κρέας, τό: flesh, meat, piece of meat, 11
Κρονίων, ὁ: son of Cronus, 10
λαῖλαψ, -πος ἡ: tempest, storm, great wind, 5
μέσος, -η, -ον: the middle of, 11
μῆχος, -εος, τό: help, remedy, 1
μυκάομαι: to bellow, low, moo, 4
νεικέω: to quarrel, chide, strive, 1
νεφελητερέτα: cloud-gatherer, -gathering, 3
ὀβελός, ὁ: spit (for piercing meat), 2
ὁπότε: when, by what time, 7
ὀπταλέος, -α, -ον: roasted, 1
οἶνοψ, -οπος: wine-dark, wine-colored, 1
οὐρανό-θεν: from the sky, heavens, 5
παύω: to stop, make cease, 7
προ-τρέπω: to incite, turn forth, urge on, 2
προ-φαίνω: to show, give forth light, 2
πρόσ-φημι: to speak to, address, 10
ῥινός, ἡ: hide, leather; skin, 3
τάχα: soon, presently; quickly, forthwith, 3
τέρας, τό: portent, sign, wonder, marvel, 1
τίνω, τίω: value, pay honor; pay a price, 11
τυτθός, -όν: little, small, 5
φωνή, ἡ: speech, voice, 3
ὠμός, -ά, -όν: raw (meat), 1

---

381 ἦδε: and
ὁπότε...προτραποίμην: whenever I
turned; aor. opt. προ-τρέπω in a general
temporal clause in secondary sequence,
Helius describes the course of the sun
382 τίσουσι: will pay back; future
383 δύσομαι...φαείνω: I will go and shine;
fut. dep. δύνω and pres. or aor. subj. and
present subj. "let me go down and shine"
εἰς Ἀίδαο: to Hades' (house); gen. sg.
385 μετά: among
386 τῶν δέ: their; modifies νῆα
ἀργῆτι κεραυνῷ: dat. of means
387 βαλών: striking; aor. pple βάλλω
388 κε...τυτθά...κεάσαιμι: I could cut to little
pieces; aor. potential opt. κεάζω
389 ἤκουσα: 1st sg. aor. ἀκούω
Καλυψοῦς: from...; gen. of source
390 ἡ δ ἔφη...αὐτή: and she herself said
Ἑρμαίαο: from...; gen. of source
ἀκοῦσαι: aor. inf. ἀκούω

391 κατήλυθον: 1st sg. aor. κατ-έρχομαι
392 νείκεον: began to chide
ἄλλοθεν ἄλλον: different men from
different directions
393 εὑρέμεναι: aor. inf. εὑρίσκω
δυνάμεσθα: 1st pl. impf. mid.
ἀποτέθνασαν: 3rd pl. plpf. ἀποθνήσκω
394 τοῖσιν: to them; i.e. the comrades
395 ῥινοί: skins (of the animals)
μεμύκει: bellowed, mooed; 3rd sg. pf. with
a plural subject
396 Βοῶν δ ὥς: as if of oxen
398 δαίνυνται: pres.
ἐλάσαντες: aor. pple ἐλαύνω
399 ἐπὶ...θῆκε: added; tmesis, aor. τίθημι
400 ἐπαύσατο...θύων: ceased blowing;
παύω + complementary pple. θύω
"rage" (elsewhere "to sacrifice")
λαίλαπι: dat. of manner or perhaps dat.
of accompaniment with missing σύν

ἡμεῖς δ' αἶψ' ἀναβάντες ἐνήκαμεν εὐρέϊ πόντῳ,   401

ἱστὸν στησάμενοι ἀνά θ' ἱστία λεύκ' ἐρύσαντες.   402

   ἀλλ' ὅτε δὴ τὴν νῆσον ἐλείπομεν, οὐδέ τις ἄλλη   403

φαίνετο γαιάων, ἀλλ' οὐρανὸς ἠδὲ θάλασσα,   404

δὴ τότε κυανέην νεφέλην ἔστησε Κρονίων   405

νηὸς ὕπερ γλαφυρῆς, ἤχλυσε δὲ πόντος ὑπ' αὐτῆς.   406

ἡ δ' ἔθει οὐ μάλα πολλὸν ἐπὶ χρόνον· αἶψα γὰρ ἦλθε   407

κεκληγὼς Ζέφυρος μεγάλῃ σὺν λαίλαπι θύων,   408

ἱστοῦ δὲ προτόνους ἔρρηξ' ἀνέμοιο θύελλα   409

ἀμφοτέρους· ἱστὸς δ' ὀπίσω πέσεν, ὅπλα τε πάντα   410

εἰς ἄντλον κατέχυνθ'. ὁ δ' ἄρα πρύμνῃ ἐνὶ νηῒ   411

πλῆξε κυβερνήτεω κεφαλήν, σὺν δ' ὀστέ' ἄραξε   412

πάντ' ἄμυδις κεφαλῆς· ὁ δ' ἄρ' ἀρνευτῆρι ἐοικὼς   413

κάππεσ' ἀπ' ἰκριόφιν, λίπε δ' ὀστέα θυμὸς ἀγήνωρ.   414

Ζεὺς δ' ἄμυδις βρόντησε καὶ ἔμβαλε νηῒ κεραυνόν·   415

ἡ δ' ἐλελίχθη πᾶσα Διὸς πληγεῖσα κεραυνῷ,   416

ἐν δὲ θεείου πλῆτο, πέσον δ' ἐκ νηὸς ἑταῖροι.   417

οἱ δὲ κορώνῃσιν ἴκελοι περὶ νῆα μέλαιναν   418

κύμασιν ἐμφορέοντο, θεὸς δ' ἀποαίνυτο νόστον.   419

   αὐτὰρ ἐγὼ διὰ νηὸς ἐφοίτων, ὄφρ' ἀπὸ τοίχους   420

ἀγ-ήνωρ, -ορος: very manly, valorous, 9
ἄμυδις: together, at the same time, 2
ἀμφότερος, -η, -ον: each of two, both, 8
ἀνα-βαίνω: to go up, climb, mount, spread, 7
ἀν-ίημι: to send up, let go, give up, 4
ἄντλος, ὁ: bilge-water, water in a ship, 1
ἀπ-αίνομαι: to take away, withdraw, deny, 1
ἀράσσω: to break, batter, pound, 3
ἀρνευτήρ, ὁ: diver, 1
ἀχλύω: to grow dark, 1
βροντάω: to thunder, 1
ἐλελίζω: to whirl around, make tremble, 1
ἐμ-βάλλω: to throw in, put in, 3
ἐμ-φορέω: to be carried in, 1
ἐν-ίημι: to send in, put in, implant, inspire, 6
ἔοικα: to be like, seem likely, 7
εὐρύς, -εῖα, -ύ: wide, broad, spacious, 11
Ζέφυρος, ὁ: Zephyrus, the west wind, 4
θέειον, τό: sulphur, 1
θέω: to run, 1
θύελλα, ἡ: violent wind, storm, squall, 5
ἴκελος, -η, -ον: like, resembling (+ dat.) 1
ἴκρια, τά: deck, deck-beams, 2
ἱστός, ὁ: ship's mast, loom for weaving, 13
κατα-πίπτω: to fall down, 1

κατα-χέω: to pour on, heap up, shed, 3
κεραυνός, ὁ: thunderbolt, 3
κεφαλή, ἡ: the head, 12
κλάζω: to scream, shriek, screech, 2
κορώνη, ἡ: sea-crow, crow, 1
Κρονίων, ὁ: son of Cronus, 10
κυάνεος, -η, -ον: blue, dark-blue, 3
κυβερνήτης, ὁ: helmsman, pilot, 4
λαῖλαψ, -πος ἡ: tempest, storm, great wind, 5
νεφέλη, ἡ: a cloud, 3
νόστος, ὁ: return home, return homeward, 12
ὀπίσω: backwards; in the future, later, 13
ὅπλον, τό: arms, equipment, tools; 5
ὀστέον, τό: bone, 6
οὐρανός, ὁ: sky, heavens, 9
πίμπλημι: to make full, fill, fill full of, 7
πίπτω: to fall, fall down, drop, 12
πλήσσω: to strike, smite, 5
πρότονοι, οἱ: forestays, ropes holding mast, 1
πρυμνή, ἡ: prow, 1
ῥήγνυμι: to break, burst, rend, 1
τοῖχος, ὁ: the wall of a house, court, or ship 1
ὑπέρ: above (+ gen.); beyond (+ acc.), 5
φοιτάω: to go to and fro, visit, 7
χρόνος, ὁ: time, 3

---

401 ἀναβάντες: *boarding*; aor. ἀναβαίνω
    ἐνήκαμεν: *we put out*; aor. ἐν-ίημι
    εὑρέι πόντῳ: dat. with compound verb
402 στησάμενοι: *setting up*; "making stand,"
    aor. pple ἵστημι
    ἀνά...ἐρύσαντες: *drawing up*; tmesis
404 φαίνετο: *appeared*
405 ἔστησε: *set*; aor. ἵστημι
    pieces; aor. potential opt. κεάζω
    ὕπερ: *over, above*
406 ὑπὸ αὐτῆς: *beneath it*; i.e. the ship
407 ἡ δ᾽: *and it*; the ship
    ἔθει: *kept running*; impf. θέω
    οὐ μαλὰ πολλὸν ἐποι χρόνον: *over not very much time*; litotes, for a short time
    ἦλθε: aor. ἔρχομαι
408 κεκληγὼς: nom. sg. pf. pple κλάζω
    θύων: *raging, blowing*; pple. θύω
409 ἱστοῦ: *from...*; gen. of separation
    ἔρρηξε: sg. aor. ῥήγνυμι
    ἀνέμοιο θύελλα: *blast of the wind*; nom.
410 πέσεν: 3rd sg. aor. πίπτω
411 εἰς ἄντλον: *into the bilge-water*; water that collects in a boat in a storm

κατέχυντο: aor. mid. κατα-χέω
    ὅ δ᾽: *and it*; the mast
412 πλῆξε: 3rd sg. aor. πλήσσω
    κυρβερνήτεω: *of the helmsman*; gen.
    σὺν...ἄραξε: *crushed together*; tmesis, aor. ἀράσσω
    ὀστέα...πάντα: neuter acc. pl.
413 ὅ δ᾽: *and he*; i.e. helmsman
    ἐοικὼς: *(being) like* + dat.; pf. pple.
414 κάππεσε: 3rd sg. aor. κατα-πίπτω
    λίπε: aor. λείπω
415 νηὶ: *on the ship*; dat. with compound verb
416 ἡ δ᾽: *and it*; the ship
    ἐλελίχθη: *was whirled*; or "was made to quiver," 3rd sg. aor. pass.
    Διὸς: *of Zeus*
    πληγεῖσα: aor. pass. pple. πλήσσω
417 πλῆτο: *was full of (gen)*; aor. mid.
    πίμπλημι
    πέσον: 1st sg. aor. πίπτω
419 ἐμφορέοντο: *were carried on*; impf. pass.
400 διὰ νηός: *over the ship*

λῦσε κλύδων τρόπιος, τὴν δὲ ψιλὴν φέρε κῦμα, 421

ἐκ δέ οἱ ἱστὸν ἄραξε ποτὶ τρόπιν. αὐτὰρ ἐπ᾽ αὐτῷ 422

ἐπίτονος βέβλητο, βοὸς ῥινοῖο τετευχώς· 423

τῷ ῥ᾽ ἄμφω συνέεργον, ὁμοῦ τρόπιν ἠδὲ καὶ ἱστόν, 424

ἑζόμενος δ᾽ ἐπὶ τοῖς φερόμην ὀλοοῖς ἀνέμοισιν. 425

ἔνθ᾽ ἦ τοι Ζέφυρος μὲν ἐπαύσατο λαίλαπι θύων, 426

ἦλθε δ᾽ ἐπὶ Νότος ὦκα, φέρων ἐμῷ ἄλγεα θυμῷ, 427

ὄφρ᾽ ἔτι τὴν ὀλοὴν ἀναμετρήσαιμι Χάρυβδιν. 428

παννύχιος φερόμην, ἅμα δ᾽ ἠελίῳ ἀνιόντι 429

ἦλθον ἐπὶ Σκύλλης σκόπελον δεινήν τε Χάρυβδιν. 430

ἡ μὲν ἀνερροίβδησε θαλάσσης ἁλμυρὸν ὕδωρ· 431

αὐτὰρ ἐγὼ ποτὶ μακρὸν ἐρινεὸν ὑψόσ᾽ ἀερθείς, 432

τῷ προσφὺς ἐχόμην ὡς νυκτερίς. οὐδέ πη εἶχον 433

οὔτε στηρίξαι ποσὶν ἔμπεδον οὔτ᾽ ἐπιβῆναι· 434

ῥίζαι γὰρ ἑκὰς εἶχον, ἀπήωροι δ᾽ ἔσαν ὄζοι, 435

μακροί τε μεγάλοι τε, κατεσκίαον δὲ Χάρυβδιν. 436

νωλεμέως δ᾽ ἐχόμην, ὄφρ᾽ ἐξεμέσειεν ὀπίσσω 437

ἱστὸν καὶ τρόπιν αὖτις· ἐελδομένῳ δέ μοι ἦλθον 438

ὄψ᾽· ἦμος δ᾽ ἐπὶ δόρπον ἀνὴρ ἀγορῆθεν ἀνέστη 439

κρίνων νείκεα πολλὰ δικαζομένων αἰζηῶν, 440

ἀγορῆ-θεν: from the assembly, 1
ἀείρω: to lift, raise up, 8
αἰζηός, -όν, ὁ: strong, lusty, vigorous, 1
ἄλγος, τό: pain, distress, grief, 12
ἁλμυρός, -ά, -όν: salt, briny, 5
ἄμφω: both (dual), 3
ἀνα-μετρέω: to remeasure, trace back, 1
ἀνα-ρροιβδέω: to swallow up, 4
ἀν-έρχομαι: to go up, 7
ἀν-ίστημι: to make stand up, raise up, 4
ἀπ-ήωρος, -ον: hanging, 1
ἀράσσω: to break, batter, pound, 3
αὖτις: back, back again, backwards, 9
δικάζω: give judgment, pass judgment, 3
δόρπον, τό: dinner, the evening meal, 12
ἑκάς: far, afar, far off, far from (+ gen.), 1
ἔλδομαι: to desire, long for, 1
ἔμ-πεδος, -ον: steadfast; adv. continuously, 9
ἐξ-εμέω: to belch out, vomit out, 2
ἐπί-τονος: back-stay (of a mast), 1
ἐρινεός, ὁ: wild fig-tree, 2
Ζέφυρος, ὁ: Zephyrus, the west wind, 4
ἱστός, ὁ: ship's mast, loom for weaving, 13
κατα-σκιάω: to overshadow, cast shadow, 1
κλύδων, ὁ: surge, billow, 1

κρίνω: to pick out, choose, select, 5
λαῖλαψ, -πος ἡ: tempest, storm, great wind, 5
νεῖκος, τό: a quarrel, dispute, strife, 1
νότος, ὁ: south wind, south, 8
νυκτερίς, -ίδος, ἡ: bat, 1
νωλεμές: continually, unceasingly, 3
ὄζος, ὁ: shoot, twig, 2
ὀλοός, -ή, -όν: destructive, deadly, 7
ὁμοῦ: at the same place, together, 8
ὀπίσω: backwards; in the future, later, 13
ὄψ, ὀπός, ἡ: voice, 9
παν-νύχιος, -η, -ον: all night long, 1
παύω: to stop, make cease, 7
πῆ: in what way? How?; somehow, 4
προσ-φύω: to grow to, cling, 1
ῥίζα, ἡ: a root, 3
ῥινός, ἡ: hide, leather; skin, 3
σκόπελος, ὁ: cliff, 8
στηρίζω: to set, 1
συν-έργω: to shut up, fasten together, 2
τρόπις, ἡ: keel of a ship, 4
ὑψόσε: upward, aloft, on high, 5
ψιλός, -όν: bare, stript, simple, 1
ὦκα: quickly, swiftly, straightaway, 8

---

421 ἀπὸ τοίχους λῦσε: broke loose from the
    sides; aor. λύω
    πρόπιος: gen. sg. τρόπις
    τήν...φέρε: carried it (away) dismantled;
    "bare," the adj. is predicative
422 ἐκ...ἄραξε: broke off; tmesis, ἀράσσω
    ποτὶ τρόπιν: near the keel
    ἐπὶ αὐτῷ: on top of it; i.e. on the mast
423 βέβλητο: had been thrown; plpf. pass.
    βοὸς ῥινοῖο: gen. of origin
    τετευχώς: (having been) made; pf. act.
    pple τεύχω but passive in sense
424 τῷ...ἄμφω: around it; the ox-hide stay
    συνέεργον: 1st sg. impf. συν-έργω
    ἠδὲ καί: and also; καί is adverbial
425 ἐπὶ τοῖς: upon these; i.e. the wreckage
    which Odyssey tied together
    φερόμην: I was carried; impf. pass. φέρω
426 Ἔνθα: then
    ἐπαύσατο...θύων: ceased blowing;
    παύω + complementary pple. θύω
    "rage" (elsewhere "to sacrifice")
    λαίλαπι: dat. of manner or perhaps dat.
    of accompaniment with missing σύν

427 ἦλθε δ' ἐπί: approach; tmesis ἔρχομαι
428 ὄφρα...ἀναμετρήσαιμι: so that I might
    trace back to; aor. opt. purpose clause in
    secondary sequence
429 ἀνιόντι: rising; dat. sg. pple ἀν-έρχομαι
431 ἡ μέν: the one; i.e. Charybdis
432 ἀερθείς: hoisting myself; "lifting" nom.
    sg. aor. dep. pple ἀείρω, middle in sense
433 τῷ: to this; dat. with compound pple
    προσφύς: nom. sg. pple προσ-φύω
    ὡς: just as; simile
    πῆ: in any way
    εἶχον: I was able; impf. ἔχω + inf.
434 στηρίξαι: aor. inf. στηρίζω
    ποσίν: with my feet; dat. pl. πούς
    ἐπιβῆναι: to climb; aor. inf. ἐπι-βαίνω
435 ἔσαν: 3rd pl. impf. εἰμί
437 νωλεμέως: adverb
    ὄφρα ἐξεμέσειεν: until it threw up; aor.
    opt. in a general temporal clause
439 ἦμος: when
    ἀνέστη: rises; gnomic aor. ἀν-ίστημι
440 κρίνων: judging; nom. sg. pple
    αἰζηῶν: of vigorous youths being judged

τῆμος δὴ τά γε δοῦρα Χαρύβδιος ἐξεφαάνθη.					441

ἧκα δ᾽ ἐγὼ καθύπερθε πόδας καὶ χεῖρε φέρεσθαι,					442

μέσσῳ δ᾽ ἐνδούπησα παρὲξ περιμήκεα δοῦρα,					443

ἑζόμενος δ᾽ ἐπὶ τοῖσι διήρεσα χερσὶν ἐμῇσι.					444

Σκύλλην δ᾽ οὐκέτ᾽ ἔασε πατὴρ ἀνδρῶν τε θεῶν τε					445

εἰσιδέειν· οὐ γάρ κεν ὑπέκφυγον αἰπὺν ὄλεθρον.					446

　　ἔνθεν δ᾽ ἐννῆμαρ φερόμην, δεκάτῃ δέ με νυκτὶ					447

νῆσον ἐς Ὠγυγίην πέλασαν θεοί, ἔνθα Καλυψὼ					448

ναίει ἐϋπλόκαμος, δεινὴ θεὸς αὐδήεσσα,					449

ἥ μ᾽ ἐφίλει τ᾽ ἐκόμει τε. τί τοι τάδε μυθολογεύω;					450

ἤδη γάρ τοι χθιζὸς ἐμυθεόμην ἐνὶ οἴκῳ					451

σοί τε καὶ ἰφθίμῃ ἀλόχῳ· ἐχθρὸν δέ μοί ἐστιν					452

αὖτις ἀριζήλως εἰρημένα μυθολογεύειν.					453

αἰπύς, -εῖα, -ύ: steep, utter; hard, 6
ἄλοχος, ἡ: wife, spouse, 12
ἀρι-ζηλος, -ον: conspicuous, clear, 1
αὐδήεις, -εσσα: speaking with human voice, 4
αὖτις: back, back again, backwards, 9
δέκατος, -η, -ον: tenth, 6
δι-ερέσσω: to paddle hard, row through, 1
δόρυ, δουρός, τό: spear, three, stem, 8
εἰσ-οράω: to look upon, view, behold, 4
ἐκ-φαίνω: to show, bring to light, 2
ἐν-δουπέω: to fall with a thud (+ dat.), 1
ἐννῆμαρ: for nine days, 3
εὖ-πλόκαμος, -ον: fair-locked, fair-tressed, 7
ἐχθρός, -ή, -όν: hateful, odious, 1
ἴφθιμος, -η, -ον: mighty, strong, 6
καθ-ύπερθε: down from above, above, 2

Καλυψώ, -οος, ἡ: Calypso, 3
κομέω: to take care of, attend to, minister to, 4
λέγω: gather, collect; say, 12
μέσος, -η, -ον: the middle of, 11
μυθέομαι: to say, speak of, mention, declare, 9
μυθο-λογεύω: to relate, speak of, 2
οἶκος, ὁ: a house, abode, dwelling, 11
οὐκ-έτι: no more, no longer, no further, 9
παρ-έκ: out along, out beside, beyond, 6
πελάζω: to bring, carry, come near, 11
περι-μήκης, -ες: very tall, very long, 5
τῆμος: then, at that time, 1
ὑπ-εκ-φεύγω: to flee, escape, 5
φιλέω: to love, befriend, 10
χθιζός: of yesterday, yesterday, 1
Ὠγυγίη, ἡ: Ogygia, 2

441 τά γε δοῦρα: the timbers; i.e. masts
    ἐξεφαάνθη: appeared from; "were
    shown," 3ʳᵈ sg. aor. pass. ἐκ-φαίνω
442 ἧκα: I let go; 1ˢᵗ sg. aor. ἵημι
    πόδας καὶ χεῖρε: acc. pl. and acc. dual
    φέρεσθαι: to be carried; inf. of purpose
444 ἐπὶ τοῖσι: on those
    διήρεσα: 1ˢᵗ sg aor. δι-ερέσσω
    ἐμῇσι: with my...; possessive adj. ἐμός
445 ἔασε: 3rd sg. aor. ἐάω
    πατήρ: i.e. Zeus
446 ἐσιδέειν: aor. inf. ὁράω
    κεν ὑπέκφυγον: I would....; κεν + aor.
    indicative suggests past potential
    (unrealized)

447 φερόμην: I was carried; impf. pass. φέρω
    δεκάτῃ νυκτὶ: on the tenth night; dat. sg.
    time when
448 ἔνθα where
450 ἥ: who....
    τί τοι τάδε μυθολογεύω: (but) why...; a
    question directed to Alcinous; τοι "to
    you" is the dat. indirect object
451 τοι: to be sure, you know
452 σοὶ...ἀλόχῳ: dat. indirect object
    ἐχθρὸν...ἐστιν: it is hateful
453 ἀριζήλως: adverb modifying εἰρημένα
    εἰρημένα: things told; neuter pl. acc. pf.
    pass pple λέγω (stem –ερ as in ἐρέω)

λύω, λύσω, ἔλυσα, λέλυκα, λέλυμαι, ἐλύθην: loosen, ransom

	PRESENT		FUTURE		
	Active	Middle/Pass.	Active	Middle	Passive
Primary Indicative	λύω λύεις λύει λύομεν λύετε λύουσι(ν)	λύομαι λύε(σ)αι λύεται λυόμεθα λύεσθε λύονται	λύσω λύσεις λύσει λύσομεν λύσετε λύσουσι(ν)	λύσομαι λύσε(σ)αι λύσεται λυσόμεθα λύσεσθε λύσονται	λυθήσομαι λυθήσε(σ)αι λυθήσεται λυθησόμεθα λυθήσεσθε λυθήσονται
Secondary Indicative	ἔλυον ἔλυες ἔλυε(ν) ἐλύομεν ἐλύετε ἔλυον	ἐλυόμην ἐλύε(σ)ο ἐλύετο ἐλυόμεθα ἐλύεσθε ἐλύοντο			
Subjunctive	λύω λύῃς λύῃ λύωμεν λύητε λύωσι(ν)	λύωμαι λύῃ λύηται λυώμεθα λύησθε λύωνται			
Optative	λύοιμι λύοις λύοι λύοιμεν λύοιτε λύοιεν	λυοίμην λύοιο λύοιτο λυοίμεθα λύοισθε λύοιντο	λύσοιμι λύσοις λύσοι λύσοιμεν λύσοιτε λύσοιεν	λυσοίμην λύσοιο λύσοιτο λυσοίμεθα λύσοισθε λύσοιντο	λυθησοίμην λυθήσοιο λυθήσοιτο λυθησοίμεθα λυθήσοισθε λυθήσοιντο
Imp	λῦε λύετε	λύε(σ)ο λύεσθε			
Pple	λύων, λύουσα, λύον	λυόμενος, λυομένη, λυόμενον	λύσων, λύσουσα, λῦσον	λυσόμενος, λυσομένη, λυσόμενον	λυθησόμενος, λυθησομένη, λυθησόμενον
Inf.	λύειν	λύεσθαι	λύσειν	λύσεσθαι	λυθήσεσθαι

2nd sg. mid/pass -σ is often dropped except in pf. and plpf. tenses: ε(σ)αι → ῃ,ει ε(σ)ο → ου

AORIST			PERFECT		
Active	Middle	Passive	Middle	Passive	
			λέλυκα λέλυκας λέλυκε λελύκαμεν λελύκατε λελύκασι(ν)	λέλυμαι λέλυσαι λέλυται λελύμεθα λέλυσθε λελύνται	Primary Indicative
ἔλυσα ἔλυσας ἔλυε(ν) ἐλύσαμεν ἐλύσατε ἔλυσαν	ἐλυσάμην ἐλύσα(σ)ο ἐλύσατο ἐλυσάμεθα ἐλύσασθε ἐλύσαντο	ἐλύθην ἐλύθης ἐλύθη ἐλύθημεν ἐλύθητε ἐλύθησαν	ἐλελύκη ἐλελύκης ἐλελύκει ἐλελύκεμεν ἐλελύκετε ἐλελύκεσαν	ἐλελύμην ἐλέλυσο ἐλέλυτο ἐλελύμεθα ἐλέλυσθε ἐλέλυντο	Secondary Indicative
λύσω λύσῃς λύῃ λύσῃ λύσωμεν λύσωσι(ν)	λυσώμαι λύσῃ λύσηται λυσώμεθα λύσησθε λύσωνται	λυθῶ λυθῇς λυθῇ λυθῶμεν λυθῆτε λυθῶσι(ν)	λελύκω λελύκῃς λελύκῃ λελύκωμεν λελύκητε λελύκωσι(ν)	λελυμένος ὦ —— ᾖς —— ᾖ —— ὦμεν —— ἦτε —— ὦσιν	Subjunctive
λύσαιμι λύσαις λύσαι λύσαιμεν λύσαιτε λύσαιεν	λυσαίμην λύσαιο λύσαιτο λυσαίμεθα λύσαισθε λύσαιντο	λυθείην λυθείης λυθείη λυθεῖμεν λυθεῖτε λυθεῖεν	λελύκοιμι λελύκοις λελύκοι λελύκοιμεν λελύκοιτε λελύκοιεν	λελυμένος εἴην —— εἴης —— εἴη —— εἴημεν —— εἴητε —— εἴησαν	Optative
λῦσον λύσατε	λῦσαι λύσασθε	λύθητι λύθητε		λέλυσο λέλυσθε	Imp
λύσᾱς, λύσᾱσα, λῦσαν	λυσάμενος, λυσαμένη, λυσάμενον	λυθείς, λυθεῖσα, λυθέν	λελυκώς, λελυκυῖα, λελυκός	λελυμένος, λελυμένη, λελυμένον	Pple
λῦσαι	λύσασθαι	λυθῆναι	λελυκέναι	λελύσθαι	Inf.

Adapted from a handout by Dr. Helma Dik (http://classics.uchicago.edu/faculty/dik/niftygreek)

Core Vocabulary List
(Words 15 or More Times)

The number of occurrences of each word in the *Odyssey* Books 9-12 was tabulated with the help of vocabulary tools in the Perseus Digital Library (perseus.tufts.edu). Because the program does not distinguish homonyms, this list may be slightly inaccurate and should be viewed as simply a guide until individual vocabulary entries have been thoroughly reviewed.

ἄγω, ἄξω, ἤγαγον, ἦχα, ἦγμαι, ἤχθην: to lead, bring; (ἄγε, ἄγετε: come! come on!) 56
ἀ-έκων, -ουσα, -ον: against one's will, unwilling, 19
Ἀΐδης, ὁ: Hades, 18
αἰεί: always, forever, in every case, 21
αἷμα, -ατος τό: blood, 16
αἱρέω, αἱρήσω, εἷλον, ᾕρηκα, ᾕρημαι, ᾑρέθην: to seize, take; mid. choose, 29
αἶψα: straightaway, quickly, at once, 25
ἀκούω, ἀκούσομαι, ἤκουσα, ἀκήκοα, –, ἠκούσθην: to hear, listen to (acc; gen. person), 31
ἄκρος, -α, -ον: topmost, top, excellent, 18
ἀλλά: but, 142
ἄλλος, -η, -ο: other, one...another, 74
ἅλς, -ος, ὁ: salt, sea, 19
ἅμα: at the same time; together, along with (+ dat.), 20
ἀμείβομαι, ἀμείψομαι, ἠμειψάμην: to reply, respond, 35
ἀμύμων, -ονος: blameless, noble, 15
ἀμφί: on both sides, round, 32
ἄν, κέν: *modal adv.*, 171
ἀνά: up, upon (+ dat.); up to, on to (+ acc.), 99
ἄνεμος, ου, ὁ: wind, 30
ἀνήρ, ἀνδρός, ὁ: a man, 89
ἄρα: then, therefore, it seems, it turns out, 147
ἄριστος, -η, -ον: best, noblest, most excellent, 25
ἀπό: from, away from. (+ gen.), 34
αὐτάρ, ἀτάρ: but, yet, 114
αὖτε: again, this time, in turn, 29
αὐτίκα: straightway, at once; presently, 35
αὐτός, -ή, -όδ: -self; he, she, it; the same, 120
αὐτοῦ: on the very spot, there, here, 40
ἀχεύω: to grieve, vex; *mid.* be grieved (as mid./pass. often ἄχνυμαι) 34

βαίνω, βήσομαι, ἔβην, βέβηκα, βέβαμαι, ἔβαθην: to walk, step, go, 24
βάλλω, βαλέω, ἔβαλον, βέβληκα, βέβλημαι, ἐβλήθην: to throw, shoot, hit, strike, 32
βίη, βιης, ἡ: strength, force, power, might, 15
βοῦς, ὁ, ἡ: cow, ox, bull; cattle, oxen, 86

γαῖα, ἡ: earth, ground, land, country, 37
γάρ: for, since, 103
γε: at least, at any rate; indeed, 90
γίγνομαι, γενήσομαι, ἐγενόμην, γέγονα, γεγένημαι, –: to become, come into being, 26
γλαφυρός, -ή, -όν: hollow, hollowed, 15
γυνή, γυναικός, ἡ: a woman, wife, 20

δέ: but, and, on the other hand, 823
δεινός, -ή, -όν: terrible, dire, strange, 21

δέω, δήσω, ἔδησα, δέδεκα, δέδεμαι, ἐδέθην: to tie up, bind up, 16

δή: indeed, surely, really, certainly, just, 103

διά: through (+ gen.) on account of (+ acc.), 29

δίδωμι, δώσω, ἔδωκα, δέδωκα, δέδομαι, ἐδόθην: to give, offer, grant, provide, 42

δῖος, -α, -ον: god-like, divine, brilliant, wondrous, 19

δύο: two, 32

δύω, δύσω, ἔδυσα, δέδυκα, δέδυμαι, ἐδύθην: to come, go, enter 31

δῶμα, -ατος, τό: house, 36

ἕ: him, her, it (reflexive), 287

ἐάω, ἐάσω, εἴασα, εἴακα, εἴαμαι, εἰάθην: to allow, permit, let be, suffer, 30

ἐγώ: I, 482

ἔδω, ἔδομαι, ἔφαγον, ἐδήδοκα, –, ἠδέσθην: to eat, (poetic for ἐσθίω) 16

ἕζομαι: to sit; sit someone down, set, 29

ἐθέλω, ἐθελήσω, ἠθέλησα, ἠθέληκα, –, –:: to be willing, wish, desire, 16

εἴρομαι, ἐρήσομαι, ἠρόμην: to ask, inquire (impf. ἐρέομην) 23

ἐκ: out of, from (+ gen.), 72

ἕκαστος, -η, -ον: each, every one, 34

(ἐ)κεῖνος, -η, -ον: that, those, 39

εἰ: if, whether, 66

εἴδομαι: seem, look like, 17

εἶδον: saw, beheld; pass. appear (aor. of ὁράω) 52

εἰμί: to be, exist, 486

εἶμι: fut. of ἔρχομαι, will go, will come, 73

εἶπον: said, spoke (aor. λέγω, φημί), 32

εἰς: into, to, in regard to (+ acc.), 362

ἐλαύνω, ἐλῶ, ἤλασα, ἐλήλακα, ἐλήλαμαι, ἠλάθην: to drive; drive off; set in motion, 19

ἐμός, -ή, -όν: my, mine, 132

ἐν: in, on, among. (+ dat.), 311

ἔνθα: there, thither; then, at that time, 107

ἔνθεν : from there, then, from where, 26

ἑξῆς: in a row, in order, in sequence, 16

ἐπεί: when, after, since, because, 62

ἔπειτα: then, next, secondly, 55

ἐπί: to, toward (acc.), near, at (dat., gen.), 129

ἐπι-βαίνω, -βήσομαι, -έβην, -βέβηκα, -βέβαμαι, -έβαθην: to proceed to, climb; embark, 16

ἕπομαι, ἕψομαι, ἑσπόμην, –, –, –: to follow, accompany, escort, 16

ἔπος, -εος, τό: a word, 56

ἐρετμόν, τό: an oar, 30

ἐρέω: will say, will speak (impf. mid. ask, question; εἴρομαι), 25

ἔργνυμι (εἴργω), εἴρξω, εἶρξα, εἴργμαι, εἴρχθην: to confine, shut in, pen in 20

ἔργον, τό: work, labor, deed, act, 26

ἐρύω, ἐρύω, εἴρυσσα: to drag, haul, pull, draw, 18

ἔρχομαι, ἐλεύσομαι, ἦλθον, ἐλήλυθα, –, –: to come, go, 166

ἔτι: still, besides, further, 32

ἑταῖρος, ὁ: comrade, companion, 128

εὐνάω, εὐνήσω: to go to bed, 19

εὐνή, ἡ: bedding, couch, marriage-bed, 11*

ἔχω, ἕξω, ἔσχον, ἔσχηκα, ἔσχημαι, –: to have, hold, possess; be able; be disposed, 95

Ζεύς, ὁ: Zeus, 38

ἤ: or (either...or); than, 115

ἦ: in truth, truly (begins open question), 150
ἠ-δέ: and, 44
ἤδη: already, now, at this time, 20
ἠέ: or, either…or, 26
ἠέλιος, ὁ: sun, 74
ἧμαι: to sit, sit down, be seated, 34
ἦμαρ, -ατος, τό: day, 24
ἦμος: when, at a time when, 16
ἠρι-γένεια, -ης: early-born, 17
ἠώς, ἡ: daybreak, dawn, 28

θάλασσα, ἡ: the sea, 27
θάνατος, ὁ: death, 16
θεά, ἡ: goddess, 58
θεῖος, -η, -ον: divine, immortal, 17
θεός, ὁ, ἡ: god, goddess, 87
θοός, -ή, -όν: swift, quick, nimble, 30
θυμός, ὁ: heart, soul, mind, spirit, 61
θύω, θύσω, ἔθυσα, τέθυκα, τέθυμαι, ἐτύθην: to sacrifice; rush, rage, blow, 16

ἱερός, -ή, -όν: holy; temple, sacrificial victim, 41
ἵημι, ἥσω, ἧκα, εἷκα, εἷμαι, εἵθην: to send forth, throw; let go, release; mid. hasten 54
ἱκνέομαι, ἵξομαι, ἱκόμην, –, ἷγμαι, –: to go, come, approach, arrive, 32
ἵνα: so that, in order that (+ subj.); where (+ ind.), 21
ἴσος, -η, -ον: equal, like; balanced, 16
ἵστημι, στήσω, ἔστησα, ἔστηκα, ἔσταμαι, ἐστάθην:: to make stand, set up, stop, establish, 28
ἱστίον, τό: sail, web, 24

καί: and, also, even, too, 416
κακός, -ή, -όν: bad, base, cowardly, evil, 64
καλέω, καλέω, ἐκάλεσα, κέκληκα, κέκλημαι, ἐκλήθην: to call, summon, invite, 19
καλός, -ή, -όν: beautiful, fair, noble, fine, 35
κατά: down from (+ gen.), down (+ acc.), 69
κεῖμαι, κείσομαι: to lie down, 21
κεῖνος, -η, -ον: that, those, 34
κελεύω, κελεύσω, ἐκέλευσα, κεκέλευκα, κεκελεύσομαι, ἐκελεύσθην: to bid, order, exhort, 23
κέν, ἄν: modal adv., 171
κῆδος, -εος, τό: trouble, care, 15
Κίρκη, ἡ: Circe, 88
κτείνω, κτενῶ, ἔκτεινα (ἔκτανον): to kill, slay, 15
Κύκλωψ, -οπος, ὁ: Cyclops, 25
κῦμα, -ατος, τό: wave, swell, surge, 16

λείπω, λείψω, ἔλιπον, λέλοιπα, λέλειμμαι, ἐλείφθην: to leave, forsake, abandon, 21
λευκός, -ή, -όν: white, light, bright, brilliant, 15
λύω, λύσω, ἔλυσα, λέλυκα, λέλυμαι, ἐλύθην: to loosen, undo, unfasten, untie, 15

μάλα: very, very much, exceedingly, 58
μακρός, ά, όν: long, far, distant, large, 15
μέγαρον, τό: hall, chief-room, large room, 23
μέγας, μεγάλη, μέγα: big, great, important, 67
μέλας, μέλαινα, μέλαν: black, dark, 54
μέν: on the one hand, 160
μένω, μενῶ, ἔμεινα, , μεμένηκα, –, –: to stay, remain, 23

μετά: with (+ gen.); after (+ acc.), 33
μή: not, lest, 38
μήτηρ, ἡ: a mother, 17
μῦθος, ὁ: story, word, speech, 17

ναίω: to live, dwell, abide, 27
νηῦς, νηός, ἡ: a ship, boat, 253
νέκυς, ὁ: corpse; the dead, 17
νέομαι: to return, come back (only pres., impf.; fut. in sense), 22
νῆσος, ἡ: an island, 78
νοῦς, ὁ: mind, thought, reason, attention, 20
νύξ, -κτος, ἡ: night, 20
νῦν: now; as it is, 34

ξεῖνος, ὁ: guest, foreigner, stranger, 21

ὁ, ἡ, τό: the; that; he, she, it, 920
ὅδε, ἥδε, τόδε: this, this here, 39
ὁδός, ἡ: road, way, path, journey, 26
Ὀδυσσεύς, ὁ: Odysseus, 531
ὅ-θι: where, 17
οἶδα: to know (pf. with pres. sense), 34
οἶνος, ὁ: wine, 40
οἶος, -η, -ον: alone, lone, lonely, 22
ὄις, ὄιος, ὁ, ἡ: sheep, ram, 23
ὄλεθρος, ὁ: ruin, destruction, death, 15
ὄλλυμι, ὀλέ(σ)ω, ὤλεσα, ὀλώλεκα: to destroy, lose, kill; *mid.* perish 18
ὀξύς, -εῖα, -ύ: sharp, piercing; keen, 15
ὁράω, ὄψομαι, εἶδον, ἑώρακα, ὦμμαι, ὤφθην: to see, look, behold, 23
ὄρος, -εος, τό: a mountain, hill, 27
ὅς, ἥ, ὅ: who, which, that, 584
ὅσος, -η, -ον: as much as, many as; all who, 23
ὅτε: when, at some time, 142
ὅτι: that; because, 75
οὐ, οὐκ, οὐχ: not, 96
οὔ-τε: and not, neither...nor, 84
οὔ-τις, οὔ-τι: no one, nobody, nothing, 66
οὐδέ: and not, but not, nor, not even, 309
οὐδός, τό: threshold, 31
οὗτος, αὕτη, τοῦτο: this, these, 16
ὀφθαλμός, ὁ: the eye, 21
ὄφρα: till, until; in order that, so that, 32

παῖς, παιδός, ὁ, ἡ: a child, boy, girl; slave, 18
παρά: from, at, to the side of, 87
πᾶς, πᾶσα, πᾶν: every, all, the whole, 129
πατήρ, ὁ: a father, 19
πατρίς, -ιδος: fatherland, 23
πείθω, πείσω, ἔπεισα, πέποιθα, πέπεισμαι, ἐπείσθην: to persuade, trust; *mid.* obey, 24
πεῖσμα, -ατος, τό: a ship's cable, 17
πέρ: very, even, indeed, just, 35
περί: around, about, concerning (gen, dat, acc), 31
πέτρη, ἡ: rock, ledge, cliff, 20
πίνω, πίομαι, ἔπιον, πέπωκα, πέπομαι, ἐπόθην: to drink, 41

πόντος, ὁ: sea, 20
πόρος, ὁ: a way, path, means, plenty, 15
πόρω, –, ἔπορον: to give, furnish, offer, supply, 17
πολιός, -ή, -όν: gray, grizzled, grisly, 17
πολύς, πολλά, πολύ: much, many, 66
ποτέ: ever, at some time, once, 43
ποτής, -ῆτος, ἡ: drink, 35
που: anywhere, somewhere; I suppose, 15
πούς, ποδός, ὁ: a foot, 16
πρός: to, towards (+ acc.), near (+ dat.), 64
προσ-αυδάω, -αυδήσω, -ηύδησα: to address, speak to, 22
προσ-εῖπον: spoke to, addressed, 19
πρότερος, -α, -ον: before; sooner, earlier, 60
πρῶτος, -η, -ον: first, earliest; foremost, 46
πῦρ, πυρός, τό: fire, 16
πω: yet, up to this time, 17
πῶς: how? in what way or manner?, 28
πως: somehow, in any way, at all, 35

σφεῖς: they, 18
Σκύλλη, ἡ: Scylla, 15
σός, -ή, -όν: your, yours, 76
σπέος, ὁ: cave, cavern, grotto, 22
σύ: you, 566
σύν: along with, with, together (+ gen.), 23

τε: and, both, 509
τελέω, τελέσω, ἐτέλεσα, τετέληκα τετέλεσμαι, ἐτελέσθην: complete, fulfill, accomplish, 16
τεύχω, τεύξω, ἔτευξα (τετύχον), τέτευχα, τέτυγμαι, ἐτύχθην: to make, build, prepare, 23
τίθημι, θήσω, ἔθηκα, τέθηκα, τέθειμαι, ἐτέθην: to set, put, place, arrange, make, cause, 25
τίς, τί: who? which?; anyone, -thing, 299
τοι: to you (σοί); you know, surely, 181
τότε: at that time, then, 60

ὕδωρ, ὕδατος, τό: water, 22
ὑπό: because of, from (gen.), under (dat.), 32
υἱός, -οῦ, ὁ: a son, 16

φαίνω, φανῶ, ἔφηνα, πέφηνα, πέφασμαι, ἐφάνθην: to show; mid. appear, seem, 26
φάρμακον, τό: herb, drug, medicine, 20
φέρω, οἴσω, ἤνεγκον, ἐνήνοχα, ἐνήνεγμαι, ἠνέχθην: to bear, carry, bring, convey, 42
φημί: to say, claim, assert; think, 96
φίλος, -η, -ον: dear, friendly, 53
φρήν, φρενός, ἡ: wits, mind; the midriff, 19

χάλκεος, -η, -ον: of copper or bronze, brazen, 28
χαλκός, ὁ: copper, bronze, 23
Χάρυβδις, ἡ: Charybdis, 16
χείρ, χειρός, ἡ: hand, 58
χέω, χέω, ἔχευα, κέχυκα, κέχυμαι, ἐχύθην: to pour, drop, shed, 41

ψυχή, ἡ: breath, life, spirit, soul, 29

ὡς: as, thus, so, that; when, since, 272
ὦ: O! oh!, 41

Made in the USA
San Bernardino, CA
06 August 2013